Guidance and Counseling in the School

2판

학교 생활지도와 상담

김은하 · 고홍월 · 조애리 · 조원국 공저

학지사

2판 머리말

『학교 생활지도와 상담』을 출판한 지 5년이 지났습니다. 그동안 많은 교수님과 학생들로부터 받은 관심과 사랑에 힘입어 개정판을 출간하게 된 것을 진심으로 기쁘고 감사하게 생각합니다. 지난 5년간 2,700여 명의 전문상담교사가 임용과정을 통해 선발·배치되었고, 학생 상담의 필요성을 절감하고 공감하는 많은 선생님이 교육대학원에서 상담을 공부하면서 학생들을 보다 잘 지도하기 위해 애써 왔습니다. 그러나 학교가 학생에게도 선생님에게도 점점 더 힘들고 어려운 곳이 되어 버린 현실을 마주하면서 한편으로는 개정판을 집필하는 마음이 무겁기도 하였습니다. 그럼에도 불구하고 학교 안팎에서 힘들어하는 학생들이 선생님들의 지도와 보살핌으로 한 걸음 더 성장하는 데 이 책이 미약하나마 도움이 되기를 바라는 마음으로 함께하고자 합니다.

이 책은 초판과 같이 크게 제1부 생활지도와 상담의 개관, 제2부 영역별 생활지도와 상담의 실제 두 파트로 구성되어 있습니다. 제1부는 제1장 생활지도와 상담의 기초(고홍월), 제2장 상담이론(공저), 제3장 상담의 원리와 과정(김은하), 제4장 심리검사의 이해와 활용(김은하)으로 구성을 그대로 유지하되, 각 장을 유기적으로 연결하여 설명함으로써 학교 장면에서 학생들을 지도할 때 필요한 기본적인 상담의 태도와 원리에 대해 보다 명료하게 이해시키고자 노력하였습니다. 특히 제3장에서 상담의 과정과 기법을 설명함에 있어 제2장에서 설명한 상담이론적 관점에 따라 내담자의 문제를 어떻게 이해할 수 있는지 예를 들어 설명하고, 탐색을 촉진하는 기법 또한 보다 구체적인 예를 들어 보충 설명하였습니다. 제4장에서는 학교 장면에서 학생을 이해하고 이에 따른 교육을 제공할 목적으로 가장 먼저 시행하는 학생 정서·행동·발달

검사를 추가하였고, 각 개별 검사에 대한 설명보다는 각 영역별 심리 검사의 목적과 활용, 실시와 해석에서의 유의점에 초점을 두고 재구성하였습니다.

제2부 영역별 생활지도와 상담의 실제에서는 최근 학교상담에서 더욱 요구되고 있는 위기개입에 대한 내용을 새로운 장으로 추가하여 제시하였고, 기존 학급경영과 학생자치활동을 하나의 장으로 통합하여 원론적인 내용보다는 생활지도에 초점을 두고 전달하고자 노력하였습니다. 제2부에서 보강한 내용을 요약하면 다음과 같습니다.

- 제5장 학업(조애리)에서는 학업에 영향을 주는 정의적 요인 중 비교적 최근에 주목을 받고 있는 그릿(GRIT)의 개념과 이를 촉진할 수 있는 방법을 추가하였습니다.
- 제6장 진로(고홍월)에서는 개정 교육과정을 반영하고, 진로지도의 최근 이슈들을 추가하였습니다.
- 제7장 대인관계(김은하)에서는 애착이론과 의사소통의 원리를 대인관계의 기초로 재구성하였고, 대인관계의 기본인 대화법을 연습하고 다양한 대인관계 문제에 대한 지도 방안을 생각해 볼 수 있도록 수업활동을 보완하였습니다.
- 제8장 특수아(조애리)에서는 장애 학생들을 대상으로 하는 지도 방안뿐만 아니라 비장애 학생들을 대상으로 하는 장애이해교육을 추가하여 제시하였습니다.
- 제9장 다문화(고홍월)에서는 기존 구성과 내용을 유지하되, 문맥을 고려하여 내용을 수정 · 보완하였습니다.
- 제10장 학교폭력(조원국)에서는 최근 피해학생 중심으로 보호조치가 강화되고 개선된 학교폭력 대응 절차 및 사안 처리 가이드, 학교폭력의 개입과 상담, 학교폭력 예방 및 대책을 중심으로 내용을 수정하고 보강하였습니다.
- 제11장 위기개입(조원국)은 새로 추가된 장으로 위기청소년의 개념, 청소년위기의 분류와 특징을 이해하고, 우리 사회에서 이미 심각한 위험과 문제에 직면하고 있는 아동학대와 자살위기에 적절하게 개입할 수 있는 방안을 소개하였습니다.
- 제12장 학부모상담(조애리)에서는 학교 현장에서 학부모상담 시 흔히 발생할 수 있는 학부모와 교사의 갈등 상황 및 학생과 학부모의 갈등 상황에서 어떻게 대처하고 상담할 수 있을지를 고민하고 연습해 볼 수 있도록 수업활동을 재구성하

였습니다.

- 제13장 학급경영과 학생자치활동(조원국)에서는 교사가 학급경영계획을 수립하고 교육현장에서 적용할 수 있는 자료를 제시하였고, 학생자치활동 모범사례와 능동적이고 자율적인 창의적 체험활동을 모색할 수 있는 내용을 중심으로 재구성하였습니다.

초판에서 아쉬웠던 부분을 최대한 보완하고자 저자 모두가 힘을 모았으나 여전히 부족한 점이 많을 것으로 여겨집니다. 이 부분은 독자 여러분의 학교상담에 대한 관심과 지성을 넘어선 지혜로 채워 나갈 수 있기를, 또한 아낌없는 격려와 조언을 통해 상호보완하고 함께 성장하기를 희망합니다.

교사와 학생이 보다 행복한 학교를 희망하며

저자 대표 김은하

1판 머리말

먼저, 뜻을 같이하는 사람들과 『학교 생활지도와 상담』을 출간하게 되어 기쁩니다. 이 책은 학생들의 성장과 발달을 돕고자 교사를 꿈꾸는 모든 예비교사는 물론 학교현장에서 학생 지도에 어려움을 겪고 있는 현직교사에게 보다 실제적인 도움을 드리고자 집필하였습니다. 집필진 모두 상담을 전공하였고, 대학 또는 학교현장에서 예비교사 및 현직교사들을 대상으로 생활지도 및 상담을 강의하면서 사용했던 기존 교재들에서 느꼈던 아쉬움을 공유하게 되었으며, 그 아쉬움을 채워 줄 수 있는 교재를 직접 집필해 보기로 의견을 모았습니다. 학교에서의 생활지도와 상담은 담당 교과목의 지도와 더불어 모든 교사가 공통적으로 당면한 주요 업무 중 하나로 볼 수 있습니다. 그럼에도 불구하고 학생들과 진심으로 만나고 행복하게 성장할 수 있도록 지도하는 일은 점점 더 어렵게만 느껴지는 게 현실입니다. 이러한 교육현장의 실제를 최대한 반영하고자 현직교사 및 전문가들의 목소리에 귀 기울이고, 좀 더 구체적이고 현실적인 지도 방안을 담아내고자 집필진들의 지식과 경험을 공유하고 논의하는 과정을 지속적으로 가졌습니다. 빠른 속도로 변화하고 다양한 자극이 난무하는 세상의 한가운데에서 흔들리고 아파하는 학생들이 중심을 잡고 친구들과 더불어 미래를 꿈꿀 수 있도록 돕는 데 이 책이 함께할 수 있기를 기대합니다.

이 책은 제1부 생활지도와 상담의 개관, 제2부 영역별 생활지도와 상담의 실제로 구성되어 있습니다. 제1부는 제1장 생활지도와 상담의 기초(고홍월), 제2장 상담이론(공저), 제3장 상담의 원리와 과정(김은하), 제4장 심리검사의 이해와 활용(김은하)으로 구성하였고, 학교현장에서 학생들을 지도할 때 필요한 상담의 기초 지식과 태도를 담았습니다. 상담의 기초 지식 중에서도 실제 학교현장에서 많이 활용되고 있는 내용을 담고자 했고, 지식을 소개하는 데 그치지 않고 가급적 다양한 적용 사례를 소개하고자 하였습니다. 제2부는 제5장 학업(조애리), 제6장 진로(고홍월), 제7장 대인관계(김은하), 제8장 특수아(조애리), 제9장 다문화(고홍월), 제10장 학교폭력(조원국), 제11장 학부모 상담(조애리), 제12장 학급경영(조원국), 제13장 학생자치활동(조원국)으로 생활지도 영역을 나누고, 학교현장에서 부딪히게 되는 다양한 생활지도 문제를 어떻게 다룰 것인지 구체적인 사례와 함께 안내하고자 하였습니다. 이 아홉 가지의 주요 영역을 선정하기 위해 집필진들이 꽤 오랜 시간 고민하고 논의하였습니다. 기존 교재에서 주로 학생지도의 주요 영역으로 다루어졌던 학업, 진로, 대인관계 영역 외에도 다문화 사회에서 다양한 개인이 더불어 살아가기 위해 최근 그 중요성이 높아지고 있는 특수아, 다문화 영역을 포함했고, 지속해서 문제가 되는 학교폭력 또한 별도의 영역으로 선정하였습니다. 마지막으로 학생들을 지도하는 데 있어 항상 고려해야 하는 학부모 상담과 담임을 중심으로 운영되는 학급경영 그리고 학생들이 주도적으로 활동하는 학생자치활동을 각각의 영역으로 추가하였습니다. 각 장의 말미에는 수업활동을 제시하여 영역별 지도를 실습할 수 있도록 구성하였습니다.

막상 집필하고 보니 부족한 점이 많습니다. 학교현장에서 실제로 일어나는 다양한 생활지도 사례들을 담아 예비교사들의 현장 역량을 강화할 수 있길 바라는 마음으로 저자들이 의기투합하였으나, 돌아보니 마음만큼 충분히 담아내지는 못한 것 같아 아쉬움이 남습니다. 이는 상담이 가지는 한계라기보다는 저자들의 부족함이라 여겨 주시고, 앞으로 더 충실한 교재로 보완해 나갈 수 있도록 아낌없는 격려와 조언 부탁드립니다. 감사합니다.

2017년 결실의 계절 가을의 문턱에서

저자 대표 김은하

차례

제1부

생활지도와 상담의 개관

Guidance and Counseling in the School

제1장

생활지도와 상담의 기초

학교교육에 있어 학생지도는 교과지도와 생활지도로 나누어 생각해 볼 수 있다. 교과지도가 가르치는 교과 중심의 학습 영역이라면 생활지도는 학생 개개인의 특성, 행동에 대한 이해와 지도 등 생활 전반에 관한 영역이다. 이 장에서는 생활지도 영역의 주요 내용인 생활지도와 상담에 관하여 개념, 접근 영역, 접근 관점, 주체, 방법, 필요한 자세와 태도에 대해 서술하고자 한다.

1. 생활지도와 상담의 개념

1) 생활지도

생활지도는 가이던스(guidance)에서 온 용어로 안내, 지도와 같은 의미를 담고 있다. 학교에서 학생들에게 적절한 안내를 제공하고, 발달을 촉진하기 위해 다양한 지도를 제공하는 의미에서 사용되어 왔다. 좁은 의미에서의 생활지도는 학생이 가지고 있는 여러 문제를 정확히 이해하고 이를 해결할 수 있도록 조력하거나 스스로 해결할 수 있게 안내하는 것을 뜻하지만, 넓은 의미에서의 생활지도는 학교에서 이루어지는 학생지도 활동 전반을 의미한다고 볼 수 있다.

생활지도는 학생의 인성 및 도덕성 발달, 사회성 발달, 진로발달, 건강관리 및 여가 등의 영역에서 모두 필요하다. 청소년기는 신체적인 성장과 동시에 인지, 정서, 사회성, 도덕성, 정체성 발달 등 다양한 발달 과업을 수행하는 시기이므로 이 시기에 청소년들은 가정교육과 더불어 학교교육 및 시민교육을 통해 사회성을 학습하고 장차 미래의 직업인, 사회인으로 성장해 나간다. 이러한 청소년기의 특성을 고려하면 생활지도는 학교교육에서 매우 중요한 영역이라고 할 수 있다. 이 과정에서 학교는 사회와 더불어 청소년 육성의 역할을 담당하고 있다.

2) 상담

상담은 개인의 심리적 어려움을 조력하는 전문적인 활동이며 생활지도의 한 가지 방법이라고 할 수 있다. 상담(counseling)은 도움을 필요로 하는 사람과 도움을 제공하는 사람 사이의 개별적인 관계를 통해 문제해결이나 새로운 학습이 일어나는 변화의 과정이다(이동귀 외, 2020). 상담은 도움을 필요로 하는 사람(내담자)이 전문적인 훈련을 받은 사람(상담자)과의 관계 속에서 일어나며, 내담자의 생활과제를 해결하거나 사고 · 행동 및 감정 측면의 인간적 성장을 위해 노력하는 학습과정이라고 할 수 있다. 그 외에도 많은 학자들의 정의를 종합해 보면 상담의 정의에는 몇 가지 핵심 요소가 있다. 첫째, 상담이라는 전문적 활동은 관계 속에서 일어난다. 둘째, 전문적인 서비스를 제공하는 사람(상담자)이 있다. 셋째, 도움을 청하는 사람(내담자)이 있다. 넷째, 도움을 청하는 사람의 어려움을 이해하고 함께 노력하여 적응적인 변화를 이끌어내는 과정이 필요하다. 이와 같이 상담의 기본 개념은 다양한 현장에서 그 특성에 따라 세부 분야로 구분하는데, 여기에서는 다양한 상담 영역 중에서 학교상담을 중심으로 더 구체적으로 기술하고자 한다.

2. 학교상담

1) 학교상담의 개념과 역사

학교상담은 초 · 중 · 고등학교에서 학생의 적응, 심리적 문제, 진로발달, 학교폭력 등과 관련하여 학생들에게 제공되는 상담 서비스이다. 이는 대학에서 제공하는 대학상담과 구분하여 초 · 중 · 고등학교를 현장으로 한다. 학교상담에서는 교사나 상담자가 상담을 담당하고, 주 내담자는 당연히 학생이다. 그러나 청소년의 문제를 다루는 데 있어서 학부모의 역할, 책임, 기능 또한 중요하기 때문에 때로 학교상담에서는 학부모 상담을 고려하는 것이 필요하다.

학교상담에서 구체적으로 다루는 내용은 학업, 진로, 대인관계, 개인의 내면적 갈등, 타인과의 갈등, 정체감 혼란, 비행, 학교폭력 등이 있을 수 있다. 전반적으로 지도가 더 필요한 학생이나, 특정 어려움을 겪고 있는 학생에 대한 조기 감지, 적절한 개입, 그리고 학교폭력 등 문제에 대한 예방과 지도까지 포함할 수 있다. 행정의 편리성 때문에 교과지도와 생활지도를 구분하지만 실제 학교현장에서 학생들을 지도할 때는 지식 습득과 인성 함양을 통합하여 접근하는 것이 적절하다. 일례로, 교과지도를 하지만 지식 활용에 대한 바람직한 사회적 가치를 가르치는 것과 같은 맥락이라고 할 수 있다. 또한 학습 장면에서 보이는 학습 관련 행동 이면에는 정서적 문제를 동반할 수 있다. 그렇기 때문에 학교상담이나 생활지도는 상담교사와 같은 특정 역할을 맡은 교사의 업무만이 아니라, 교육전문가로서 모든 교사의 책무라고 할 수 있다. 그러나 현실적으로 교사들은 생활지도에서 유능감이나 보람을 느끼기보다 어려움을 더 많이 호소한다. 전국의 초 · 중 · 고등학교 교사 1,269명을 조사한 결과에서 35.5%의 교사가 학생 생활지도가 가장 고통스럽다고 하였다(박숙영, 2014). 이와 같은 현실은 학교교육의 불균형을 의미하고 있으며, 교사가 생활지도에서 유능감을 느끼려면 더 많은 노력이 요구된다는 것을 시사하고 있다.

학교상담이 최근 수준까지 발전해 온 것은 오랫동안 다방면에서 꾸준히 노력한 결과이다. 1958년 서울시교육위원회에서 중등학교 교사 대상으로 상담교육을 실시했던 교도교사 제도가 1964년까지 거의 전국에서 학교상담과 학교상담자의 초기 형태로서 자리 잡았다. 학교상담자와 유사한 역할을 담당했던 교도교사는 가이던스와 카운슬링의 전문가로서 관련 역할을 수행하였다(유정이, 1997). 그 후에 여러 정책적 논의와 제도가 있었으나 1998년 이후 전문상담교사 제도를 도입하고, 2008년 이후는 Wee 프로젝트 체계를 구축하면서 보다 완성된 학교상담 체계를 정립하였다. 1998년 전문상담교사 양성 제도에 관한 법령이 통과되면서 전문상담교사라는 학교상담 인력의 양성과 배치 근거가 마련되었다. 초등·중등 교육현장의 필요성과 학교폭력 문제에 대한 예방 및 대책으로서 구체적으로「초·중등교육법」「학교폭력예방 및 대책에 관한 법률」등 법에 근거하여 학교상담 관련 제도가 더욱 체계적으로 전문 영역의 역할을 수행하게 된다.

특히 2008년부터 시행했던 Wee(We+Education+Emotional) 프로젝트가 학생안전통합시스템으로 3단계 안전망 체계를 구축하고 있다. 개별 학교(Wee클래스)부터 상위 기관인 교육청(Wee센터), 총괄기관인 시도교육청(Wee스쿨)까지 3단계로 이루어진 지원 시스템이 광범위하게 상담 및 관련 지원 업무를 전담하고 있다.

또 하나의 축으로는 진로·진학지원을 전담하는 진로진학상담교사 제도이다. Wee 프로젝트보다는 조금 늦게 시작했지만, 2011년부터 진로·진학지도를 주로 담당하는 진로진학상담교사를 양성·배치하는 제도가 시행되면서 최근까지 대부분의 중·고등학교에 진로진학상담교사를 배치하는 추세이다.

2) 학교상담의 영역

학교상담의 목적 중 하나는 학생의 발달을 촉진하고 보다 건강하게 성장하여 성숙한 시민으로 사회적 역할을 하도록 하는 것이다. 이러한 거시적 목적에 따른 구체적인 목표는 여러 측면에서 논의할 수 있지만 여기에서는 미국학교상담학회(American School Counselor Association: ASCA)에서 제시한 학교상담 모형에 기반을 둔 영역을 중심으로 설명하고자 한다. 우선, 미국학교상담학회에서는 학교상담을 위한 국가 기준을 제시하였으며, 문제 예방과 잠재력 개발에 주안점을 두고, 보다 종합적으로 학교교육에 대한 가이드라인을 제공하고 있다(신혜진, 2011). 학교상담 모형은 학교상담의 주요 영역을 크게 학업, 진로, 인성/사회정서 발달로 구분하고, 각 영역별로 학생들이 갖춰야 할 관련 지식, 기술, 태도를 명시하였다. 학교상담 분야에서 선도적 역할을 하는 미국학교상담학회에서 학교상담자는 상담자, 교육자, 사회정의 옹호자 및 리더의 역할을 수행해야 한다고 제안하였다. 이에 따라 윤은희(2021)가 정리한 내용을 인용하여 각 영역을 구체적으로 살펴보면 다음 〈표 1-1〉과 같다. 여기에서 3단계 접근의 체계는 모든 학생에 대한 광범위적 지원에서 점차 특별한 관심과 더 심도 있는 지도를

표 1-1 미국 학교상담의 3단계 체계

단계	1단계	2단계	3단계
대상	모든 학생(100%)	일부 학생(약 20%)	소수 학생(약 5~10%)
학업 성취	• 학습기술, 시간관리기술 습득 • 시험전략 습득 • 진학 관련 필수 항목 습득 • 장학금 및 학비보조 정보 제공 • 학습 스타일 평가 및 해석	• 학습기술 관련 집단상담 • 또래 지도 소집단 프로그램 • 학습 관련 성인 지도 프로그램 • 시험불안 등을 개입하는 집단상담	• 심리검사 관련 전문가 연계 • 특수교육평가 관련 전문가 연계 • 학업결손에 대한 개별화된 개입 및 계획 수립 • 학습 스타일 및 강점에 대한 개별화된 평가 • 개별화된 학업 개입 계획 수립
진학 진로	• 적성검사 실시 및 해석 • 진로박람회 • 진로상담 관련 프로그램 및 교육과정 마련 • 지역사회 연계 청소년 취업 프로그램 마련	• 대학 진학 및 장학금 지원 등 집단 프로그램 운영 • 개인의 강점과 흥미 등을 탐색하는 집단상담 운영 • 진로/직업 관련 성인 멘토링 프로그램 운영	• 추천서 작성 • 강점, 흥미, 결손, 진로장벽에 대한 심리검사 및 평가 • 진학 혹은 취업을 지원하는 개별화된 계획 수립
인성/사회 정서 발달	• 인성 관련 교육 프로그램 개발 및 진행 • 사회정서 교육 프로그램 진행 • 학교폭력 예방 프로그램 개발 및 진행 • 금주, 금연, 약물사용 예방 및 개입 프로그램 진행 • 사회적 기술 교육 • 학생, 교사, 교직원 대상의 문화적 다양성 훈련 • 개인적·성적 안전 교육 프로그램 실행	• 사회적 기술 발달 집단상담 운영 • 상실 및 애도 관련 집단상담 운영 • 음주, 흡연, 약물사용 예방 소집단 프로그램 운영 • 우울, 자해, 자살사고 예방 집단상담 운영 • 성소수자 학생 지지집단 운영 • 인종적·민족적 소수자 주제의 집단상담 운영 • 학대 피해 학생 집단상담 운영 • 또래 갈등관리 집단상담 운영	• 행동평가 관련 전문가 연계 • 개별화된 행동발달 계획 수립 및 적용 • 지역사회 정신건강 상담자 및 의사에게 연계 • 개인상담 제공 • 음주, 흡연, 약물사용 관련 입원·통원 프로그램 연계 • 학교 재적응 관련 개입 프로그램 실시

요구하는 학생에 대한 지원으로 그 범위를 매우 구체적으로 설정하였다. 이러한 단계를 구분하여 지원한다는 것은 예방과 대처를 모두 고려한 체계라고 할 수 있다.

우선, 학업 발달 영역은 학습과 학습의 방법, 학습과정에서 겪을 수 있는 학생들의 경험을 중심으로 학업 발달과 관련된 영역을 의미한다. 학업에서는 지식의 습득, 학습기술의 향상, 사고능력 등을 강조하는 동시에 자신의 학업적 특성을 이해하고, 교육적 의사결정 능력의 향상을 중요한 발달 과업으로 본다. 뿐만 아니라 학업과 관련된 경험을 통해 집단에서의 책임감, 적절한 행동, 사회적 적응 등을 학업 발달의 중요한 영역으로 간주한다.

둘째, 진로발달 영역에서는 청소년들이 향후 성숙한 직업인으로 성장하기 위해 필요한 구체적인 발달 영역을 제시하고 있다. 먼저, 자신의 특성, 흥미, 적성 등을 이해하고, 직업세계에 대한 이해를 요구하고 있다. 또한 학교생활과 진로선택의 관계를 정확히 이해하고 보다 건전한 학교생활과 학생으로서의 역할을 하도록 제안한다. 그 외에도 전반적으로 일에 대한 긍정적인 태도, 바람직한 사회적 가치를 함양할 수 있도록 발달 과업을 제시하고 있다.

셋째, 인성/사회성 발달은 학업, 진로 영역 이외에 청소년 발달의 전반적 영역을 포괄하고 있다. 인성/사회성 영역은 매우 광범위한 발달 영역이므로 개인이 살아가는 동안 개인 내적, 타인과의 관계, 또는 사회적 관계 속에서 필요한 다양한 성품과 역량을 중심으로 제시되었다. 먼저, 자기인식 및 자기수용 능력의 개발을 통해 긍정적인 자아개념, 건전한 자아존중감을 형성하는 것이 중요하다. 긍정적인 자아상을 통해 책임감 있는 모습으로 성장하고, 타인과 긍정적인 관계를 맺고 효율적인 대인관계와 의사소통 기술을 개발하도록 한다. 뿐만 아니라 타인에 대한 이해와 존중, 더 나아가서 다양한 인종, 성지향성 및 문화적 배경이 다른 사람들을 존중하고 수용하는 것을 요구한다.

3. 생활지도와 상담의 접근 관점

생활지도와 상담을 수행할 때 학생을 바라보는 관점이 무엇이고, 어떤 태도와 자세를 취하는지가 매우 중요하다. 일반적으로 생활지도와 상담에 관한 교육학이나 상담심리학적 이론마다 주요 관점을 제시하고 있다. 이 장에서 설명하는 생활지도와 상담의 접근 관점은 개별 이론의 관점을 제시하기보다 가장 기본적이고 포괄적인 관점을 안내하고자 한다. 즉, 청소년기의 발달과 변화 차원에 초점을 두고 이에 따른 두 가지 관점을 제시하고자 한다.

1) 전인교육

전인(全人)교육은 시대와 학설을 막론하고 교육의 기본 관점이자 궁극적 지향점이라고 할 수 있다. 전인교육은 개인의 지(智)·덕(德)·체(體)·미(美)의 조화로운 상태를 의미하며, 지, 덕, 체, 미가 고르게 발달하여 완성된 인격체로 성장할 수 있도록 하는 교육이다. 청소년 발달에 대해 전인교육을 지향하면서 지적 능력, 인성 함양, 신체적 건강, 감수성, 심미적 영역의 발달을 기본 영역으로 삼고 있다.

생활지도와 상담은 교과교육과 함께 이러한 전인교육의 관점을 취하고 있고, 또한 전인교육을 목표로 삼고 있다. 구체적으로 교과지도가 지(智)에 더 많은 비중을 둔다면 생활지도와 상담은 좁은 의미에서 덕(德)에 더 많은 비중을 두고 있다. 그러나 생활지도와 상담은 포괄적이고 광범위하게 학생들의 발달에 개입할 수 있기 때문에 다양한 영역에서 긍정적인 기능을 하게 된다. 포괄적인 의미에서의 생활지도와 상담을 보면 학생들 개개인, 또는 학생들 간의 관계적인 어려움에 대해 지도할 수 있다.

전인교육을 위한 실천적 노력은 교육의 모든 영역과 장면에서 이루어져야 한다. 특히 생활지도와 상담과 같이 학생 인성·사회성 발달, 진로발달, 대인관계 능력 향상, 문제해결 능력 향상과 같은 영역에서는 더더욱 실천적인 노력을 가해야 한다. 생활지도와 상담에서는 접근 방식, 접근 주제에 따라 실천적인 노력을 하게 된다. 예를 들어, 개인 지도, 개인상담을 통해 개별 학생의 특성 이해 및 발달에 촉진적인 역할을 제공할 수 있다. 또한 집단 활동을 통해 학생들의 협동심, 사회성, 대인관계 능력 등을 지도할 수 있다. 특정 주제로 진행되는 상담이나 활동의 경우 해당 주제(예: 진로탐색, 분노조절 등)와 관련하여 학생들의 내적 성장을 도울 수 있다.

2) 회복적 생활교육

회복적 생활교육은 회복적 사법[1)]을 교육 장면에 적용하면서 논의된 관점 중의 하나이다. 회복적 생활교육의 초점은 손상된 각종 관계의 회복에 있으며, 이러한 회복적 생활교육은 기존의 생활지도의 초점과 방법을 더 구체화하였다고 볼 수 있다. 즉, 회복적 생활교육은 학생들 간의 관계에 더 초점을 맞추고, 관계 속에서의 갈등, 문제해결 방법에 있어서 보다 소통과 대화 중심으로 접근한다는 점에서 기존의 개념을 더 발전시켰다고 할 수 있다. 이러한 관점은 소년사법의 중요한 정책 방향을 제시하는 동시에 학교에서의 생활지도에서도 새로운 시사점을 주고 있다.

회복적 생활교육은 단기적 관점에서 학생들이 바른 행동을 하도록 부적절하고 잘못된 행동을 그만두게 하고, 장기적 관점에서는 학생들이 자신들의 행동에 책임을 질 수 있도록 하는 데 목적이 있다. 다만, 여기에서 기존의 생활지도와 회복적 생활교육의 중요한 차이가 처벌에 대한 관점이라고 할 수 있다. 기존의 생활지도 관점에서는 처벌도 하나의 교육적 방법이라고 하지만 회복적 생활교육에서는 처벌보다 공감, 성찰, 소통, 책임, 배려, 수용과 같은 접근을 더 중요하게 인식한다. 즉, 행동주의적 관점보다 인본주의나 실존주의적 관점을 더 강조하는 것을 알 수 있다. 특히 학생 간의 갈등이나 학교폭력과 같은 관계적 문제에서는 매우 근본적이고 효과적인 대처 방법이라고 할 수 있다. 예를 들어, 다음과 같이 인용한 회복적 생활교육의 핵심 목표(이재영, 정용진 공역, 2011)를 통해 기본 관점을 살펴볼 수 있다.

- 피해 사실을 바로 이해하고 피해를 입은 쪽과 입힌 쪽 모두가 공감하게 하기
- 피해를 입은 쪽과 입힌 쪽 모두의 필요를 듣고 응답하기
- 공동으로 문제해결 과정을 계획하고 진행하면서 얻은 개인적 성찰을 통해 책임감과 의무감 키우기
- 피해를 입힌 사람을 (그리고 필요한 경우, 피해를 입은 사람도) 공동체에 쓸모 있고 가치 있는 구성원으로 다시 받아 주기
- 서로 돌보고 배려하는 분위기를 조성하여 공동체를 보다 건강하게 세우기

1) 사법계열에서 소년사법을 처우함에 있어서 범죄에 합당한 처벌을 부과하는 처벌 중심의 관점과 달리 회복적 사법의 관점이 제시되면서 "특정 범죄와 관련된 모든 당사자들이 함께 참여하여 범죄로 인한 피해와 후유증을 건설적인 방식으로 해결하려는 새로운 시도"이다(김준호 외, 2013). 회복적 사법의 중요한 초점은 범죄로 인하여 손상된 각종 관계의 회복이며, "피해자에게는 범죄로 인한 피해를 회복하도록 도우며, 범죄자에게는 그들의 범행과 범행이 야기한 해악에 대해 책임을 지도록 요구"(김준호 외, 2013)하는 것이다.

- 발생한 피해를 해결하는 방향으로 시스템을 정비하기

이와 같은 학생지도의 목표와 방법은 수동적인 방식보다 모든 구성원이 능동적으로 자신의 역할과 책임을 다하고 다른 구성원과의 관계를 보다 건강하게 맺어 가는 과정을 경험하게 한다. 결국 이러한 노력을 통해 긍정적인 개인의 태도, 상호 존중, 협력적인 대인관계와 같은 목표를 달성해 나간다.

4. 생활지도와 상담의 주체

학생들에게 생활지도와 상담을 제공하는 주체는 교사, 상담자, 학교 관리자 등 여러 분야의 전문가들이다. 학교 내 모든 교육자가 생활지도와 상담의 역할을 하지만 맡은 업무에 따라 역할과 주안점을 다르게 둘 수 있다. 우선, 현행 제도에 따라 각 학교나 지역 중심으로 전문상담교사를 배치하여 학교상담을 전적으로 담당하고 있다. 그리고 학교에서 전반적으로 학생을 지도하는 역할은 대부분 담임교사에게 있기 때문에 담임교사가 상담자 역할을 수행하는 경우가 많고, 교과 담당교사가 학업, 진로 등 영역에서 상담자 역할을 수행하는 경우가 있다. 또한 생활지도부장이나 다른 관리자들이 상담자 역할을 수행할 수 있다. 전반적으로 학생의 호소 문제나 지도가 필요한 영역에 따라 협력적인 역할 분담을 하는 것이 효과적인 학교상담과 생활지도라고 할 수 있다. 여기서는 생활지도와 상담 역할을 많이 담당하는 담임교사, 교과지도 및 관련 업무 담당교사, 전문상담교사, 진로진학상담교사, 교육 관리자 중심으로 설명하고자 한다.

1) 담임교사

담임교사는 학급 운영의 주체로서 학급 전체 학생들을 전적으로 책임지고 학급의 원활한 운영을 도맡아 한다. 그렇기 때문에 담임교사는 많은 교사 중에서도 학생들을 가장 가까이 접하고 또 집중적으로 학생들을 관찰하고 지도할 수 있다. 이러한 담임교사라는 역할은 일반 교과 담당교사와의 역할 차이가 있다. 담임교사의 역할을 맡으면 여러 업무 중에서 생활지도의 비중이 높아지는데, 이 부분이 가장 어렵고 힘든 부분이라고도 할 수 있다.

담임교사는 학급의 연간 계획부터 학급 공동체를 유익하게 만들기 위해 사소한 것까지 챙기고 계획해야 한다. 거시적으로는 연간 계획이나 학기별 계획, 방학 계획 등을 고려하여 전반적인 활동이나 프로그램을 계획할 수 있으며, 미시적으로는 조·종례의 짧은 시간을 통해 학생에게 교육적인 개입을 할 수 있다. 학급 학생들의 특성, 장점, 개발할 점, 친밀감 향상 등 다양한 점을 고려하여 여러 주제와 방법을 고안할 수 있을 것이다. 학생들에게 바른 태도나 생활습관, 규칙 지키는 행동, 배려, 의사소통, 갈등 해결 등과 같은 생활 전반에 대해 지도할 수 있다. 따라서 학교생활 적응을 돕고 학생들의 인성/사회성 발달을 촉진하는 중요한 역할을 담당하는 사람이 담임교사라고 할 수 있다. 전반적으로 많은 학생의 변화를 이끌어 낼 수 있지만 일부 학생들의 경우 심층 상담이 필요할 수 있다. 담임교사 차원에서의 생활지도를 하는 동시에 상담이 필요하다고 판단하면 전문상담교사나 진로진학상담교사에게 의뢰할 수 있다. 또한 다른 전문가나 외부 기관과의 연계를 구축하여 학생을 지도할 수 있다.

2) 교과지도 및 관련 업무 담당교사

교과지도 교사의 주요 역할은 담당 과목을 맡아 수업을 진행하고 학습을 지도하는 것이다. 그러나 교과지도를 담당하면서 다른 업무(생활부장, 창의적 체험 활동 담당 등)를 동시에 맡아 진행하는 경우가 대부분이기에 수업 외 여러 장면에서 학생들을 지도할 수 있다. 일반적으로 생활지도는 전적으로 담임교사의 역할로 생각하기 쉬우나 실제 학교교육에 있어서 담임교사가 아닌 경우에도 다양한 장면에서 학생들을 관찰하고 지도할 수 있다. 오히려 교과지도나 관련 업무를 담당하는 경우, 특정 교과에서의 학습과 특정 영역에서의 학생들의 모습을 더 정확하고 세밀하게 관찰하고 지도할 수 있다. 특히 교과지도 교사 입장에서 학업 영역을 지도하거나 관련 교과목을 많이 활용하는 직업을 소개하고 학업에 흥미를 유발하는 활동을 할 수 있다. 즉, 학생들에게 학업 및 진로 영역에서 다양한 지도와 긍정적인 자극을 제공할 수 있다. 생활부장,

특별활동 등 관련 업무를 주관하는 경우, 집단 활동 등 다른 장면에서 학생들을 관찰하고 지도할 수 있기 때문에 중요한 역할을 할 수 있다. 대부분 학생들은 교사의 지도하에 많은 변화가 일어나지만 특별히 더 많은 지도와 상담 서비스가 필요한 학생의 경우 담임교사에게 학생에 관한 정보를 객관적으로 전달하고 담임교사가 다른 연계 서비스를 계획할 수 있도록 할 필요가 있다.

3) 전문상담교사

전문상담교사는 학교현장에서 상담과 관련된 주요 업무를 전적으로 담당하는 전문 인력이다. 2006년부터 전문상담교사 제도가 본격적으로 시행되면서 학교현장에 상담교사가 배치되고 학교상담이 본격적으로 전개되었다(한국교육과정평가원, 2008). 전문상담교사는 교과 수업을 담당하지 않고 학생들의 심리적 문제, 학업, 진로, 대인관계 등 다양한 영역의 어려움에 대해 상담을 제공한다. 또한 검사 및 기록, 생활지도 및 교육, 자문, 조정, 행정 및 사무, 자기개발 및 연구 활동 등 다양한 직무 내용을 수행한다(김인규, 조남정, 2010). 이와 같은 직무를 수행하는 것은 결과적으로 학생의 전인적 발달을 촉진하고, 어려움을 겪는 학생을 보다 적응적으로 발달할 수 있게 돕는 것이다.

일반적으로 학급 또는 학교에서 학생의 부적응이 발생할 때 담임교사나 생활부장, 각종 위원회 등에서 학생을 일차적으로 지도하고 더 전문적 상담이 필요한 경우 전문상담교사에게 의뢰한다. 또한 학생 스스로 상담을 원하는 경우 상담실에 내방할 수 있다. 결국 상담실에 내방하는 학생들에게 가벼운 불편함부터 심각한 부적응, 성격문제, 정신병리 및 기타 영역의 문제가 있을 수 있다. 학교에서의 상담 업무는 주로 학교 Wee클래스에 상주하는 전문상담교사나 지역을 순회하는 전문상담교사가 담당한다. 그 외에도 교육청 Wee센터에서 근무하는 전문상담교사가 있으며 해당 교육청 소관 지역의 학생, 학부모를 상담하는 업무를 담당한다. 또한 관련 조사, 행정 업무 등을 주관한다. 학교에 상주하는 전문상담교사의 경우 학교의 환경, 학생들의 특성 등을 파악하기 쉬운 장점이 있다. 교육청 Wee센터의 경우 학교 상담실보다 규모가 크기 때문에 더 다양한 서비스를 제공하는 장점이 있다. 현재 전문상담교사 인력이 많이 부족한 실정으로 국가 자격이나 주요 학회 자격을 가진 청소년상담사, 전문상담사 등이 전문상담교사와 함께 그 역할을 수행하고 있다.

4) 진로진학상담교사

학교상담에서 진로 · 진학 지도 및 상담 업무를 분리하여 수행하도록 하는 진로진학상담교사 제도를 도입한 것은 최근의 일이다. 일반적으로 모든 교사가 담당해야 할 학생의 진로지도, 진학 상담 등의 업무를 보다 강조하면서 전문 영역으로 업무를 분리시킨 것이다. 진로진학상담교사는 각 학교의 진로교육 총괄 관리자로서 학생 진로개발 촉진자, 학생 진로문제 중재자, 입시전형준비 지원자, 지역사회지원 연계자 역할을 담당한다(교육과학기술부, 2010). 주요 직무 내용은 진로교육 기획 및 총괄 업무, 진로진학 관련 학생 지도 및 상담 업무, 진로교육 제반 여건 조성 업무 등 진로 및 진학에 필요한 광범위한 지도, 상담, 지원 업무 등이다(교육과학기술부, 2011).

진로진학상담교사는 '진로와 직업' 교과목을 담당하고, 중 · 고등학생의 진로발달, 진로선택과 의사결정에 대한 촉진, 진로 관련 문제에 대해 개입하며, 그리고 상급학교 진학에 대한 조력을 제공한다. 중학교의 경우 자유학기제 시행에 필요한 프로그램의 기획, 개발 및 운영을 담당한다. 고등학교에서는 대학 진학지도 외에도 취업지도, 군입대 관련 상담 등을 제공한다.

5) 교육 관리자

교육 관리자란 학교 내에서는 일반적으로 교장과 교감을 뜻하며, 그 외에는 교육청 단위에서의 관리자를 포함할 수 있다. 여기에서는 학교 내 관리자를 중심으로 그 역할을 설명한다. 학교장 및 교감은 학교 운영에 필요한 전반적인 계획을 세우고 각 사업에 필요한 예산 관리 등 전반적인 체계를 갖추는 데 주력한다. 생활지도 전반에 대해 학교 전체의 운영방침, 위원회 구성 등과 관련된 사업계획을 수립하고, 예산, 인력 배분 등에 대해서도 계획을 세운다. 또한 전문상담교사와 진로진학상담교사의 업무 지도, 조언, 협조 등을 시행할 수 있다. 관리자 차원에서 학생지도에 대한 전반적 내용을 파악하여 지속적으로 검토하고 관리하는 것이 필요하다.

5. 생활지도와 상담의 방법

일반적으로 생활지도와 상담의 개념을 다르게 이해하지만, 생활지도를 전반적인 지도로 이해한다면 상담을 생활지도의 한 가지 방법으로 간주할 수 있다. 여기에서 소개하고 있는 생활지도와 상담의 방법은 이러한 상담의 구체적인 방법부터 더 포괄적인 생활지도의 방법까지 포함하고 있다. 예를 들어, 개인상담, 집단상담, 심리검사 등의 방법은 상담에서 전형적으로 활용하는 구체적인 방법이고, 교내·외 활동이나 자문 및 의뢰와 같은 방법은 매우 포괄적인 생활지도의 방법이라고 할 수 있다. 각각에 대해 살펴보면 다음과 같다.

1) 개인상담

여기에서 설명하고 있는 개인상담은 학생지도 차원에서 진행되는 일반적인 면담일 수 있고, 또 다른 한 가지는 전문상담교사, 진로진학상담교사, 외부 상담사 등 상담 전문 인력이 개별 학생이나 학부모를 대상으로 하는 개인상담이다. 일반적으로 학업지도 및 생활지도 영역에서의 상담은 담임교사를 포함하여 모든 교사가 상담을 진행할 수 있다. 특정 호소문제나 개입이 필요한 경우 상담 전문 인력이 개인상담을 진행해야 할 것이다.

학교에서의 개인상담은 크게 두 가지 경로를 통해 이루어진다. 하나는 학생 스스로 자기이해, 적응, 변화의 필요성을 느끼고 상담실에 찾아오는 경우이며, 다른 하나는 학생 개인의 의지와 상관없이 담임교사나 학부모, 학교의 각종 위원회에 의해 의뢰되는 경우이다. 특히 학교폭력 등 문제가 발생했을 때 상담을 의무적으로 하는 경우가 많기 때문에 비자발적으로 이루어지는 상담이 상당히 많다고 할 수 있다. 담임교사가 생활지도의 일차적 역할을 담당하기 때문에 상담이 필요한 학생에 대해 상담을 권유하거나 의뢰할 수 있다. 학생의 주요 어려움이나 문제에 따라 상담 주제, 영역에 대해 판단하여 전문상담교사나 진로진학상담교사에게 의뢰하고 필요하다면 학부모 상담 등을 안내할 수 있다.

개인상담을 통해 보다 집중적 · 심층적으로 호소문제나 필요한 영역에 대해 개입할 수 있다. 따라서 담임교사나 교과지도 교사가 학생에게 제공할 수 있는 상담, 또 전문상담교사나 진로진학상담교사가 제공할 상담 서비스를 구분하여 학생에게 적절하게 권유하고 협력적인 조력 시스템을 만들어 가야 한다. 상담에 관한 이론적 · 실제적 설명은 제2장을 통해 학습할 수 있다.

2) 집단상담

집단상담은 여러 구성원이 같은 목적으로 집단을 이루고, 모두 내담자가 되어 상담에 참여하는 방식이다. 이때 상담자를 집단 리더라고 한다(두 명의 경우 다른 한 명을 코리더라고 함). 즉, 한 명 또는 두 명의 상담자가 집단 형태로 상담을 진행하는 것이다. 일반적으로 집단상담은 여러 형태나 목적이 있지만 여기에서는 학교상담 장면에서 주로 진행되는 심리교육을 목적으로 하는 집단상담에 대해 간단히 소개한다. 또한 비구조화 집단과 구조화 집단 중에서 학교 장면에서는 주제, 진행 방식이 구조화된 집단상담을 주로 진행한다.

학교상담에서의 집단상담은 학급 단위의 집단 지도와 달리 8~15명 정도의 학생이 하나의 소집단을 구성하여 필요한 주제로 상담을 진행하는 방식이다. 이러한 집단상담은 전문상담교사나 진로진학상담교사가 주로 운영한다. 학교에서의 집단상담은 대부분 특정 주제에 따라 10회기 내외로 회기별 주제, 내용 등이 마련된 매뉴얼에 따라 운영되는 구조화된 방식의 집단상담이다. 일반적으로 비슷한 어려움을 겪는 학생이나 비슷한 발달 수준에 있는 학생들을 주제의 동질성 측면이나 발달 수준의 동질성 측면에서 소집단을 구성하고 상담을 운영한다. 예를 들어, 의사소통 능력 향상 집단상담 프로그램, 자기주장 훈련 집단상담 프로그램, 진로탐색 집단상담 프로그램 등과 같은 주제로 필요에 따라 비슷한 어려움을 겪는 학생들을 집단원으로 구성하여 집단상담을 운영한다.

집단상담은 개인상담에 비해 몇 가지 장점이 있다. 같은 주제로 운영된 집단에서 개인상담보다 더 효과적으로 내담자의 변화를 촉진할 수 있다. 보편성 인식, 관찰학습 등이 집단에서 일어나기 때문에 개인상담에 비해 더 강력하고 더 효과적인 면이 있다. 또한 다수의 집단원이 동질감과 공감, 수용 등 경험을 상호 느끼기 때문에 자연스러운 변화가 가능하다. 개인에 대한 접근보다 다수 학생에 대해 개입이 가능하기 때문에 효율성 측면에서도 장점이 있다. 다만, 개인적 문제에 대해 집단 상황에서 접근하기 어려울 수 있기 때문에 모든 학생이 집단상담에 적합하거나 효과적이지는 않다. 따라서 집단원 모집 단계에서 사전 적합성 여부 등을 판단하여 선별할 필요가 있다.

3) 심리검사

학교현장에서 학생들의 학업적 · 심리적 · 행동적 측면의 다양한 특성을 이해하고, 문제의 조기 발견 등의 목적으로 심리검사를 사용한다. 예를 들어, 학습전략 검사, 진로발달 검사, 인터넷 과다사용 진단 검사, 성격검사 등 여러 영역의 검사들을 활용하고 있다. 검사의 종류와 측정하는 내용이 다양하고, 측정방법도 다채롭기 때문에 검사를 활용할 때 종합적인 검토가 필요하다. 검사의 활용 목적, 활용 방법, 검사의 신뢰도와 타당도 검토 등이 선행되어야 한다. 개인검사나 도구를 사용하는 검사보다 집단검사, 지필검사가 컴퓨터 채점 등이 가능하며 더 경제적이고 효율적으로 많은 학생들의 정보를 얻고 지도에 활용할 수 있다. 반면, 개인검사의 경우 개별 학생의 구체적인 문제를 파악하는 데 유용하고 상담에 필요한 진단 및 예후를 확인할 수 있다.

심리검사가 매우 객관적이고 경제적인 방법이기는 하지만 고도의 전문성을 요구하기 때문에 검사를 잘 활용하려면 측정하고자 하는 내용에 관해 명확한 개념을 이해하고 검사 목적, 검사 방법을 검토해야 한다. 심리검사 실시 자체가 목적이 아니라 그 결과를 통해 학생을 이해하고 적절한 지도 방법을 고안하는 게 중요하다. 그렇기 때문에 검사를 실시한 후 학생 특성을 종합적으로 이해하고, 그 결과를 학생 지도에 활용해야 한다. 따라서 검사의 실시, 검사 결과 산출, 검사 결과 해석 및 활용에서 검사의 타당도를 확보하는 노력을 해야 한다(제4장 참조).

4) 교내 · 외 활동

생활지도에 대해 관심을 가지고 적극적으로 임하려면 다양한 방법이 있다는 것을 알아야 한다. 우선, 학생과 교사가 가장 자주 접촉하는 시간이 교과 수업 시간이며, 학생들이 학교에서 가장 많이 보내는 시간이기도 하다. 교과지도 내용에 따라 다양한 생활지도의 영역이나 주제와 연계해서 활용할 수 있다. 예를 들어, 국어 수업 시간의 경우, 언어의 사회적 의미 등을 가르치면서 바른 언어 습관, 의사소통, 대인관계 등의 영역과 연계해 볼 수 있다.

비교과 학생지도의 경우 다양한 프로그램을 계획하거나 활용하여 포괄적이고 다양한 활동으로 생활지도를 할 수 있다. 교과지도 외에 학교에서 진행되는 다양한 특별활동, 방과 후 활동, 학급경영에서 활용하는 집단 지도, 학교 행사, 견학이나 직업체험 활동 등 모두 비교과 학생지도 프로그램으로 활용할 수 있다. 다양한 비교과 학생지도 프로그램을 적절히 활용하면 학생지도에 매우 큰 효과를 볼 수 있다.

비교과 학생지도 프로그램은 교내에서 진행하는 학급 단위의 활동과 학년이나 학교 전체 행사와 같은 활동들이 있을 수 있다. 또한 학교 밖으로 확장해 나가는 경우 더 많은 기관과의 연계 및 협력이 필요하기 때문에 활동의 목적, 주제, 시기, 활동 방법, 예산, 담당자, 관련 기관과의 협력 등을 모두 고려해야 한다. 작은 규모, 짧은 시간의 활동에서 대규모로 장기간 지속되는 활동까지 폭넓게 계획하고 운영할 수 있다.

5) 자문 및 의뢰

수많은 학생을 지도하는 데 어느 개인의 노력으로 모든 것을 해결할 수는 없다. 청소년 지도 및 육성은 전 사회의 역할이기 때문에 학생들이 겪고 있는 여러 가지 어려움에 대해 학교 내 · 외의 다양한 전문 인력 및 기관과 협력하는 것이 필요하다. 따라서 여기에서는 학교 내부, 교육청 단위 및 타 기관과의 연계망을 활용하여 자문과 의뢰를 요청하는 방법에 대해 소개하고자 한다.

(1) 학교 내 연계

학생들을 지도하는 데 있어서 학교 내에서는 일차적으로 담임교사의 지도가 우선이다. 그리고 역할 분담에 따라 학교 내의 다양한 장면에서 학생들의 문제행동을 발견할 수 있다. 학생들의 개인 특성이 다르고, 발견되는 문제 영역이 다르기 때문에 학생의 전인적 발달을 위해 역할 간의 협력이 필요하다. 즉, 학생들에게 지도가 필요한 영역을 확인하고 다양한 측면에서 영역별 전문가의 자문과 지원을 요청하는 것이 더 효과적인 교육이라고 할 수 있다.

학교 내 학생지도를 위한 연계는 학교장을 중심으로 생활부장과 같은 책임교사, 담임교사, 교과지도교사, 전문상담교사, 진로진학상담교사, 보건교사 등을 통해 이루어진다. 개별 학생에 대한 정확한 이해를 바탕으로 필요한 지도 영역이 무엇인지를 논의하고, 역할 배분을 어떻게 할 것인지, 구체적으로 어떤 방법으로 지도하는 것이 더 효과적인지에 대한 협력적 논의가 필요하다. 그 외에도 학생에 대한 지도는 근본적으로 학부모나 보호자와 논의하고 협력해야 한다는 점을 잊어서는 안 된다.

(2) 교육청 단위의 연계

학교에서 사건 · 사고가 발생하거나, 학생들이 심각한 문제행동을 했을 때 학교 차원을 넘어 교육청을 통해 지원받을 수 있다. 문제의 수준에 따라 보다 많은 전문 인력, 더 높은 직급의 관리자들의 개입을 필요로 하는 경우, 문제의 영역을 명확히 하고, 어떤 관련 부서 및 기관과의 연계가 필요한지를 판단하여 지원과 협력을 요청한다. 구체적인 기관이나 부서명은 각 시 · 도 교육청마다 다르지만 기본적으로 학생생활교육 지원을 담당하는 부서와 Wee센터, 수련원 등의 기관에 지원을 요청할 수 있다. 특히 심리적 문제에 대한 개입으로는 임상심리전문가, 상담전문가, 사회복지사 등의 지원을 요청할 수 있다.

(3) 타 기관 및 사회 연계망 구축

학생지도에 있어서 학교나 교육청을 넘어 더 많은 사회적 관심과 지원을 요청할 수 있다. 학생들의 다양한 배경에 따라 장애 학생, 다문화 가정 학생, 탈북 청소년, 위기 청소년, 가출 청소년, 저소득층 가정 청소년들의 여러 특성을 고려하여 적절한 지원을 요청할 수 있다. 이와 관련된 사회적 연계 기관으로는 장애인복지관, 다문화가족지원센터, 탈북청소년교육지원센터, 청소년쉼터, 청소년상담복지센터, 정신건강증진센터 및 각종 복지관 등이 있다. 또한 시도교육청이나 지방자치단체나 각종 지원센터 등에 지원을 요청할 수 있다. 특히 청소년상담복지개발원 중심으로 지역사회 청소년 통합 지원 체계(Community Youth Safety net: CYS-net)를 구축하여 지역사회 내 청소년에 대한 지원을 제공하는 사업을 추진하고 있다. 이 지원 체계는 전문상담인력을 통해 학업 중단, 가출, 인터넷 중독 등 위기 상황에 처해 있는 청소년에 대해 보호, 교육, 상담, 자립 등을 돕는 맞춤형 서비스를 제공한다.

6. 생활지도 및 상담에 임하는 자세와 태도

교사의 역할은 크게 학업지도, 진로지도, 인성/사회정서 발달지도라고 할 수 있는데, 이러한 역할을 충실히 잘 수행하기 위해 교사로서 갖춰야 할 자질과 태도를 고려할 필요가 있다. 어떤 영역이든 교사로서의 역할은 항상 학생과의 상호작용 속에서 일어난다. 그렇기 때문에 교사로서 어떤 성품과 역량을 가지는지가 교육의 관건이라 할 수 있다. 교육의 질이 교사의 질을 넘어설 수 없다는 것도 이와 같은 맥락이라 할 수 있다. 여기서는 구체적으로 생활지도 및 상담에 임하는 교사의 자세와 태도에 대해 기술하고자 한다.

첫째, 교사의 전문성 함양이 매우 중요하다. 교사는 지식을 가르치고, 학생들의 인성, 진로 등을 개발하는 역할을 한다. 그렇기 때문에 사회적 변화를 인식하여 자신이 담당하는 교과에 관한 지식, 교수법에 관한 지식, 청소년 발달에 관한 지식 등을 학습하고 효과적으로 적용해야 한다. 유능한 교사는 전문적인 지식을 잘 가르칠 뿐만 아니라 전문적인 지식을 응용하여 학생들을 이해하고 효과적으로 지도한다. 즉, 전문성을 가지고 학생들을 정확히 이해하고 학생들의 성장과 변화를 이끌어 내는 교사가 되어야 한다. 특히 지식적인 측면에서 지속적인 자기개발을 통해 급변하는 사회에 대응하고, 교육자이면서 학습자 역할에 충실해야 한다. 교육의 질은 교사의 질을 능가할 수 없다는 점을 고려하면 미래 사회를 준비하기 위해 교사의 전문성이 한층 더 높아질 필요가 있다. 그래야만 창의적이고 미래지향적인 청소년을 육성할 수 있다.

둘째, 교사는 교육전문가로서 지식적인 측면에서의 전문성뿐만 아니라 교육자로서의 가치관, 도덕성, 바른 성품, 사회적 협력 능력 등을 갖춰야 한다. 교사의 성품과 태도는 학생에게 그대로 영향을 미치기 때문에 바람직한 사회적 가치, 도덕성, 객관적이고 편협하지 않은 가치관, 세계관을 가지는 것이 필요하다. 더불어 타인과의 협력, 공동체 의식 등을 갖추면서 소속된 기관, 그리고 더 넓게는 사회적 관계 속에서 자신의 전문성을 발휘하는 것이 필요하다.

셋째, 교사는 타인에 대한 이해 및 존중의 자세와 태도가 필요하다. 교사는 학생, 학부모와 같은 많은 사람과 교류하고 상호작용하는 역할을 하기 때문에 바른 가치관, 도덕성뿐만 아니라 정서적 민감성을 갖추고 타인을 이해하고 수용할 수 있는 자세와 태도가 필요하다. 특히 아동 · 청소년의 경우 미숙하고 성장기에 있기 때문에 여러 가지 측면에서 교사의 이해심, 인내심, 정서적 민감성 등이 요구된다. 학생뿐만 아니라 학부모와 교류할 때도 다양한 배경을 가진 학부모와 상호작용하기 때문에 타인에 대한 이해 능력, 존중과 수용이 필요하다.

넷째, 교사는 안내자, 지원자, 촉진자의 태도와 자세가 필요하다. 학생의 능력을 믿고, 학생이 능동적 존재라는 관점으로 교사는 학생들의 여러 측면의 발달을 촉진하는 안내자, 지원자의 역할을 수행한다. 그러므로 학생들이 미숙하고 실수를 하더라도 교사는 평가하지 않고 그들을 믿고 기다려 주며 성장 과정에 함께하는 든든한 지원자가 되어야 한다.

교권이란 무엇인가

'교사가 학부모에게 무릎을 꿇었다, 중학생이 교사를 발로 걷어찼다, 교권이 땅에 떨어졌다, 교총이 명예훼손죄로 학부모를 고발했다.' 등 이러한 모든 것에 대해 나는 이렇게 말하고 싶다. "저희 교사들의 잘못입니다. 그 어떤 경우라도 저희 교사들의 잘못입니다." 너무나 열심히 하고 계시는, 존경이라는 단어가 무색한 이 땅의 많은 선생님께는 정말 죄송하다. 그래도 우리 교사들의 탓이라 말하고 싶다.

이런 문제가 생기면 자주 이야기되는 것 중 하나가 '군사부(君師父)일체'라는 말이다. 군주를 제외한 '사부 일체'에 대해서 이야기를 하겠다. '부모와 스승이 같다.'는 것은 어떤 의미일까? 같은 대우(?)를 받아야 한다는 것일까? 같은 책임을 가지고 있다는 것일까? 이분법적으로 딱 잘라 어느 것이다 말할 수는 없겠지만, 나는 후자 쪽이 더 클 거라는 생각과 함께 이 말은 우리 교사들을 참으로 힘들게 하는 말이라 생각한다. 솔직히 나는 스스로에게 '부모'와 같은 마음일까를 물어보면서 자신 있게 그렇다고 대답할 수 없었다. 아이들이나 학부모님들과 이야기를 할 때 그나마 '부모만큼이야 하겠습니까마는, 학교 담임은 그래도 반(半)부모라고는 할 수 있으니…….' 정도의 이야기밖에 하지 못하는 것이 사실이다. '반부모'라는 것도 어쩌면 나의 변명이나 허영일지도 모른다. 하지만 부모와 같은 마음으로 아이들과 함께하는 선생님도 많이 계신다.

교권이란 무엇일까? 교사의 권리…… 교사가 누려야 할 권리일까? 나는 교사의 권리는 '교육을 할 수 있는 권리'라고 생각한다. 물론 교육을 하기 위해 지키고 존중해야 할 것이 포함되어야 한다. 나는 3월에 아이들을 처음 만나면 아이들에게 고맙다는 말을 꼭 한다.

"고마워요. 여러분은 선생님이 교사라는 직업으로 살아갈 수 있도록 해 주는 정말 고마운 존재랍니다. 선생님은 교사로 살아가는 것이 너무 좋습니다. 그런데 그것이 나 혼자 하고 싶다고 되는 걸까요? 아무리 선생님이 학교에 오고 싶고, 교사라는 직업이 좋다고 해도 학생이 없으면요? 이 세상에 아무도 학교에 오는 사람이 없으면요? 학생이 단 한 사람도 없으면 내가 어떻게 교사로 살아가죠? 그래서 여러분은 존재 그 자체만으로도 내게는 너무도 고맙고 소중해요."

이러는 내가 학생들에게 비굴해 보일까? 이런 나를 바라보며 교권이 땅에 떨어졌다고 혀를 찰까? 나는 교권은 그 어떤 상황에서도 그 어떤 아이도 가슴에 끌어안고 가려 노력할 때 우리 안에서 꿋꿋하고 견고하게 바로 선다고 생각한다. 우리가 그 아이들을 포기하지 않을 때 우리의 교권, 교육할 권리는 끝내 무너지지 않는다고 말이다.

교권은 누가 교사들에게 주는 것이 결코 아니다. 학생에게 맞았다고 해서, 학부모에게 무릎을 꿇었다고 해서 교권이 무너졌다고는 생각지 않는다. 물론 너무 슬프고 가슴 아픈 일이지만…….

교권은 우리 교사들이 '그래, 저 자식은 도저히 안 되겠어. 저런 놈이 뭔 인간이 되겠어.'하며 스스로 교육할 의지를 포기할 때, 그때 우리 안에서 처참히 무너지는 것이라 생각한다.

폭력을 당한 교사의 이야기도 마찬가지이다. 누구의 잘못을 이야기할 수 있을까? 그 아이는 바로 우리의 제자인데, 교권, 교육의 권리를 가진 자가 누구인가? 바로 교사인 우리들이다. 그 아이가 그런 행동을 한 건 결국 교육을 제대로 받지 못한 결과라면?

물론 그 책임이 전적으로 우리에게만 있다는 것은 아니다. 그 아이는 태어나서 지금까지 어쩌면 그런 것들이 너무 당연하다고 생각되는 환경에서 살아왔을 것이다. 제대로 배우지 못해서 그런 것이라면 야단을 치고 비난을 하고 벌을 준다고 과연 해결이 될까? 그 아이를 나무라는 것이 목표가 아니라 그 아이를 제대로 가르치는 것이 우리의 궁극의 목표이다. 가르치는 일, 제대로 가르치는 일이 우리의 소명이다.

교권은 그 어떤 상황에서도 그 어떤 아이도 가슴에 끌어안고 가려 노력할 때 우리 안에서 꿋꿋하고 견고하게 바로 선다. 우리가 그 아이들을 포기하지 않을 때 우리의 교권, 교육할 권리는 끝내 무너지지 않을 것이다.

출처: 이영미(2012), pp. 106-109에서 일부를 발췌함.

수업활동 1

내가 경험했던 교사

1. 그동안 학생 신분으로 만났던 여러 선생님의 모습을 회상해 보고, 다음과 같은 질문에 대한 답을 찾아봅시다.

   1) 학생들이 존경하고 따르는 교사는 어떤 모습인가요?

   2) 학생들이 선호하지 않은 교사는 어떤 모습인가요?

   3) 교과지도를 잘하는 교사는 어떤 특징이 있나요?

   4) 생활지도를 잘하는 교사는 어떤 특징이 있나요?

2. 조별로 의견을 나눈 후 정리해서 발표해 봅시다.

수업활동 2

내가 되고 싶은 교사

1. 가르쳐 본 경험이 있다면 관련 경험을 서로 나누어 봅시다.

2. 수업활동 1의 질문을 참고하여 다음 질문에 답해 봅시다.

   1) 나는 학생들의 기억 속에 어떤 교사로 기억되고 싶은가요?

   2) 교사의 사회적 책무는 무엇인가요?

   3) 교사로서 겪을 수 있는 어려움은 무엇일까?

3. 서로 의견을 나누고 내용을 정리하여 발표해 봅시다.

참고문헌

강정화, 최인수(2006). 창의적 문제해결력 프로그램이 대학생의 창의적 문제해결 성향과 수행능력에 미치는 효과. **교육심리연구, 20**(3), 679-701.

강진령(2015). **학교상담과 생활지도 이론과 실제**. 학지사.

교육과학기술부(2010). 진로진학상담교사 역량 개발. 교육과학기술부 진로진학상담교사 자격 연수교재.

교육과학기술부(2011). 진로진학상담교사 업무・활동 매뉴얼.

김계현, 김동일, 김봉환, 김창대, 김혜숙, 남상인, 천성문(2009). **학교상담과 생활지도**(2판). 학지사.

김인규, 조남정(2010). DACUM법을 활용한 전문상담교사의 직무분석 연구. **한국교원교육연구, 27**(2), 97-115.

김준호, 노성호, 이성식, 곽대경, 박정선, 이동원, 박철현(2013). **청소년비행론**(3판). 청목출판사.

김효선(2013). 청소년과 부모의 사회적 활동이 청소년의 사회적 책임감에 미치는 영향. **미래청소년학회지, 10**(4), 161-178.

노성덕, 배영태, 김호정, 김태성(2011). 지역사회청소년통합지원체계(CYS-Net) 발전방안 연구: 청소년상담지원센터 정착을 중심으로. 한국청소년상담복지개발원.

노안영(2011). **집단상담 이론과 실제**. 학지사.

박숙영(2014). **회복적 생활교육을 만나다**. 좋은교사운동.

신혜진(2011). 미국의 학교상담 모형. 최상근(2011). 국외 우수 상담 사례 연구 중에서. 한국교육개발원.

유정이(1997). 한국 학교상담 형성과정 연구: 1945~1960년대 말 중등학교 상담을 중심으로. 서울대학교 대학원 박사학위논문.

윤은희(2021). 미국의 학교상담 모형과 시사점. 한국학교상담학회 학술대회 발표자료.

이동귀, 박현주, 천성문, 이희경, 김동민, 서영석, 이성직, 장석환, 함경애 공역(2020). **상담심리학**(*Counseling Psychology, 3rd ed.*). Gelso, C. J., Williams, E. N., & Fretz, B. R. 공저. 학지사. (원저는 2014년에 출판)

이영미(2012). **나는 대한민국의 행복한 교사다**. 도토리창고.

이장호(1997). **상담심리학**(제3판). 박영사.

이재영, 정용진 공역(2011). **회복적 학생생활교육**(*Restorative Discipline for Schools*). Amstutz, L. S., & Mullet, J. H. 공저. Korea Anabaptist Press. (원저는 2005년에 출판)

임은미, 안주영, 임신일, 정수진, 황근순(2013). **생활지도와 상담**. 교육과학사.

정원식, 박성수(1978). **카운슬링의 원리**. 교육과학사.

한국교육과정평가원 편(2008). **자격종별 「전문상담교사(2급)」의 교사 자격 기준 개발과 평가 영역 상세화 연구: 2009학년도 개편 중등교사임용후보자선정경쟁시험**. 한국교육과정평가원.

제2장

상담이론

상담은 내담자의 문제를 예방하거나 해결하기 위해 내담자의 마음을 살펴보고 새로운 경험을 통해서 심리적 성숙을 이루도록 안내하는 심리여행이라고 할 수 있다(권석만, 2012). 상담이론이란 이러한 심리여행을 안내하는 지도 또는 나침반의 역할을 한다. 이미 많은 내담자와의 상호작용을 통해 성공적으로 상담을 경험한 상담자들이 제시하는 상담이론을 통해 우리는 내담자의 문제를 어떻게 이해하고 어떻게 도울 것인지에 대한 해답을 구할 수 있다.

어떤 이론이든 상담의 기본 원리는 다르지 않지만, 인간의 성격과 정신병리를 설명하는 관점, 변화를 위한 구체적인 방법은 각 이론마다 다르고 저마다의 장단점이 있다. 따라서 효과적인 상담을 위해서는 다양한 상담이론을 이해하고 적용대상과 문제유형에 따라 이를 적용할 수 있어야 한다. 여기서는 상담이론의 시초라고 할 수 있는 정신분석 이론과 이와 다른 전제를 선택한, 또 다른 주요 흐름인 행동주의/인지행동상담과 인간중심상담, 마지막으로 학교 장면에서 비교적 적용하기 쉬운 해결중심상담에 대해 안내하고자 한다.

1. 정신분석

정신분석(psychoanalysis)은 Freud(1856~1939)로부터 시작된 1세대 상담이론으로, 1800년대 말과 1900년대 초에 개발되어 지금까지도 많은 상담자가 내담자를 이해하는 데 크게 기여하고 있는 주요 이론이다. Freud의 이론적 기여 중에서 가장 중요한 것 중 하나는 무의식을 강조하고, 무의식이 인간발달과 심리문제와 관련되어 있다고 강조한 것이다(김병석, 김지현, 최희철, 선혜연 공역, 2015). 즉, 사람들은 그들이 행동하도록 추진하고 동기를 부여하는 것이 무엇인지 대개 알지 못하는데, 그 알아차리지 못하는 모든 사고, 감정, 기억할 수 없는 생리적 · 심리적 경험을 의미하는 무의식이 우리의 행동을 결정하는 데 중요한 영향을 미친다는 것이다. 정신분석 이론은 이렇듯 성격의 무의식적 측면을 강조하고, 이 무의식을 의식으로 끌어올리는 것을 상담의 주요 목표로 삼는다.

1) 인간관

Freud는 인간을 생물학적 존재로 가정하고, 인간의 모든 행동, 사고, 감정이 무의식적 본능을 충족시키려는 욕망에 의해 동기화된다고 보았다. 특히 일상생활에서 쉽게 충족되지 않을 뿐만 아니라 사회적으로 억압되는 성적 추동(sexual drive)을 무의식 세계의 주된 동력이라고 생각했으며, 이러한 성적 에너지를 리비도(libido)라 지칭했다. 리비도는 초기 이론체계에서 성적 에너지를 일컫는 용어였지만, 후기에는 성적 에너지뿐만 아니라 모든 삶의 본능 에너지를 지칭하는 용어로 그 개념이 확장되었다(김춘경, 이수연, 이윤주, 정종진, 최웅용, 2016).

또한 정신분석에서 인간은 결정론적 존재로 개인이 겪는 갈등은 내부에 존재하는 어떤 심리내적 원인에 의해 결정되는 것으로 본다. 특히 초기 아동기에 어떤 경험을 하는가에 따라 기본적인 성격이 형성되고 이렇게 형성된 성격구조는 성인기가 되어도 변하지 않는다고 가정한다. 정신분석에서는 어린 시절의 경험, 특히 부모와의 상호작용 경험이 성격형성의 기초를 이룬다고 본다(권석만, 2012).

2) 주요 개념

(1) 성격구조

Freud는 인간의 성격구조가 원초아(id), 자아(ego), 초자아(superego)의 세 부분으로 구성되어 있다고 보았다. 원초아는 태어날 때부터 존재하는 생물학적 구성요소로, 쾌락의 원리를 따라 본능적 욕구를 충족시키기 위한 무의식적 성격체계이다. 이는 본능적 욕구를 충족시키기 위해 맹목적이고 요구적인 특성을 띤다. 예를 들면, 어린아이가 배가 고프거나 불편할 때 주위의 여건이나 타인의 입장을 고려하지 않은 채 울음을 터뜨려 즉각적으로 자신의 욕구를 충족하려는 행동이 원초아의 특성을 반영한다고 볼 수 있다(신효정, 송미경, 오인수, 이은경, 이상민, 천성문, 2016). 자아는 심리적 구성요소로, 현실의 원리에 따라 본능적인 욕구 충족을 지연시키거나 억제시킨다. 즉, 본능적인 충동이나 욕구와 주변 세계 사이를 중재하며 조절하는 기능을 한다. 예를 들어, 수업시간에 배가 고프더라도 바로 먹을 것을 먹지 않고 쉬는 시간을 기다렸다 매점으로 달려가는 학생의 행동은 자아의 특성을 반영하는 것으로 볼 수 있다. 마지막으로 초자아는 성격의 사회적 구성요소로, 원초아와 자아가 개인적 차원이라면 초자아는 부모, 나아가 사회의 기준을 내면화한 것으로 볼 수 있다. 초자아는 도덕의 원리를 따라 수용할 수 없는 원초아의 본능적 충동을 차단하고 자아가 보다 도덕적으로 작용할 수 있도록 압력을 가한다. 예를 들면, 배가 고픈 아동이 길에 떨어진 돈을 주웠을 때 자신의 배고픔을 채우기보다 돈을 잃어버린 사람의 입장이나 잃어버린 돈의 주인을 찾아 줘야 한다는 도덕적 규범에 따라 근처 파출소에 주운 돈을 갖다주는 행동을 들 수 있다(신효정 외, 2016).

(2) 심리성적 발달 단계

Freud는 사람의 인생에서 아동기와 청소년기를 결정적인 발달 단계로 보고, 생물학적 욕구와 쾌락원리를 바탕으로 유아기에서부터 시작되는 심리성적 발달 단계를 제시하였다. 이에 따르면, 생후 초기 6년간의 심리성적 발달과정에 의해 성격의 기본적인 구조와 기능이 형성되고, 각 단계마다 적절한 욕구가 충족되지 않거나 과도하게 충족될 경우, 심리적 문제가 발생하거나 고착현상이 일어나게 된다.

① 구강기

구강기의 유아는 먹는 것과 빠는 것으로 욕구를 충족한다. 이 단계에서는 초기 양육자(주로 엄마)에게 의존할 수밖에 없는데, 이때 초기 양육자와의 관계를 통해 타인을 의지하고 신뢰하는 것을 학습하기 시작한다. 배가 고플 때 젖을 주는 엄마로부터 사랑과 인정을 경험하고, 그렇지 않을 경우 거절에 대한 불안을 경험하게 된다.

② 항문기

항문기의 핵심과제는 더 높은 수준의 자기통제를 획득하는 것이다. 이 시기의 아동은 배변훈련을 통해 배설작용을 조절하게 되고, 적절한 긴장을 유지했다가 배설했을 때 긴장이 해소되는 쾌감을 맛보게 된다. 이를 통해 아동은 초기 양육자에게 온전히 의존하던 것에서 벗어나 어떻게 움직여야 하는지, 어떻게 자신의 삶에 대한 통제력을 발휘해야 하는지, 어떻게 분리개별화[1]를 이루어 온전한 자기 자신이 되는지를 배우기 시작한다.

③ 남근기

남근기의 아동은 성기를 만지거나 자극을 줌으로써 쾌감을 얻는다. 이 시기의 아동은 이성 부모에게 무의식적인 성적 욕구를 느끼게 되는데, 남아는 어머니에 대해 성적 욕구를 느끼면서 아버지를 경쟁자로 여기는 오이디푸스 콤플렉스(Oedipus complex)[2]를, 여아는 이와 반대되는 엘렉트라 콤플렉스(Electra complex)를 경험한다. 이를 통해 아동은 삶에서 주어지는 성역할을 이해하고, 사회가 정의한 역할에 관한 이전의 모든 학습을 통합하는 방식으로 성역할의 의미와 중요성에 관한 인식을 발달시킨다.

④ 잠복기

잠복기가 되면 남근기에 고조되었던 성 에너지가 다소 진정되면서 자신에게 쏠렸던 에너지가 외부로 향하게 된다. 즉, 학교, 친구, 취미생활 등에 관심을 보이고, 타인과 새로운 관계를 형성하고자 한다.

1) 유아가 어머니와의 공생적 관계에서 벗어나 안정된 자기 개별성과 대상항상성을 얻어 가는 것
2) 어머니에 대해 무의식적으로 성적 욕구를 느끼고, 어머니에게는 호의적이나 경쟁상대로 여기는 아버지에게는 적대적인 감정을 갖는 복합적인 감정 상태. 강력한 경쟁상대인 아버지로부터 거세공포를 느끼게 되면서 절대적인 아버지로부터 엄마를 독점하려는 욕구를 포기하고, 엄마 옆에 있는 아버지를 동일시함으로써 엄마의 사랑을 쟁취하려고 노력한다.

⑤ 성기기

Freud는 성기기를 발달 단계의 마지막 단계로 설명했다. 잠복기를 지나 성기기에 이르면 성적 대상에게 관심을 갖기 시작한다. 이와 함께 우리는 일생 동안 지속되는 성기기에 중요한 몇 가지 발달 이슈를 달성하게 되는데, 여기에는 개인의 정체성을 공고히 하고, 타인에 대한 보살핌과 이타적 감정을 발달시키며, 긍정적이고 사랑하는 성적 관계를 형성하고, 성공적인 진로에서 진전을 이루는 것이 포함된다(Seligman, 2001: 김병석 외 공역, 2015 재인용).

(3) 불안과 자아방어기제

Freud의 관점에서 보면 원초아의 추동, 초자아의 요구, 자아의 작용 사이에 지속적으로 존재하는 심리적 긴장은 인간이 삶에서 경험하는 많은 불안의 기초가 된다(김병석 외 공역, 2015). 불안(anxiety)은 모든 사람이 반복적으로 경험하는 보편적 인간 특성으로 대부분의 불안의 경우 그 근원을 의식적으로 찾을 수 있다. 그러나 정신분석에서는 마음속에서 일어나지만 정확하게 의식적으로 이해되지 않는 상당한 정도의 불안을 경험하고, 그러한 불안의 근원에 대해 합리적으로 설명할 수 없을 때 불쾌하고 위협적인 사고와 감정을 경험할 수 있다고 보았다. Freud는 사람들이 이러한 불쾌한 마음의 경험을 다루기 위해 여러 가지 자아방어기제(ego-defense mechanism)를 사용한다고 주장하였다.

자아방어기제란 이렇듯 개인이 이성적이고 직접적으로 불안을 통제할 수 없을 때 자아를 보호하기 위해 무의식적으로 사용하는 심리적 대처방법이다. Freud는 성격의 3요소인 원초아, 자아, 초자아 간의 마찰 및 갈등으로 인해 불안이 발생한다고 보았는데, 자아가 이 불안을 통제할 수 없을 때 방어기제가 작동하게 된다. Winnicott(1988)에 의하면 모든 방어기제는 고통을 억제하기 위해서 사용하는 방법이다(김병석 외 공역, 2015 재인용). 이 방어기제들은 내적 추동(원초아의 욕구)을 부인하기 위해 또는 외적 현실로부터의 상처(초자아의 압력)를 피하기 위해 작동된다. 그러므로 방어기제는 자아를 보호하기 위한 자연스럽고 정상적인 것이지만, 때때로 현실을 부인하거나 회피하는 수단으로 고착될 경우 문제가 될 수 있다. 개인의 발달 수준과 불안의 정도에 따라 다양한 방어기제가 나타날 수 있는데, 여기서는 몇 가지 대표적인 방어기제들을 소개하고자 한다.

① 억압

억압(repression)은 위협적이거나 고통스러운 생각이나 감정을 무의식 속으로 밀어 넣어 버리는 것으로, 다른 자아방어기제나 신경증적 장애의 기초가 된다(조현춘, 조현재, 문지혜, 이근배, 홍영조 공역, 2012). 예를 들면, 어린 시절의 성폭력과 같이 감당할 수 없는 과거의 고통스러운 일을 전혀 기억하지 못하는 경우를 들 수 있다.

② 부인

부인(denial)은 견디기 힘든 상황에서 현실을 왜곡하는 것으로 억압과 유사하나 억압이 훨씬 더 무의식적인 차원에서 일어난다는 점에서 차이가 있다. 부인의 예로는 말기 암을 선고받고도 이를 받아들이지 못하고 계속 재검을 하려고 하는 것, 사랑하는 사람의 죽음을 인정하지 못하고 살아 있다고 믿는 것 등을 들 수 있다.

③ 퇴행

퇴행(regression)은 심각한 스트레스 상황이나 곤경에 처했을 때, 요구가 적은 발달 초기단계로 되돌아가는 것으로, 미성숙하고 부적절한 행동을 하는 것으로 나타난다. 예를 들어, 둘째 아이가 태어났을 때 첫째 아이가 동생처럼 엄마 젖을 빨려고 하거나 바지에 오줌을 싸는 행동을 하는 경우가 대표적이다.

④ 투사

투사(projection)는 자신이 용납할 수 없는 욕망이나 충동을 외부세계나 타인의 탓으로 돌리는 것이다. 예를 들면, 내가 누군가를 싫어하거나 미워하면서 그 사람이 나를 미워하기 때문이라고 말하는 것이다. 이는 모두를 사랑하고 좋아하는 사람이 되고자 하는 사람에게 누군가를 미워하는 것은 수용하기 어려운 감정이기 때문에 남의 탓으로 돌리는 것으로 이해할 수 있다.

⑤ 동일시

동일시(identification)는 자신을 가치 있는 존재로 받아들이기를 원하는 마음에서 자신에게 중요한 인물들의 태도나 행동을 똑같이 따라 하면서 닮으려는 것을 말한다. 대표적으로 엄마의 사랑을 얻고자 아빠의 행동을 따라 하는 남자아이의 예를 들 수 있다. 동일시는 이와 같이 자기가치를 증진시키고, 실패감에서 자신을 보호하는 기능을 하지만, 때로는 열등감에 대한 방어적 반응으로 사용되기도 한다(조현춘 외 공역, 2012). 예를 들어, 공부 잘하고 인기 많은 친구를 따라 하면서 마치 나도 그렇다고 생각하는 경우를 들 수 있다.

⑥ 반동형성

반동형성(reaction formation)이란 위협적 충동을 느끼면 적극적으로 극단적인 반대의 충동을 표현하는 것을 말한다. '미운 놈 떡 하나 더 준다.'는 속담처럼 어떤 본능이 정반대의 본능에 의해 의식세계로 떠오르지 못하게 되는 현상을 말한다(신효정 외, 2016). 사랑과 헌신이라는 가면으로 증오를 숨길 수도 있고, 지나치게 친절하게 행동하여 잔혹함을 은폐할 수도 있다.

⑦ 전치 또는 치환

원래의 대상이나 사람에게 자신의 충동을 해결할 수 없는 경우, 상대적으로 손쉬운 대상에게 감정을 풀어 내는 것을 전치(displacement)라고 한다. 예를 들면, 집에서 배우자와 싸우면서 모욕감을 느낀 교사가 학교에 와서 학생들에게 부적절한 적대감을 표현하는 경우, 엄마한테 혼나고 집을 나선 아이가 길에 있는 깡통을 발로 힘껏 차는 경우를 들 수 있다.

⑧ 승화

승화(sublimation)는 성 에너지 또는 공격 에너지를 좋은 방향으로 전환하는 것으로, 전치가 사회적으로 수용될 수 있는 유익한 활동으로 수정되는 것을 의미한다(신효정 외, 2016). 예를 들면, 분노가 많은 사람이 권투와 같은 스포츠를 통해 공격성을 표출하는 경우를 들 수 있다.

⑨ 합리화

받아들이기 힘든 현실을 회피하고 상처받은 자아를 달래기 위해 그럴듯한 '좋은' 이유를 만들어 내는 것을 합리화(rationalization)라고 한다. 예를 들면, 지원한 대학에 떨어진 경우, '원래 그 대학에 가고 싶지 않았어.'라고 생각하는 것을 들 수 있다.

⑩ 주지화

주지화(intellectualization)란 자신의 정서적인 감정에 초점을 맞추기보다 추상적인 사고과정을 통해 간접적으로 처리하는 것을 말한다. 예를 들면, 여자 친구와 헤어진 것에 대해 상실감을 표현하기보다 이성과의 이별에 대해 마치 책을 읽듯 논리적으로 설명하는 경우를 들 수 있다.

3) 상담 원리

Freud는 현재는 과거의 축적물이기 때문에 현재를 바꾸기 위해서는 과거를 변화시켜야 한다고 주장했다. 이를 위해 초기 아동기 때 억압했던 무의식적 갈등을 떠오르는 대로 자유롭게 이야기하게 하는 자유연상과 꿈 분석을 통해 무의식을 의식화시킴으로써 무의식의 지배에서 벗어나 보다 자유로운 삶을 살 수 있다고 하였다.

(1) 정신분석의 목표

정신분석의 목표는 크게 두 가지로 요약할 수 있다. 하나는 무의식의 의식화이고, 다른 하나는 자아기능의 강화이다. 즉, 정신분석에서는 무의식의 세계에 자리 잡은 과거의 억압된 갈등을 탐색하여 자기를 깊이 있게 이해하고 아동기 경험을 재구성함으로써 겉으로 드러난 심리적 문제의 원인으로 작용하는 무의식적 갈등을 해소하도록 돕는다. 또한 심리적 문제란 원초아, 자아, 초자아 간의 갈등을 조정할 수 있는 힘이 약해졌을 때 발생하는 것으로, 자아의 기능을 강화함으로써 자아가 성격의 중심에 자리 잡고, 원초아와 초자아 사이에서 현실의 욕구를 조정하도록 하는 것이 정신분석의 목표가 된다.

(2) 상담 과정과 기법

정신분석은 내담자의 호소문제 자체에 초점을 맞추기보다는 그런 문제가 발생하게 된 원인을 밝혀내 제거하는 데 중점을 두며, 특히 초기 아동기의 경험을 재구성하는 과정이 필수적이다. 어린 시절 경험했던 부적응적 반응을 갈등상황에서 무의식적으로 반복하여 현재의 부적응적 행동패턴이 나타나는 것이므로 반복되는 갈등상황에서 벗어날 수 있도록 부적응적 행동패턴의 발생 원인을 자각시켜 자기이해 수준을 높이고, 이를 통해 개인의 성격구조를 수정해 나가야 한다고 본다.

정신분석의 과정은 크게 4단계로 나뉜다(정방자, 최경희, 김연지 공역, 2001). 첫 번째 단계인 초기단계에서는 자유연상과 꿈 분석을 통해 내담자의 심리적 문제에 심층적으로 접근한다. 내담자의 마음속에 억압된 자료를 수집함으로써 이를 해석하고 내담자의 통찰을 도울 준비를 한다. 두 번째 단계는 전이단계로, 이 단계에서 내담자는 어릴 때 자신에게 중요했던 사람에게 느꼈던 감정을 상담자에게 투사하면서 억압되었던 욕구를 충족시키려 한다. 이때 상담자는 중립적인 태도를 유지하면서 내담자의 전이욕구를 좌절시킨다. 세 번째 단계는 통찰단계로, 상담자는 내담자가 제시한 자유연상, 꿈, 전이 등의 자료에 담긴 무의식적인 의미를 설명하고 내담자가 현재 겪고 있는 갈등과 어떤 관계가 있는지 명료화하는 과정을 거친다(신효정 외, 2016). 이를 해석(interpretation)이라고 하는데, 해석은 정신분석의 핵심기법이자 과정이라고 볼 수 있다. 정신분석 과정의 목표 중 하나는 내담자가 삶의 경험에 대해 스스로 해석할 수 있게 격려하는 것이라 해도 과언이 아니다. 이를 통해 내담자는 과거 경험이 현재 생활에 어떤 영향을 미쳤는지에 대한 새로운 통찰을 얻고 보다 긍정적인 방향으로 삶을 선택할 수 있게 된다(김병석 외 공역, 2015). 네 번째 단계는 훈습단계로, 내담자가 통찰한 것을 일상생활에 적용하여 실질적으로 내담자의 변화를 도모하는 단계이다. 내담자가 심리적 문제의 원인을 통찰하였다고 해서 바로 문제가 해결되는 것은 아니다. 증상은 오랜 시간에 걸쳐 우리 안에서 만들어지고, 그것을 분석하고 제거하는 작업 역시 충분한 시간적 여유를 가지고 진행되어야 한다. 분석이란 상담자와 내담자 모두의 필사적 노력으로 전력투구하여 싸우는 과정이다. 이 과정에서 내담자는 기억, 환상, 상처 등 마음속 응어리들을 가능한 한 남김없이 털어 낼 수 있어야 하고, 상담자는 내담자가 상담을 통해 통찰한 것을 현실에 적용할 수 있도록 적절한 강화와 지지를 해 주어야 한다(김서영, 2010).

학교상담에서 정신분석 개념 적용의 예

인호는 선생님들에게 공격적으로 행동할 뿐만 아니라, 다른 학생들을 괴롭혀서 종종 교무실로 불려 오곤 했다. 인호가 언제 공격적 행동을 할지는 예측 불가능했다. 어떤 날은 여느 학생들만큼 또는 그 이상으로 바람직하게 행동했지만, 또 어떤 날은 사소한 일에도 불같이 화를 내곤 하여 상담에 의뢰되었다.

인호 어머니와의 첫 상담에서 상담자는 인호가 부모님 둘 모두와 유대감이 강하나, 아버지와 많은 점에서 닮아 있다는 것을 알게 되었다. 부모님은 별거 중이고 이혼을 앞두고 있었고, 어머니는 인호의 아버지가 과거에 자신뿐만 아니라 아이를 신체적으로 학대했다고 이야기했다. 인호는 상담 첫 회기에 매우 좌절한 모습으로, "전 잘못한 거 없어요."라고 말했다. 학교생활이 어떤지 묻자, 화를 내면서 "애들이 항상 저를 괴롭혀요. 선생님도 항상 걔들 편을 들고…… 전 저를 보호할 수밖에 없어요!"라고 말했고, "선생님도 꼭 우리 엄마 같아요. 절 좀 내버려 둬요. 왜 다 내가 문제라는 거예요?"라며 소리를 쳤다. 상담자는 인호의 공격행동이 부모님의 이혼에 대한 해결되지 않은 분노, 아버지에 대한 동일시, 어머니와의 단절 그리고 이와 관련된 불안에 대처하기 위해 사용하고 있는 다양한 방어기제(예: 억압, 부인, 투사)와 관련되어 있다고 가설을 세웠다.

상담자는 상담을 통해 인호가 다가올 부모님의 이혼을 포함하여 삶에서 일어나는 수많은 일에 좌절하고 있다는 것을 받아들일 수 있도록 도왔다. 인호가 상담자에게 화를 내며 적대적으로 반응할 때에도 침착하게 왜 분노를 느끼고 있는지 생각하도록 했다. 또한 인호가 학교에서 다른 학생들과 선생님들에게 실망하고 좌절할 때, 자신의 아버지에 대한 애정과 동일시로 인하여 아버지처럼 행동하게 되는 것을 알아차릴 수 있도록 하였다. 이렇게 가족의 무의식적 영향에 대해 주의를 기울이면서 인호는 자신의 생각과 감정, 행동에 대해 새로운 방식으로 이해할 수 있었고, 이 새로운 통찰은 인호의 행동을 변화시키는 데 도움이 되었다.

출처: 김병석 외 공역(2015), pp. 183-184에서 발췌하여 각색함.

2. 행동주의/인지행동상담

행동주의상담과 인지행동상담은 정신분석과 달리 내면적 경험보다 외현적 행동의 변화를 중요하게 생각하고 과거 경험보다는 현재의 문제행동에 초점을 두는 행동주의 심리학에 바탕을 두고 있다. 이 두 가지 이론은 행동치료라는 큰 틀에서 맥을 같이 하고 있는 이론들로서 1900년대 중반에 Skinner, Wolpe 등에 의해 개발된 전통적인 행동주의상담에서는 문제행동을 직접적으로 변화시키고자 하였고, 1970년대 이후 발달한 인지행동상담은 문제행동을 유발하는 매개 요인으로서 인지의 변화를 강조한 2세대 행동치료이론이라 할 수 있다.

1) 행동주의상담

행동주의상담은 1930~1940년대 정신분석에서 강조하는 무의식과 같은 인간의 마음 세계에 대한 주관적 관찰을 비판하며 태동하였다. 행동주의는 인간의 부적응 문제를 추상적이고 모호한 개념으로 설명하기보다, 관찰과 측정이 가능한 외현적 행동에 초점을 맞춘 실증적인 연구결과에 근거한 과학적인 방법으로 인간의 행동을 설명하고 해석하고자 하였다. 행동주의에 따르면 인간의 모든 행동은 학습되므로 부적응적 행동 역시 학습의 산물이라 할 수 있다. 부적응적 행동이 학습되고 지속되고 강화되는 환경적 요인을 이해하면 이러한 부적응적 행동을 소거하고 적응적 행동으로 대체할 수 있다는 것이다. 행동주의상담의 주요 목표는 바로 적응적 행동을 강화하고 부적응적 행동을 소거하는 것이라 하겠다.

(1) 인간관

행동주의적 관점에서 바라보는 인간관은 크게 세 가지로 요약될 수 있다. 첫째, 인간의 본성은 기본적으로 선하지도 악하지도 않고 중립적이다. 둘째, 인간은 외부 자극이나 영향에 반응하는 존재이다. 초기 이론에서는 인간이 수동적으로 외부 자극에 반응하는 존재로 보았으나, 최근 이론에서는 인간이 환경에 영향을 받을 뿐만 아니라 환경에 영향을 미치기도 하는 능력을 가지고 있음을 강조하고 있다. 셋째, 인간의 행동은 조건화된 결과로서 학습의 산물이다. 즉, 인간의 행동은 바람직한 행동이든 바람직하지 않은 행동이든 모두 학습된 결과라는 것이다(고영남, 박선영, 2013).

(2) 주요 개념

① 고전적 조건 형성

러시아의 유명한 생리학자였던 Ivan Pavlov는 개의 침의 분비와 소화에 관한 연구를 수행하는 과정에서 개가 먹이를 보지 않고도 종소리만 듣고서 침을 흘리는 특이한 현상을 발견하였다. Pavlov는 이러한 관찰을 바탕으로 체계적 실험을 통해 개가 종소리에 침을 흘리는 행동을 학습하게 된 과정을 확인하였다. 개는 고기를 주면 무조건 침을 흘린다. 이처럼 무조건 침을 흘리게 하는 자극을 무조건 자극(unconditioned stimulus)이라고 하고, 이러한 자극에 자동적으로 유발되는 반응을 무조건 반응(unconditioned response)이라고 한다. 종소리는 개의 침을 유발하는 자극이 아니지만 고기처럼 자동적으로 침을 흘리게 하는 무조건 자극과 결합하여 제시함으로써 침 흘리는 반응을 나타나게 하므로 조건 자극(conditioned stimulus)이라고 하고, 이러한 조건 자극에 의해 유발된 반응을 조건 반응(conditioned response)이라고 한다. 무조건 자극인 고기와 조건 자극인 종소리를 짝지어 반복적으로 제시하면 조건 자극인 종소

1단계: 조건 형성 전	종소리(중성 자극) → 무반응(침을 흘리지 않음) 고기(무조건 자극) → 침 흘림(무조건 반응)
2단계: 조건 형성 과정	고기(무조건 자극) + 종소리(조건 자극) → 침 흘림
3단계: 조건 형성 후	종소리(조건 자극) → 침 흘림(조건 반응)

[그림 2-1] 고전적 조건 형성의 과정

리만 들어도 침을 흘리는 조건 반응을 유발할 수 있다. 이러한 학습과정을 고전적 조건 형성(classical conditioning)이라고 한다([그림 2-1] 참조).

② 조작적 조건 형성

조작적 조건 형성은 고전적 조건 형성과 달리 능동적인 조작적 행동에 조건 형성이 발생하는 현상이다. Thorndike에 의해 시작된 조작적 조건 형성의 개념은 Skinner에 의해 보다 완벽하게 실험되고 증명되었다.[3] 스키너 상자는 빈 상자 안에 먹이통과 연결되어 있는 지렛대가 있고 이 지렛대를 누르면 먹이가 나오도록 고안되었는데, 스키너 상자 속에 있는 배고픈 쥐나 비둘기가 우연히 지렛대를 눌러서 먹이를 얻게 되면 다시 지렛대를 누르는 행동을 반복하게 된다. 이렇게 우연한 행동으로 먹이를 얻게 되는 과정을 반복하면서 쥐나 비둘기가 지렛대를 누르면 먹이가 나온다는 사실을 학습하게 되는 것처럼, 어떤 학생이 우연히 나타낸 공격적 행동에 대해 다른 친구들이 관심을 보이고 이 학생을 괴롭히는 일이 없어지면 이러한 공격적 행동은 더욱 강화될 수 있다. 이 경우 학생의 우연한 공격적 행동이 보상을 받음으로써 조작적 조건 형성이 발생한 것이라 할 수 있다. 이처럼 조작적 조건 형성은 자극에 의해 직접적으로 유발되는 반응적 행동이 아니라 자극이 없는 상황에서 자발적이고 능동적인 조작적 행동에 조건 형성이 발생하는 현상이다. 이런 방식으로 보상이 뒤따르는 행동은 증가하고 처벌이 주어지는 행동은 감소하게 된다는 것이 조작적 조건 형성의 원리이다. 부적응적 행동을 감소시키고 적응적 행동을 증가시키기 위해 사용하는 행동주의의 많은 기법은 바로 이 조작적 조건 형성의 원리를 이용한 것이다.

3) Skinner는 자신이 직접 고안한 스키너 상자를 이용해 실험을 하였다. 스키너 상자는 빈 상자 안에 먹이통과 연결되어 있는 지렛대가 있고, 이 지렛대를 누르면 먹이가 나오도록 고안되어 있다. 배고픈 비둘기나 쥐를 이 상자에 넣어 두는데 우연히 지렛대를 누르자 먹이가 나온다. 다시 우연히 지렛대를 누른 비둘기나 쥐는 먹이가 나오는 것을 보고 지렛대 누르는 행동을 반복하게 된다. 이 과정이 반복되면서 비둘기나 쥐는 지렛대를 누르면 먹이가 나온다는 사실을 학습하게 된다. 이처럼 조작적 조건 형성은 자극에 의해 직접적으로 유발되는 수동적인 반응적 행동이 아니라 자극이 없는 상황에서 자발적이고 능동적인 조작적 행동에 조건 형성이 발생하는 현상이다.

③ 강화

강화는 행동학습을 촉진시키는 기제이다. 즉, 유기체가 어떤 행동을 한 뒤에 원하는 자극을 제공하여 행동의 빈도수를 높이는 것을 말한다. 강화에는 쾌자극의 제공으로 행동의 빈도수를 높이는 정적강화와 혐오자극의 제거로 행동의 빈도수를 높이는 부적강화로 나누어 볼 수 있다. 정적강화의 예로는 발표 행동을 증가시키기 위해 발표할 때마다 추가 점수를 제공하거나 칭찬을 하는 경우를 들 수 있다. 추가 점수나 칭찬이라는 쾌자극을 제공함으로써 학생의 발표 행동을 강화시킨 것이다. 반면에 "오늘 수업에서 발표를 한 학생은 화장실 청소를 하지 않아도 된다."고 이야기하여 학생의 발표 행동을 증가시킨 경우는 부적강화의 예라고 할 수 있다. 이 경우는 화장실 청소라는 혐오자극을 제거해 줌으로써 발표 행동을 증가시킨 것이다.

강화 계획에는 바람직한 행동이 나타날 때마다 강화를 하는 계속적 강화와 바람직한 행동이 나타날 때마다 매번 강화하는 것이 아니라 간헐적으로 보상을 제공하는 간헐적 강화가 있다. 간헐적 강화에는 시간 간격에 따라 강화하는 간격강화와 반응 횟수에 따라 강화하는 비율강화가 있다. 각각은 다시 고정(fixed)과 변동(variable)으로 나뉜다. 고정간격강화는 일정한 시간 간격을 기준으로 강화가 제시되는 것으로 대표적인 예로는 월급이나 중간고사, 기말고사 등을 들 수 있다. 변동간격강화는 강화가 제시되는 시기를 예측할 수 없도록 설정되어 있는 경우로 수시 시험을 예로 들 수 있다. 고정비율강화는 정해진 반응 횟수에 따라 강화를 제시하는 것으로, 영어 단어 20개를 외우면 10분의 휴식을 주는 경우 혹은 쿠폰 지급 등을 예로 들 수 있다. 변동비율강화는 슬롯머신처럼 언제 돈이 쏟아져 나올지 모르게 그 비율을 무작위로 만들어 놓은 경우로, 강화 계획 중 가장 강력한 방법으로 한번 형성된 행동은 매우 오랫동안 소거되지 않는 경향이 있다.

④ 소거

소거는 이미 학습된 행동을 약화시키거나 없애는 현상이다. 바람직하지 않은 행동이나 부적응적 행동을 소거하기 위해 사용되는 방법은 벌(punishment)과 강화의 철회가 있다. 벌은 어떠한 행동에 혐오자극을 주어 그 행동을 없애고자 하는 방법이다. 벌은 행동의 약화와 제거를 위한 가장 직접적인 방법이긴 하나 다양한 부작용이 있기 때문에 사용에 신중을 기할 필요가 있다. 강화의 철회는 지금까지 주어지던 강화를 중단함으로써 그 행동을 약화시키는 방법이다. 수업시간에 떠드는 학생에게 하지 말라고 교사가 주의를 주고 꾸중을 하였음에도 불구하고 계속해서 수업을 방해하는 행동을 하였다면, 이 학생에게는 교사의 꾸중이 학생에 대한 관심으로 여겨져 떠드는 행동을 강화시켰을 수 있다. 이때 학생에게 보이던 관심과 꾸중을 멈추고 무관심함으로써 오히려 그 행동을 약화시킬 수 있다.

(3) 상담 원리

① 상담 목표

행동주의상담의 목표는 문제행동을 제거하거나 긍정적 행동 또는 기술을 습득시킴으로써 내담자의 적응을 돕는 것이다(권석만, 2012). 행동주의상담에서는 상담 목표를 분명하게 구체화하는 것이 매우 중요하다. 먼저, 명백하고 정확하게 정의될 수 있는 표적행동(target behavior)을 정하고 그 행동을 변화시키고자 한다. 상담자는 내담자의 구체적인 문제행동을 분석하고 그와 관련한 선행사건과 결과를 평가하고, 그러한 행동을 하게 되는 원인과 이유, 그리고 그러한 행동을 지속시키는 환경적 요인을 탐색한다.

② 상담 기법

㉠ 행동조성법

행동조성법(shaping)은 수정하고자 하는 목표행동을 단계적 · 점진적으로 수정해 가는 것이다. 목표행동에 도달하기까지의 행동을 세분화하여 소단계 목표를 설정한 다음, 강화법을 사용하여 최종적인 목표행동을 습득하도록 하는 것이다. 예를 들면, 자기주장을 잘 못하는 학생에게 처음에는 우물쭈물하지 않고 자신 있게 자리에서 일어서는 행동을 강화하고, 그다음에는 다른 학생들 앞에서 똑바로 서 있는 행동을 강화한다. 그러고 나서는 천천히 자신의 생각을 말하는 행동을 강화하여 최종적으로 학생들 앞에서 자신 있게 자기주장을 하는 행동을 학습하게 하는 것이다.

㉡ 토큰 강화

토큰 강화(token economy)는 원래 강화의 힘이 없는 자극(토큰)을 다른 강화물과 적절히 연합하여 제시함으로써 강화력을 갖도록 하는 강화법이다. 예를 들어, 바람직한 행동을 할 때마다 주는 스티커나 도장이 대표적인 토큰 강화의 예이다. 스티커나 도장 자체는 강화의 힘이 없지만 그 스티커나 도장 개수가 일정 수 이상 모이면 학생이 원하는 강화물(숙제 면제, 게임하기 등)을 제공함으로써 바람직한 행동을 강화할 수 있다. 토큰 강화는 강화물이 즉시 제시되지 않아도 강화의 효과를 지속할 수 있고, 강화물을 보관하거나 관리할 필요가 없다는 장점이 있다.

㉢ 타임아웃

타임아웃(time-out)은 학생들의 부적절한 행동을 감소시키기 위한 방법으로 바람직하지 못한 행동을 한 학생에게 그동안 받아 오던 정적강화의 기회를 차단하는 것이다. 예를 들면, 수업시간에 떠드는 학생에게 일시적으로 다른 장소로 격리시킴으로써 그동안 수업시간에서 얻을 수 있었던 강화를 얻지 못하도록 하는 것이다.

㉣ 체계적 둔감법

Wolpe에 의해 개발된 체계적 둔감법은 불안과 양립할 수 없는 이완반응을 끌어낸 후 불안을 유발시키는 경험을 상상하게 함으로써 불안을 일으키는 자극의 영향을 약화시키는 상호제지(reciprocal inhibition)의 원리를 이용한 기법이다. 이 기법의 구체적 절차는 우선 불안을 유발하는 상황을 조사하여 가장 낮은 불안을 유발하는 상황부터 가장 큰 불안을 나타내는 상황까지의 불안위계목록을 만들고, 근육이완 훈련을 실시한 뒤, 위계상 가장 낮은 것부터 하나씩 제시하여 가장 높은 위계의 불안 상황까지 단계적으로 이완반응을 하도록 조건 형성을 시킨다. 이 기법은 다양한 공포증을 제거하는 데 효과적인 것으로 알려져 있다.

㉤ 홍수법

홍수법(flooding)은 회피반응을 허용하지 않은 상태에서 불안유발자극(공포, 불안대상)에 단시간 내에 집중적으로 혹은 격렬하게 노출시킴으로써 그 공포나 불안을 제거하는 기법이다. 홍수법과 같은 급진적인 노출법은 내담자의 불안을 높여 심한 불쾌감을 줄 수 있으므로 신중하게 사용하여야 한다.

2) 인지행동상담

인지행동상담은 인지나 사고(신념) 체계가 인간의 정서적 · 행동적 장애의 주요 원인이라는 전제를 가지고 인간의 인지적 요인의 변화에 초점을 맞춘다. 인지행동상담은 근본적으로는 행동주의와 맥을 같이하며, 행동주의의 원리에 인지적 과정과 기법을 통합하여 발전하였다. 대표적인 이론으로는 Ellis의 합리적 정서행동치료(REBT)와 Beck의 인지치료가 있다. Ellis와 Beck의 이론은 적응적 사고방식을 개발하고 교육하고자 하는 목표를 가지고 있다는 점에서 매우 유사하다.

(1) 인간관

Ellis에 따르면 인간이란 합리적 사고뿐만 아니라 비합리적 사고도 하는 양면적 본성을 가진 존재이다. 또한 인간은 자신의 성장과 자기실현을 추구하는 경향성을 지니는 동시에 자신의 삶을 부정적인 것으로 몰아 가는 파괴적인 경향성도 지니고 있다. Beck 역시 인간의 행동은 사고에 따라 감정과 행동이 결정되는 것으로 보았고, 인간의 지각 및 사고는 역기능적이거나 부적응적인 인지적 왜곡이 나타날 수 있다고 보았다. 요약하자면 인지행동상담에서 바라보는 인간의 행동은 무의식이나 환경에 의해 결정되는 것이 아니라 개인의 의식적이고 주관적인 사고과정에 의해 영향을 받는 존재라 할 수 있다.

(2) 주요 개념

① 비합리적 신념

Ellis는 개인의 부적절한 정서와 행동을 유발하는 주요 원인을 비합리적 신념(irrational belief)이라고 보았다. 비합리적 신념은 자신, 타인 그리고 세상에 대한 비현실적인 기대와 요구를 말한다. 비합리적 신념은 '반드시 ~해야 한다.'라는 절대적이고 완벽주의적인 당위성을 띠거나 과장성을 내포하고 있는 경우가 많고, 자신과 타인의 가치를 전반적으로 낮게 평가하는 자기비하나 타인비하적인 경향을 보이거나, 자신의 일에 대한 회피나 포기 혹은 욕구좌절에 대한 낮은 인내심을 포함하는 경우가 많다(박경애, 1997).

② 자동적 사고

자동적 사고(automatic thoughts)는 Beck의 인지치료의 핵심개념으로, 어떤 환경적 사건에 대해 자기도 인식하지 못하는 사이에 떠오르는 생각을 말한다. 자동적 사고는 심사숙고하거나 합리적으로 판단한 것이 아니라 아주 빠르게 떠오르기 때문에 자동적인 것처럼 느껴진다. Beck은 자동적 사고가 특정한 사건과 관련하여 나타나는 표층적 수준의 인지로 보았고, 개인이 어린 시절부터 중요한 인물과의 상호작용을 통해 형성된 핵심 신념(core belief), 즉 깊은 수준의 믿음이 구체적 상황이나 사건에 적용된 것으로 보았다. 예를 들어, '나는 아무리 노력해도 잘할 수 없어.'라는 핵심 신념을 가진 사람이 중요한 시험을 보는 날, 시험지를 받아 든 순간에 '나는 이 시험에 떨어질 거야.'라는 자동적 사고를 할 수 있다. 이러한 자동적 사고는 시험에 대한 불안과 긴장을 가중시키고 아는 문제도 실수하게 하는 결과를 낳을 수 있다.

③ 인지적 오류

Beck은 생활사건의 의미를 해석하는 정보처리 과정에서 범하는 체계적인 잘못을 인지적 오류(cognitive error) 혹은 인지적 왜곡(cognitive distortion)이라고 하였다. 인지적 오류는 생활사건을 나름대로 오해석하여 자동적 사고를 만들어 내는 인지과정의 잘못을 말한다. 구체적인 인지적 오류의 예들을 살펴보면 다음과 같다(권석만, 2012).

㉠ 흑백논리적 사고

흑백논리적 사고(all or nothing thinking)는 이분법적 사고라고 불리기도 하는 오류로 생활사건의 의미를 이분법적 범주 중의 하나로 해석하는 것을 말한다. 예를 들면, '1등을 하지 못하면 실패나 다름없어.'라고 판단하는 경우이다.

㉡ 과잉일반화

과잉일반화(overgeneralization)는 특수한 상황의 경험에서 일반적인 결론을 내리고 무관한 상황에도 그 결론을 적용시키는 오류이다. 예를 들면, 한두 번의 실연 경험을 한 남자가 '난 여자를 사귀지 못할 거야.'라고 생각하는 경우이다.

㉢ 정신적 여과

정신적 여과(mental filtering)는 특정한 사건과 관련된 일부 정보만 선택적으로 받아들여 그것이 마치 전체를 의미하는 것으로 잘못 해석하는 오류로 선택적 추상화(selective abstraction)라고도 한다. 예를 들면, 발표 시간에 많은 친구가 긍정적 반응을 보였는데도 한두 명의 부정적 반응에 발표를 실패한 것으로 평가하고 낙담하는 경우이다.

㉣ 의미확대와 의미축소

의미확대(maximization)와 의미축소(minimization)는 어떤 사건의 의미나 중요성을 실제보다 지나치게 확대하거나 축소하는 오류이다. 예를 들면, 친구의 칭찬은 '듣기 좋으라고 한 말'로 축소하고 친구의 비판은 '평소 친구의 속마음을 드러낸 증거'라고 확대 해석하는 경우이다.

㉤ 개인화

개인화(personalization)는 자신과 무관한 사건을 자신과 관련된 것으로 잘못 해석하는 오류이다. 예를 들면, 길을 걷다가 벤치에 앉아 있는 사람들이 웃을 때 '나를 비웃는구나.'라고 받아들이는 경우이다.

(3) 상담 원리

① 상담 목표

인지행동상담의 상담 목표를 살펴보면, Ellis는 내담자의 비합리적 신념을 합리적 신념으로 바꾸는 것으로 보았고, Beck은 내담자의 자동적 사고와 부적응적 인지도식을 재구성하여 적응적인 신념체계를 구성하도록 변화시키는 것으로 보았다. 즉, 인지행동상담이론에서는 내담자의 부적응적인 신념체계를 합리적이고 적응적인 신념체계로 변화시키는 것을 목표로 한다고 볼 수 있다.

② Ellis의 ABCDE 모델

Ellis의 합리적 정서행동치료(REBT)에서의 상담 과정은 다음 ABCDE 모델로 설명할 수 있다([그림 2-2] 참조).

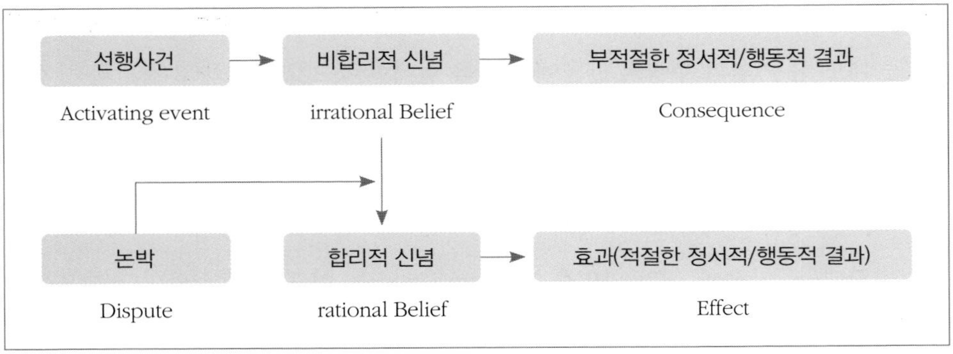

[그림 2-2] ABCDE 모형

- A(Activating event, 선행사건): 내담자에게 부정적 감정을 유발한 선행사건을 탐색한다.
- B(Belief, 신념): 선행사건에 대한 내담자의 신념(B)을 탐색한다. 신념은 합리적일 수도 있고 비합리적일 수도 있다.
- C(Consequence, 결과): 비합리적 신념의 결과로 나타난 부정적 감정과 행동을 탐색한다.
- D(Disputing, 논박): REBT의 핵심으로 논박을 통해서 내담자가 가지고 있는 비합리적 신념을 합리적 신념으로 변화시킨다.
- E(Effect, 효과): 논박의 결과로 얻어지는 일종의 효과적이고 합리적인 결과물이다.

③ Beck의 인지모델

Beck의 인지치료 과정은 다음의 인지모델에서 설명이 가능하다. 인지모델에서는 사람들의 감정이나 행동에 영향을 주는 것은 어떤 사건이나 상황 자체가 아니라 그 사건이나 상황을 어떻게 지각하는가에 달려 있다고 본다. 어떠한 특정 상황에 대한 지각에 영향을 주는 것은 그 사람에게 내재된 핵심 신념이며, 이것은 자동적 사고를 통해 표현된다. 핵심 신념은 자신과 세상에 대한 아주 근원적이고 깊은 수준의 믿음으로 어린 시절 중요한 인물과의 상호작용을 통해 형성된다. 중간 신념(intermediate beliefs)은 핵심 신념과 자동적 사고를 매개하는 것으로서 삶에 대한 태도, 규범, 가정으로 구성되어 있다. 어떠한 사건이나 상황에 대해 해석할 때 개인이 가지고 있는 핵심 신념이 중간 신념에 영향을 주고 중간 신념을 거쳐 자동적 사고가 생성되며 그 결과로서 다양한 심리적 반응이 나타나게 된다. 이 과정에서 상담자는 내담자가 자신

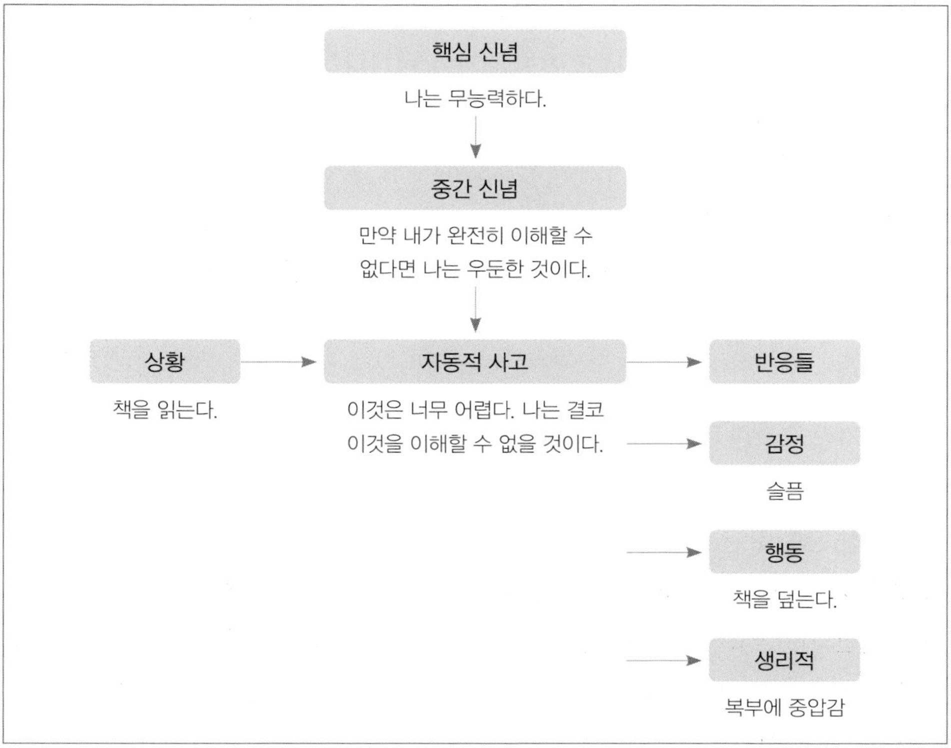

[그림 2-3] 인지모델의 예

출처: 최영희, 이정흠 공역(2007).

의 자동적 사고를 먼저 관찰하여 자각할 수 있도록 돕고 역기능적인 사고와 신념들을 좀 더 현실적인 대안적 사고로 대체하고 수정해 나가도록 촉진한다.

(4) 상담 기법

① 역기능적 사고 기록지

인지치료에서는 자동적 사고를 탐색하기 위해 역기능적 사고 기록지를 사용한다. Ellis의 ABCDE 모델에 따라 역기능적 사고를 일으킨 상황과 그때의 감정 및 행동반응, 그리고 그 사이에 개입된 자동적 사고를 인식할 수 있고, 더 나아가 자동적 사고에 대한 합리적인 반응과 사고를 모색할 수 있다.

② 행동실험

행동실험은 내담자의 사고의 타당성을 직접적으로 검증하는 기법으로, 실제로 내담자가 생각하는 행동을 해 보고 어떤 결과가 나타나는지를 확인하는 실험 방법이다. 예를 들어, 다른 사람의 부탁을 거절하면 그 사람이 엄청 화를 내고 싫어할 것이라는 생각을 갖고 있는 내담자에게 실제로 친구의 부탁을 거절하게 해 보고 친구가 정말로 화를 내고 싫어하는지를 확인하게 해 볼 수 있다. 이러한 행동실험을 통해 내담자는 자신의 생각이 비합리적이고 타당하지 않음을 확인할 수 있다.

③ 대처 카드

오랜 기간 습관화된 부정적 사고는 그 문제점을 내담자가 자각하고 파악했다 하더라도 쉽게 적응적 사고로 변화시키기는 어렵다. 이런 경우 대처 카드에 적응적 사고를 기술한 문장을 큰 소리로 반복하여 읽거나 말함으로써 그러한 사고를 내면화시키는 방법을 사용해 볼 수 있다. 대처 카드의 형태에는 한쪽 면에 중요한 자동적 사고를 적고 뒷면에는 적응적 사고를 적어 놓은 것, 특정한 문제 상황에서 효과적으로 대응할 수 있는 행동전략을 적어 놓은 것, 특정한 행동을 꾸준히 실천하도록 돕는 자기지시의 내용을 기록한 것 등이 있다.

3. 인간중심상담

인간중심상담은 Carl Rogers(1909~1987)가 창안한 이론으로, 인간을 결정론적으로 보는 정신분석과 행동주의가 주도하던 심리상담 분야에 '제3의 심리학'으로 등장한 인본주의 심리학을 근간으로 한다. 이는 인간의 성격이나 행동은 그 개인이 선택하는 것이지 어떤 원인에 의해서 결정되는 것이 아니라는 입장으로, Rogers는 이러한 인본주의적 관점을 바탕으로 인간의 잠재력과 가능성을 믿는 상담자의 태도를 무엇보다 강조하였다.

1) 인간관

Rogers의 인간중심상담은 기본적으로 인본주의적 관점을 취하며 인간에 대한 신뢰에 근거한다. Rogers에 따르면 인간은 보다 가치 있는 존재로 성장하려는 성향을 지니고 있으며, 이를 위한 타고난 잠재력이 있다고 본다(조현춘 외 공역, 2012). 이러한 인간관은 정신분석을 중심으로 형성된 당시의 심리치료의 인간관과는 매우 다르다. 뿐만 아니라 Rogers는 당시 심리학자들이 심리치료를 하는 것을 반대하는 정신의학자들의 입장에 반해 '카운슬링(counseling)'이라는 용어를 처음으로 사용하였는데(권석만, 2012), 이 용어에서 볼 수 있듯이 인간중심상담은 권위적이고 지시적인 태도로 내담자를 치료하는 입장이 아닌 내담자의 내적 가능성, 잠재력을 중시하여 이를 발견하고 발휘할 수 있도록 돕는 것을 지향한다고 볼 수 있다. 이러한 관점에서 인간은 성장하고자 하는 욕구와 자아실현을 추구하는 욕구를 가지고 있으며 삶을 주도하고 의미 있게 살아가는 긍정적인 존재이다. 또한 삶의 목표, 의미에 대해 고민하고 목표를 향해 능동적으로 자신의 삶을 결정하고 자아실현을 실천하는 유능성과 목표지향성을 지니고 있는 존재로, 각 개인은 삶 속에서 겪는 많은 경험을 어떻게 인식하고 어떤 주관적인 해석을 하는지에 따라 행동한다고 보았다.

2) 주요 개념

(1) 자기실현 경향성

자기실현 경향성은 모든 사람이 갖고 있는 기본 동기로서 자신을 유지시키고 더 나은 방향으로 가고자 하는 기본 욕구이다. 이는 개인의 신체적 · 심리적 욕구와 관련이 있으며 잠재적 능력과 자원을 동원하여 더 긍정적인 성취를 하고자 하는 핵심 동기이다. Rogers에 따르면 인간은 끊임없이 성장하고 발전하고자 하며, 삶 속에서 직면하게 되는 어려움을 극복하고 방해 요인을 제거하면서 성장을 추구한다. 자신을 향상시키고자 하는 행동은 이러한 욕구와 동기에서 출발했다고 볼 수 있다.

(2) 유기체와 자기개념

유기체란 한 개인을 칭하는 개념으로 신체, 정신, 정서를 모두 포함하여 전체로서의 개별적 인간을 뜻한다. 즉, 우리 모든 개개인은 하나의 유기체라고 할 수 있다. 유기체는 통합된 하나의 체계로서 세상을 인식하고 총체적으로 반응한다. 이는 신체적 기능과 심리적 기능의 통합으로 반응하는 것이다. 따라서 유기체적 경험은 주관적 세계이며 이러한 주관적 세계에서의 전체 경험은 '현상학적 장'을 이루고 있다. 현상학적 장은 개인이 경험하는 실제 세계로서 내적 참조체계라고 하며 매우 주관적이고 사적인 경험 세계라고 할 수 있다. 따라서 개인은 내적 참조체계에 따라 판단하고 행동하며 어떤 판단이나 행동도 주관적 세계에서는 타당한 것이다. 그러나 이러한 주관적 세계를 사회적 기준으로 본다면 모두 합리적이고 타당하다고 할 수는 없다. 이러한 맥락에서 인간중심상담을 적용한 상담에서 개인의 주관적 세계를 이해하는 것은 매우 중요하다.

한편, 자기개념(또는 자기, self)은 자기 존재에 대한 지속적이고 체계적인 인식으로, 유기체가 자신의 내부에서 지각되는 자기경험과 외부에서 이루어지는 타인과의 경험을 구별하기 시작하면서 발달하기 시작한다(권석만, 2012). 자기개념은 이러한 유기체의 경험에 따라, 특히 타인과의 상호작용 경험을 통해 형성되고 발달해 간다. 이렇게 자신에 대한 인식, 즉 자아상이 발달함에 따라 타인으로부터 신체적 · 정서적으로 긍정적 존중을 받고자 하는 욕구도 함께 발달하게 되는데, 이는 신체적 보살핌, 정서적 편안함, 존재에 대한 인정 등과 같은 개인의 내적 욕구라고 할 수 있다. 이러한 욕구가 외부로부터 충족되기도 하고 좌절되기도 하는 경험을 통해서 다시 자기개념은 수정되고 발전해 간다.

(3) 가치의 조건화

개인은 자신의 경험을 끊임없이 평가하면서 관련 경험에 대한 가치를 부여한다. 긍정적인 평가를 하면 관련 경험을 추구하고, 부정적인 평가를 하면 그 경험을 회피하려고 한다. 자기개념을 형성해 가는 아이들에게 부모나 양육자가 아이가 원하는 욕구에 무조건적인 긍정을 제공하지 않고 조건적으로 반응한다면 아이들은 부모의 태도에 따라 자신이 긍정적 존중을 받는다고 느끼는 가치의 조건을 형성한다. 가치의 조건화란 현재의 자기 모습이나 자기가 원하는 미래를 위해 자신에게 의미 있는 가치를 추구하기보다 타인의 기대에 따라 행동함으로써 칭찬과 인정을 받는 것을 가치로 받아들이는 것을 말한다(신효정 외, 2016).

개인은 이렇게 유기체적 욕구를 추구하는 동시에 가치의 조건을 얻으려는 욕구를

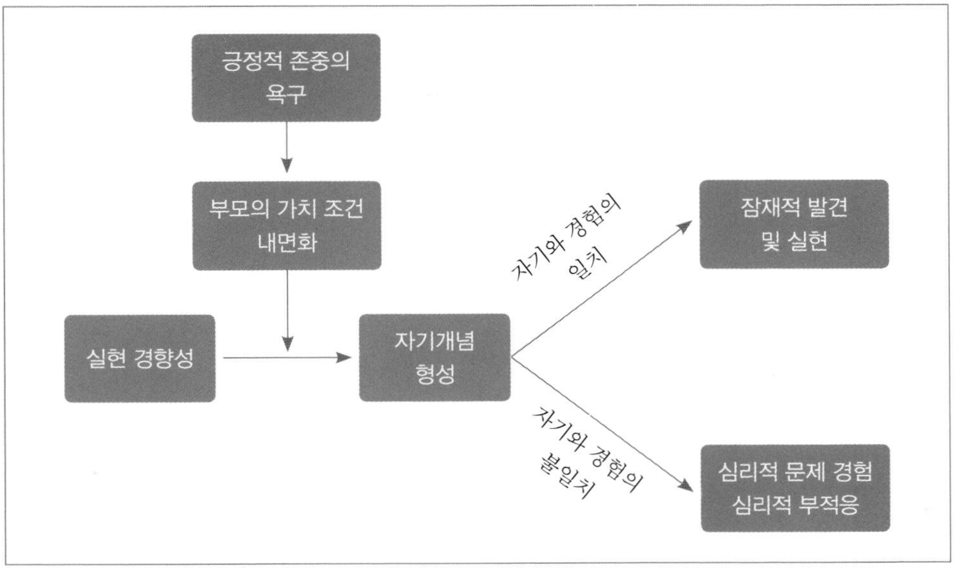

[그림 2-4] 심리적 부적응에 대한 Rogers의 설명 모델

출처: 권석만(2012).

가지고 있다. 때로는 유기체가 자각하는 내면적 욕구와 외부로부터의 자기존중감을 추구하는 욕구 간의 불일치가 생기게 된다. 이를 자기와 경험의 불일치라고 하는데, 이러한 불일치가 발생하면 개인은 유기체적 경험을 무시하거나 왜곡시켜 갈등과 충돌 사이에서 통합하지 못하고 심리적 혼란과 부적응을 경험한다([그림 2-4] 참조).

(4) 충분히 기능하는 인간

개인은 자기실현 경향성을 발휘하여 끊임없이 성장하고 변화해 나간다. 자신의 잠재력, 자원과 능력을 활용하여 보다 완전한 자신으로 성장하려고 한다. 그 과정에서 충분히 존중과 수용을 받지 못하면 좌절되어 부적응을 겪지만 충분한 존중과 수용을 제공하는 환경을 만나면 더욱 발전하고 성장하게 된다. 따라서 모든 유기체는 존중과 수용의 경험을 통해 충분히 기능하는 사람으로 성장할 수 있다. 이렇게 충분히 기능하는 사람으로 변화시키는 것이 인간중심상담의 궁극적 목표라고 할 수 있다.

3) 상담 원리

(1) 상담 목표

인간중심상담에서 지향하는 상담의 목표는 내담자가 충분히 기능하는 사람으로 성장하도록 돕는 것이다. 이를 위해 삶의 다양한 경험들을 직면하고 용기 있게 경험하고 수용하도록 촉진해야 한다. 실존적인 삶을 살아가며 자신에 대한 수용과 신뢰를 바탕으로 개인적인 자유로움 속에서 생산적이고 창조적인 삶을 살 수 있도록 조력하는 것이다.

(2) 상담 원리와 방법

인간중심상담의 핵심은 자기와 경험을 일치시키는 것이다. 이를 위해 내담자가 자신의 유기체적 경험을 개방적으로 탐색하고 수용하여 자기개념에 통합시키도록 하는 것이 필요하다. Rogers는 이러한 변화를 촉진하기 위해 상담자가 제공해야 할 세 가지 핵심조건으로 진솔성(genuineness), 무조건적인 긍정적 존중(unconditional positive regard), 공감적 이해(empathetic understanding)를 제시하였다.

① 진솔성

진솔성은 내담자를 변화시키는 매우 중요한 원리이자 방법으로, 상담자가 한 유기체로서 자신의 내적 경험에 대해 진심으로 느끼고, 느낀 그대로 투명하고 진솔하게 표현하는 것을 의미한다. 상담자는 자신의 감정, 내적 경험, 그리고 상담 장면에서 자신이 느끼는 내적 경험 모두를 진솔하게 인식하고 이를 수용하며 솔직하게 표현한다. 상담자가 보이는 이러한 수용은 내담자에게 안정감을 주고 상담관계에 대한 신뢰를 형성하게 한다.

② 무조건적인 긍정적 존중

무조건적인 긍정적 존중은 내담자의 주관적인 경험, 감정, 생각을 조건 없이 이해하고 수용하는 것을 의미한다. 즉, 상담자가 어떤 기준이나 가치를 가지고 분석하고 평가하는 것이 아니라 내담자의 모든 주관적 경험을 존중하고 수용하는 것으로, 단지 긍정적 감정만을 존중하고 수용하는 것이 아니라, 내담자의 고통, 불안, 분노, 방어, 적대심, 공격성 등 부정적 태도에 대해서도 존중하고 수용하는 것을 의미한다. 이는 내담자의 모든 생각과 행동에 동의하는 것이 아니라 분리된 한 개체로 내담자를 배려한다는 뜻이다. 즉, '나는 당신을 있는 그대로 존중하겠다'는 태도이다(신효정 외, 2016). 내담자의 주관적인 경험이 사실과 다르더라도 내담자의 경험을 존중하고 수용함으로써 내담자의 잠재력과 자원을 통해 성장 욕구를 촉진하고 이를 긍정적인 변화로 이끌어 낼 수 있다. 인간중심상담은 모든 유기체를 무조건적으로 존중받고 수용받을 가치를 지니는 존재로 보기 때문에 무조건적 존중과 수용은 상담관계를 형성하기 위한 일시적인 기법이 아니라 상담 전반에서 상담자가 취하는 기본 태도와 관점이라고 할 수 있다.

③ 공감적 이해

공감적 이해란 상담자가 내담자의 주관적 경험 세계에 들어가 내담자가 경험하고 느끼는 것과 같이 정확하고 깊게 공유하는 것을 의미한다(김계현 외, 2011). 상담자의 주관적 세계와는 다른 세계임을 알지만 내담자가 겪고, 느끼고, 의미를 부여하는 경험 세계를 내담자가 느끼는 것과 같이 그 내면세계를 느끼는 것이다. 인간은 누구나 자신만의 세계에 갇힌 외로운 존재이기에 누군가가 자신의 마음을 깊이 공감해 주는 것은 큰 위안이자 감동이 된다(권석만, 2012). 따라서 공감적 이해는 고통스러운 경험 속에서 힘들고 외롭게 살아가는 내담자에게 자신의 감정을 더 깊이 이해하고 존중할 수 있는 기회를 제공할 수 있고, 이를 통해 내담자는 고독감, 외로움을 해소하고, 자기존중감과 자기가치감을 향상시킨다. 그 결과 자신의 방어를 낮추고 자신의 내면세계를 더 깊게 탐색할 수 있게 되면서, 자기경험에 대한 개방성이 증가하고 자기와 경험 간의 일치가 높아지게 된다.

인본주의적 관점에서 본 Maslow의 욕구이론

인본주의적 관점을 취하는 또 한 명의 중요한 학자는 Maslow이다. Maslow는 인간의 동기를 욕구 측면에서 이해하였는데, 인간은 기본적으로 생존과 관련된 욕구를 충족하려고 하지만, 생존과 관련된 욕구뿐만 아니라 성장 욕구 또한 가지고 있다고 보았다. 이러한 관점은 행동주의에서 외적 강화를 강조하는 관점과는 매우 다르다. Maslow가 제시한 욕구는 가장 기본적인 생리적 욕구부터 안전의 욕구, 애정과 소속감의 욕구, 자존의 욕구, 그리고 자아실현의 욕구까지 포함하고 있는데(오혜경 역, 2009), 여기에서 생리적 욕구, 안전의 욕구, 애정과 소속감의 욕구, 자존의 욕구는 결핍 욕구로, 자아실현의 욕구는 성장 욕구, 존재 욕구로 보았다.

Maslow가 제시한 욕구들은 [그림 2-5]와 같이 위계를 이루고 있다. Maslow는 인간의 내적 욕구가 행동을 일으키고, 방향성, 강도와 지속 정도를 유발한다고 보았는데, 하위 단계의 욕구가 충족되어야 상위 단계의 욕구를 충족하기 위해 노력한다는 관점이지만, 때로는 상위 단계의 욕구가 하위 단계의 욕구보다 더 절실하게 나타나기도 한다. 생계가 어려울 정도로 매우 가난한 예술가의 창작활동을 예로 들면, 생리적 욕구나 안전의 욕구가 충족되지 않았는데도 창작활동에 전념하는 것은 하위 단계의 욕구보다 작품을 통해 자존의 욕구, 자아실현의 욕구를 더 추구하고 있다고 볼 수 있다. 이러한 예는 개인에게 있어서 욕구를 단계별로 충족하기보다 동시에 몇 가지 욕구를 느끼고 이를 충족하려는 노력을 할 수도 있다는 것을 보여준다.

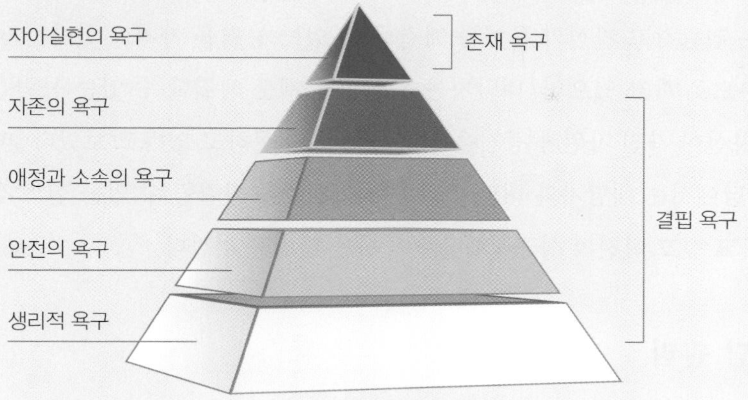

[그림 2-5] Maslow의 욕구위계

4. 해결중심상담

해결중심상담(solution-focused brief counseling)은 1978년 설립된 미국 위스콘신주의 밀워키에 있는 단기가족치료센터(Brief Family Therapy Center: BFTC)에서 드세이저(Steve de Shazer)와 김인수(Insoo Kim Berg)가 주축이 되어 개발한 치료모델이다(김춘경, 이수연, 이윤주, 정종진, 최웅용, 2016). 해결중심상담은 내담자의 감정 탐색, 해석, 직면과 교육을 중요시하는 전통적인 상담이론과는 달리 내담자와 내담자 가족이 어려움을 해결할 수 있는 힘과 강점을 가지고 있다고 믿고 이전의 성공경험을 존중하는 상담이론이다. 해결중심상담은 내담자의 문제 자체가 아닌 문제의 해결에 상담의 초점을 둠으로써 내담자가 문제에 깊이 빠져들지 않게 하고, 부정적인 상황에 오래 머물지 않음으로써 상담을 통해 실제적이고 세밀한 변화를 계획하고 변화를 위한 작은 행동을 시작할 수 있는 힘을 얻을 수 있도록 돕는 해결책 구축 모델이다.

1) 인간관

해결중심상담은 인간의 사회적 현상이나 의식이 사회 속에서 다른 사람과의 상호작용에 의해 형성된다는 사회구성주의 철학에 기반을 두고 있다. 해결중심상담은 모든 인간은 건강하고 자신의 문제를 해결할 수 있는 능력을 가지고 있다는 긍정적 믿음을 기본으로 하고 있으며, 내담자는 자신의 문제를 해결할 수 있는 능력을 가지고 있는데, 자신이 가진 자원과 강점을 활용하고 있지 못하고 있다고 보았다. 따라서 해결중심상담에서는 내담자와 내담자 가족이 어려움을 해결할 수 있는 힘과 강점을 가지고 있다고 믿고 이전의 성공경험을 존중하는 관점을 취한다.

2) 상담 원리

(1) 상담 목표

해결중심상담은 문제의 원인을 규명하기보다는 내담자의 자원(강점, 성공경험, 변화에 대한 욕구)을 활용하여 문제해결 방법에 중점을 두는 상담 모델이다. 따라서 해결중심상담은 문제가 무엇인가를 탐색하고 분석하기보다는 내담자가 상담을 통해 무엇을 얻기 원하는가 또는 어떤 변화를 기대하는가를 분명히 하여 현실적인 해결방안을 구축하고 실천하도록 돕는 것을 목표로 한다. 해결중심상담 과정에서 상담자는 내담자가 자신의 자원과 장점을 활용하여 해결방법을 스스로 찾아 나가도록 돕고, 내담자 스스로 자신의 강점, 예외상황 및 성공경험에 대한 탐색과 성찰을 통해 자신의 문제해결 능력을 향상시키도록 안내하는 역할을 한다.

(2) 기본 원리

인간에 대한 긍정적인 관점과 철학을 가지고 있는 해결중심상담의 기본 원리를 요약하면 다음과 같다.

첫째, 병리적인 것보다 건강한 것에 초점을 둔다. 즉, 내담자가 자신의 문제를 해결하는 데 성공했던 경험에 초점을 두는 것으로 '무엇이 잘못되었는가?'보다는 '잘된 것은 무엇인가?' '앞으로 그것을 어떻게 활용할 것인가?'를 탐색하는 것이다. 해결중심상담에서 내담자의 성공했던 건강한 경험에 초점을 두는 이유는 내담자 스스로 자신의 문제에 대한 해답을 가지고 있다고 굳게 믿기 때문이다.

둘째, 내담자의 강점과 건강한 특성을 발견하여 상담에 활용한다. 내담자가 원하는 결과를 성취하기 위해 내담자가 이미 가지고 있는 자원, 성공경험, 변화에 대한 욕구, 기술, 지식, 믿음, 동기, 행동, 회복탄력성, 사회적 관계망, 개인적 특성을 활용한다.

셋째, 탈이론적이고 비규범적이며 내담자의 견해를 존중한다. 해결중심상담은 문제에 접근하고 해결하기 위한 다양한 해결책이 내담자 안에 존재하고 있음을 안내하고 용기를 준다. 각 내담자는 독특한 개인이며 나름대로 각자의 준거 틀을 가지고 있다. 따라서 상담자는 내담자를 섣부르게 진단하거나 평가하지 않으며 내담자가 표현하는 불평들을 수용하고 개별성을 최대한 존중해야 한다.

넷째, 작은 변화는 큰 변화를 이끈다. 나비의 날갯짓과 같은 미미한 바람이 커다란 폭풍우를 유발한다는 '나비 효과(butterfly effect)'의 원리와 같이 작은 변화가 또 다른 변화를 이끌고 나아가서 큰 변화로 이어져 문제를 해결할 수 있다. 그러므로 내담자가 손쉽게 실천할 수 있는 작은 것부터 상담 목표를 세우는 것이 중요하다.

다섯째, 변화는 항상 일어나며 불가피하다. 해결중심상담은 인간에게 변화는 삶의 일부이고 지속적이기 때문에 내담자가 변화를 막을 수 없다는 가정에 기초한다. 따라서 해결중심상담은 자연스럽게 일어나는 변화를 확인하고 그 변화 자체를 치유를 위한 해결책으로 활용하는 과정이라고 볼 수 있다. 상담자는 내담자의 긍정적인 변화가 일어나도록 돕고 물이 흐르듯 자연스러운 해결책을 마련하는 기초로 이어지도록 다리를 놓는 역할을 하는 것이다.

여섯째, 현재와 미래를 지향한다. 이는 과거 발생한 사건에 대해 이야기하는 것이 중요하지 않고 필요 없다는 것이 아니다. 해결중심상담에서는 내담자가 과거에 어떤 문제를 일으켰는지는 중요하지 않으므로 내담자가 현재에 적응하고 미래를 조망하는 것에 초점을 맞춘다는 것이다. 따라서 내담자를 과거에 일어났던 문제로부터 거리를 두게 하고 최대한 현재에 집중하여 해결책을 구축하고 미래를 지향하도록 하는 것이다.

일곱째, 상담자와 내담자의 협력관계를 강조한다. 해결중심상담에서 내담자는 자신의 문제에 대한 전문가로 간주된다. 따라서 상담자는 내담자가 스스로 무엇을 변화시키기를 원하고 어떤 노력을 해야 하는지를 알고 있는 전문가 입장에 서게 하는 것이 필요하다. 그러므로 상담자는 내담자가 변화할 마음의 준비가 되어 있다는 것을 가정하고 그에 맞추어 적절하게 협동하는 작업을 해야 한다.

3) 상담 과정과 기법

해결중심상담은 내담자가 가지고 온 문제를 해결할 수 있는 방안을 짧은 시간 안에 마련해야 하기 때문에 상담 과정은 의도성이 다분하고 체계적으로 구조화되어 있다. 그러므로 상담자는 해결을 이끄는 구조화된 질문을 사용하여 현재 상황을 파악하고 내담자가 원하는 상담 목표를 이끌어 내며 해결책을 구체적으로 찾을 수 있도록 돕는다.

(1) 상담 단계

① 제1단계: 내담자와 함께 일하기

내담자와 만나는 처음 순간부터 상담자는 내담자를 존중하며 내담자에게 권한을 부여하는 분위기를 만든다. 상담자는 내담자에게 관심을 갖고 그에 대해 알고 싶어 하는 자세를 보이며, 내담자가 자신의 문제에 대하여 어떻게 지각하고 있는지 질문하고, 경청하고 반영하며, 긍정적 피드백을 하고, 내담자가 사용하는 언어에 주의를 기울이면서 내담자의 준거 틀 안에서 작업을 한다. 내담자가 자신의 이야기가 존중되고 진정성 있게 경청되고 있다고 느끼는 시점에 도달했다고 판단될 때 상담자는 문제중심적인 대화에서 해결중심적인 대화로 전환하는 것이 필요하다. 또한 내담자와의 관계 유형을 파악하여 그에 적합한 상담전략을 세워야 한다.

내담자와 상담자의 관계 유형

- **고객형 관계**(customer type): 고객형 내담자는 문제가 무엇인지 잘 알고 있고 자신을 문제해결의 일부로 생각하며 문제해결을 위해 적극적으로 협력하고 노력한다. 자기 자신이 문제해결의 주인임을 잘 알고 구체적인 치료 목표와 해결책을 찾는 유형이다(김혜숙, 2022). 고객형 내담자는 상담을 통해 무엇을 해결하고자 하는가에 대해 탐색해 보았고, 그것을 이루기 위해서 자신의 노력이 필수적이라는 것을 알고 있다. 만약 당신이 상담자라면 이 문제에 대해 무엇이라고 말하겠는지 물어 보는 것, 상담을 통해 어떤 것이 해결되기를 원하

는지, 그리고 그 문제를 해결하기 위해 지금까지 어떤 노력을 해 왔는지 질문하는 것이 신뢰관계를 형성하고 내담자의 문제에 대한 아이디어나 잠재적인 해결책을 탐색하고 활용하는 데 도움이 된다.

- **불평형 관계**(complainant type): 불평형 내담자는 자신의 문제가 무엇인지에 대한 인식은 있지만, 문제를 해결하는 방법이 자신이 통제할 수 있는 영역 밖에 있기 때문에 자신은 할 수 있는 것이 아무것도 없다고 생각한다. 즉, 불평형 내담자는 문제의 해결을 위해서는 자신보다는 다른 사람이 변해야 한다는 입장이다(김혜숙, 2022). 이런 유형의 내담자는 대화 속에서 문제해결의 필요성에 대해서는 상세하게 설명하지만, 자신을 문제해결의 일부로 보지 않기 때문에 문제의 해결은 대체로 다른 사람(부인, 남편, 자녀, 상관, 친구 등)의 변화를 통해 가능하다고 생각한다. 그러므로 생각을 바꾸어 놓기 위해 불평형 내담자와 토론하는 것은 무의미하다. 문제의 원인이나 책임을 타인에게 전가할 경우에 문제가 해결되지 못한다는 것을 알리는 것, 내담자의 초점을 문제를 가지고 있다고 여기는 타인으로부터 자신의 역할로 전환시키는 것, 내담자가 문제에 대해 다른 입장에서 바라볼 수 있도록 새로운 관점과 해석을 제공하는 것이 불평형 내담자와의 신뢰관계를 형성하는 적절한 방법이다.

- **방문형 관계**(visitor type): 방문형 내담자는 해결하고자 하는 문제를 인식하지 않고 있거나 문제가 자신에게 있는 것이 아니라 다른 사람에게 있다고 생각한다. 이러한 관계는 대체로 자신의 의사와는 상관없이 타인에 의해 의뢰된 내담자와 형성될 가능성이 높다. 방문형 내담자와의 관계에서 상담자는 먼저 타의에 의해 왔지만 상담에 임하는 것 자체를 칭찬해 주어야 한다. 그리고 진심으로 내담자 편에 서서 이야기를 들어 주는 것, 내담자에게 뭔가를 시키려 하지 않는 것, 내담자와 의미 있는 상담 목표를 다시 협상하는 것, 내담자의 문제와 직접적으로 관련 없는 취미, 관심사, 특기, 친구관계 같은 일상적인 이야기를 하면서 거리감을 좁히는 것, 문제를 해결하는 데 도움이 되는 내담자의 자원 및 기술을 발견하는 것, 내담자 문제에 관심 있는 사람(부모, 교사 등)을 적극적으로 활용하는 것이 신뢰관계를 형성하는 적절한 방법이다.

② 제2단계: 상담 목표를 설정하기 위하여 협상하기

해결중심상담에서는 내담자의 준거 틀 안에서 문제에 대한 분석보다는 해결방법을 중심으로, 큰 변화를 계획하기보다는 작은 변화를 먼저 시작하게 하는 것이 중요하다. 그러므로 내담자가 스스로 바라고 기대하는 것이 무엇인지 파악하여 그 목표를 분명하게 설정하는 것이 필요하다. 잘 형성된 목표는 다음과 같은 특징을 가진다.

- 내담자에게 중요한 것을 목표로 하고 정확하게 언어화되어 있다.
- 상담 목표는 소소하고 성취할 수 있는 것이어야 한다.
- 구체적이고 명확하며 쉽게 확인 가능한, 행동적인 것을 목표로 한다.
- 목표는 하지 말아야 하는 것 대신 해야 하는 것, 없는 것보다는 있는 것에 관심을 가진다.
- 목표는 어떤 것을 끝내는 것이 아니라 희망하는 것을 시작하는 첫 단계라는 인식을 준다.
- 내담자의 실제 생활에서 현실적으로 성취 가능한 것을 목표로 한다.
- 변화는 쉽지 않고 목표를 수행하는 것은 힘든 일이라고 인식하도록 한다.

③ 제3단계: 내담자를 해결책으로 유도하기

내담자의 문제해결에 실제적이고 현실적인 도움이 될 수 있는 유용한 질문을 선택해야 한다. 질문을 통해 내담자가 자신의 강점과 힘, 현재 있는 자원을 활용할 수 있도록 돕는 것이 중요하다. 상담 장면에서 대부분의 내담자들은 상담자가 질문하는 것에 그대로 반응하기 때문에 어떻게 질문하느냐가 상담의 성패를 좌우한다.

④ 제4단계: 해결중심적 개입

해결중심상담에서는 내담자에게 전달하는 메시지를 매우 중요하게 생각한다. 상담을 마치고 5~10분 휴식을 가진 후 상담회기에 대한 피드백을 메시지라는 형태로 전달하는데, 상담자는 상담 과정에 대한 분석을 활용하여 내담자를 위한 메시지를 작성한다. 메시지는 칭찬, 연결문, 그리고 과제 순으로 정리, 전달된다. 먼저, 칭찬에서 상담자는 "오늘 당신과 대화를 하고 나서 당신이 가족과의 관계를 개선하기 위해 많이 노력한다는 것을 알게 되었습니다."와 같이 문제를 해결하기 위해서 내담자가 지금까지 노력해 왔음을 긍정적으로 평가하고 칭찬한다. 다음으로, 연결문은 "당신의 어려움을 해결하기 위해 다음 만남에서는 가족 간의 대화에 대해 이야기하고자 합니다."처럼 제안이나 과제와 연결시켜 주는 것이다. 마지막으로, 과제 전달에서는 "아주 조금이라도 지금 당장 할 수 있는 나-전달법을 시도하시기를 부탁합니다."와 같이 내담자가 문제를 해결하는 데 도움을 줄 수 있는 적절한 과제를 선택하여 부과하는데, 이때 과제를 주는 이유를 자연스럽게 설명하는 과정이 필요하다.

⑤ 제5단계: 목표 유지

해결중심상담에서 상담을 통해 내담자의 작은 변화가 시작되었다면 그 변화를 계속 유지할 수 있도록 하는 것이 중요하다. 그러므로 상담자는 첫 회기를 제외한 모든 회기에서 "무엇이 나아졌나요?"라는 질문을 통해 상담을 시작한다. 내담자가 하나의 작은 변화를 이야기하면 상담자는 그 예외적인 상황에 대해 다음과 같이 자세히 질문하고 탐색한다. 예외 상황과 문제 상황 간의 차이는 무엇인지, 어떻게 예외적인 상황이 발생할 수 있었는지, 그 과정에서 내담자는 어떤 역할을 하였는지 등의 질문을 통해 예외를 확장시킬 수 있는 방법을 찾는다. 이때 예외를 통해 나타나는 성공과 내담자의 강점을 적절하게 강화해 주는 것이 필요하다.

(2) 상담 기법

해결중심상담의 대표적인 질문 기법은 다음과 같다(김유숙, 2022).

① 상담 전 변화에 대한 질문(pre-session question)

일반적으로 내담자들이 상담을 요청하는 시기는 마주한 문제가 가장 심각해진 경우가 대부분이다. 그러므로 상담을 받으러 오기까지 문제를 해결하기 위한 해결책을 스스로 모색하는 과정에서 문제의 심각 정도가 완화된 경우도 있다. 그러므로 상담을 약속한 후 상담실에 올 때까지 발생한 변화에 대하여 질문하고, 변화를 발견하기 위한 접근이 필요하다. 또한 상담을 받기로 결정한 순간부터 변화가 시작된다고 보기 때문에 내담자가 의식적이거나 무의식적으로 실시했던 방법에 관한 인정과 칭찬, 그리고 다른 사람의 도움 없이 스스로 노력한 것과 해결 능력을 인정하고, 그것을 강화하고 확대할 수 있도록 격려하는 것이 필요하다. 예를 들면, "제 경험에 의하면 처음 상담을 약속했을 때와 상담을 받으러 오기까지의 시간 사이에 어려운 상황이 나아진 사람들이 많이 있습니다. 당신도 그런 변화를 경험하셨습니까?"라고 질문하는 것이다.

② 예외질문(exeption question)

내담자가 직면한 문제 상황은 항상 지속되지는 않는다. 아무리 해결하기 어려운 상황에 직면해 있더라도 늘 예외적인 시간과 경우가 존재한다. 그러므로 상담자는 내담자의 예외 상황을 발견하고 내담자가 할 수 있는 행동을 더 강화시키고 확장시키는 것을 도와야 한다. 자존감이 낮은 내담자는 자신이 여러 번 성공했던 경험이 있고 현재도 잘하고 있는 것이 있음에도 불구하고 그것을 인식하지 못한다. 왜냐하면 내담자는 지금 자신이 겪고 있는 어려움에 매몰되어 한쪽 눈을 가린 채 현재의 상황을 부정적인 방향으로만 바라보기 때문이다. 상담자는 예외적인 상황을 찾아내 밝히고 내담자가 지금 가지고 있는 자원을 활용하여 스스로 자아존중감을 함양할 수 있도록 돕는다. 예를 들면, "당신이 우울하지 않은 날은 언제인가요?" "우울했던 상황과 지금의 차이점은 무엇입니까?" "우울한 기분을 느끼지 않은 상황을 어떻게 지속할 수 있을까요?"라고 질문할 수 있다.

③ 기적질문(miracle question)

인간의 삶에서 문제가 뒤엉켜 자신이 무엇을 어떻게 해야 할지 막막한 상황에 처하는 경우가 종종 있다. 기적질문은 만약 문제가 해결되면 자신의 생활이 어떻게 달라질 것인가를 상상하게 한다. 내담자에게 마치 기적이 일어나기라도 한 것처럼 문제가 해결된 상황을 상상하게 함으로써 해결하기 원하는 것들을 명료화하고 구체화하는 데 도움을 주는 것이다. 상상을 통해 문제가 해결된 미래 상황을 그려 낸 내담자는 미래에서부터 현재 상황을 바라볼 수 있는 문을 열게 되고 그 문을 통해 문제해결책 안으로 들어설 수 있게 된다. 기적질문은 작은 것에서부터 시작하여 점차로 확장시켜 나가는 것이 중요하고 내담자는 상담자의 질문에 대답하는 동안 기적을 만드는 사람은 바로 자기 자신이라는 것을 인식하게 된다. 또한 변화된 생각을 구체적으로 상상해 보고, 그것이 자신의 상담 목표라는 사실을 재확인하게 된다. 예를 들면, "밤에 잠자는 동안에 기적이 일어나 지금 염려하는 문제가 다 해결되었다고 상상합시다.

잠을 자고 있는 동안에 기적이 일어났으니 어디에서 무슨 일이 생겼는지는 아무도 모릅니다. 아침에 눈을 떴을 때 지난밤 기적이 일어나 염려하던 문제가 해결되었다는 것을 어떻게 알 수 있을까요? 기적이 일어났다는 것은 무엇을 보면 알 수 있을까요?" 라고 질문하는 것이다.

④ 척도질문(scale question)

척도질문은 내담자의 문제 상태, 심각한 정도, 상담 목표, 성취도, 만족도를 구체적인 숫자로 표현하도록 질문하는 것이다. 척도질문은 내담자가 문제해결을 위해 구체적으로 언제, 어디에서, 무엇을, 어떻게 변화해야 하는지 인식하고 점검하도록 도와준다. 또한 변화에 대한 동기를 강화하고 다음 단계로 발전하기 위하여 어떤 노력을 해야 할 것인가를 탐색하도록 돕기 위한 질문이다. 척도질문은 내담자가 가지고 있는 흑백논리나 양자택일, 그리고 확증편향을 깨뜨릴 수 있는 방법이다. 내담자의 상태를 수치로 표현하도록 요구하는 척도질문은 변화 정도를 사실적으로 설명하고 구체적인 목표를 세우는 데 매우 효과적인 질문 기법이다. 예를 들면, 내담자에게 "아무것도 해결되지 않은 최악의 상태를 0점이라고 하고, 고민하는 모든 문제가 해결된 상태를 10점이라고 한다면, 지금 상태는 몇 점이라고 할 수 있습니까? 몇 점까지 도달하면 만족하시겠습니까?" "부부간 대화 만족도에서 1점 정도 올라갔다고 하셨는데 남편에게 무엇이 달라졌다고 생각하십니까?"라고 질문하는 것이다.

⑤ 대처질문(coping question)

대처질문은 문제가 해결되지 않은 상태로 오랫동안 지속되었기 때문에 절망하고 좌절상태에 있는 내담자들에게 효과적인 질문 기법이다. 대처질문은 자포자기에 빠져 원하는 것을 잃어버리고, 미래에 대해 희망을 갖고 있지 않은 내담자가 스스로의 경험을 활용하게 하고, 새로운 힘을 갖게 하며, 자신이 가지고 있는 자원과 강점을 재발견할 수 있는 기회를 제공한다. 또한 어려운 상황을 해결할 방법이 전혀 없고 불가능하다고 생각하는 내담자에게 지금까지 위기에서 살아남기 위해 대처해 온 자신을 발견하고, 더 나빠지지 않기 위해 노력했던 힘이 어디에서 나온 것인지를 인식하게 한다. 이것을 통해 내담자의 열정과 끈기, 성장에 대한 믿음, 회복탄력성, 잠재적 에너지, 진취성 등을 인식하게 하며 해결방안에 이런 자원을 활용하게 할 수 있다. 예를 들면, "문제가 심각한데 어떻게 상황이 더 나빠지지 않도록 할 수 있었습니까?" "매우 어려운 상황인데 지금까지 포기하지 않고 유지할 수 있었던 것이 어떻게 가능했습니까?" "무엇이 당신을 지금 여기까지 올 수 있도록 하였나요?"라고 질문하는 것이다.

학교상담에서 해결중심상담 적용의 예

중학교 1학년에 재학 중인 수미는 학교에 자주 지각하고, 학업에 흥미를 잃어 수업에 집중하지 못하고, 방과 후에는 친구들과 패거리를 형성해 밤늦게까지 어울려 돌아다닌다. 함께 다니는 친구 엄마가 수미 때문에 자기 딸이 나쁜 물이 든다고 학교에 항의를 하고 조치를 취해 줄 것을 요청해 전문상담교사에게 의뢰되었다. 성격이 급하고 인내심이 약하며 싫증을 잘 내는 성격을 가진 수미는 무척 산만하고 충동적이며, 또래관계에 집착하고 있기 때문에 관계 단절을 두려워하고 있다. 수미의 엄마는 1년 전에 아버지와 이혼을 하고 가족의 생계를 위해 새벽부터 늦은 밤까지 식당에서 일을 하고 있고, 고등학교 1학년인 언니는 수미와 다르게 성적이 상위권이고 자신의 일을 알아서 잘하는 모범생이다. 수미는 잔소리를 자주 하고 심하게 야단을 치는 엄마에게 말대꾸를 하거나 거칠게 반항하며 때로는 대놓고 욕을 하기도 한다. 가족에게 인정받지 못하고 엄마의 기대에 부응하지 못하는 심리적 부담과 채워지지 않는 아빠 자리의 부재로 인한 양육박탈감이 수미의 충동적인 성격과 맞물려 행동통제력 상실로 이어지고 있는 상태에 있다. 방문형 내담자인 수미에게 해결중심상담을 활용한 상담 과정 및 기법, 결과는 다음과 같다.

- **1회기**: 상담 이전의 변화를 관심 있게 관찰하고 확인한 뒤 기적질문을 통하여 표현된 엄마와의 관계 개선을 수미의 상담 목표로 합의하였다.
- **2~6회기**: 예외질문(엄마에게 칭찬받았던 일, 고마운 점)을 통해 어떻게 엄마와 사이가 좋을 수 있었는지 탐색하여 이전에 효과적이었던 긍정적인 방법을 찾아내고, 수미의 자원을 칭찬하고 격려하면서 관계 개선을 위해 효과적인 것들을 시도해 보도록 하였다. 이후 척도질문(엄마와의 관계 점수)으로 과제 수행을 점검하여 나아지고 있음을 인식하고, 힘들었던 과거를 인정하고 화가 난 감정을 그대로 수용하는 시간을 통해 자기를 위로하고 화해하는 시간을 갖도록 하였다.

- **7회기**: 가족상담(수미, 엄마, 언니)을 통해 수미의 행동에 긍정적인 변화가 계속되고 있음을 확인하고, 변화 유지와 관계 개선을 위한 구체적인 노력과 가족 구성원 각자의 역할을 어떻게 할 것인가에 대해 이야기하였다.
- **8회기**: 척도질문을 통하여 상담의 목표(엄마와의 관계 개선)가 얼마나 달성되었는지 구체적으로 살펴보고, 엄마와의 신뢰 회복으로 좋아지고 있는 관계를 어떻게 유지해 나갈 것인지에 대한 질문을 통하여 변화 유지를 위한 현실적인 실천 방법을 스스로 발견할 수 있도록 하였다.

수업활동 1

상담이론으로 이해하는 나

1. 스트레스 상황에서 나는 어떤 방어기제를 쓰는지 떠올려 보고, 그 방어기제가 효과적이었는지 생각해 봅시다.

2. 학창시절 부모님 또는 선생님으로부터 강화된 행동이나 습관이 있는지 생각해 보고 함께 이야기해 봅시다.

3. 나는 어떤 가치를 추구하는지, 그러한 가치들 중 타인의 인정을 받기 위해 조건화된 가치가 무엇인지 생각해 봅시다.

4. 나의 강점은 무엇인지, 강점을 발휘해 어떤 문제를 성공적으로 해결했던 경험이 있는지 나누어 봅시다.

수업활동 2

내 인생의 중대사건

1. 지금까지의 삶에서 나에게 영향을 미친 중요한 사건을 떠올려 봅시다.

2. 이 사건이 나에게 어떤 영향을 미쳤는지 나누어 봅시다.

3. 이 사건으로부터 받은 영향을 잘 설명할 수 있는 상담이론을 선택하고, 선택한 상담 이론의 관점에서 다시 이야기해 봅시다.

참고문헌

고영남, 박선영(2013). **상담심리의 이론과 적용**. 양서원.

권석만(2012). **현대 심리치료와 상담 이론**. 학지사.

김계현, 김창대, 권경인, 황매향, 이상민, 최한나, 서영석, 이윤주, 손은령, 김용태, 김봉환, 김인규, 김동민, 임은미(2011). **상담학개론**. 학지사.

김병석, 김지현, 최희철, 선혜연 공역(2015). **상담이론과 실제: 다문화 관점의 통합적 접근**(*Theories of Counseling and Psychotherapy: A Multicultural Perspective*)(7th ed.). Ivey, A. E., D'Andrea, M. J., & Ivey, M. B. 공저. 학지사. (원저는 2012년에 출판)

김서영(2010). **프로이트의 환자들**. 웅진씽크빅.

김유숙(2022). **가족상담**. 학지사.

김춘경, 이수연, 이윤주, 정종진, 최웅용(2016). **상담의 이론과 실제**(2판). 학지사.

김혜숙(2022). **가족치료 이론과 기법**. 학지사.

문희경 역(2015). **밀턴 에릭슨의 심리치유수업**(*My voice will go with you: The teaching tales of Milton H. Erickson*). Erickson, M. H., & Rosen, S. 공저. 어크로스. (원저는 1982년에 출판)

박경애(1997). **인지 · 정서 · 행동치료**. 학지사.

신효정, 송미경, 오인수, 이은경, 이상민, 천성문(2016). **생활지도와 상담**. 박영스토리.

양명숙, 김동일, 김명권, 김성회, 김춘경, 김형태, 문일경, 박경애, 박성희, 박재황, 박종수, 이영이, 전지경, 제석봉, 천성문, 한재희, 홍종관(2013). **상담이론과 실제**. 학지사.

오혜경 역(2009). **동기와 성격**(*Motivation and personality*)(3rd ed.). Maslow, A. H. 저. 북이십일. (원저는 1987년에 출판)

정방자, 최경희, 김연지 공역(2001). **결혼생활의 정신역동적 이해**(*Childhood emotional pattern in marriage*). Leon, J. S. 저. 이문출판사. (원저는 1980년에 출판)

조현춘, 조현재, 문지혜, 이근배, 홍영근 공역(2012). **심리상담과 치료의 이론과 실제(개정판)**(*Theory and practice of counseling and psychotherapy*). Corey, G. 저. 센게이지러닝코리아. (원저는 2009년에 출판)

최영희, 이정흠 공역(2007). **인지치료**(*Cognitive therapy*). Beck, J. S. 저. 하나의학사. (원저는 1995년에 출판)

한승호, 한성열 공역(1998). **칼 로저스의 카운슬링의 이론과 실제**(*Counseling and psychotherapy*). Rogers, C. 저. 학지사. (원저는 1942년에 출판)

Rogers, C. (1977). *Carl Rogers on personal power*. Delacorte Press.

제3장

상담의 원리와 과정

학교현장에서 이루어지는 상담은 현장의 특성상 전형적인 심리상담과는 다소 차이가 있지만 그럼에도 불구하고 상담의 기본 원리와 과정은 크게 다르지 않다. 이 장에서는 상담의 기본 원리와 상담 과정, 상담 과정에서의 개입 방법 및 유의사항에 대해 안내하고자 한다.

1. 상담의 원리

상담은 상담자와 내담자의 관계에 기초를 두고 내담자의 성장과 발전을 위해 상호 협력하는 활동이다(김계현 외, 2020). 상담이론에 따라 내담자의 어려움을 이해하고 개입하는 방법은 차이가 있지만 내담자를 이해하고자 하는 마음으로 상담관계를 맺고, 그러한 관계를 바탕으로 내담자가 변화의 의지를 갖고 상담 목표를 달성할 수 있도록 지지하고 격려함으로써, 내담자의 성장과 변화를 돕는다는 기본 원리는 대부분의 상담이론에서 공통적이다. 여기서는 이러한 상담의 기본 원리를 적용하기 위해 상담자가 먼저 갖추어야 할 태도에 대해 알아보기로 한다.

1) 진실한 관심

누군가 좋아하는 사람을 떠올려 보자. 내가 좋아하는 사람이라면 그 사람이 어떤 음식을 좋아하는지, 어떤 취미를 갖고 있는지, 어떤 일을 하는지, 요즘 어떤 고민을 하는지, 잠들기 전에는 어떤 생각을 하는지…… 별별 사소한 것까지 궁금해하고 알고 싶을 것이다. 상담은 이와 같이 사람에 대한 진심 어린 관심으로부터 시작된다. 아무리 좋은 이론과 기법을 알고 있다 하더라도 어려움을 겪고 있는 내담자를 진심으로 돕고자 하는 마음으로 관심과 애정을 기울이지 않는다면 아무런 소용이 없다.

대부분의 내담자는 자의든 타의든 인생이 원하는 대로 살아지지 않는 경우에 상담 장면에 오게 된다. 그런 내담자가 나를 만날 확률을 생각해 보면, 지구상에 있는 수많은 나라 중 하필 이 대한민국 땅에서 그날 그 시간에 내 앞에서 도움을 요청하고 있는 내담자를 나는 어떤 마음으로 대해야 할 것인가? 그 내담자를 내가 어떤 마음으로 어떻게 대하는지에 따라 그 사람의 인생에 결정적인 영향을 미칠 수 있다는 사실을 기억한다면 내 앞에 앉아 있는 내담자를 결코 소홀히 대할 수 없을 것이다.

내담자는 어쩌다 이런 어려움을 겪게 되었는지, 그 어려움에 어떻게 대처하고 있는지, 내담자의 주변 사람들은 이 어려움에 대해 어떤 반응을 보이는지, 그중 누군가 도움을 줄 수 있었던 사람은 없었는지, 내가 무엇을 도와주길 기대하고 있는지, 나는 진심으로 내담자를 돕고 싶은 마음이 있는지, 현실적으로 내가 도와줄 수 있는 것은 무엇인지…… 내담자를 진심으로 이해하고자 하는 마음으로 관심을 기울이는 것, 상담의 효과는 여기서부터 시작된다.

내담자를 위한 진실한 마음이 준비되었다면 그 관심을 표현하기 위해 어떤 태도를 가져야 하는지 좀 더 구체적인 방법에 대해 알아야 한다. 아무리 관심이 있다고 하여도 상대방에게 그 마음이 효과적으로 전달되도록 하려면 그 마음과 함께 심리적으로나 신체적으로 내담자를 향하고 내담자가 하는 이야기에 주의를 기울여야 한다. Egan(1994)은 이러한 방법을 주의집중하는 태도와 자세를 표현하는 단어들의 앞 글자를 따서 SOLER로 설명하였다.

- S: 내담자를 바로(Squarely) 바라본다.
- O: 개방적인(Open) 자세를 취한다.
- L: 내담자 쪽으로 몸을 기울인다(Lean).
- E: 좋은 시선의 접촉(Eye Contact)을 유지한다.
- R: 편안하고(Relaxed) 자연스러운 자세를 취한다.

이와 같이 내담자에 대한 관심을 담아 몸과 마음의 자세를 갖추었다면 이제 내담자의 이야기에 진심으로 귀를 기울여야 할 것이다. 내담자의 이야기를 들을 때에는 내담자가 전달하는 언어적 메시지뿐만 아니라 비언어적인 메시지, 또한 이야기되지 않은 숨은 메시지 또한 읽어 내기 위해 노력해야 한다. 이렇게 단지 들리는 것을 듣는 것이 아닌, 내담자를 이해하기 위해 몸과 마음을 기울여 언어적 메시지뿐만 아니라 비언어적 메시지까지 듣고자 노력하는 것을 **적극적 경청**(active listening)이라고 한다. 적극적 경청은 어떤 특별한 공식 없이 온전히 내담자에게 주의를 집중하는 것이다. 흔히 우리는 누군가 말을 할 때 반은 듣고 반은 흘려버린다. 상담자는 주의집중하기 기술과 최소한의 격려어(예: '네' '음')를 사용함으로써 내담자에게 초점을 맞추고 경청하는 자세를 갖추어 진실한 관심을 표현할 수 있다(주은선 역, 2012).

내담자는 다양한 방법으로 자신을 표현하므로 어떤 생각과 감정, 경험을 이야기하고자 하는지 언어적 메시지와 함께 비언어적 메시지에 귀를 기울여야 한다. 비언어적 단서를 관찰하는 것은 학생의 키와 몸무게, 성별, 나이와 같은 기초적인 정보에서부터 얼굴 표정, 자세, 옷매무새, 청결 상태와 같은 전반적 외양뿐만 아니라 상담에서

주의집중과 경청의 예

상담자: (내담자 쪽으로 몸을 기울이고 시선을 맞추며) 무슨 이야기를 하고 싶으신가요?

내담자: (아주 조용히) 잘 모르겠어요. 저는 요즘 사는 게 별로 마음에 들지가 않아요. 그런데 선생님께서 저를 도와주실 수 있을지 잘 모르겠네요.

상담자: (내담자의 조용한 목소리에 맞추어) 어디서부터 얘길 해야 될지도 모르겠고, 얘기를 한다고 제가 뭘 도와줄 수 있을지 걱정도 되고…… 최근에 어떤 일이 있었는지 저한테 좀 더 말씀해 주실 수 있을까요?

내담자: 요즘 많이 우울해요. 제대로 자지도 못하고 먹지도 못해요. 혼자 뒤처져 있는 것 같고 공부할 힘도 없어요.

상담자: (잠시 멈추고, 조용히) 감당하기 어려우신 모양이네요.

내담자: 네, 그런 것 같아요. 고2인데 스트레스가 너무 심해요.

상담자: 음……. (고개를 끄덕인다.)

내담자: (계속 이야기한다.)

의 눈맞춤, 감정표현, 눈물 등을 모두 아우른다. 예를 들어, 방어적인 내담자는 종종 팔짱을 끼거나 다리를 꼬고, 수줍어하는 내담자는 눈맞춤을 어려워하고 말할 때 목소리가 작은 편이다. 하지만 이러한 비언어적 행동을 고정된 일반적 의미를 가지고 있는 것으로 해석하기보다 내담자가 느끼는 것에 대한 힌트나 단서로써 관찰하는 것이 좋다(주은선 역, 2012).

2) 무조건적 존중

상담자는 내담자의 행동이나 감정, 사고를 무조건적으로 존중하며, 내담자를 하나의 전인격적인 존재로 아끼고 사랑할 수 있어야 한다(김계현 외, 2020). Rogers가 상담자가 제공해야 할 핵심조건으로 제시한 무조건적 존중과 수용은 이론적 관점을 넘어서서 상담 전반에서 상담자가 취하는 기본 태도라고 할 수 있다. 자의든 타의든 상담을 하러 오는 사람들은 대체로 다른 인간관계에서 상처를 받은 경우가 많다. 상담자가 자신을 믿고 자신의 편에서 이해해 주고자 하는 태도만으로도 내담자는 방어를 허물고 자신의 마음속 이야기를 꺼낼 수 있다. 이러한 무조건적 존중의 태도는 구체적으로 다음과 같이 나타날 수 있다. 첫째, 내담자와의 약속을 잊어버리지 않고 지킨다. 상담시간을 잘 지키는 것에서부터 과제를 잘 해 오는 것에 대한 보상을 하는 것 등, 아주 사소한 약속이라도 기억하고 이행함으로써 상담자가 내담자를 소중히 생각하고 아낀다는 마음을 전달하는 것이 중요하다. 행여나 지키지 못했다면 진심으로 사과함으로써 내담자에 대한 존중을 표현할 수 있다. 둘째, 상담에서 이루어지는 모든 내담자의 이야기는 비밀보장을 원칙으로 하고 이를 내담자에게도 약속한다. 이러한 존중의 태도는 내담자가 상담자를 믿고 신뢰하게 함으로써 이후 상담에서의 작업동맹을 공고히 해 준다.

3) 공감적 이해

공감은 긍정적인 인간발달에 필수적인 요소로, 많은 학자가 공감적 관계를 통해 학생들의 성취와 성장을 향상시킬 수 있다고 주장하였다(박성희, 2004). 독일어

'Einfühlung'(영어로 feeling into)에서 유래(Vischer, 1873: Neumann, Bensing, Mercer, Ernstmann, Ommen, & Pfaff, 2009 재인용)된 공감(empathy)은 여러 학자들이 다양한 표현으로 정의를 내려 왔지만 여기서는 Rogers의 정의를 대표적으로 소개하고자 한다.

> "공감은 다른 사람의 내적인 준거 틀을 정확하게, 그것의 감정적인 요소와 거기에 관련된 의미를 마치(as if)라는 사실을 망각함이 없이 마치 자신이 그 사람인 것처럼 지각하는 상태이다." (Rogers, 1957)

즉, 공감적 이해란 내담자가 주관적으로 겪고, 느끼고, 의미를 부여하는 내면세계를 내담자가 느끼는 것과 같이 공명하고, 공명한 그 느낌을 되돌려 주는 것을 말한다. 이는 나와는 다른 자신만의 주관적 세계를 경험하는 내담자가 겪는 느낌을 기꺼이 함

공감과 유사하지만 다른 개념들

- **동감**: 동감은 상대의 경험이 자신이 경험한 사실과 유사하다는 감성에 호소하는 것으로, 예를 들면, "나도 그래." "나도 같은 맘이야."와 같이 표현될 수 있다.
- **동정**: 동정은 우리 자신을 다른 사람의 처지에 둠으로써 그에 대한 느낌을 갖는 것으로 공감과 흔히 혼동하는 개념이다. 동정은 상대방과 함께하는 마음이라기보다는 떨어져 측은하게 바라봄으로써 상대방과 비교하여 더 나은 처지에 있는 나를 위안하는 마음이다. 예를 들어, 친구가 "어제도 엄마랑 싸웠어. 나도 지금 힘들어 죽겠는데 엄마는 나보고 세상 편하게 사는 거래. 편하게 사는 게 누군데. 진짜 짜증 나."라고 이야기할 때 "엄마한테 그런 얘기 듣고 어떻게 하냐. 너무 힘들겠다. 엄마랑 맨날 그렇게 싸워서 안됐다."라고 반응한다면 이는 상대방의 불편한 마음과 함께하기보다 더 나은 처지에 있는 내가 상대방을 측은하게 바라보는 동정의 표현이라고 할 수 있다.
- **투사**: 투사는 자신의 생각이나 욕구, 감정을 타인의 것으로 지각하는 것으로, 예를 들어, 상대방에 대해 미운 마음이 들 때, 내가 아니라 상대방이 나를 싫어한다고 생각하는 것이다. 상대방의 실제 마음은 내가 생각하는 것과 다를 때가 많다. 이러한 투사는 때로 공감의 기초가 되기도 하지만 이야기하는 사람의 마음이 아닌 내 마음을 상대방의 마음과 같다고 착각하게 하기도 한다.

께하고 알아준다는 것을 의미한다. 이를 통해 내담자는 자신을 알아주는 상담자를 믿고 신뢰하며 더 깊은 자기탐색을 할 수 있게 된다.

그렇다면 어떻게 공감적 이해를 높일 것인가? Barrett-Lennard(1981)는 〈표 3-1〉과 같이 5단계로 순환적 공감모형을 제시하였다.

표 3-1 Barrett-Lennard의 5단계 순환적 공감모형

단계	특징
1단계	상담자가 내담자에게 주의를 기울이는 단계
2단계	상담자가 내담자의 표현된 경험을 읽고 공명하는 단계
3단계	상담자가 느낀 공감을 표현하는 단계
4단계	상담자가 표현한 공감을 내담자가 지각하는 단계
5단계	내담자가 상담자에게 피드백을 주면서 지속적으로 자기를 표현하는 단계

다른 사람을 잘 이해하고 공감을 표현하기 위해 우선되어야 할 것은 상대방에게 관심을 가지고 주의를 기울이는 것이다(1단계). 그다음 상대방이 표현하는 것을 통해 그 사람을 이해하고 그 경험을 함께 체험하는 과정을 거친다. 이 단계가 상담자의 공감 단계라고 볼 수 있다(2단계). 상담자가 내담자와 함께 경험하고 이해한 바를 돌려줌으로써 공감을 표현하는 과정(3단계)을 통해 내담자는 상담자가 표현한 공감을 지각하고(4단계), 자신이 받은 공감에 대한 피드백과 함께 지속적으로 자신을 표현하는 (5단계) 과정이 순환적으로 일어나면서 상호 이해가 깊어질 수 있다.

공감을 표현하는 3단계에서는 Carkhuff(1969)가 제시한 공감 5수준으로 공감적 이해 정도를 평가해 볼 수 있다(〈표 3-2〉 참조).

예를 들어, 학생이 "선생님, 우리 엄마는 너무 잔소리가 심해요. 절 따라다니면서 잔소리를 한다니까요. 이제 엄마 목소리만 들어도 짜증이 나요."라고 했을 때, "아빠는 어떠셔?"(1단계)라고 반응한다면 학생의 마음을 충분히 알아주지 못하고 다른 얘기를 하고 있는 것이다. 학생의 속상함을 반영하여 "엄마가 따라다니면서 잔소리를 하시니 이제 목소리만 들어도 지긋지긋한 모양이네."(3단계) 하고 감정을 반영해 주거나 "엄마가 잔소리 안 하게끔 잘하고 싶은데 잘 안 되서 많이 속상하구나. 뭐가 잘

표 3-2 Carkhuff의 공감 5수준

수준	특징
1수준	상담자는 내담자가 언어적 · 행동적으로 표현하는 바를 충실히 주목하지 못했으며 또한 내담자를 충분히 표현해 주지 못했거나 혹은 오히려 왜곡함(전혀 딴소리).
2수준	상담자는 내담자가 표현한 바에 대해서 반응을 하고 있으나 내담자가 전달하고자 하는 감정을 충분히 반영해 주고 있지는 못함(감정이 제대로 반영되지 않은 재진술).
3수준	상담자는 내담자가 표현한 감정의 의미에 거의 상응하게 반응함(감정이 제대로 반영된 재진술).
4수준	상담자는 내담자가 아직 표현하지 못한 한 단계 깊은 수준의 감정을 보완하여 표현해 줌(어느 정도 깊은 수준의 공감).
5수준	상담자는 내담자가 아직 표현하지 못한 더 깊은 수준의 감정을 심도 있고 정확하게 보완하여 표현해 줄 뿐만 아니라 내담자로 하여금 자기탐색을 지속하도록 해 줌. 소망과 의도가 포함됨(깊은 수준의 공감, 해석과 유사).

안 되는 것 같아?"(5단계) 하고 표현되지 않은 더 깊은 수준의 욕구(소망이나 의도)를 읽어 주는 것이 좋다.

2. 상담의 과정과 기법

모든 일에 시작과 끝이 있듯이 상담 또한 내담자가 상담자를 만나기 시작해서 그 만남을 종결할 때까지는 일련의 과정을 거치게 된다. 내담자의 특성에 따라, 상담자의 접근 방식에 따라 상담의 과정은 다양하게 이루어질 수 있지만 여기서는 전형적인 상담에서 공통적으로 따르는 기본적인 절차 및 과정을 제시하고자 한다.

1) 맞이하기

상담의 시작은 무엇보다 상담을 하러 온 내담자를 반갑고 따뜻하게 맞이함으로써 이루어진다. 자발적이든 비자발적이든 상담을 하기 위해 상담자를 찾는 내담자의 마음은 불안과 긴장으로 경직되어 있을 가능성이 높다. 상담자는 불안하고 긴장되어 있는 내담자의 마음을 편하게 하여 안심시켜 주고 상담에 대한 기대와 희망을 갖도록 해 주는 것이 필요하다. "어서 와. 날씨가 많이 춥지?" "오늘 수업은 어땠어? 여전히 재미없었어?" "표정이 어둡네. 무슨 일 있었어?"와 같이 따뜻한 미소와 개방적인 태도로 반갑게 맞이하며 인사를 건네는 것이 좋다.

신뢰관계 형성은 상담자가 따뜻한 관심으로 비판적이지 않은 분위기에서 내담자의 이야기에 귀를 기울여 주고, 편안하고 자유롭게 이야기할 수 있도록 격려하는 분위기에서 가능해진다(강진령, 2015). 이를 통해 학생은 존중받는 느낌을 받고, 자신의 이야기를 허심탄회하게 꺼내 놓을 수 있는 마음의 준비를 하게 된다. 청소년 내담자의 경우 학생 스스로 원해서가 아니라 타의에 의해서 상담을 하게 되는 경우가 많은데, 이렇게 비자발적인 내담자라면 도구나 매체를 활용해 내담자가 마음의 문을 좀 더 쉽게 열 수 있도록 도와줄 수 있다. 예를 들어, 보드게임을 이용해 게임에서 이기면 학생이 좋아하는 작은 선물을 건넨다든지 아니면 핸드폰으로 좋아하는 사진을 찍어 오라고 과제를 주고 찍어 온 사진을 가지고 이야기를 시작해 볼 수도 있다. 이렇게 동기유발에 도움이 되는 작은 활동들을 통해 학생들은 상담시간이 다른 시간처럼 혼나거나 벌 받는 것과는 다르다고 느끼면서 상담에 좀 더 호의적인 태도를 보이게 된다.

2) 상담구조화

상담구조화란 상담자가 내담자에게 상담에서 필요한 기본 규칙과 한계에 대해 설명하는 것을 말한다(강진령, 2015). 기본적으로 상담이 무엇이고, 어떻게 진행되는지, 상담을 통해 무엇을 얻을 수 있는지, 내담자가 해야 할 역할은 무엇인지에 대해 상담에 관한 내담자의 지식과 경험 수준에 맞게 설명하는 것이 필요하다. 일반적으로 상담구조화에 포함되어야 할 내용은 다음과 같다. 첫째, 상담시간과 장소, 진행 회기수에 대한 안내이다. 상담은 단회로 끝나는 경우보다는 일정한 기간 동안 정기적이고 지속적으로 이루어지는 경우가 더 많다. 그러므로 내담자와의 첫 만남에서 상담이 언제, 얼마 동안 진행되는지 전달할 필요가 있다. 상담은 일반적으로 내담자와 약속한 시간에 정기적으로 이루어지는데, 이에 대한 설명과 함께 약속을 지키기 어려울 경우 사전에 어떻게 연락을 취하면 되는지에 대한 안내까지를 포함하는 것이 필요하다. 둘째, 비밀보장의 원칙과 예외사항에 대해 설명한다. 상담에서 이루어지는 모든 이야기는 비밀보장을 원칙으로 하지만, 내담자가 자신 또는 타인을 해칠 위험이 있을 경우, 또는 폭력에 노출되어 있거나 신변의 위협을 받고 있을 경우에는 내담자를 그런 위험으로부터 보호하기 위해 비밀보장의 원칙보다 고지의 의무가 우선한다. 이렇게 비밀보장을 지키기 어려운 경우에 대해서는 미리 내담자에게 비밀보장의 한계에 대한 정보를 제공하고 동의를 받는 것 또한 중요하다. 이러한 비밀보장의 한계에 대해 진실하게 이야기해 줌으로써 내담자는 비밀보장뿐만 아니라 상담자에 대해서도 더 신뢰할 수 있게 된다. 청소년의 경우 그런 사항이 아니라 하더라도 담임교사나 부모에게 알릴 필요가 있는 사항이 발생할 수 있다. 이런 모든 사항에 대해 내담자도 알아야 할 권리가 있으므로 명료하게 설명하고 안내하는 것이 중요하다. 또한 상담이 진행되는 동안 이러한 모든 사항에 대해 언제든지 함께 상의하고 결정할 수 있음을 설명하고, 필요한 경우 서면으로 동의서를 작성할 수 있다. 셋째, 상담의 종결에 대한 방침이다. 상담을 종결할 때에는 내담자와 상담자가 서로 합의하여 결정한다. 불가피한 사정으로 조기종결을 해야 한다면 사전에 미리 이야기할 수 있도록 안내한다. 또한

상담구조화의 예

- "상담은 매주 한 번, 수요일 4시에 50분 동안 진행하고, 우선 다섯 번 만나 보고 상담을 더 진행하는 게 좋을지 아니면 종결해도 좋을지 같이 의논해요. 특별히 상담시간을 변경하거나 연기해야 할 필요가 있을 경우에는 사전에 미리 연락 주세요."
- "상담에서 이루어지는 모든 이야기는 원칙적으로 비밀보장이 됩니다. ○○가 원하는 경우가 아니라면 담임 선생님이나 부모님한테도 이야기하지 않아요. 하지만 제가 비밀을 지킬 수 없는 경우가 있는데 하나는 ○○가 자신을 해치거나 다른 사람을 해칠 위험이 있다는 사실을 알았을 때이고, 또 하나는 ○○가 누군가로부터 위협을 받고 있다는 걸 알았을 때입니다. 이때는 이러한 위험에서 ○○를 보호하는 것이 제 의무이기도 하니 이런 경우는 비밀을 보장할 수 없어요."
- "상담은 서로 함께하는 과정이에요. 일방적으로 연락 없이 두 번 이상 상담에 오지 않는 경우에는 상담 의사가 없는 것으로 간주하고 상담을 종결하게 됩니다. 사정이 있어 상담시간을 지키지 못하게 되는 경우는 꼭 미리 알려 주세요."

연락 없이 상담에 오지 않는 경우에 대한 규칙을 함께 정하는 것도 필요하다.

3) 문제의 이해

상담은 꼭 심리적 문제 또는 증상이 있는 사람이 받아야 하는 것은 아니지만, 주로 어떤 심리적 불편감이 있는 사람이 도움을 요청함으로써 이루어질 때가 많기 때문에, 내담자가 무엇 때문에 상담을 받고자 하는지 파악하고 이해하는 것으로부터 시작된다고 볼 수 있다. 이를 편의상 문제의 이해라고 하자.

상담자는 진실한 마음으로 내담자에게 관심을 갖고 귀를 기울이며, 무조건적인 긍정적 존중의 태도로 내담자가 어떤 도움을 받고자 하는지 이해할 필요가 있다. 교사가 상담 초기에 쉽게 빠지기 쉬운 함정은 학생의 말을 경청하기보다 학생의 호소문제에 대한 해결책을 알고 있는 것처럼 성급하게 충고나 조언을 해 주려는 것이다(강진령, 2015). 학생을 빨리 돕고자 하는 마음을 내려놓고 우선 학생의 입장에서 학생의 이야기를 충분히 들어 주는 것이 선행되어야 한다.

자발적으로 찾아온 내담자라면 내담자가 상담에서 어떤 도움을 받고자 하고, 상담자에게 무엇을 기대하는지 충분히 들어 주어야 한다. 반대로 비자발적인 내담자의 경우 내담자가 상담에 의뢰된 경위에 대해 어떻게 이해하고 있는지 확인하고, 상담이 처벌이 아닌 내담자를 돕기 위한 노력임을 전달하고 어떻게 도와주는 것이 좋을지 협조를 구하는 태도를 지속적으로 보여 주는 것이 필요하다.

호소문제 확인의 예

- 자발적인 내담자의 경우
  "상담에서 어떤 이야기를 하고 싶은가요?"
  "제가 무엇을 도와드리면 좋을까요?"

- 비자발적인 내담자의 경우
  "어떻게 상담을 권유받게 되었나요?"
  "어떤 부분 때문에 담임 선생님께서 상담을 권유하셨을까요?"

내담자의 내방 경위와 호소문제를 확인하고 나면, 호소문제와 관련한 내담자의 이야기를 들으면서 상담자의 관점에서 내담자의 문제를 이해하고 상담의 초점과 방향을 잡아 나간다.

예를 들어, 시험불안을 호소하는 학생의 이야기를 들으면서 지난 시험에서 모르는 문제에 막혀 시간 조절에 실패하고 그다음 문제까지 다 놓쳐서 시험을 망쳤다는 것, 부모님이 성적이 잘 나왔을 때에는 기뻐하시지만 성적이 잘 나오지 않았을 때에는 매우 실망하는 모습을 보인다는 것을 알게 되었다고 하자. 이 학생을 인지행동상담의 관점으로 이해한다면 "나는 무능하다." "시험을 망친다면 나는 쓸모없는 존재이다." 라는 비합리적 신념을 갖고 있음을 가정해 볼 수 있고, 어려운 문제를 맞닥뜨리게 되었을 때 "이 문제를 풀지 못하고 시험을 망치게 될 거야."라는 자동적 사고에 의해 불안과 긴장 반응이 따라오는 것으로 이해할 수 있다. 인간중심상담의 관점에서 살펴본다면, 내담자는 성적을 중요시하는 부모님으로부터 긍정적 존중을 받기 위해 부모의 가치 조건을 내면화한 것으로 가정할 수 있다. 이렇게 시험을 잘 보는 유능한 이상적 자기로 자기개념을 형성한 내담자가 시험을 못 보는 경험은 자기개념과의 간극을 만들어 내고, 이러한 자기와 경험의 불일치로 인해 심리적 혼란과 부적응을 겪게 된다고 설명할 수 있다.

4) 목표 설정

상담이 여타의 의사소통과 다른 점 중 대표적인 것은 목표를 설정하고 목표를 달성할 때까지 한시적으로 이루어진다는 것이다. Locke와 Latham(1984)은 상담에서 목표의 중요성을 다음과 같이 설명하였다.

- 목표는 내담자에게 주의환기와 행동을 불러일으킨다.
- 목표는 내담자에게 힘과 노력을 동원하게 한다.
- 목표는 이를 달성할 전략을 찾으려고 하는 동기를 갖게 한다.
- 분명하고 구체적인 목표는 지속성을 증대시킨다.

적절한 목표 설정을 위해 일반적으로 SMART 목표 진술 방법을 사용한다. 즉, 목표는 구체적으로(Specific), 측정 가능하고(Measurable), 실현 가능하며(Attainable), 결과 지향적으로(Result-oriented), 제한 시간을 두어(Time-framed) 정하는 것이 좋다.

예를 들어, 적응적 행동을 강화하고 부적응적 행동을 소거하는 것을 주요 목표로 하는 행동주의 상담적 관점을 적용하여 '열심히 공부한다.'는 적응적 행동 강화를 목표로 한다면 검증할 수 있고 행동으로 옮길 수 있도록 "하루에 1시간, 수학 문제 10개를 푼다."와 같이 보다 구체적으로 정할 수 있다. "친구들과 사이좋게 지낸다."보다는 "친구에게 욕하거나 때리지 않는다." "친구에게 기분 좋은 칭찬의 말을 해 본다."와 같은 목표가 더 좋다. 내담자가 가진 좋은 의도와 막연한 소망에서부터 폭넓은 목표로 바꾸게 하고, 또 아주 구체적인 목표로 전환시키게 하면 도움이 된다.

목표 구체화하기의 예

학생: 친구들과 사이좋게 지내고 싶어요. (좋은 의도)

교사: 그래. 친구들과 사이좋게 지내고 싶구나. 어떨 때 친구들과 사이좋게 지낸다는 생각이 들어?

학생: 그냥 서로 안 싸우고 다 같이 재미있게 노는 거요. (폭넓은 목표)

교사: 서로 안 싸우고 재미있게 놀려면 어떻게 하면 될 것 같아?

학생: 친구 얘기 잘 들어 주고, 욕 안 하고, 왕따 안 시키고? (구체적인 목표)

교사: 친구들이랑 재밌게 놀려고 한 건데, 장난이 심해지면 욕하고 싸우고 그러다 왕따시키고 그렇게 되는구나.

학생: 네.

교사: 그럼, ○○가 친구 얘기 먼저 잘 들어 주고, 친구가 장난이 심하더라도 욕하지 말고 바른말로 분명하게 얘기해 볼 수 있을까? (목표의 확인)

또한 목표는 도전할 만한 것이고 실제적인 것이어야 한다. 즉, 내담자가 선택한 목표는 내담자의 삶에 어떤 결정적인 영향을 미칠 수 있는 것으로서 '적절하게 높아야' 한다. 내담자가 쉽게 달성할 수 있는 목표는 성취 동기가 떨어지므로 적당히 어렵게 달성할 수 있는 목표가 동기를 부여하는 데 더 좋다.

상담에서 목표 설정의 과정은 상담 초기에 내담자의 동의하에 이루어지지만 상담이 진행되는 동안 목표는 변화하는 현실에 맞추어 조정될 수 있어야 한다. 정해진 목표가 지나치게 구체적이거나 경직되어 있으면, 새로운 기회를 활용할 수 없게 되는 경우가 많다. 상담을 진행하면서 내담자와 함께 목표를 구체화하기도 하고 조정하기도 한다. 이렇게 설정된 목표는 이후 상담 성과를 평가하는 지표가 된다.

상담 목표 설정 체크리스트

- 내담자가 구체적으로 이야기하게 도와주었는가?
- 내담자가 스스로 생각하는 상담의 목표를 말하게 하였는가?
- 이러한 목표가 행동적 용어로 표현되었는가?
- 상담의 목표를 달성하는 데 장애가 될 만한 요소가 없다고 확신하는가?
- 내담자가 바라는 목표가 현실적이며 성취 가능한 것이었는가? 그렇지 않다고 생각되었을 경우 그에 따른 적절한 조치를 취하였는가?
- 상담자 능력의 한계 때문에 당초의 목표를 달성하지 못한 것으로 생각되는가? 그렇게 생각되었을 경우, 다른 전문가에게 의뢰하거나 목표를 재조정하는 등의 필요한 조치를 취하였는가? 아니면 단순히 지지적인 상담관계를 유지하였는가?

5) 문제해결을 위한 상호협력

구체적인 상담 목표가 설정되었다면 이제 내담자와의 신뢰관계를 토대로 설정한 상담 목표 달성을 위해 함께 노력하는 본격적인 상담 과정이 이루어진다. 이 과정에서 주 호소문제와 관련한 내담자에 대한 보다 깊은 탐색이 이루어지고, 이러한 심층적인 이해를 바탕으로 상담자는 내담자가 자신을 보다 깊이 이해하고 통찰할 수 있도록 촉진한다. 내담자를 좀 더 깊이 이해하기 위해서는 앞에서 말한 상담의 기본 원리(진실한 관심, 무조건적 존중, 공감적 이해)를 지속하면서 탐색을 촉진할 필요가 있다. 여기서는 탐색을 촉진하기 위한 몇 가지 방법을 소개하고자 한다.

(1) 명료화하기

내담자를 좀 더 깊이 이해하려면 내담자가 하는 이야기를 잘 듣고 명료화하는 것이 중요하다. 이는 내담자가 말했던 것의 핵심을 다른 단어로 반복해 주거나 요약해서 돌려줌으로써 가능해진다. 또한 분명하지 않은 것에 대해 질문함으로써 내담자가 좀 더 중요한 이야기를 전개할 수 있도록 도와줄 수 있다.

① 재진술

재진술 혹은 바꾸어 말하기를 효과적으로 잘한다는 것은 내담자의 이야기를 단순히 반복하는 것이 아니라 가장 중요한 것을 간결하게 말하는 것을 의미한다(김창대 역, 2006). 재진술은 무엇보다 대화의 '내용'적 측면에 중점을 둔다(천성문 외, 2015). 상담자는 내담자가 언급한 여러 가지 이야기 중에서 중요한 부분에 초점을 맞추고, 혼동되는 내용을 명료화해서 내담자가 자신의 가장 중요한 이슈에 집중할 수 있도록 돕는다. 이를 위해 내담자가 설명한 것의 핵심적인 부분을 짚어 주면서 확인할 수도 있고("그런 의도는 아니었는데 선생님이 오해하셨다는 말이구나."), 여기에 질문을 더함으로써 내담자가 더 탐색할 수 있도록 촉진할 수도 있다("네 생각은 그렇게 하는 건 잘못됐다는 거구나. 그런 거야?").

재진술의 예

내담자: 제발 저 좀 그냥 내버려 두면 좋겠어요. 누가 먼저 안 건드리면 제가 먼저 시비건 적은 한 번도 없거든요.

상담자: 꼭 다른 사람이 먼저 너를 열 받게 한다는 거구나.

내담자: 네. 어제도 친구가 단톡방에서 부모님 이혼한 얘길 꺼내서 폭발했어요.

상담자: 친구가 단톡방에서 부모님 이혼한 얘길 꺼냈다고? 진짜 화났겠네.

② 질문

질문 또한 내담자가 자신의 감정, 생각, 행동에 대해 명료화하고 더 깊은 탐색을 촉진하는 방법이다. 우선, 내담자가 해결하기 원하는 것들을 구체화하고 명료화하여 목표를 설정하고자 할 때 해결중심상담의 대표적인 질문 기법 중 하나인 기적질문을 활용할 수 있다. 문제의 심각한 정도, 성취 수준 등을 수치로 표현하도록 요구하는 척도질문 또한 내담자의 이야기를 명료화하는 데 효과적이다.

한편, 내담자가 이야기하는 것을 경청하면서 중요한 주제에 대해 구체화하고 탐색을 촉진하고자 할 때에는 "네." "아니요." 혹은 단답형의 사실적 답변을 하도록 하는 것보다는 개방형 질문을 통해 내담자의 상황과 심리에 대해 좀 더 구체적으로 이야기할 수 있도록 돕는 것이 좋다. 또한 질문을 할 때에는 내담자가 말하는 중요한 정보에 대해 쉽고 분명하게 물어야 하고, 반복적으로 질문을 함으로써 취조하는 느낌을 주기보다 공감 반응을 함께 함으로써 내담자의 이해를 촉진하는 태도를 전달하는 것이 효과적이다.

개방형 질문의 예

- "당신은 언제 그렇게 화가 나나요? 얼마나 자주 그런 일이 있나요?"
- "최근 일주일 동안 있었던 사례 중 기억나는 사례를 하나 말씀해 주시겠어요?"
- "그 우울한 기분이 가족들한테 어떤 영향을 미치고 있나요?"
- "엄마의 그런 생각에 대해 어떤 마음이 들어요?"
- "기분이 나쁘다는 것에 대해서 좀 더 자세히 말해 줄 수 있나요?"
- "무시당한다는 생각이 들 때 어떻게 하고 싶어요?"
- "구체적인 예를 들어 줄 수 있어요?"

(2) 버텨 주기(holding)와 담아내기(containing)

상담의 가장 중요한 기능 중 하나는 내담자가 고통스럽고 혼란스러운 마음, 갈등 상황에서 일어나는 감정을 표현할 수 있도록 돕는 것이다(김창대 역, 2006). 내담자는 자기 감정을 표현하는 것만으로도 기분이 훨씬 나아지는 것을 경험한다. 하지만 자신의 어려운 이야기를 하다 보면 내담자의 감정이 격해질 수도 있고, 자신도 모르게 나온 감정 반응에 당황하기도 한다. 이때 상담자는 같이 당황해서 빨리 수습하려 하기보다 내담자의 마음을 온전히 함께하며 받아 주고 버텨 줌으로써 내담자가 안전한 가운데 자신의 감정을 알아차리고 충분히 느끼면서 카타르시스를 경험할 수 있도록 하는 것이 좋다. 내담자는 이렇게 자신의 마음이 다른 누군가에 의해 이해된다는 것을 깨달음으로써 아주 큰 위안을 얻고, 자기수용의 태도가 발달하기 시작한다. 예를 들어, 고통을 호소하며 격렬한 울음을 토해 내는 내담자가 있다면 "지금껏 참고 견디느라 정말 애 많이 썼어요. 실컷 울어도 괜찮아요."라고 위로하며 충분히 울 수 있도록 기다려 준다.

(3) 격려하기

상담을 찾아오는 대부분의 내담자는 자신의 삶이, 지금 처한 이 상황이 좀 더 나아질 수 있다는 것에 대해 회의적일 때가 많다. 이에 대해 상담자는 변화에 대해 희망을 갖고 내담자가 용기를 가질 수 있도록 격려할 필요가 있다. 상담에서 내담자를 격려하는 첫 번째 방법은 내담자가 갖고 있는 긍정적인 심리적 특성을 구체적으로 짚어 주는 것이다. 또한 상담 과정에서 일어나는 내담자의 작은 변화에 대해 놓치지 않고 알아줌으로써 내담자의 사기를 북돋우고 내담자가 목표를 위해 한발 더 나아갈 수 있도록 한다.

격려하기의 예

- "이렇게 상담에 오기까지가 쉽지 않았을 텐데. 상담에 온 것만으로도 달라지고 싶고 변화하고 싶은 OO 씨의 마음이 크다는 것이고, 여기서부터 시작하는 거예요."
- "쉽지 않은 과정이지만 피하지 않고 함께 나아간다면 달라질 수 있을 거라 생각해요."
- "할 수 없다고 했지만 지금까지 얼마나 잘 견뎌 왔는지 보세요." (내담자가 해 온 긍정적인 노력과 성과들을 구체적으로 언급한다.)

6) 평가와 종결

일반적으로 상담의 종결 시점은 상담 초기에 세웠던 상담 목표를 어느 정도 달성했다고 생각되었을 때이다. 이 시점에 이르렀다고 판단되면, 상담 목표가 얼마나 달성되었는지 평가하고 종결을 준비하게 된다. 이와 달리, 상담자나 내담자의 개인적인 사정으로 조기종결을 해야 할 경우도 있을 수 있다. 이러한 경우라도 지금까지의 상담을 돌아 보고 평가하는 과정은 반드시 필요하다.

상담을 평가하는 목적 중 중요한 한 가지는 상담의 성과에 대한 내담자의 노력과 기여를 확인하고 상담이 끝난 이후에도 자신의 성장과 변화를 위해 그러한 노력을 지속적으로 해 나갈 수 있도록 격려하는 것이다. 내담자와 특별한 관계를 맺고 상담 목표를 달성하기 위해 함께한 시간을 돌아 보면서 상담에서 이룬 성과를 확인하고, 상담 종결 후 앞으로의 계획 또한 함께 나누고 검토하면서 종결 이후 삶과의 연결성을 유지할 수 있다.

상담을 종결할 때 몇 가지 유의할 점은 다음과 같다. 첫째, 종결 또한 상담의 과정이므로 내담자가 종결에 대해 준비할 수 있도록 안내하는 것이 필요하다. 상담 평가를 통해 종결을 해도 괜찮은지 확인하고 종결 시점을 함께 논의하여 합의하는 것이 좋다. 유난히 종결을 힘들어하고 두려워하는 내담자라면, 그 마음에 대해 충분히 공감해 주고 좀 더 시간을 갖고 종결을 준비할 수 있도록 해야 한다. 상담을 종결하더라도 이후에 상담이 필요하다고 판단될 때 다시 상담을 시작할 수 있음을 안내하는 것 또한 도움이 된다. 둘째, 상담을 종결하더라도 다른 전문가의 도움이 필요하다고 판단되는 경우에는 적합한 전문가를 찾아 의뢰하도록 한다(신효정 외, 2016). 지역사회 내의 상담센터, 병원, 복지관 등과 연계하여 내담자에게 최적의 서비스를 제공할 수 있도록 마지막까지 관심을 기울이는 것이 필요하다. 셋째, 종결 후 내담자가 상담에서 배우고 변화한 부분을 자신의 삶 속에서 스스로 잘 적용해 나가고 있는지 확인하기 위해 추수상담을 계획하고 실시할 수 있다. 추수상담을 계획한다면 종결 시 내담자에게 추수상담에 대해 안내하고 함께 적절한 시기를 의논하도록 한다.

상담 종결 시 유용한 질문들

- "상담하러 왔을 때와 지금을 비교한다면 어떤 점이 달라진 것 같나요?"
- "상담에서 어떤 점이 도움이 되었나요?"
- "그렇게 달라지기 위해 내가 어떤 노력을 했다고 생각하나요?"
- "상담을 종결하기 전에 혹시 더 이야기하고 싶은 게 있나요?"
- "혹시 상담을 마치기 전에 다른 질문이 있을까요?"

수업활동 1

주의집중과 경청

1. 세 사람씩 조를 이루어 한 사람이 한 주 동안 있었던 일 중 가장 기억에 남는 일을 이야기하고, 두 사람은 이야기를 들으면서 다른 곳으로 시선을 돌리거나 딴짓을 하는 등 최대한 주의를 기울이지 않도록 합니다. 이야기가 끝난 후 서로의 경험에 대해 나누어 봅시다.

2. 이번에는 다른 사람이 한 주 동안 있었던 일 중 기분이 가장 좋지 않았던 일에 대해 이야기하고, 두 사람은 말하는 사람과 시선을 맞추고 고개를 끄덕이며 주의를 기울여 경청합니다. 이야기가 끝난 후 서로의 경험에 대해 나누어 봅시다.

수업활동 2

공감적 이해

다음은 교사와 학생 간의 대화 중 일부입니다. 두 사람씩 짝을 지어 역할연기를 하면서 그다음 대화를 이어 나가 봅시다. 교사의 어떤 말이 공감적이었는지 나누어 봅시다.

1. (상황: 아침에 한 학생이 말 한마디 하지 않고 다른 아이들과 떨어져서 혼자 앉는다.)

   학생: (언짢은 표정으로 침묵하고 있다.)

   교사: 무슨 일 있어? 표정이 안 좋아 보이네.

   학생: (침묵)

   교사: ______________________________

2. (상황: 수학시간에 문제를 풀도록 하고 시간을 줬는데 학생 하나가 엎드려 있다.)

   교사: 어디 아프니?

   학생: 아니요. 하나도 모르겠어요. 전 수학은 포기했어요.

   교사: ______________________________

3. (상황: 개별 면담 시간에 학생의 부모님이 목소리를 높여 싸우는 일이 잦다는 것을 알게 되었다.)

   학생: 지긋지긋해요. 집에 들어가고 싶지 않아요.

   교사: ______________________________

참고문헌

강진령(2015). **학교상담과 생활지도 이론과 실제.** 학지사.

김계현, 김동일, 김봉환, 김창대, 김혜숙, 남상인, 천성문(2020). **학교상담과 생활지도**(3판). 학지사.

김창대 역(2006). **상담 및 심리치료의 기본기법**(*Building basic therapeutic skills*). Heaton, J. A. 저. 학지사. (원저는 1998년에 출판)

박성희(2004). **공감학: 어제와 오늘.** 학지사.

주은선 역(2012). **상담의 기술**(*Helping Skills: Facilitating Exploration, Insight, and Action*) (3th ed.). Hill, C. E. 저. 학지사. (원저는 2009년에 출판)

신효정, 송미경, 오인수, 이은경, 이상민, 천성문(2016). **생활지도와 상담.** 박영스토리.

천성문, 차명정, 이형미, 류은영, 정은미, 김세경, 이영순(2015). **상담입문자를 위한 상담기법 연습.** 학지사.

Barrett-Lennard, G. T. (1981). The empathy cycle: Refinement of a nuclear concept. *Journal of Counseling Psychology, 28*(2), 91-100.

Carkhuff, R. R. (1969). *Human and helping relations* (Vols. 1 & 2). Holt, Rinehart & Winston.

Egan, G. (1994). *The skilled helper* (5th ed.). Brooks/Cole.

Locke, E. A., & Latham, G. P. (1984). *Goal Setting: A motivational technique that Works.* Prentice Hall.

Neumann, M., Bensing, J., Mercer, S., Ernstmann, N., Ommen, O., & Pfaff, H. (2009). Analyzing the "nature" and "specific effectiveness" of clinical empathy: A theoretical overview and contribution towards a theory-based research agenda. *Patient Education and Counseling, 74*(3), 339-346.

Rogers, C. R. (1957). The necessary and sufficient conditions of therapeutic personality change. *Journal of Consulting Psychology, 21*, 95-103.

제4장

심리검사의 이해와 활용

학교현장에서는 학생들을 보다 효율적으로 이해하고, 보다 적합한 교육을 통해 학생들이 학교생활을 잘할 수 있도록 돕기 위한 학생평가의 일환으로 다양한 심리검사를 활용한다. 이 장에서는 심리검사의 목적과 특성, 심리검사의 유형, 심리검사의 과정을 소개하고, 학교 장면에서 많이 활용하는 심리검사에 대해 성격 및 정서 영역, 인지 영역, 진로 영역으로 나누어 구체적으로 살펴보고자 한다. 마지막으로, 학교에서 심리검사 활용 시 유의할 점을 덧붙였다.

1. 심리검사의 이해

1) 심리검사의 목적

학생평가활동은 학생 개개인의 신상, 특성, 잠재력을 파악하여 학생에 대해 좀 더 깊이 이해하고, 도움을 필요로 하는 학생을 사전에 파악하여 도움을 제공할 수 있다는 점에서 그 의의를 찾을 수 있다. 심리검사란 지능, 적성, 성격과 같은 인간의 다양한 심리적 특성들에 대해 파악하고자 하는 목적을 가지고, 다양한 도구들을 이용하여 이런 특성들을 양적·질적으로 측정하고 평가하는 일련의 절차를 말한다(최정윤, 2010).

심리검사를 실시하는 목적은 한 인간의 복잡한 심리 체계를 이해함으로써 궁극적으로는 보다 건강하고 행복한 삶을 살아갈 수 있도록 돕기 위한 것이다. 학교 장면에서 심리검사를 활용하는 이유 또한 학생들이 보다 학교생활을 잘할 수 있도록 돕는

데 있다. 만약 심리검사가 학생들을 선불리 진단하고 낙인찍는 것으로 오용된다면 그 피해는 심각할 수 있다. 심리검사를 실시하고 활용하고자 한다면 이 점을 반드시 유념해야 한다.

특별히 학교 장면에서 심리검사를 사용하는 목적은 다음과 같다. 첫째, 학생 개개인의 심리적 특성을 이해하여 학생의 발달을 촉진하고 문제 예방과 사후 처치의 효율성을 높이는 것이다(강진령, 2015). 여기에는 우선적으로 학생 스스로의 자기이해를 돕는 것이 포함된다. 검사를 통해 자신의 성격과 적성, 흥미 등에 대해 알고 자신의 정체성을 공고히 하고, 삶에 대한 의미와 가치를 발견하도록 할 수 있다. 또한 교사와 학부모가 학생을 이해하는 기초자료로 삼아, 도움이 필요한 학생을 사전에 파악하여 시기적절한 도움을 제공할 수도 있을 것이다. 둘째, 학생 개개인에 관한 객관적인 자료를 활용하여 수업의 효과를 높이는 등 학업지도와 진로지도에 활용하는 것이다. 예를 들어, 교사는 학생의 학업, 지능, 적성, 흥미, 성격 등에 관한 검사 결과를 근거로 저마다 다른 학생들의 잠재능력과 특성을 파악하여 각 학생에게 적합한 학업적 개입에 도움을 줄 수 있다. 셋째, 학생의 배치와 선발을 위한 근거자료로 활용할 수 있다. 예를 들어, 영재아를 선발하여 교육하거나 특수학급을 운영하고자 하는 등 특정 서비스를 필요로 하는 학생을 선별해야 하는 경우, 심리검사를 객관적인 근거자료로 활용할 수 있을 것이다.

2) 심리검사의 특성

심리검사는 그 목적에 따라 다양하게 구분할 수 있지만, 그 유형을 막론하고 심리검사가 갖는 몇 가지 공통적인 특성이 있다.

첫째, 심리검사는 본질적으로 표본행동을 측정한다. 개인의 수많은 행동을 모두 측정하는 것은 불가능하므로 수많은 행동들 중에서 표본행동을 추출하여 측정하는 것이다. 예를 들어, 지능검사가 수리력을 제외하고 어휘력만을 측정한다면 좋은 검사라고 볼 수 없다(김계현 외, 2020). 대표성이 있는 행동표본으로 이루어진 검사가 보다 좋은 심리검사라고 할 수 있다.

둘째, 심리검사는 그 검사가 측정하고자 하는 내용을 충실하게 측정해야 한다. 이를 검사의 타당도라고 하는데, 타당한 검사가 되려면 하나의 검사가 본래 목적했던 내용을 충실히 측정해야 하고 그렇게 되어야만 그 검사는 믿을 만한 검사가 되는 것이다. 예를 들어, 산술능력을 측정하려는 검사가 아주 어려운 어휘로 구성되어 있어서, 산술능력보다는 어휘력을 측정하고 있다면 그 검사는 타당도가 떨어지는 검사가 된다(김계현, 황매향, 선혜연, 김영빈, 2012).

셋째, 심리검사는 그 검사를 통하여 이루어진 평가가 믿을 만한 것이어야 한다. 즉, 검사 점수가 측정하는 사람에 따라, 검사 실시 시기에 따라, 혹은 검사 문항의 표집에 따라 점수 변화의 정도가 크지 않고 어느 정도 안정적으로 일관성을 유지해야 한다. 이를 검사의 신뢰도라고 한다.

3) 심리검사의 유형

심리검사의 종류는 셀 수 없이 많지만, 다양한 심리검사를 전반적으로 파악하기 위해 각 검사의 특징을 중심으로 유사한 것들을 묶어서 분류해 볼 수 있다. 무엇을 어떻게 측정하느냐에 따라 몇 가지 대표적인 분류 기준을 적용하여 심리검사의 유형을 분류하면 다음과 같다.

(1) 표준화 검사 vs. 비표준화 검사

표준화 검사란 검사의 제작, 실시, 채점과 해석에 있어 동일한 절차와 조건을 갖추고 있고, 이러한 검증 가능한 체계화된 지침과 함께 해석의 규준 및 신뢰도와 타당도의 자료가 제시되는 검사로, 객관적 검사라고도 한다. 표준화 검사는 실시가 간편하고, 검사자 변인이나 검사 상황변인에 따른 영향을 적게 받으며 검사 제작과정에서의 신뢰도와 타당도가 높다는 장점이 있는 반면, 피검자들이 사회적으로 바람직하게 받아들여지는 방향으로 응답할 가능성이 높고, 특정 상황에서의 구체적인 개인별 반응을 밝히기는 어렵다는 단점이 있다(신효정 외, 2016). 대표적인 표준화 검사로는 웩슬러 지능검사, MBTI 검사(Myers-Briggs Type Indicator) 등이 있다.

이와 달리, 비표준화 검사는 해석을 위한 대표적 규준 집단, 검사 채점의 체계화된 지침 등의 기준을 갖추고 있지 않아 신뢰도는 낮지만 피검자의 일상생활, 주관적인 생각 등 표준화 검사를 통해 얻기 어려운 정보들을 제공해 주기 때문에 제한 없이 학생을 이해할 수 있는 장점이 있다. 비표준화 검사에는 자기보고식의 질문지 외에도 관찰, 면접, 평정, 투사 검사 등이 있다. 여기서 투사란 정신역동이론에서 제시한 방어기제의 일종으로, 개인 내부에 있는 어떤 감정, 욕구, 충동, 갈등 등을 자기 자신이 아닌 외부의 어떤 대상이 소유하고 있다고 생각하는 경향을 말한다. 이러한 투사를 활용하는 투사적 성격검사는 모호한 검사 자극에 대한 개인의 반응을 분석하여 무의식적 욕구, 사고의 과정과 내용, 정서와 성격상의 다양한 특징, 자신과 환경에 대한 태도, 주요한 갈등과 방어, 심리적 부적응, 정신병리 등을 측정한다. 투사검사는 개인의 독특한 반응을 제시해 주므로 개인 내면을 심층적으로 이해하는 데 유용하지만, 검사의 신뢰도와 타당도 검증이 어렵고, 실시와 해석을 위해 전문적인 임상적 훈련과 경험이 필요하다. 대표적인 투사검사로는 로르샤흐검사(Rorschach Ink Blot Test)[1], 주제통각검사(Thematic Apperception Test: TAT), 집-나무-사람검사(House-Tree-Person Test: HTP) 등이 있다.

(2) 최대수행(능력)검사 vs. 대표적 행동표현(성향)검사

최대수행검사 또는 최대능력검사는 정답과 오답이 존재하는 검사이며, 수검자가 정답을 많이 맞힐수록 그 사람의 능력이 우수하거나 기능의 손상이 없다거나 더 잘 발달되었다는 것을 말해 주는 검사이다(김재환 외, 2014). 이 유형의 검사는 주로 인지적 기능 또는 발달적 기능의 수준과 양상을 측정하는 것으로, 학교 장면에서 많이 활용하는 지능검사, 적성검사, 학업성취도검사 등이 여기에 속하며, 그 밖에 치매평가 등의 신경심리검사나 발달 수준 평가 등도 여기에 해당한다.

이와 달리, 대표적 행동표현검사는 수검자가 일상생활에서 흔히 보이는 행동이나 혹은 가상적으로 주어진 상황에서 취할 확률이 가장 높은 행동을 측정하는 검사로(김계현 외, 2020), 정답과 오답이 존재하지 않고 몇 가지 반응대안 중 수검자가 선호하여

1) 모호한 대상을 지각하는 과정에서 개인 특유의 심리적 과정이 포함되어 독특한 해석을 도출하게 된다는 이론적 입장에 근거한 검사로, 잉크반점으로 이루어진 10장의 카드를 이용하여 개인의 반응을 보는 방식을 사용한다. 개인 성격의 여러 차원, 즉 인지, 정서, 자기상, 대인관계 등에 대한 종합적이고 다각적인 정보를 준다(최정윤, 2010).

선택한 반응대안을 토대로 성향을 측정한다. 인지적 영역을 제외한 성격이나 정서, 동기 같은 내부 심리상태를 측정하거나 직업선호도나 흥미 등 정의적 영역을 측정하는 대부분의 검사들이 여기에 속한다.

(3) 개인검사 vs. 집단검사

심리검사는 검사자가 수검자 각각에게 개별적으로 실시하는 개인검사와 동시에 여러 사람에게 집단으로 실시하는 집단검사로 나눌 수 있다. 개인검사는 숙련된 검사자가 수검자의 동기 수준을 가늠할 수 있고, 충동성이나 불안과 같은 검사가 재는 특성 이외의 요인이 검사 결과에 미치는 영향을 평가할 수 있는 장점이 있는 반면, 집단검사는 적은 비용으로 검사자의 편파 없이 신속하게 진행할 수 있는 장점이 있다.

4) 심리검사의 과정

다양한 장면에서 활용되는 심리검사는 여러 단계의 과정을 거쳐서 이루어지는데, 크게 검사 선택, 검사 실시, 결과 해석의 순서로 진행된다.

(1) 검사 선택

검사를 선택할 때에는 우선 검사를 실시하는 목적을 분명히 하는 것이 중요하다. 어떤 목적으로 어떤 검사를, 누구를 대상으로 왜 실시하는지에 대한 고려가 충분히 이루어져야 한다. 검사를 실시하는 것이 효과적이라고 판단될 때 그 목적을 분명히 하고 목적에 맞게 검사의 특성과 조건을 확인하는 것이 필요하다. 불필요한 검사를 실시하는 것은 바람직하지 않다. 검사를 실시할 필요가 확인되었다면 실시 목적에 따라 검사의 타당도와 신뢰도가 높은지, 실시 장소와 시간은 적절한지, 문항의 내용은 실시 대상에게 적합한지 등을 고려해야 한다. 특히 개별 학생을 돕기 위해 심리검사를 실시하는 경우, 학생의 안녕과 복지에 해가 없고 학생에게 가장 유익한 검사를 선택하는 것이 무엇보다 중요하다.

(2) 검사 실시

검사를 실시할 때 고려해야 할 사항은 개별 검사에 따라 다르지만, 공통적으로 유의해야 할 사항은 다음과 같다.

첫째, 검사를 실시하는 사람은 검사 실시요강을 숙지하고 검사를 실시해야 한다. 아무리 실시하기가 간단한 검사라 하더라도 어떻게 실시하는 것이 바람직한지, 특히 유의할 사항은 없는지 확인하는 것이 필요하다. 또한 특정 검사들은 검사를 실시할 자격을 갖추기 위해 전문적인 교육과 훈련을 요구하기도 한다. 자격을 갖추지 않고 검사를 실시하는 것은 윤리적으로 문제가 되므로 특별히 유의할 필요가 있다.

둘째, 피검자들이 최대한 검사에 관심을 가지고 협조할 수 있도록 해야 한다. 어떤 사람들은 검사를 실시하는 것 자체에 불안을 느낀다. 능력검사나 성취검사에서는 특히 실패를 두려워하기 때문에 더 불안할 수 있고, 흥미검사나 성격검사에서도 개인의 성격적 약점이나 단점이 드러날까 봐 두려워할 수 있다(김계현 외, 2012). 이러한 불안은 검사 결과에 영향을 미칠 수밖에 없다. 그러므로 검사 실시가 주는 불안을 낮추기 위해서는 검사의 목적이 피검자를 진단하거나 평가하기보다는 피검자 스스로 자신을 더 잘 이해할 수 있도록 돕는 데 있다는 것을 분명히 할 필요가 있다. 이를 통해 능력이나 적성을 평가하는 검사에서는 피검자가 검사자의 지시에 따라서 자신이 할 수 있는 것을 최대한 발휘할 수 있도록, 흥미검사나 성격검사에서는 피검자가 최대한 솔직하게 응답할 수 있도록 함으로써 최대한 타당한 결과를 도출해야 한다.

셋째, 검사 시간을 준수해야 한다. 검사 시간에 제한을 두지 않는 검사도 있지만 많은 표준화 검사들이 검사를 실시하는 제한 시간을 제시하고 있고, 이 제한 시간 내에 검사를 실시하게 함으로써 검사 결과의 정확성을 높일 수 있다. 특히 지능검사나 적성검사와 같은 능력검사의 경우 제한 시간 내에 문제를 푸는 정도가 중요한 측정 기준이므로 검사자는 검사를 시작하고 마칠 때까지 지시문에 따라 시간을 엄수해야 한다.

넷째, 검사 실시에 적합한 물리적 환경을 갖춘 장소를 확보해야 한다. 즉, 검사가 실시되는 장소의 책상과 의자 배치, 방음과 환기 상태, 실내 온도와 조명, 채광 상태가 검사에 적절한지 확인할 필요가 있다. 요즘은 컴퓨터로 검사를 실시하는 경우가 많기 때문에 지필검사로 실시할 때와 컴퓨터를 이용할 때의 차이 또한 고려해야 할 것이다. 검사에 적절한 장소 확보는 피검자가 심리적으로 안정되고 편안한 상태에서 검사를 실시하는 데 영향을 미치고, 이는 보다 정확한 검사 결과 산출로 이어질 수 있다.

(3) 결과 해석

심리검사 과정에서 가장 중요한 것은 검사의 결과 해석에 있다고 해도 과언이 아니다. 아무리 좋은 검사라고 해도 검사 결과를 충분히 이해하고 활용하지 못한다면 무용지물이 될 것이고, 더 중요한 것은 잘못된 해석은 심각한 부작용을 일으킬 수 있다는 것이다. 검사 결과를 해석할 때 특히 유의해야 할 점은 다음과 같다.

첫째, 검사 결과의 해석은 그 검사가 제시하는 규준에 따라 해석해야 한다. 많은 경우 심리검사는 규준 집단 내에서의 상대적인 위치를 나타내 주는 점수로 요약된다. 예컨대, 성격검사에서 내향성 점수가 높게 나왔다면, 그 높은 점수는 단지 또래 집단의 수준에 의해서 결정된 상대적 위치의 점수인 것이다. 비교 대상 집단이 달라지면 그 점수는 의미가 없어진다. 결국 하나의 심리검사 점수는 규준 집단에 의해서 의미가 주어지는 것임을 명심해야 한다.

둘째, 심리검사의 결과를 지나치게 신뢰해서는 안 된다. 심리검사의 결과는 개인을 이해할 때 어떤 일정 부분에 대한 대략적인 판단 자료로 삼는 것이지, 검사 결과에 절대적인 의미를 부여하는 것은 무리가 있다. 예를 들어, IQ가 마치 그 사람의 지적 능력을 정확하게 나타내는 수치로 생각하고 학생의 능력을 재단하는 오류를 범해서는 안 된다. 물론 심리검사가 만들어지는 과정에서 신뢰할 수 있고 타당한 검사도구라는 사실을 확인하지만, 그 검사만을 가지고 인간을 단면적으로 이해하고 설명하려는 것은 위험하다. 인간은 단순하게 설명하기 어려운 복잡한 존재이고, 그만큼 인간을 이해하는 방법 또한 매우 다양한 데 반해, 심리검사의 결과는 인간의 어느 일부분만을 설명해 주는 것이고, 그 또한 완전하지 못하기 때문이다. 결과를 보다 바르고 정확하게 해석하기 위해서는 다른 검사와 행동관찰, 면접 등의 다양한 방법을 동원하여 그 결과에 대한 해석을 지속적으로 보완해야 한다. 심리검사의 결과는 언제나 최대한 신중하게 이해하고 해석하는 것이 바람직하다.

셋째, 심리검사의 결과를 가지고 학생을 판단하고 낙인찍지 않도록 각별히 주의해야 한다. 충분히 타당도와 신뢰도를 확보했다고 하더라도 심리검사의 결과는 하나의 조심스런 가설일 뿐, 이 가설의 타당성에는 언제라도 의문이 제기될 수 있다. 특히 성격검사의 경우 단지 이론적으로 가정된 특성을 측정할 뿐이지 실제로 존재하는 특성을 측정하는 것이 아니므로, 검사 결과를 해석할 때 단정적인 표현으로 마치 사실인 양 전달하지 않도록 주의해야 한다. 또한 검사 결과는 피험자를 돕기 위해 활용한다는 사실을 간과하지 않아야 하고, 타인에게 불필요하게 공개되어서는 안 된다. 만일 검사 결과가 타인에게 공개되어 악용되거나, 그렇지 않다 하더라도 학생을 판단하는 선입견으로 작용한다면 심리검사 본래의 목적에도 위배될 뿐 아니라 윤리적인 문제를 야기하게 된다. 어떤 이유에서라도 심리검사의 결과는 피검자에게 해를 끼치지 않고 도움이 되는 방향으로 활용되어야 할 것이다.

2. 성격 및 정서 영역의 평가

학교 장면에서 성격 및 정서 영역의 평가를 실시하는 목적은 학생의 성격 특성과 긍정적 자원을 파악하여 각 특성에 맞는 효과적인 교육을 제안하고, 정서 · 행동 문제는 조기 발견하여 학교 부적응에 대한 예방 및 개입을 실시하고자 함이다. 여기서는 학교에서 실시하는 대표적인 심리 평가인 학생 정서 · 행동 특성검사와 함께 몇 가지 활용할 만한 성격검사를 소개하고자 한다.

1) 학생 정서 · 행동 특성검사

아동 · 청소년기는 급격한 뇌 발달이 일어나는 시기이자 성격 특성이 확립되는 성인의 전 단계로, 이때 발생하는 정서 · 행동문제는 아동 · 청소년의 삶에 후유증을 남길 수 있으므로 조기 진단 및 치료가 필요하다. 이에 따라 교육부에서는 학생들의 정신건강 증진을 위한 시작으로 각급 학교에서 학생 정서 · 행동 특성검사를 실시하도록 하고 있다. 이 검사는 학생의 성격 특성과 정서 · 행동발달의 정도를 평가하고, 성장과정에서 흔히 경험하게 되는 인지, 정서, 사회성 발달과정의 어려움을 조기에 평가하여 신속한 도움을 제공하기 위해 실시하는 선별검사(screening test)로, 성격, 기분, 행동, 생활 적응 상태에 대한 질문으로 구성되어 있으며, 성격 특성뿐만 아니라

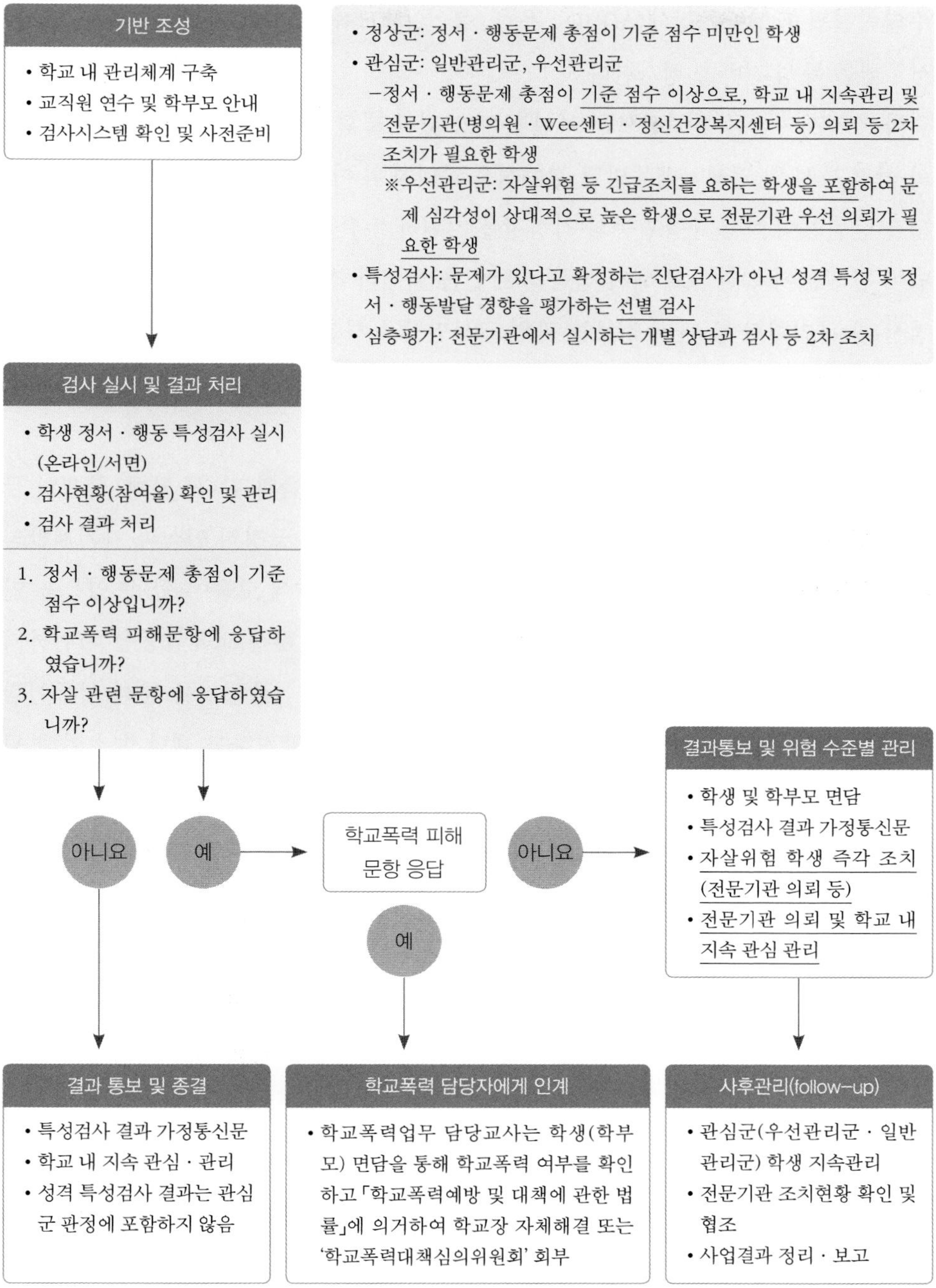

[그림 4–1] 학생 정서 · 행동 특성검사 관리 흐름도

출처: 교육부(2021).

주의력결핍 과잉행동장애(ADHD), 우울, 불안, 학교폭력 피해, 자살위기 등 주요 정서 · 행동 특성 전반을 평가한다.

학생 정서 · 행동 특성검사는 어떤 문제가 있다고 확정하는 진단검사가 아닌, 학생의 성격 특성 및 정서 · 행동발달 경향성을 파악하여 어떤 문제가 있을 가능성이 높은 군을 선별하여 학생 교육활동의 적정성을 지원하기 위한 것으로, 점수가 일정 수준을 넘어 관심군에 속한다고 해서 섣불리 낙인을 찍거나 진단을 해서는 안 된다. 따라서 검사 및 관리현황 등 관련 정보는 관련 교사만 공유하고 재학 중 교육 자료로 활용한 후 폐기하며, 학생부 및 건강기록부 등에 기록을 남기지 않는 점 등에 대해 안내하고 있다(교육부, 2021).

학생 정서 · 행동 특성검사를 실시할 때 유의사항은 다음과 같다. 첫째, 학생의 긍정적 성격 특성을 평가함으로써 학생 스스로 자신에 대한 긍정적 인식과 자기계발의 기회를 마련하고 부모와 교사는 학생의 양육과 지도 방향에 도움이 될 수 있음을 인식한다. 둘째, 학생 정서 · 행동 특성검사는 진단이 아닌 학생 교육활동을 지원하기 위한 선별 검사이며, 진단은 전문 병 · 의원 등 전문기관 심층평가를 통해 이루어짐을 안내한다. 셋째, 정서 · 행동발달상의 문제를 조기에 발견하고 예방하기 위해 필요한 상담 등의 지원을 제공하기 위한 것임을 충분히 설명하고, '정신질환' '정신건강' '관심군'이라는 용어를 지양함으로써 검사에 대한 부정적인 편견과 낙인을 방지한다. 넷째, 검사 결과 자살위기와 학교폭력 피해문항 응답 학생은 담당교사(상담, 생활지도, 자살예방관리 등)에게 연계하고 심층평가 및 필요한 조치가 이루어질 수 있도록 협조한다([그림 4-1] 참조). 이때 검사 결과는 학생 및 학부모에게 개별적으로 통보하고 교실 등 공개적인 장소에서 '검사 결과 이상이 있다.'는 표현을 하지 않도록 한다.

2) MBTI검사

MBTI는 현재 우리나라에서 가장 많이 사용하는 성격유형검사로, Jung의 심리유형론[2)]을 보다 쉽게 이해하여 실생활에 유용하게 쓰일 수 있도록 개발한 것이다. MBTI

2) Jung은 인간의 행동이 겉으로 보기에는 제멋대로이고 예측하기 힘들 정도로 변화무쌍해 보이지만 사실은 매우 질서정연하고 일관성이 있으며, 몇 가지 특정적인 경향으로 나뉘어져 있음을 강조하였다(최정윤, 2010).

검사가 기반하고 있는 Jung의 심리유형론에 따르면, 우리는 누구나 감각(Sensing: S), 직관(iNtuition: N), 사고(Thinking: T), 감정(Feeling: F)의 네 가지 기본적인 정신 기능을 사용하는데, 우리가 매일 사용하는 정보수집 방식(감각적이냐 직관적이냐)과 정보에 근거한 행동방식(사고를 중시하느냐 감정을 중시하느냐)의 차이로 인해 인간행동의 다양성이 발생한다는 것이다(김동민 외, 2013). 또한 이러한 기능을 사용할 때 주의초점의 방향에 따라 외향(Extraversion: E) 또는 내향(Introversion: I)으로, 외부세계에 대한 태도에 따라 판단(Judging: J) 또는 인식(Perceiving: P)으로 나누어진다고 보았다. MBTI검사는 이렇게 4개의 쌍으로 이루어진 선호경향으로 구성되어 있고, 각 지표의 선호경향에 따라 16개의 성격유형 범주 중 하나의 성격유형이 결정된다.

MBTI검사 활용 시 유의점

- 왼손잡이가 선천적으로 왼손을 사용하는 것이 편한 것처럼 성격유형도 선천적으로 타고나는 선호경향이라고 본다.
- 어디까지나 선호경향일 뿐 어떤 유형이 더 좋거나 나쁜 것은 없다.
- 자신의 선호경향을 알고 활용할 때 편안함을 느끼고, 그러한 경향을 활용하지 못하는 상황이 오래 지속되면 심리적으로 소진될 수 있다.
- 자신이 타고난 선호 방향을 익숙하게 사용할 때 그 반대 방향 역시 개발하고 활용할 수 있는 여유가 생긴다.
- 사람마다 저마다의 선호가 다르다는 것을 알고, 다름을 인정하고 존중하는 것이 필요하다.

3) 문장완성검사

문장완성검사(Sentence Completion Test: SCT)는 자유연상을 이용한 투사검사로, 다수의 미완성 문장을 피검자가 생각나는 대로 완성하도록 하는 검사이다. 대부분의 문장완성검사는 가족관계, 교우관계, 학교관계, 일상생활태도 등의 반응 영역을 측정하는 데 많이 활용된다. 다른 투사검사에 비해 검사 자극이 분명하고 그 내용을 응답자가 지각할 수 있도록 구성되어 있기 때문에 검사자도 피검자도 비교적 실시하기 쉬우면서도 직접적인 질문에 답할 때보다 문장의 맥락을 통해 잠재된 욕구나 감정, 태도 등이 보다 잘 드러나는 장점이 있다.

현재 임상 장면에서 가장 널리 사용되고 있는 문장완성검사는 Sacks의 문장완성검사(SSCT)로, Sacks는 가족, 성, 자기개념, 대인관계라는 네 가지 영역에 관한 중요한 태도를 이끌어 낼 수 있는 미완성 문장을 만들었다(신효정 외, 2016). 가족 영역은 부모, 가족에 대한 태도를, 성적 영역은 이성관계에 대한 태도를, 대인관계 영역은 친구와 지인, 권위자에 대한 태도를, 자기개념 영역은 자신의 능력, 과거, 미래, 목표 등에 대한 태도를 포함한다.

4) 집-나무-사람검사

사람들은 그림을 통해서 자신이 의식하지 않은 모습 또는 되고 싶은 모습을 드러내는 경향이 있다. 특히 집, 나무, 사람은 나이가 어린 피검자들에게도 친숙하고, 개인의 무의식과 관련된 풍부한 상징을 나타낸다(신효정 외, 2016). 우리 주위의 여러 가지 대상 중에서도 집, 나무, 사람은 누구에게나 친숙하면서 한편으로는 상징성이 강한 대상이다(김동민 외, 2013). 최근까지 그림검사의 타당도와 신뢰도에 대해 일부 논박이 있어 왔으나 그럼에도 불구하고 집-나무-사람(HTP)검사는 실시가 간편하고 까다로운 채점절차 없이 그림을 직접 해석할 수 있는 장점이 있어 임상 장면에서 널리 활용되고 있다. 다른 투사검사와 마찬가지로 HTP검사의 해석도 다른 심리검사의 결과를 참조하고, 그림을 그린 후 질문에 대한 피검자의 답을 참작하며, 피검자의 면접 외 행동관찰과 검사 시의 태도 등에서 얻을 수 있는 임상소견을 함께 고려하는 것이 필요하다.

상담에서 문장완성검사 활용의 예

▣ 학급 학생들을 대략적으로 파악하고자 문장완성검사를 집단으로 실시하고, 학생들을 개별면담하였다. 다음은 혜미가 작성한 문항 중 일부이다[문항 예시는 김동민 등(2013)에서 발췌].

- 어머니에 대한 태도
  - –나의 어머니는 불쌍하다.
  - –어머니와 나는 힘들게 살아가고 있다.
  - –대개 어머니를 좋아했지만 아버지는 무서웠다.
- 아버지에 대한 태도
  - –내 생각에 가끔 아버지는 나쁜 사람이었다.
  - –내가 바라기에 아버지는 좀 더 엄마에게 잘했더라면 좋았을 것 같다.
  - –아버지와 나는 서로 잘 몰랐다.
- 친구에 대한 태도
  - –내 생각에 참다운 친구는 없다.
  - –내가 싫어하는 사람은 자기 생각만 하고 나를 괴롭히는 사람이다.
  - –내가 제일 좋아하는 사람은 엄마이다.
- 두려움에 대한 태도
  - –어리석게도 내가 두려워하는 것은 혼자 있는 것이다.
  - –내가 잊고 싶은 두려움은 소심한 것이다.
  - –때때로 두려운 생각이 나를 휩쌀 때는 늘 불안하다.

▣ 혜미의 문장완성검사 결과를 활용하여 다음과 같이 상담을 진행할 수 있다.

교사: 혜미야, 요즘 학교생활 어때?

혜미: (말이 없다.)

교사: 문장완성검사 작성한 걸 보니 힘들게 지내는 건 아닌가 걱정이 되네.

혜미: (말이 없다.)

교사: '어머니와 나는 힘들게 살아가고 있다.'라고 썼는데 뭐가 제일 힘들어?

혜미: 아버지가 집을 나가셔서요. 연락도 안 되고…….

교사: 저런, 아버지 때문에 엄마가 힘든 것 같아서 마음이 아프구나.

혜미: 네.

교사: 혜미가 엄마를 많이 사랑하는 모양이네. ('내가 바라기에 아버지는 좀 더 엄마에게 잘했더라면 좋았을 것 같다.' '내가 제일 좋아하는 사람은 엄마이다.'와 관련짓는다.) 그래도 엄마가 혜미 덕분에 기운 나시겠다.

혜미: 제가 아무런 도움이 안 되는 걸요. 공부도 못하고…….

교사: 그래, 맘처럼 엄마를 도와드리기가 쉽지는 않겠지. 그래도 뭔가 조금이라도 도와드리고 있는 거 없어?

혜미: 집에 가면 밥 챙겨 먹고 설거지하는 정도?

교사: 지금은 그 정도만 해도 엄마한테는 정말 큰 도움이지. 혜미는 아직 학생이니까…… 그런데 혜미야, 학교에서는 어때? 마음이 많이 힘들 것 같은데 이런 마음을 털어놓고 나눌 수 있는 친구는 있어? ('내 생각에 참다운 친구는 없다.'와 관련짓는다.)

혜미: (말이 없다.)

교사: 없는 모양이네. 그러면 네가 많이 힘들고 외롭겠다. 집에서도, 학교에서도…….

혜미: (눈시울이 빨개진다.)

교사: 선생님한테라도 좀 더 얘기해 볼래?

3. 인지 영역의 평가

학교 장면에서 가장 많이 실시하는 인지 영역의 평가는 특정 주제 영역에서 일정기간 동안의 학습 정도, 성패 정도를 측정하는 성취검사로, 대부분의 성취검사는 학교에서 특정한 주제를 가르쳤다는 것을 가정하고, 학습자가 학습과정에서 그 주제를 얼마나 자기 것으로 소화했는지 그 수준을 측정할 목적으로 수행된다. 성취검사는 전통적으로 학생의 학업성취도 평가에 사용되면서 '학업성취도검사' 또는 '학력검사'라고도 한다(강진령, 2015). 여기서는 이러한 성취검사 외 대표적인 인지능력 평가인 지능검사와 적성검사에 대해 소개하고자 한다.

1) 지능검사

지능검사는 일반적으로 학업적 잠재능력에 대한 전반적인 측정을 제공한다. 지능은 어떤 관점에서 어떤 요인들을 포함시키느냐에 따라 다르게 정의되지만 대체적으로 개인이 목표를 달성하기 위해 실행할 수 있고, 합리적으로 사고할 수 있으며, 환경에 효과적으로 대처할 수 있는 전반적이고 총체적인 능력이라고 할 수 있다(곽금주, 2021). 지능검사는 학생들의 전반적인 학업능력의 성패를 예언하는 데 활발히 활용되어 왔지만, 지능검사의 주요 목적은 정상범위를 벗어나는 지적 능력, 즉 지적 능력이 매우 우수하거나 반대로 지적 능력이 또래 평균보다 많이 떨어지는 경우의 학생을 선별하거나, 개인 내 어떤 지적 능력이 더 우수한지 상대적 비교를 통해 확인함으로써 각 개인의 능력에 맞는 맞춤형 교육을 제공하는 데 있다.

최초의 지능검사는 1905년 Binet와 Simon에 의해 제작된 비네-시몬 지능검사(Binet-Simon Mental Ability Scale)로, 학습능력의 결핍 또는 지체를 보이는 아동을 판별하여 특수교육을 제공할 목적으로 개발되었다. 이후 언어적 수행능력에 초점이 맞추어진 스탠퍼드-비네 검사(Standford-Binet Intelligence Scale)와 언어적 능력과 비언어적 수행능력을 포함한 웩슬러 지능검사(Wechsler Scale)가 개발되어 활용되고 있다(신효정 외, 2016).

한편, 집단 지능검사는 제1차 세계대전 중 200만 미군의 배치분류를 위해 Army α Test와 문맹자 검사용인 Army β Test를 개발한 것을 시초로, 이후 교육적 사용을 위해 발전되어 왔다(김계현 외, 2012). 우리나라에서도 1954년 정범모에 의해 개발된 간편 지능검사를 시작으로 다양한 집단 지능검사가 개발되어 학교 장면뿐만 아니라 산업체, 군대 등 다양한 장면에서 활용되고 있다. 집단 지능검사는 실시와 채점에 요구되는 시간에 비해 피검자 전체에 대한 많은 정보를 제공받을 수 있어 매우 효율적이다. 그런 이유로 실제 학교현장에서는 개인용 지능검사보다 집단용 지능검사를 더 많이 활용한다. 그러나 집단 지능검사는 대단위로 실시할 수 있어 경제적이고 편리하지만 신뢰도나 타당도가 낮고 개인의 다양하고 구체적인 지적 특성을 파악하는 데 어려움이 있어 활용 시 특히 주의할 필요가 있다.

(1) 웩슬러 지능검사

현재 학생을 평가하는 임상 장면에서 가장 많이 활용되고 있는 개인용 지능검사는 웩슬러 지능검사로(신효정 외, 2016), 성인용(Wechsler Adult Intelligence Scale: WAIS), 아동용(Wechsler Intelligence Scale for Children: WISC), 유아용(Wechsler Preschool and Primary Scale of Intelligence: WPPSI)이 있고, 국내에서는 이를 한국의 문화적 특성에 맞게 번안하여 사용하고 있다.

아동용 지능검사인 WISC는 만 6~16세까지 사용할 수 있고, 이후 연령에서는 성인용 지능검사인 WAIS를 사용한다. 이 기준에 따르면 중학생에게는 K-WISC-V(곽금주, 장승민, 2019), 고등학생에게는 K-WAIS-IV(황순택 외, 2012)를 실시해야 하지만, 일반적으로 개인 지능검사를 필요로 하는 고등학생의 경우는 지적 능력이 상대적으로 낮을 가능성이 높기 때문에, 중·고등학생의 학업상담에 활용하기 위해서라면 K-WISC-V가 더 많이 활용될 수 있다.

한국판 아동용 웩슬러 지능검사 5판(K-WISC-V; 곽금주, 장승민, 2019)은 16개의 소검사로 구성되며, 언어이해(공통성, 어휘, 상식, 이해), 시공간(토막짜기, 퍼즐), 유동추론(행렬추리, 무게비교, 공통그림찾기, 산수), 작업기억(숫자, 그림기억, 순차연결), 처리속도(기호쓰기, 동형찾기, 선택) 등 다섯 가지 영역의 지적 능력을 다각적으로 평가한다. 또한 양적추론, 청각작업기억, 비언어, 일반능력, 인지효율의 다섯 가지 추가지표를 통해 기본지표에서 측정하는 능력 외 아동의 특정한 인지능력에 대해 추가적으로 평가할 수 있다(곽금주, 2021). 평가 결과는 규준분석[3]을 통해 편차 지능지수(deviation IQ)를 사용하여 전체 IQ 및 각 영역별 IQ를 산출하여 개인 간의 해석뿐만 아니라 개인 내적 분석으로서 개인이 가지고 있는 총체적 능력 안에서의 강약점에 대한 분석이 가능하다. IQ 점수를 해석할 때에는, 학생들에게 IQ 점수 자체를 말하기보다는 지적 능력을 측정하는 검사에 있어 또래들과 비교했을 때 어느 위치(예: 상위 5% 또는 평균 내외 등)에 있다고 말해 주는 것이 좋다.

3) 생활연령이나 학년이 같은 피검자의 점수와 비교하는 것으로, 한 피검자의 수행을 표준화 집단의 같은 연령대의 다른 피검자의 수행에 비추어 비교·평가하는 것

(2) Gardner의 다중지능검사

Binet가 처음 지능검사를 만든 이후 80여 년이 지난 1983년, 하버드대학교의 Gardner 교수는 그의 저서『정신의 구조: 다중지능이론(Frames of Mind: The Theory of Multiple Intelligences)』이라는 책을 통하여 새로운 접근을 시도하였다. 그는 전통적인 지능검사가 지능을 단일 능력요인으로 파악하고 있으며, 학교교육에서 중시되는 언어능력과 논리-수학능력만을 지나치게 강조하고 있다고 비판하면서, 인간의 지능은 일반 지능과 같은 단일한 능력이 아니라 다양한 능력으로 구성되어 있으며, 이러한 능력들의 상대적 중요성은 동일하다고 가정하였다. Gardner는 지능을 '문화적으로 가치 있게 여기는 산물을 창조하거나 문제를 해결하는 데 유용하게 쓰일 수 있는, 정보를 처리하는 신체적 · 심리적 잠재능력'이라 정의하고 다음과 같은 여덟 가지 준거에 따라 지능을 선별하였다. 첫째, 특정 능력이 뇌의 특정 부위와 관련이 있는지, 둘째, 특정 능력에는 최고와 최저의 발달 수준이 있는지, 셋째, 특정 능력은 그 자체의 정보처리 기제가 있는지, 넷째, 특정 능력은 그 능력만이 요구되는 특정한 과제가 있는지, 다섯째, 특정 능력은 독립적인 하나의 지능으로서 다른 지능과 구별될 수 있는지, 여섯째, 특정 능력은 누구나 겪는 발달과정이 있는지, 일곱째, 특정 능력은 진화적인 특성을 가지고 있는지, 여덟째, 특정 능력은 관련 상징체계를 가지고 있는지이다. 이상의 준거에 따라 선별된 특정 능력은 현재까지 총 여덟 가지 지능으로, 신체운동 지능(bodily-kinesthetic intelligence), 논리-수학 지능(logical-mathematical intelligence), 음악 지능(musical intelligence), 언어 지능(linguistic intelligence), 공간 지능(spatial intelligence), 대인관계 지능(interpersonal intelligence), 자기성찰 지능(intrapersonal intelligence), 자연친화 지능(naturalist intelligence)이다(문용린, 유경재 역, 2007). 최근 아홉 번째 지능으로 실존 지능(existential intelligence)이 활발하게 논의되고 있어 8과 1/2지능으로 부르기도 하지만, 현재까지는 지능의 여덟 가지 준거를 잘 만족하는 증거를 충분히 찾지 못해 널리 인정되고 있지는 않다. 각 지능의 핵심내용은 〈표 4-1〉과 같다.

국내에서는 이러한 Gardner의 다중지능이론을 바탕으로 하여, 서울대학교 문용린 교수 연구팀이 개발한 MI적성진로진단검사를 시작으로 최근에는 여러 가지 다중지능검사가 개발되어 활용되고 있다.

표 4-1 Gardner의 다중지능

다중지능 종류	내용
신체운동	기초 체력을 바탕으로 몸을 움직이고 동작을 학습할 수 있는 능력
공간	머릿속으로 그림을 그리며 생각할 수 있는 능력
논리-수학	논리적으로 사고하여 문제를 풀 수 있는 능력
자기성찰	자기의 생각과 감정을 알며, 감정을 조절할 수 있는 능력
음악	노래를 부르고 악기를 연주하며 감상할 수 있는 능력
언어	말과 글로써 생각과 감정을 표현하고 이해할 수 있는 능력
대인관계	다른 사람과 더불어 살아가는 능력
자연친화	자연에 관심을 가지고 탐구·보호하는 능력

2) 적성검사

적성 또한 지적 능력을 말하는 것으로 사실상 지능과 구별하기 어려운 개념이다. 그러나 적성은 '특정 상황이나 과제에 대한 수행능력을 예언하는 어떤 특성'으로, 지적 능력뿐만 아니라 성격적 요인 및 태도 등을 어느 정도 포함하는 개념으로 볼 수 있다(김계현 외, 2009).

학교에서 많이 활용하는 적성검사로는 고등학교의 계열이나 문·이과의 적성을 예언하는 데 활용하기 위한 진학적성검사와 개인의 적성이 어떤 직업에 적합한지를 예언하는 데 활용하는 직업적성검사를 들 수 있다.

(1) 커리어넷[4] 직업적성검사

이 검사는 직업과 관련된 다양한 능력을 어느 정도 가지고 있는가를 스스로 진단하여 자아성찰과 진로 및 직업세계 탐색에 도움을 주기 위한 것으로, 신체·운동능력, 손재능, 공간지각력, 음악능력, 창의력, 언어능력, 수리·논리력, 자기성찰능력, 대인

4) 교육부의 위탁을 받아 한국직업능력개발원에 설치된 진로교육센터에서 운영하는 직업 및 진로 지도 사이트 (www.career.go.kr)

관계능력, 자연친화력, 예술시각능력, 자기관리능력의 열두 가지 적성 영역별 능력 정도를 측정한다.

검사 결과는 총 12개 적성검사별 백분위 점수로 제시된다. 백분위는 학생 전체를 100명으로 하였을 때 본인보다 점수가 낮은 학생들이 몇 명인지를 의미한다. 각 영역들 간의 점수 차이보다는 전체적인 경향성을 보는 것이 바람직하다. 각 적성 영역별 능력 정도를 나타내는 프로파일을 제공하고, 그중 상대적으로 높은 능력을 보이는 2~3개 적성 영역이 제시되고 관련 직업이 추천된다. 또한 각 직업군별 능력보유 정도가 5등급 중 한 가지로 제시된다.

(2) 워크넷[5] 적성검사

워크넷에서 제공하는 적성검사는 중학생용과 고등학생용으로 나누어져 있는데, 고등학생용 적성검사의 경우, 언어능력, 수리능력, 추리능력, 공간능력, 지각속도, 과학원리, 집중능력, 색채능력, 사고유연성의 9개 적성요인에 대해 13개 하위요인으로 측정한다. 중학생용은 학업적성에 초점을 두고, 언어능력, 수리능력, 공간능력, 지각속도, 과학능력, 색채능력, 사고유연성, 협응능력, 학업동기에 대해 측정한다.

적성검사 vs. 성취검사

적성검사와 성취검사는 측정 내용보다는 용도에 따라 구분된다고 볼 수 있다. 어떤 검사라도 미래의 수행을 예언하는 데 도움이 된다면 적성검사가 될 수 있다. 대표적으로 대학수학능력시험은 그간에 학습한 내용의 성과를 잰다는 점에서는 성취검사에 해당하지만, 미래 진학한 대학에서의 수학능력을 예언하는 점수로 사용한다는 점에서는 적성검사로도 볼 수 있다.

5) 고용노동부와 한국고용정보원이 운영하는 구직·구인 정보와 직업·진로 정보를 제공하는 대한민국 취업정보사이트(www.work.go.kr)

4. 진로 영역의 평가

진로발달이론에 따르면 인간은 일생 동안 몇 단계의 발달과정을 거친다. 각 단계마다 서로 다른 발달과업이 있고 그 발달과업을 잘 완수해야 다음 단계에서 보다 성공적으로 살아갈 수 있다(김계현 외, 2020). 여기서는 학교 장면에서 학생들의 진로선택과 진로발달을 도와주는 데 활용할 만한 대표적인 검사들을 소개하고자 한다.

1) 흥미검사

흥미란 '어떤 현상이나 사물에 대한 관심 또는 어떤 활동에 적극적으로 참여하려는 성향'을 뜻하는 것(김계현 외, 2020)으로, 일반적으로 '어떤 활동을 좋아하는 정도' '어떤 활동이나 사물에 특별히 관심을 기울이는 경향성' '어떤 일을 하고 싶은 마음'을 말한다(송미경, 김혜경, 2015). 흥미검사는 이러한 정의적 영역의 속성이나 능력을 측정하는 검사로, 대체로 직업 영역이나 진로발달과 관련해서 흥미 정도를 측정하는 데 활용한다. 학교 장면에서 많이 활용되고 있는 흥미검사로는 홀랜드검사, 스트롱검사, 노동부 직업선호도검사가 있다.

(1) 홀랜드검사

진로심리학자인 John Holland는 1953년 직업선호도검사(Vocational Preference Inventory: VPI)를 최초로 개발하였는데, 이 검사는 이후 여러 번의 개정을 거쳐 현재 사용되고 있는 진로탐색검사(Self-Directed Search: SDS; Holland, Powel, & Fitzshe, 1994)로 발전하였다(김계현 외, 2012). 우리나라에서는 안창규(1996)가 이를 번안하고 표준화 과정을 거쳐 홀랜드 진로탐색검사(중고생용) 및 홀랜드 적성탐색검사(대학생 및 성인용)로 개발하였고 여러 기관에서 널리 활용되고 있다.

Holland는 각 개인은 여섯 가지 기본 성격유형, 즉 실재형(Realistic type), 탐구형(Investigative), 예술형(Artistic), 사회형(Social), 기업형(Enterprising), 관습형(Conventional) 중의 하나와 유사하고, 여섯 가지 성격유형이 있듯이 여섯 가지 환경

유형이 있는데, 이것도 성격과 같이 확실한 속성과 특성에 따라 설명될 수 있다고 주장한다. 환경은 환경에 속해 있는 사람들에 의해 특징이 유형화된다. 예를 들어, 공사현장에서 일하는 사람의 성격유형은 일반 사무실에서 일하는 사람의 성격유형과 다르다는 것이다. 사람들은 자신의 능력과 기술을 발휘하고 태도와 가치를 표현하고 자신에게 맞는 역할을 수행할 수 있는 환경을 찾는 경향이 있고, 이는 사람들이 어떻게 자신의 진로를 선택하고 결정해 왔는지를 보여 준다는 가정을 바탕으로 홀랜드검사가 개발되었다. 검사 결과는 RIASEC 영역 각각에 대한 요약점수를 제공한다.

(2) 스트롱검사

스트롱검사는 다양한 직업세계의 특징과 개인 흥미에 대한 유의미한 자료를 제공해 주는 도구로, 1927년 Strong이 최초로 스트롱 직업흥미검사(Strong Vocational Interest Blank: SVIB)를 개발한 이래 계속 개정되고 있다. 미국에서 사용되고 있는 스트롱 흥미검사(SII)는 일반직업분류(General Occupational Themes: GOT), 기본흥미척도(Basic Interest Scales: BIS), 직업척도(Occupational Scales: OS), 개인특성척도(Personal Style Scales: PSS)의 네 가지 하위척도 점수를 결과로 제시한다. 우리나라에서는 이 스트롱 흥미검사를 바탕으로 중·고등학생용인 스트롱 진로탐색검사와 대학생 이상 성인용 스트롱 직업흥미검사를 개발하여 사용 중이다.

(3) 워크넷 직업선호도검사

워크넷 직업선호도검사는 다양한 분야에 대한 선호도를 측정하는 흥미검사, 일상생활 속에서 나타나는 개인의 성향을 측정하는 성격검사, 과거와 현재의 개인 생활 특성을 측정하는 생활사검사 세 부분으로 구성되어 있다. 지필용과 컴퓨터용 검사가 모두 가능하고, 워크넷에서 컴퓨터용 직업선호도검사를 무료로 실시할 수 있다.

2) 가치관검사

가치관이란 한 개인이 삶을 영위하는 데 있어 '무엇을 중요하게 생각하는가?' '무엇을 지향하는가?'를 반영하는 것이다. 흥미는 전공 및 직업 선택과 밀접한 관련이 있는 반면(Pryor & Taylor, 1986), 가치관은 직무만족도와 더 높은 상관을 보인다(Rounds, 1990: 김계현 외, 2009 재인용). 학생들이 진로를 결정할 때 흥미뿐만 아니라 가치관을 함께 고려할 수 있도록 지도할 필요가 있다.

한국직업능력개발원과 한국고용정보원에서는 청소년들을 대상으로 활용할 수 있는 직업가치관검사를 개발하고 표준화하였는데, 이들 직업가치관검사는 직업과 관련된 다양한 욕구 및 가치들에 대해 상대적으로 무엇을 얼마나 더 중요하게 여기는가를 살펴보고, 그에 적합한 직업 분야를 안내함으로써 자신의 직업가치가 충족될 가능성이 높은 직업을 탐색할 수 있도록 돕는다. 커리어넷 직업가치관검사는 능력발휘, 자율성, 보수, 안정성, 사회적 인정, 사회봉사, 자기계발, 창의성의 8개 직업가치를, 워크넷 직업가치관검사는 성취, 봉사, 개별활동, 직업안정, 변화지향, 몸과 마음의 여유, 영향력 발휘, 지식추구, 애국, 자율성, 금전적 보상, 인정, 실내활동의 13개 직업가치를 측정하여, 상대적으로 중요하게 평가한 가치를 확인할 수 있도록 한다.

3) 진로성숙도검사

진로성숙도의 측정은 진로발달에 대한 포괄적 평가를 의미하는 것으로, 미국에서 개발된 진로성숙도검사(Career Maturity Inventory: CMI)는 Crites(1978)의 진로발달 모델에 기초하여 진로계획 과정 변인에 초점을 두고, 진로 의사결정에 대한 태도와 능력을 측정한다(김계현 외, 2012 재인용). 우리나라에서는 한국직업능력개발원에서 새롭게 문항을 구성하고 표준화 작업을 거쳐 한국형 진로성숙도검사를 개발하였다. 총 135문항으로 구성된 진로성숙도검사는 진로성숙을 태도, 능력, 행동의 세 가지 측면으로 구분하였다. 중학교 2학년부터 고등학교 3학년까지의 학생들을 대상으로 실시할 수 있고, 커리어넷에서 온라인으로도 실시 가능하다. 진로성숙도검사는 진로성숙과 관련된 다양한 요인을 총괄적으로 포함하고 있어 다양하게 활용할 수 있는데, 우선 검사 자체가 학생의 진로발달을 촉진시키는 교육적 경험을 제공한다는 장점이 있다. 또한 진로성숙뿐만 아니라 진로미결정의 이유에 대한 구체적인 자료를 제공함으로써 학생을 이해하는 데 도움을 줄 수 있다(임언, 정윤경, 상경아, 2001).

5. 학교 장면에서 심리검사 활용 시 유의점

학교 장면에서 심리검사를 활용할 때 검사 본래의 목적을 효과적으로 달성하기 위해서 유의할 점들은 다음과 같다.

첫째, 검사를 활용할 때 전체 교육과정과 연계할 필요가 있다. 학교상담은 일반상담과 달리 학교라는 특수한 공간에서 이루어질 뿐만 아니라 교육활동의 한 부분으로 진행된다고 볼 수 있다(김계현 외, 2020). 그러므로 검사가 단순히 개인적인 정보나 자료를 얻기 위한 수단이 아니라 궁극적으로 교육의 목적을 달성하기 위해 학생들을 보다 잘 이해하기 위한 것이라는 것을 간과해서는 안 된다.

둘째, 심리검사는 누구나 실시하고 해석할 수 있는 간단한 도구가 아니다. 검사를 실시하고 해석하는 데에는 전문적인 지식과 임상 경험이 필요하다. 어떤 검사는 비교적 쉽게 실시가 가능하지만 어떤 검사는 실시와 해석을 위해 많은 지식과 임상 경험을 필요로 한다. 심리검사의 목적이 무엇인지, 검사의 장단점은 무엇인지 기본적인 내용을 숙지하고 검사를 실시해야 하며, 검사에 따라 실시할 수 있는 자격을 갖춘 사람이 검사를 실시할 수 있도록 의뢰하는 것이 필요하다. 상담 및 심리 관련 학회에서는 심리검사 사용과 개발에 관한 규범을 정하여 제시하고 있으니 참고하자.

셋째, 검사 결과에 절대적인 의미를 부여해서는 안 된다. 검사는 학생을 이해하는 여러 가지 방법 중 하나이고, 그 또한 학생의 일부분만을 설명해 주는 참고자료에 불과하다. 교사가 담당해야 할 학생 수가 많아서 지나치게 객관적인 검사 결과에 의존하려 하거나, 짧은 시간 안에 즉각적인 해결책을 구하거나 문제에 대한 명확한 대답을 얻으려고 서두를 때, 심리검사의 오남용으로 사람을 잘못 판단하고 평가하는 실수를 범하게 된다(연문희, 강진령, 2002). 검사를 통해 얻은 정보는 사람을 이해하는 데 필요한 수많은 정보의 아주 작은 부분에 지나지 않는다는 사실을 명심하고, 심리검사를 활용하는 데 있어 면담을 통해 학생의 행동, 개별 특성, 현 상황에 대한 반응 등을 확인하며, 검사 결과의 의미와 타당성을 검토하는 것이 필요하다(박경, 최순영, 2009). 면담은 심리적 평가과정에서 자료를 모으는 수단 중 가장 중요한 것으로, 면담자료의 뒷받침이 없다면 대부분의 심리검사는 무의미하다고 할 수 있다.

한국상담학회 윤리강령 중 심리검사 관련 지침

제7장 심리검사

제22조(일반사항)

① 상담자는 내담자의 환경(사회적, 문화적, 상황적 특성 등)과 개별적 특성을 고려한 후, 내담자를 조력하기 위한 목적에 적합한 심리검사를 선택해야 한다.

② 심리검사를 실시할 때에는 자격이 있는 사람이 표준화된 절차에 따라 실시해야 하며, 그 과정을 경시해서는 안 된다. 또한 수련상담자는 지도감독자로부터 훈련받은 검사도구를 제대로 이용하는지의 여부를 평가받는다.

③ 상담자는 검사 채점과 해석을 수기로 하건, 컴퓨터를 사용하건, 혹은 다른 서비스를 사용하건 상관없이 내담자의 요구에 적합한 검사도구를 적용, 채점, 해석, 활용한다.

④ 상담자는 검사 전에 검사의 특성과 목적, 잠재적인 결과, 수령자의 구체적인 결과의 사용에 대해 설명하고 내담자의 동의를 받는다. 이때 상담자는 내담자의 개인적·문화적 상황, 내담자의 결과 이해 정도, 결과가 내담자에게 미치는 영향을 고려한다.

⑤ 상담자는 피검자의 복지, 명확한 이해, 검사 결과를 누가 수령할 것인지에 대한 결정에서 사전 합의를 고려한다.

제23조(검사도구 선정과 실시 조건)

① 상담자가 검사도구를 선정할 때 도구의 타당도, 신뢰도, 실용도, 객관도, 심리측정의 한계를 신중하게 고려한다.

② 상담자는 제삼자에게 내담자에 대한 검사를 의뢰할 때, 적절한 검사도구가 사용될 수 있도록 내담자에 대한 구체적인 의뢰 문제와 충분한 객관적인 자료를 제공한다.

③ 상담자는 문화적으로 다양한 집단을 위한 검사도구를 선정할 경우, 그러한 내담자 집단에게 적절한 심리측정 특성이 결여된 검사도구를 사용하지 않도록 합당한 노력을 한다.

④ 상담자는 검사도구의 표준화 과정에서 설정된 동일한 조건하에서 검사를 실시한다.

⑤ 상담자는 기술적 또는 다른 전자적 방법들이 검사 실시에 사용될 때, 실시 프로그램이 잘 기능하고 있는지 그리고 정확한 결과를 제공하는지에 대해 점검한다.

제24조(검사 채점 및 해석)

① 상담자는 개인 또는 집단검사 결과 발표에 정확하고 적절한 해석을 포함시킨다.

② 상담자는 검사 결과를 보고할 때, 검사 상황이나 피검사자의 규준 부적합으로 인한 타당도 및 신뢰도와 관련하여 발생하는 제한점을 명확히 한다.

③ 상담자는 연령, 피부색, 문화, 장애, 민족, 성, 인종, 언어 선호, 종교, 영성, 성적 지향, 사회경제적 지위가 검사 실시와 해석에 영향을 미친다는 것을 인식하고, 내담자와 관련된 다른 요인들을 고려하여 적절하게 검사 결과를 해석한다.

④ 상담자는 기술적인 자료가 불충분한 검사도구의 경우 그 결과를 해석할 때 주의해야 한다. 그러한 도구를 사용하는 특정한 목적을 내담자에게 명확히 알린다.

⑤ 상담자는 내담자 혹은 심리검사를 수령할 기관에 심리검사 결과가 올바로 통지되도록 해야 한다.

⑥ 상담자는 내담자 이외에는 내담자의 동의를 받은 제삼자 또는 대리인에게 결과를 공개한다. 또한 이러한 자료는 자료를 해석할 만한 전문성이 있다고 상담자가 인정하는 전문가에게 공개한다.

제25조(정신장애 진단)

① 상담자는 정신장애에 대해 적절한 진단을 하도록 특별하고 세심한 주의를 기울인다.

② 상담자는 치료의 초점, 치료 유형, 추수상담 권유 등의 내담자 보살핌을 결정하기 위해 사용되는 개인상담을 포함한 검사 기술을 신중하게 선택하고 합당하게 사용한다.

③ 상담자는 정신장애를 진단할 때는 내담자의 문제를 규정하는 방식에 문화가 영향을 미친다는 것을 인식하고 내담자의 사회경제적 · 문화적 경험을 고려한다.

④ 상담자는 어떤 개인이나 집단들에 대해 오진을 내리고 정신병리화하는 역사적 · 사회적 편견과 오류에 대해 충분히 이해하고 이러한 편견과 오류가 발생하지 않도록 특별한 주의를 기울인다.

⑤ 상담자는 심리검사의 결과가 내담자나 다른 사람들에게 해를 끼칠 수 있다고 판단되면 진단이나 보고를 해서는 안 된다.

출처: 한국상담학회(www.counselors.or.kr).

수업활동 1

내가 경험한 심리검사

1. 학창시절 실시했던 심리검사를 떠올려 봅시다.

   1) 어떤 검사들을 실시했나요?

   2) 심리검사 결과를 통해 무엇을 알게 되었나요?

   3) 선생님으로부터 심리검사 결과에 대한 해석을 받았나요? 받았다면 어떤 말씀이 결과를 이해하는 데 도움이 되었나요?

2. 심리검사 결과를 보다 효과적으로 활용할 수 있는 방법에 대해 생각해 봅시다.

수업활동 2

MBTI검사의 활용

MBTI 성격유형검사를 실시하고 IT, ET, IF, EF 유형별로 소그룹을 만들어 봅시다.

1. 내가 속한 유형의 성격 특징은 무엇인지 서로의 공통점을 이야기해 봅시다.

2. 내가 속한 성격유형의 특징에 비추어 다른 사람들과의 관계에서 무엇을 좋아하는지, 어떤 부분을 힘들어하는지 나누어 봅시다.

3. 그룹별로 이야기한 내용을 발표해 봅시다.

참고문헌

강진령(2015). 학교상담과 생활지도 이론과 실제. 학지사.

곽금주(2021). K-WISC-V 이해와 해석. 학지사.

곽금주, 장승민(2019). K-WISC-V(한국 웩슬러 아동 지능검사 5판). 인싸이트.

교육부(2021). 2021년도 학생정서 · 행동특성검사 및 관리 매뉴얼김연수(2021). K-WISC-V 이해와 해석. 학지사.

김계현, 김동일, 김봉환, 김창대, 김혜숙, 남상인, 천성문(2009). 학교상담과 생활지도(2판). 학지사.

김계현, 김동일, 김봉환, 김창대, 김혜숙, 남상인, 천성문(2020). 학교상담과 생활지도(3판). 학지사.

김계현, 황매향, 선혜연, 김영빈(2012). 상담과 심리검사(2판). 학지사.

김동민, 강태훈, 김명식, 박소연, 배주미, 선혜연, 이기정, 이수현, 최정윤(2013). 심리검사와 상담. 학지사.

김재환 외(2014). 임상심리검사의 이해. 학지사.

문용린, 유경재 역(2007). 다중지능(*Multiple Intelligences: New Horizons*). Gardner, H. 저. 웅진지식하우스. (원저는 2006년에 출판)

박경, 최순영(2009). 심리검사의 이론과 활용(2판). 학지사.

송미경, 김혜경(2015). 자기성찰 및 포트폴리오 개발. 서울여자대학교출판부.

신효정, 송미경, 오인수, 이은경, 이상민, 천성문(2016). 생활지도와 상담. 박영스토리.

안창규(1996). 진로탐색검사의 표준화를 위한 연구. 한국심리학회지: 상담 및 심리치료, 8(1), 169-200.

연문희, 강진령(2002). 학교상담: 21세기의 학생생활지도. 양서원.

임언, 정윤경, 상경아(2001). 진로성숙도 검사 개발 보고서. 한국직업능력개발원.

최정윤(2010). 심리검사의 이해(제2판). 시그마프레스.

황순택, 김지혜, 박광배, 최진영, 홍상황(2012). 한국 웩슬러 성인용 지능 검사 4판(KWAIS-IV). 한국심리주식회사.

Holland, J. L., Powel, A. B., & Fitzshe, B. A. (1994). *Self-directed search: Professional users guide*. Psychological Assessment Resources.

제2부

영역별 생활지도와 상담의 실제

Guidance and Counseling in the School

제5장

학업

학업의 문제는 학생 개인 차원에서 학업성취와 관련한 자아개념과 같은 심리내적인 요인에 영향을 줄 뿐만 아니라 상급학교로의 진학이나 취업 등의 진로 문제와도 밀접한 연관이 있다. 또한 관계적 차원에서 학업 문제는 부모나 교사와 갈등을 유발하기도 하고, 학업 문제로 인해 파생되는 다양한 갈등과 스트레스는 학생들의 심리사회적 부적응의 문제로 이어지기도 한다. 이 장에서는 학생들이 경험하는 다양한 학업 문제와 학업에 영향을 주는 요인들, 그리고 학업 문제의 지도 방안에 대해 살펴보고자 한다.

1. 학업 문제의 이해

우리나라 학생들은 학업 문제로 많은 스트레스를 받고 있다. 통계청(2021)의 자료에 따르면, 우리나라 13~18세 청소년이 가장 고민하는 문제는 공부로 전체 청소년의 거의 절반 수준인 46.5%에 이른다. 한국청소년정책연구원이 2020년에 실시한 청소년 인권실태보고서에 따르면, 아동 · 청소년 가운데 우울감을 느낀 비율은 전체의 27.0%로 나타났고, 학교급이 높을수록 불행하다고 느끼고 있었다. 이들이 행복하지 않은 이유로는 학업 문제가 40.6%로 가장 높았다. 또한 청소년이 자살을 생각하게 하는 주요 원인 역시 학업 부담이나 성적 등 학업 문제가 39.8%로 압도적인 1위를 차지하고 있다. 이러한 통계 자료는 경쟁적이고 학업을 지나치게 강조하는 우리나라의 교육환경 속에서 많은 학생이 학업 문제로 많은 부담과 스트레스를 받고 있음을 잘

표 5-1 학업 호소문제 유형

- 시험 불안(시험에 따른 불안감과 압박감, 스트레스 등을 갖는 경우)
- 공부 자체에 대한 회의와 의문(공부의 필요성에 대한 근본적인 의문과 회의를 갖는 경우)
- 집중력 부족(주의산만, 잡념 등으로 인해 집중력이 부족해서 공부나 성적에 영향을 주는 경우)
- 성적 저하 및 저조로 인한 걱정과 스트레스(성적이 떨어지거나 오르지 않아서 걱정과 스트레스를 겪는 경우)
- 공부방법 문제(효과적으로 공부하는 방법을 모르거나 부적절한 방법으로 공부함으로써 공부나 성적에 영향이 있는 경우)
- 공부에 대한 반감(공부하는 것 자체를 싫어해서 공부를 하지 않는 경우, 공부에 대한 근본적인 의문은 별로 없이 공부하는 것 자체에 대한 반감과 반발심을 갖는 경우)
- 노력은 했는데 성적이 안 오름(나름대로 공부를 하려고 하고 또 실제로 했음에도 뚜렷한 원인을 알지 못한 채 결과가 좋지 않아 고민하는 경우)
- 능력 부족(실제 능력, 즉 지능이나 기억력이 낮거나 부족하여 공부나 성적에 영향을 받는 경우)
- 공부 습관 미형성(공부를 하고자 하는 마음은 있는데 단지 그것이 체계적인 습관으로 형성되지 않은 경우)
- 공부에 대한 동기 부족(공부를 하고자 하는 마음이 부족한 경우, 공부에 대한 반감이나 반발심과 같은 부정적인 감정이 없고 단지 공부하려는 마음이 형성되어 있지 않은 경우)
- 성적에 대한 집착(공부의 질적인 면에 치중하기보다는 양적인 결과, 즉 점수와 등수에 얽매여서 그로 인해 경쟁심을 느끼고 심지어는 죽고 싶다는 생각까지 하는 경우)
- 성적으로 인한 관계에서의 문제(앞에서 언급된 공부 및 성적에 대한 문제로 인해 친구나 부모, 교사와의 관계에서 문제를 겪는 경우)

출처: 김창대 외(1994).

보여 주고 있다.

학업과 관련한 청소년들의 문제를 가장 포괄적으로 다루고 있는 것은 김창대, 이정윤, 이영선, 남상인(1994)이 청소년 문제 유형 분류체계에서 다룬 학업 호소문제 분류이다. 〈표 5-1〉에 제시된 바와 같이, 여기서 분류한 열두 가지 학업 호소문제 유형은 청소년은 물론, 교사와 학부모가 지각한 문제를 종합적으로 수집하고 분석하였고 지금까지도 현장을 잘 반영하고 있다는 평가를 받고 있다(황매향, 2016).

홍경자, 김창대, 박경애, 장미경(2002)은 학업 문제를 크게 인지적 문제, 정의적 문제, 관계의 문제로 분류하고, 인지적 문제는 지적 능력 부족의 문제와 학습전략의 문제로, 정의적 문제는 학습 동기의 문제, 공부태도의 문제, 학습 관련 스트레스와 시험 불안의 문제로, 관계의 문제는 관계 관련 문제로 세분화하여 분류하였다. 또한 김계현 등(2020)은 학업 관련 문제를 성적 저하로 인한 걱정과 스트레스, 시험 불안, 학업 능률의 저하, 공부에 대한 회의와 동기 저하, 그리고 학업과 관련하여 파생되는 문제들로 분류하여 제시하고 있다.

이렇게 다양하게 제시되고 있는 학업 문제들 중에서 몇 가지 대표적인 학업 관련 문제들을 좀 더 구체적으로 살펴보면 다음과 같다.

첫째, 학업에 대한 동기 부족이다. 학업에 대한 동기 부족의 문제는 학생 자신이 문제의식을 가지고 고민을 하거나 상담을 요청하기보다는 부모나 교사의 입장에서 고민이 되는 문제일 것이다. 학업에 대한 동기가 부족하거나 없는 경우는 공부에 흥미가 없고 공부하기 싫어하며 심지어는 공부 자체에 의문을 갖거나 회의를 느끼기도 한다. 학업에 대한 동기가 부족하기 때문에 공부에 소홀하게 되고 학업성취에도 부정적인 영향을 미친다. 학업에 대한 동기가 부족한 학생들의 경우는 외부에서 공부에 대해 지나친 압력이나 기대를 받는 경우 이에 대한 반발심으로 공부하기가 싫어진 경우도 있을 수 있지만, 공부 외의 다른 활동 등에 더 많은 관심과 가치를 두고 있어서 상대적으로 공부에 소홀해지는 경우도 있을 수 있다. 또한 학업에서 계속된 실패 경험으로 인해 아예 공부를 하려는 노력과 의지를 놓아 버린 경우도 있을 수 있다.

둘째, 학습 방법 및 전략의 문제이다. 학업에 대한 동기도 있고 공부를 하기는 하지만 능률이 잘 오르지 않거나 생각만큼 성적이 오르지 않아서 고민인 경우이다. 공부를 할 때 주의집중을 잘하지 못해 능률이 오르지 않는 학생의 경우 심리적 부담이나, 가족이나 친구관계 등의 정서적 갈등을 경험하고 있거나, 음악을 들으면서 공부를 하는 등 주의집중에 방해가 되는 환경 속에서 공부를 하는 경우가 있다. 또한 학년이 올라감에 따라 그에 맞는 효과적인 학습방법을 사용하지 못하고 단순 암기에 그치거나, 시간관리 등을 제대로 하지 못해 원하는 만큼의 성과를 보이지 못하는 경우가 학습 전략의 문제에 해당한다. 공부를 하려는 의지도 있고 실제 많은 시간을 투자하여 공부를 하는데도 성적이 부진한 경우 자신에 대한 실망감과 좌절감을 느끼게 되며, 이것은 또다시 학업에 대한 동기를 저하시키는 원인이 되기도 한다.

셋째, 시험 불안이다. 시험 불안이란 시험에 대한 과도한 불안으로 인하여 시험공부에 지장을 받거나 시험을 볼 때 곤란을 경험하는 것을 말한다. 시험 불안은 많은 학생이 경험하고 호소하는 학업 문제이다. 시험이 다가올수록 불안하고 초조하여 공부에 집중하지 못하고 잠을 못 자거나, 복통이나 두통과 같은 신체화 증상을 보이기도 한다. 시험을 앞두고 어느 정도의 불안을 경험하는 것은 자연스러운 일이며, 시험을 준비하는 데도 긍정적인 영향을 미치지만, 불안의 정도가 지나치게 되면 오히려 시험 준비와 결과에 부정적인 영향을 주게 된다. 학생 자신이나 부모가 성적에 대한 기대가 높으면 이것은 감당하기 어려운 부담으로 다가오게 되고 이러한 부담들은 시험을 망치면 어떻게 할까 하는 걱정과 염려로 발전하여 시험 불안이라는 부적응적인 학업 문제를 초래할 수 있다.

넷째, 학업 소진이다. 학업 소진은 과도한 학업으로 인해 피로감, 좌절감, 학업에 대한 거리감, 스트레스, 정신적 소모감, 무력감, 냉소적인 태도 등을 나타내는 신체적·정서적·정신적 고갈 상태를 말한다(이영복, 이상민, 이자영, 2009). 학업 소진 현상은 장기간에 걸친 학업 스트레스와 학업에 대한 부담으로 인해 야기된다. 학업 소진 현상을 보이는 학생들은 학업에 대한 냉소적 태도와 무능감을 보이고 실패에 대처하는 노력과 능력이 약하며, 우울이나 강박, 불안과 같은 심리적 증상을 보이기도 한다. 이러한 심리적·행동적 부적응 증상들이 심해지면 자살로까지 이어지기도 한다.

마지막으로, 학업 관련 장애이다. 앞서 살펴본 다른 문제들과 달리 이 문제는 학업 관련 문제의 원인이 장애에 기인한 경우이다. 지능 수준이 평균 이하로 적절한 학습을 수행하고 이해하기에 어려움이 있는 지적장애이거나, 부주의와 산만함, 충동성 또는 과잉행동 등의 증상들을 보이는 주의력결핍 과잉행동장애의 경우, 그리고 정상적인 지능과 신체 상태를 가지고 있으면서도 읽기, 쓰기, 산술적 또는 수리적 계산과 관련된 기술을 학습하는 데 현저한 어려움을 보이는 학습장애의 경우는 정상적인 학습을 해 나가기가 어렵다. 이와 같은 장애를 가지고 있는 학생들은 각 장애의 특성에 맞는 특수교육적 접근이 필요하다.

2. 학업에 영향을 주는 요인

학업과 관련한 문제들은 다양한 요인들의 영향을 받는다. 학업과 관련한 많은 연구에서 학생들의 학업 및 학업성취도에 영향을 주는 다양한 요인들을 제시하고 있다. 즉, 학생의 지적 능력 수준, 학업기초능력, 과목별 선수학습 수준, 동기, 자아개념, 자기효능감, 불안이나 우울과 같은 정서적 상태, 학습전략, 환경적 지원과 압력 등 다양한 요인들이 학업의 문제에 영향을 주고 있다. 학업에 영향을 주는 요인들을 잘 이해하는 것은 학생들이 호소하는 다양한 학업 관련 문제들을 이해하고 도움을 주는 데 중요하다. 이 장에서는 학업에 영향을 주는 요인을 크게 인지적 요인, 정의적 요인, 환경적 요인 그리고 학습방법 및 전략적 요인으로 나누어 살펴보고자 한다.

1) 인지적 요인

(1) 지능

지능은 학업성취를 다룰 때 가장 비중 있게 다루어져 온 요인이다. 많은 경험적 연구에 따르면 지능이 학업성취를 설명하는 비율은 15~36% 정도이다(김동일, 신을진, 이명경, 김형수, 2011). 학업 문제에 있어서 지능 요인의 확인은 학생의 학업 곤란 문제가 지적 능력 수준의 문제인 지적장애이거나 혹은 정상적 수준의 지능이지만 학습과 관련된 뇌기능의 특정 영역의 결함이나 발달지연을 보이는 학습장애인지를 판별하는 데 필수적이다. 또한 정상적인 지능 수준을 가진 학생의 경우는 학습상의 강점과 약점을 찾아내어 강점을 활용하고 취약점을 보완하는 학습 계획을 세우는 데 활용할 수 있다.

학생의 지능을 파악하기 위해서는 표준화된 지능검사를 활용할 수 있다. 집단용 지능검사보다는 개인용 지능검사를 활용하면 훨씬 더 많고 정확한 정보를 얻을 수 있다. 가장 대표적인 지능검사로는 웩슬러 지능검사가 있다. 15세 이하 청소년을 위해서는 웩슬러 아동용 지능검사(Korean Educational Development Institute-Wechsler Intelligence Scale for Children: KEDI-WISC)를 사용할 수 있으며, 16세 이상의 청소년을 위해서는 웩슬러 성인용 지능검사(Korean-Wechsler Adults Intelligence Scale: K-WAIS)를 사용할 수 있다. 웩슬러 지능검사 제5판(K-WAIS-V/K-WISC-V)은 16개의 소검사로 구성되어 있고, 전체 지능지수 외에 언어이해, 시공간, 유동추론, 작업기억, 처리속도로 구성된 다섯 가지 기본지표 점수와 양적추론, 청각작업기억, 비언어, 일반능력, 인지효율로 구성된 다섯 가지 추가지표 점수를 제공하고 있다. 기본지표척도의 각 지표별 점수를 통해 구체적인 인지능력과 강점 및 약점에 대해 평가할 수 있을 뿐 아니라, 추가지표를 통해 기본지표척도에서 측정하는 능력 외의 인지능력에 대해서도 확인할 수 있다.

(2) 학업기초능력

학업성취에 어려움을 겪는 경우 반드시 확인해 보아야 할 요인으로 학업기초능력을 들 수 있다. 학업기초능력은 학업수행을 위한 기초적 능력으로서 읽기, 쓰기, 셈하기와 같은 학습 장면에서 가장 기초적인 능력 수준을 말한다. 학업성취가 저조한 학생의 경우 학업기초능력을 평가함으로써 학습장애와 같은 특수교육이 필요한 학생을 판별하거나 혹은 특정 학습 영역에서 부진과 곤란을 나타내는 학생의 진단 및 선별과 이들의 학습능력에 따른 개별화 교수 계획 및 확인, 학습 진전도 평가 등에 유용하게 활용할 수 있다.

학업기초능력은 표준화된 성취검사를 통하여 측정 가능하다. 성취검사는 학년급 수준 혹은 동연령 집단에서의 백분율로 학업 수준을 나타내 주며, 일반적으로 읽기, 쓰기, 셈하기 및 일반상식의 부문들에서 성취 수준을 검사한다. 대표적인 학업성취검사로는 한국교육개발원에서 1986년에 표준화한 기초학습기능검사(KEDI-Individual Basic Learning Skills Test)[1], 국립특수교육원 기초학력검사(KISE-BAAT)[2], BASA 기초학습기능 수행평가(읽기검사, 쓰기검사, 산수검사)[3], 한국판 웩슬러 기초학습기능검사(Korean-Wechsler Fundamentals Academic Skills: K-WFA)[4] 등이 있다.

1) 박경숙, 윤점룡, 박효정(1986)이 개발하였고, 유치원에서 초등학교 6학년 아동이 대상이다.
2) 김계옥, 송영준, 정동영, 정인숙(2005)이 개발하였고, 만 5세에서 만 14세 11개월 30일까지 대상이다.
3) 읽기검사(김동일, 2000), 수학검사(김동일, 2007), 쓰기검사(김동일, 2008)로 구성되어 있고, 초등학교 1학년에서 성인이 대상이다.

(3) 과목별 선수학습 수준

학업성취에 어려움을 겪는 학생들에게서 반드시 확인해 보아야 할 요인 중의 하나는 과목별 선수학습 수준이다. 선수학습 수준이란 현재 학년 수준과 관계없이 과목별로 학생이 학습된 수준을 의미한다. 예를 들어, 현재 고등학교 1학년 학생이지만 수학 과목의 경우는 중학교 2학년 수준 정도까지의 내용을 이해하고 학습하였을 수 있다. 이 학생의 경우 수학 과목의 선수학습 결손 누적으로 인해 현재 수학 과목에서 어려움을 호소할 수 있다. 이처럼 성적이 점차 하락하거나 학습을 어려워하고 싫어하는 정도가 심해진 학생의 경우는 선수학습의 결손을 의심할 수 있다. 지능과 학업기초능력에 문제가 없는데 학업성취에 어려움을 보인다면 과목별 선수학습의 결손을 확인해 볼 필요가 있다. 일부 과목에서는 우수하거나 문제가 없지만, 특정 과목에서만 부진한 성적을 보이거나, 초등학교 시절에는 우수한 학업성취를 보였으나 중학교나 고등학교에 올라와서 학업성취에 어려움을 겪는 경우 선수학습 수준을 확인해 보아야 한다.

과목별 선수학습의 수준은 현재 학생을 담당하고 있는 과목의 교사나 부모의 협조를 통해 간접적으로 파악할 수 있다. 또한 학생에게 해당 과목에서 어려움을 느끼기 시작한 시점은 언제인지, 그 과목의 성적 변화 추이는 어떠한지를 확인할 수 있다. 혹은 해당 과목에 대한 학습능력 및 성취 수준에 대한 평가를 시행하여 학생의 선수학습 수준과 해당 과목의 여러 영역 중 학생의 강점과 약점 등을 파악한다. 이렇게 파악된 내용은 학생의 향후 학습 계획 수립에 반영하면 도움이 된다.

2) 정의적 요인

(1) 동기

동기란 어떤 목표를 지향하는 행동을 일으키고, 방향을 잡아 주며, 유지하는 힘의 총합이다(Lindsley, 1957). 학습 상황에서 동기는 학습자가 스스로 과제를 선택하고, 선택한 과제를 해결하기 위해 지속적인 노력을 기울이며, 어려운 상황에 직면하더라

4) 홍상황, 황순택, 김지혜, 박종규(2015)가 개발하였고, 유치원에서 고등학교 1학년이 대상이다.

도 끈기를 보이게 하는 힘의 근원이다(Bandura, 1986; Schunk, 1991). 이러한 동기가 학업성취와 깊은 관련이 있다는 것은 다양한 동기 이론들과 연구에서 일관성 있게 제시됐다. 여기서는 동기 이론[5]의 대표적인 개념 중 자기효능감과 자기결정성을 중심으로 살펴보고자 한다.

① 자기효능감

Bandura(1977, 1997)는 자기효능감을 구체적인 상황에서 성공할 수 있는 자신의 능력에 대한 신념이라고 정의했다. 국내외의 많은 연구는 자기효능감이 학업성취도에 영향을 주는 것으로 보고하고 있다(구병두, 양애경, 최종진, 2014; 김아영, 조영미, 2001; 황매향, 최희철, 하혜숙, 2014; Lent, Brown, & Larkin, 1986; Multon, Brown, & Lent, 1991; Schunk, 1984; Zimmerman, 1990). 학업적 자기효능감이 높은 학습자는 도전적인 과제를 선택하고, 주어진 과제를 성공적으로 수행하기 위해 더 많은 노력을 기울이며, 어려운 일이 닥쳐도 끈기 있게 과제를 지속한다. 또한 학업적 자기효능감이 높을수록 불안을 느끼는 정도가 낮고, 더 효과적인 학습전략을 사용하며, 뛰어난 자기조절능력을 보인다.

② 자기결정성

Deci와 Ryan(1985)은 스스로 결정하려고 하는 인간의 성향, 즉 자기결정성이 동기에 영향을 미친다고 보았다. 즉, 학생들은 자기 스스로 결정한 목표일 때 이에 대한 몰입도와 실천 동기가 더욱 높아진다는 것이다. 동기는 [그림 5-1]과 같이 자기결정성의 정도에 따라 각기 다른 유형의 동기가 하나의 연속선상에 존재하는데, 아무런 동기도 없는 무동기(amotivation), 외적 조절(extrinsic regulation), 부과된 조절(introjected regulation), 확인된 조절(identified regulation), 통합된 조절(integrated regulation), 내재적 동기(intrinsic motivation)의 순으로 나타난다. 무동기는 특정 행동에 대해 무가치하게 생각하고 전혀 관심을 갖지 않는 상태이고, 반대 극단에는 그 행

5) 동기 이론의 주요 이론에는 정신분석적 관점, 행동주의적 관점, 인지적 관점, 인본주의적 관점이 있으며 각 이론의 자세한 내용은 교육심리학 교재를 참고하기를 바란다.

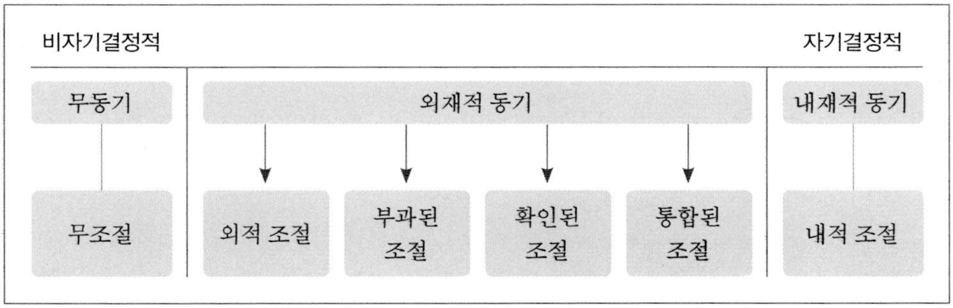

[그림 5-1] 자기결정성 정도에 따른 동기 유형

출처: Ryan & Deci (2000): 김동일, 신을진, 이명경, 김형수(2011) 재인용.

동 자체만으로도 흥미와 즐거움을 가지는 내재적 동기가 존재한다. 그리고 그 사이에는 외적 상황에 따라 어쩔 수 없이 그 행동을 하려고 하는 외적 조절, 처벌과 같은 상황을 피하려는 동기가 강한 부과된 조절, 개인적인 의미를 상당히 부여한 확인된 조절, 그리고 자신이 가치를 둔 중요한 일로 받아들이는 통합된 조절의 동기 상태가 존재한다(김동일 외, 2011).

자기결정성과 학업과의 관계에 관한 연구 결과들을 살펴보면, 학생들이 보다 자기결정적일수록 학업에 더 많은 노력을 기울이고 성취도도 높은 반면, 자기결정 정도가 낮은 학생은 노력도 적게 하였고 성적도 낮았다(Vallernad, Pelletier, Blais, Briere, Semercal, & Vallieres, 1992). 자기결정성이 높을수록 내재적 동기도 높아지는데, 내재적 동기는 학업성취도와 긍정적 상관을 보였다(김아영, 조영미, 2001; 김주환, 김은주, 홍세희, 2006; Gottfried, 1985; Harter & Connell, 1984; Henderlong & Lepper, 1997; Lepper, Henderlong, & Iyengar, 2005).

(2) 자아개념

자기 자신이 어떤 사람이라고 지각하는가를 나타내는 자아개념은 학업성취에 영향을 주는 정의적 요인으로 널리 알려져 있다. 자아개념은 학업성취에 영향을 줄 뿐만 아니라 학업성취에 의해서 영향을 받는 요인이기도 하다. 성공경험이 많은 사람은 긍정적 자아개념을 형성할 가능성이 높고, 긍정적 자아개념은 다시 성공 확률을 높여 준다. 반면에 실패경험이 많은 사람은 부정적 자아개념을 형성하게 되고, 부정적 자아개념을 가지게 되면 실패에 대한 기대나 예언을 하게 되어 실패 확률도 높아진다(김계현 외, 2020).

학업과 관련된 자아개념을 학업 자아개념이라 하며, 학업 자아개념은 능력 자아개념과 성취 자아개념으로 구분할 수 있다(송인섭, 1989). 능력 자아개념은 학업을 성취할 수 있다는 느낌의 정도(예: 나는 학교 공부를 감당할 능력이 있다고 생각한다.)이며, 성취 자아개념은 실제 학업과 관련해서 성공 혹은 실패라고 느끼는 지각(예: 나는 학교 공부에서 실패했다고 생각한다.)이다. 학업 자아개념은 학습과 관련된 다양한 성공이나 실패경험들로 인해 형성되지만, 일단 형성된 후에는 학업에서의 실패나 스트레스에 대처하는 태도 등에 영향을 주기 때문에 학업성취를 예언할 수 있는 강력한 요인이 될 수 있다(김동일 외, 2011).

따라서 학생의 학업 문제를 지도할 때 교사는 학생의 학업성취 결과뿐만 아니라 학생이 자신의 학업성취 결과와 관련하여 자신에 대해 어떻게 지각하고 있는지에도 관심을 가져야 한다. 즉, 학업성취의 결과로 학생의 자아개념에 어떠한 영향을 주었는지를 세심하게 살피고 부적절한 지각을 하면 이에 따른 적절한 정서적 지원을 해 줄 필요가 있다.

(3) 정서적 갈등과 불안 수준

정서적 갈등과 불안 수준은 학업 문제에 곤란을 겪는 학생들을 지도할 때 반드시 살펴보아야 할 정의적 요인 중 하나이다. 성적이 갑자기 하락하는 경우 혹은 전반적으로 성적이 저조한 경우나 점차 하락할 때도 정서적 갈등이 그 원인이 아닌지를 살펴보아야 한다. 만일 부모나 친구 관계, 혹은 교사와의 관계에서 정서적 갈등이 학업 문제에 영향을 주고 있다면 먼저 이러한 갈등을 다루어 주는 것이 좋다.

정서적 갈등과 더불어 학습상황, 특히 시험과 관련하여 학생의 불안 수준이 어떠한지를 살펴보는 것은 학생의 학업 관련 문제를 이해하는 데 중요하다. 시험 불안은 많은 학생이 경험하고 호소하는 학업 관련 문제로, 필기시험뿐만 아니라 수업시간의 발표 혹은 과제 제출 등 평가가 이루어지는 모든 상황에서 생길 수 있는 불안을 모두 포함하는 개념이다.

시험 불안은 학교에서 많은 학생이 경험하고 있는 문제로서, 학생의 30% 정도는 시험 불안의 증상으로 고생하고 있는 것으로 추정되며, 학년이 올라갈수록 기대에 못 미치는 성적을 받는 경험이 많아지고, 이러한 실패경험은 시험 불안을 더욱 가중시키기 쉬우므로 학년이 올라갈수록 시험 불안으로 고생하는 학생이 점차 증가하는 경향이 있다(김동일 외, 2011). 특히 평소 수행 수준이나 가지고 있는 능력에 비해 저조한 성취를 보이는 학생의 경우는 시험 불안으로 인해 힘들어하는 것은 아닌지 세심히 살펴보고 불안의 문제를 다루어 준다면 학생의 성취에 큰 도움이 될 수 있다.

(4) 그릿

그릿(GRIT)은 학업성취에 영향을 주는 정의적 요인 중 비교적 최근에 주목을 받는 개념으로 장기적 목표를 향한 집념과 열정을 뜻한다(Duckworth et al., 2007). 그릿은 자신이 이루고자 하는 과제에 관한 관심을 바꾸지 않고 유지해 나가는 것을 의미하는 흥미유지와 긴 시간에 걸쳐 꾸준히 노력을 기울이는 것을 의미하는 노력지속이라는 2개의 구인으로 구성된다(Duckworth & Quinn, 2009). 어떠한 어려움이 있더라도 포기하지 않고 목표를 향하여 끝까지 버티는 힘을 의미하는 그릿은 학업성취를 비롯한 여러 분야에서의 성공을 예언하는 것으로 알려져 있다(Duckworth et al., 2007). 특히 그릿은 학업성취와 밀접한 연관이 있다는 것이 국내외 여러 연구를 통해 확인되고 있다(신은희, 2020; 이수란, 손영우, 2013; 최정아, 2018; 하혜숙, 임효진, 황매향, 2015; 황매향, 하혜숙, 김명섭, 2017; Duckworth & Eskreis-Winkler, 2013; Strayhorn, 2014; Wolf & Jia, 2015).

그릿은 학업에 영향을 주는 여러 변인 중에서도 개입을 통해 변화가 가능한 요인이므로 학생의 학업 문제를 다룰 때 교사가 관심을 두고 학생의 그릿 발휘를 촉진해 학생이 원하는 성취를 이룰 수 있도록 도울 수 있다. 그릿 발휘를 증진하기 위해 개입할 수 있는 전략들을 살펴보면 다음과 같다(황매향, 2021).

첫째, 그릿의 점검과 이해이다. 그릿이라는 개념의 의미와 중요성, 실천 방법 등을 직접 가르침으로써 학생의 그릿을 증진할 수 있다.

둘째, 실패에 대한 성찰이다. 실패를 성찰하여 더욱 건설적으로 실패에 대응하도록 도와 목표한 것을 포기하지 않고 끝까지 추구하는 그릿을 증진할 수 있다.

셋째, 성장 마인드셋이다. '능력은 타고나는 것으로 변하지 않는다.'라는 능력에 대한 고정 마인드셋을 변화가 가능하다는 성장 마인드셋으로 변화시키는 개입을 통해 그릿을 증진할 수 있다.

넷째, 목표 설정 점검과 촉진이다. 목표 설정은 그릿의 출발점이므로 목표 설정의 촉진을 통해 학생이 그릿을 발휘할 기회를 제공하고 향상할 수 있다.

다섯째, 흥미의 발견과 지속이다. 흥미유지는 그릿의 구성 요인 중 하나로서, 학생의 흥미를 발견하고 유지할 수 있도록 도와 그릿을 증진할 수 있다.

여섯째, 연습시키기이다. 이것은 그릿 발휘로 나타나는 행동을 직접 증진시키는 전략으로, 대표적인 예는 '의도된 연습'의 촉진이다. 의도된 연습을 통해 그릿을 더 자주 활용할 기회를 얻게 되면 그릿도 자연스럽게 증진된다.

일곱째, 마음챙김이다. 최근 다양한 심리적 문제를 해결하기 위한 개입전략으로 관심을 받는 마음챙김(mindfulness)은 의도적 노력으로 인한 스트레스와 피로도를 경감시키는 정서조절의 측면에서 그릿 증진에 도움이 된다. 마음챙김의 특성 중 현재 활동에 집중하는 자각(awareness)은 흥미유지를 유의미하게 예언하며, 자신의 생각과 감정으로 판단하지 않는 비판단(non-judging)은 노력지속을 유의미하게 예언하는 것으로 보고되고 있다(Raphiphatthana, Jose, & Salmon, 2018).

3) 환경적 요인

학업성취에 영향을 미치는 중요한 변인으로 가정과 학교와 같은 환경적 요인을 빼놓을 수 없다. 먼저, 가정에서 부모가 자녀의 학습환경이나 학습에 대해 보이는 관심은 자녀의 학업성취에 많은 영향을 준다. 가정에서 편안하게 학습할 수 있는 물리적 환경을 제공하는 것뿐만 아니라 부모가 자녀의 학업에 보이는 관심의 정도와 표현 방법에 따라 자녀의 학업에 영향을 줄 수 있다. 부모가 자녀의 학업성취에 대해 지나치게 높은 압력을 가하거나 비현실적인 기대를 하고 있을 때는 자녀의 학업 스트레스를 유발해 부정적 영향을 줄 수 있다(오정희, 선혜연, 2013; 이재희, 2000; Sarason, Davidson, Lighthall, Waite, & Ruebush, 1960). 그러나 부모가 온정적이고 지지적인 가정환경을 조성하고, 호기심과 탐구하는 자세를 격려하고 적절한 학습 자료를 제공하는 경우 자녀의 학습에 긍정적인 영향을 미칠 수 있다(Meece, 1997).

가정과 더불어 학교 역시 학생의 학업성취에 영향을 주는 중요한 변인이다. 학교 변인은 크게 교사와 학급으로 나누어 살펴볼 수 있는데, 교사는 학생의 학습과정과 결과에 큰 영향을 주는 요인이다. 교사가 학생에 대해 어떠한 신념을 가지고 있는가(Brookover, Beady, Flood, Schweitzer, & Wisenbaker, 1979; Edmonds, 1979), 교사로서 효능감을 가지고 있는가(Goddard, Hoy, & Woolfolk-Hoy, 2000; Woolfolk & Hoy, 1990), 그리고 교사가 학생에게 학업 수행의 결과에 대해 어떠한 방식으로 의사소통하였는가(Rosenshine & Stevens, 1986)에 따라 학생의 학업성취에 큰 영향을 줄 수 있다. 교사가 학생에 대해 긍정적인 신념을 갖고, 교사로서 효능감을 가지고 지도하며, 학생의 학업 수행과 결과에 대해 긍정적이고 구체적인 피드백을 줌으로써 학생의 학업에 긍정적 영향을 줄 수 있다.

학교의 또 다른 요인으로 학급을 들 수 있는데, 교실의 넓이나 구조, 온도, 책상의 크기나 형태와 같은 물리적 환경이 학업에 영향을 줄 수 있다. 학급의 물리적 환경도 중요하지만, 학급의 분위기, 즉 사회적 환경은 학생의 학업에 더 큰 영향을 준다. 학급의 분위기가 경쟁적인지 협동적인지, 학업성적에 대해 어떠한 의미를 부여하는지, 학업에 대한 자율권을 어느 정도 허용하는지와 관련된 학교의 정책적 방향과 같은 학급 및 학교의 문화는 학생의 학업에 영향을 준다(김동일 외, 2011).

4) 학습방법 및 전략적 요인

학생들의 학업성취에 영향을 주는 요인이자 학업성취 향상을 위한 개입방법으로 가장 많이 활용되고 있는 것이 바로 학습방법 및 전략이다. 학생들이 학업과 관련하여 호소하는 문제 중 공부하려고 하는데 집중이 안 된다거나 공부는 하는데 성적이 오르지 않는다는 등 공부 방법과 관련된 호소 문제가 많다는 것은 그만큼 학습방법 및 전략이 학업성취에 영향을 주는 중요한 요인임을 보여 주는 것이다.

학습방법 및 전략은 학년이 높아질수록, 그리고 학습에 투여하는 시간이 많은 과제일수록 학업성취에 미치는 영향이 커진다(황매향, 2008). 특히 학습부진 학생들이 성적 하락의 시기로 밝혀진 교육과정의 변화 시기인 초등학교 4학년, 중학교 1학년, 고등학교 1학년 시기의 성적 하락은 학습전략의 문제일 가능성이 크므로 학생들이 사용하는 학습방법 및 학습전략이 어떠한지, 얼마나 효율적인지를 파악할 필요가 있다.

학습방법은 학교에서의 학습방법과 가정에서의 학습방법으로 구분해서 파악할 수 있으며, 전반적인 주의집중 전략에서 노트 작성과 수업 요령 및 시험 준비 요령, 전 과목에 공통적인 교과서 학습전략과 각 과목별로 독특한 학습전략, 요점정리전략, 시간관리 및 활용전략 등 다양한 방면에서 파악할 수 있다(김형태, 1995). 학습자의 학습전략 활용 수준을 측정하기 위한 검사로는 SLT 자기조절학습검사,[6] MLST-II 학습전략검사[7] 등이 있다.

3. 학업 문제의 지도 방안

학생들이 호소하는 학업 관련 문제들을 지도하기 위해서는 먼저 학생의 학업 문제가 어떠한 요인들에 의해 영향을 받고 있는지 탐색하고 진단할 필요가 있다. 현재 학생이 학업에 어려움을 겪는 이유가 기초학력이나 선수학습의 미달로 인한 것인지 혹은 학업에 대한 동기나 자아개념의 문제로 인한 것인지, 혹은 정서적 갈등이나 불안으로 인해 자신의 능력을 제대로 발휘하지 못하는 것인지, 학습전략이나 환경의 영향에 의한 것인지 등을 살펴보고 이에 대한 개입과 지도를 해야 한다. 여기서는 학생들의 학업 관련 문제의 몇 가지 유형을 중심으로 그에 따른 지도 방안을 탐색해 보고, 그 외에 학생들의 학업 문제를 개선하기 위해 학교현장에서 사용되고 있는 몇 가지 방안들을 소개하고자 한다.

6) 양명희가 개발하였고, 초등용(4학년 이상), 중 · 고등학생용, 대학생용이 있으며, 학습전략(인지전략, 동기전략, 행동전략)과 학습자 특성(동기적 특성, 정서적 특성)을 측정한다. [한국가이던스(www.guidancepro.co.kr) 참조]

7) 박동혁이 개발하였고, 초등학생(4학년~6학년), 중 · 고등학생, 대학생용이 있으며, 학습과정에서 습관적 · 행동적, 전략적 효율성을 측정하기 위한 검사이다. [학지사 인싸이트(www.inpsyt.co.kr) 참조]

1) 학습 동기의 문제

교사: 철수야, 초등학교 때는 공부도 하고 성적도 어느 정도 나왔는데 중학생이 된 이후에 공부에 신경을 쓰지도 않고 게임만 한다고 어머니께서 많이 걱정하시더라.

철수: 공부가 재미없어요. 공부를 왜 해야 하는지도 모르겠고, 저는 공부가 싫어요. 그런데 엄마는 자꾸만 공부해야 한다고 잔소리만 하시고 그러니까 더 공부하기 싫어요. 꼭 공부를 잘해야 하는 건 아니잖아요?

철수의 경우처럼 공부를 왜 해야 하는지에 대한 의문을 갖고 있고 공부를 해야겠다는 동기가 부족한 학생의 경우는 먼저 공부에 대한 동기와 흥미를 갖게 도와주는 것이 중요하다. 공부에 대한 동기가 있어야 공부를 시작할 수 있고, 그 이후에 효율적인 공부 방법이나 전략의 문제를 다룰 수 있다.

동기가 없는 학생들을 지도하려면 어떤 방법을 사용할 수 있을까? 학업에 영향을 주는 정의적 요인 중 자기효능감과 자기결정성이라는 개념을 활용하여 지도해 보자.

(1) 자기효능감 높이기

Bandura(1997)는 자기효능감이 성공 경험, 대리 경험, 언어적 설득, 생리적 · 정서적 상태의 네 가지 주요 근원을 통해 형성된다고 하였다. 자기효능감이 낮아 자신의 능력을 제대로 발휘하지 못하고 학업성취에 어려움을 보이는 경우라면 이 네 가지 근원을 활용하여 지도할 수 있다.

첫째, 성공 경험을 많이 할 수 있도록 도와야 한다. 적절한 학습 목표를 설정하고 학습 과제를 숙달할 수 있는 기회를 제공함으로써 학습에서 성공 경험을 도울 수 있다. 둘째, 자신과 비슷한 능력을 가진 다른 학생의 성공 경험을 관찰하는 것 역시 자기효능감을 높이는 데 도움이 된다. 비록 자신의 성공 경험은 아니지만 비슷한 또래의 성공 경험은 '나도 할 수 있겠다.'라는 효능감을 높여 준다. 셋째, 타인의 칭찬이나 격려와 같은 언어적 설득 역시 효능감에 영향을 준다. 교사의 지속적인 격려와 칭찬은 학생의 효능감 향상에 도움이 된다. 넷째, 특정 과제를 수행하는 동안 일어날 수 있는 불안과 같은 생리적 · 정서적 상태는 과제 수행에 부정적 영향을 줄 수 있으므로, 이러한 생리적 · 정서적 상태를 잘 다루어 주는 것이 자기효능감 형성에 도움을 줄 수 있다.

(2) 자기결정성 높이기

공부하는 것이 부모나 교사의 강요에 의한 것이 아닌 자신의 결정일 때 학업에 대한 동기와 몰입도가 높아진다. 부모가 공부에 대해 지나치게 잔소리를 하면 오히려 학업에 대한 동기가 저하될 수 있으므로 학생 스스로 공부를 왜 해야 하는지에 대한 의미를 찾고 공부를 해야겠다는 결심을 할 수 있도록 도와줄 필요가 있다. 학생이 공부에 대한 가치를 스스로 찾으려면 공부 자체에서 느낄 수 있는 즐거움이나 장기적 목표와 연결하는 방향으로 이끌어 주는 것이 도움이 된다.

교사: 그래. 공부를 꼭 잘해야 하는 것은 아니지…… 그러면 철수는 제일 하고 싶은 게 뭐야?

철수: 게임이요. 게임은 정말 재미있어요.

교사: 게임을 제일 하고 싶다…… 게임을 계속해서 나중에 하고 싶은 일이 있니?

철수: 프로게이머? 게임 개발자? 게임과 관련된 일이면 다 좋을 것 같아요.

교사: 철수는 게임을 정말 좋아하는구나. 게임과 관련된 일을 해 봐야겠다는 생각도 하고.

철수: 꼭 공부를 하지 않아도 게임을 할 수 있으니 재미있고 즐거울 것 같아요.

교사: 그러면 철수가 생각하고 있는 프로게이머나 게임 개발자와 같은 직업에 대해서는 많이 알고 있니?

철수: 그런 건 아니고요. 제가 제일 좋아하는 ○○게임이 있는데, 이 게임을 계속하다 보니 이런 게임을 만들면서 사는 사람은 참 재미있겠다는 생각을 해 본 적은 있어요.

교사: 그랬구나. 그러면 철수가 하고 싶은 게임 개발자에 대해 한번 제대로 알아보는 것은 어떨까?

(철수는 게임 개발자에 대해 알아본다.)

철수: 선생님, 게임 개발자에 대해 알아보니까 이 일이 정말 더 하고 싶어졌어요.

그런데 게임 개발자가 되려면 공부도 해야 하겠더라고요. 수학도 중요하고, 아무튼 지금 공부를 놓아 버리면 나중에 후회할 것 같아요.

2) 학습방법 및 전략의 문제

태영: 선생님, 정말 이번엔 성적이 오를 줄 알았어요. 열심히 했는데……. 전 머리가 나쁜가 봐요.

교사: 태영이는 공부를 열심히 해야겠다는 마음도 있고, 또 열심히 했는데 생각만큼 성적이 나오지 않아 많이 속상하구나. 먼저, 태영이가 어떻게 공부하고 있는지를 알아보고 어떻게 하면 좀 더 효율적으로 공부할 수 있는지 같이 찾아보면 도움이 될 것 같은데, 함께 해 볼까?

학업 관련 호소문제들 중 공부를 하는데도 성적이 오르지 않아서 고민이라거나 시험을 잘 볼 수 있는 방법을 알고 싶다는 등의 문제들은 학습전략의 문제일 가능성이 크다. 특히 공부에 대한 동기는 있으나 학업성취가 부진한 경우는 학습전략에 대한 개입이 효과적이다. 학습 부진 학생들의 학업성취 향상을 위해 개발된 여러 프로그램들은 거의 다 학습전략을 중심으로 다루고 있다. 학습전략의 분류는 학자마다 다양하지만, 여기서는 대표적인 학습전략의 분류를 제시한 McKeachie, Pintrich와 Lin(1986)의 분류를 소개하고자 한다.

McKeachie 등(1986)은 학습전략을 크게 인지전략, 상위인지전략, 자원관리전략으로 분류했다. 인지전략과 상위인지전략은 학습자가 정보를 처리, 통제, 조절하는 데 관련된 전략으로서 국내외에서 운영되는 학습전략 프로그램의 많은 부분을 차지하고 있다. 자원관리전략은 학습자가 학업을 시작하고 지속할 수 있게 도와주는 지지적인 전략으로, 학습과 관련된 인적 · 물적 자원을 관리하는 것과 관련된 전략이다. 인지전략에는 시연, 정교화, 조직화 전략이 포함되고, 상위인지전략에는 계획, 점검, 조정 전략이 포함된다. 자원관리전략에는 시간, 공부 환경, 노력, 타인의 조력 등 자원에 대한 관리가 포함된다. 각 전략의 자세한 내용은 〈표 5-2〉와 같다.

표 5-2 학습전략 분류

• 인지전략
 –시연: 암송, 따라 읽음, 복사, 자구적 노트 정리, 밑줄 치기
 –정교화: 매개단어법, 심상, 장소법, 의역, 요약, 유추생성, 생성적 노트 정리, 질문–대답
 –조직화: 결집, 기억조성법, 핵심아이디어 선택, 개요화, 망상화, 다이어그램화
• 상위인지전략
 –계획: 목표 설정, 대충 훑어 봄, 질문 생성
 –점검: 자기검사, 시험
 –조정: 독서 속도 조절, 재독서, 복습, 수검
• 자원관리전략
 –시간: 시간표 작성, 목표 설정
 –공부 환경: 장소 정리, 조용한 장소, 조직적 장소
 –노력: 노력에 대한 귀인, 기분, 스스로에게 이야기하기, 끈기 가짐, 자기강화
 –타인의 조력: 교사로부터의 조력 추구, 동료로부터의 조력 추구, 동료/집단 학습, 개인지도

출처: MaKeachie, Pintrich, Lin, & Smith (1991).

앞에서 소개한 여러 가지 학습전략 중 효과적인 노트 필기에 대해 간략히 소개하고자 한다.

효과적인 노트 필기법

황매향(2016)에 따르면 노트 필기는 시연, 정교화, 조직화 등의 인지전략뿐만 아니라 범위를 확장하면 상위인지전략과 관리전략을 포함하는 모든 학습전략 사용의 촉진을 위해 적용 가능하다. 학습전략과 이에 따른 노트 필기의 적용 방법은 〈표 5-3〉과 같다.

표 5-3 학습전략에 따른 노트 필기 방법의 종류

학습전략		정의	필기활동의 적용
인지 전략	시연	단기기억에서 정보가 사라지지 않게 하기 위한 것으로, 반복적이고 기계적으로 외는 것	• 수업 내용 필기 • 반복 쓰기
	정교화	자료 내에서 서로 연결을 만들거나 혹은 학습하려는 자료와 이미 알고 있는 다른 자료의 내용 사이에 연결을 만드는 것	• 암기할 사항 요약 • 단권법
	조직화	정보를 위계화·범주화로 재조직하여 정보의 형태를 이해하고 기억하기 쉽게 변형하는 것	• 마인드맵

상위 인지전략	계획	목표의 설정, 개관, 질문, 과제분석 등을 통해 전략 사용을 계획하고 사전 지식을 활용하는 것	• 요약하면서 읽기
	점검	자신의 주의집중, 이해도, 진전도, 학습속도, 시간소요 등을 확인하는 것	• 오답노트
	조절	과제를 수행할 때 자신의 행동을 점검하면서 더 적절한 것으로 바꿔 나가는 것	• 나만의 노트 만들기
관리 전략	시간 관리	어떻게 학습할 시간을 계획하고 확보하고 실천해 나가는 것인가에 관련된 것	• 시간계획표
	노력 관리	자신의 몸과 마음을 잘 다스려서 몸과 마음을 최고 상태로 유지함으로써 우리 속에 있는 잠재력을 최대한 발휘할 수 있도록 하는 것	• 잡념노트 • 일기

출처: 황매향(2016).

3) 시험 불안

중학교 3학년 영준이는 시험이 다가올수록 가슴이 답답하고 초조하다. 미리부터 시험 준비를 한다고 한 것 같은데 막상 시험이 1주일 앞으로 다가오자 머리가 뒤죽박죽이고 시험 준비를 제대로 못한 것 같아 마음이 더 불안하기만 하다. 마지막 정리를 잘해야 한다고 생각하는데 막상 책을 펴서 공부하려고 하니 집중이 되지 않고 시험을 망칠 것 같다는 생각이 엄습해 온다. 분명 한 달 전에는 잘 풀었던 문제인데 오늘 다시 풀려고 하니 눈앞이 캄캄해지고 풀 수가 없다. 지난번 중간고사에서 너무 긴장한 나머지 아는 문제도 많이 틀리는 바람에 이번 시험을 잘 봐야만 내신 성적을 유지할 수 있어서 더 중요하다는 생각을 하니 더 불안하기만 하다.

시험 불안으로 어려움을 겪는 학생을 지도할 때는 다른 문제의 지도와 상담과 마찬가지로 먼저 시험 불안으로 고통스러워하는 학생의 마음을 충분히 공감하는 것이 필요하다. 그러고 나서 학생이 호소하는 시험 불안의 정도와 증상은 어떠한지, 언제부터 시험 불안의 증상을 경험하였는지, 시험 불안을 이겨 내기 위해 어떠한 방법들을 사용해 보았는지 등을 확인한다. 그리고 시험 불안으로 인해 야기되는 여러 문제들 중 우선적으로 다루고 싶은 목표를 함께 탐색한다. 시험 불안으로 나타나는 신체 증상을 완화시키는 것, 시험 불안을 가중시키는 비합리적인 신념을 변화시키는 것, 혹은 시험 불안으로 저하된 학업성취를 달성하는 것과 같은 목표들 중에서 학생이 가장 힘들어하고 먼저 다루고 싶은 목표를 우선적인 개입 대상으로 삼는다. 시험 불안을 완화하는 개입전략으로는 근육이완 훈련 등의 행동적 개입전략, 비합리적 신념을 변화시키는 인지적 개입전략, 시험 준비 방법과 관련된 학습전략 등이 있다. 여기서는 긴장과 불안을 감소시키기 위한 점진적 근육이완법과 시험 불안과 관련된 비합리적 신념을 변화시키기 위한 인지적 개입전략을 소개하고자 한다.

(1) 점진적 근육이완법

몸과 마음은 함께 연결되어 있어서 마음이 긴장하면 몸도 긴장하게 되고, 반대로 몸의 긴장이 풀어지면 마음의 긴장도 어느 정도 풀어지게 된다. 시험 불안의 경우도 이와 같은 이완의 방법을 적용하여 몸의 긴장을 이완시킴으로써 시험에 대한 불안과 긴장의 정도를 낮추어 줄 수 있다. 여러 가지 이완 훈련 방법 중 Jacobson(1938)이 제시한 근육이완 훈련 절차를 간략히 소개하면 다음과 같다. 첫째, 편안한 자세로 앉고 눈을 감는다. 둘째, 각 부위의 근육을 수축한 다음, 각 근육에서 이완감을 느낄 때까지 눈을 감은 채 상담자의 지시에 따라 숨을 복부 깊숙이 들이마시면서 근육에 일어난 긴장을 이완시키는 동작을 되풀이한다(오른손 → 왼손 → 오른팔 → 왼팔 → 오른발 → 왼발 → 양쪽 허벅지 → 아랫배 → 가슴 → 어깨 → 입술 → 눈 → 이마). 셋째, 심리적 이완이 충분치 않다고 느끼면 마음속으로 온몸과 마음이 편안하고 느긋해진다는 말을 하면서 근육의 수축-이완 훈련을 계속한다.

(2) 비합리적 신념의 변화

인지치료이론에서는 우울이나 불안과 같은 심리적 문제가 그 사람이 가지고 있는 비합리적인 신념이나 사고에 있다고 보고 이를 변화시키고자 한다. 시험 불안을 보이는 학생도 시험과 관련하여 비합리적인 신념과 사고를 가지고 있는 경우가 많기 때문에 이러한 비합리적인 신념을 합리적이고 적응적인 사고로 바꾸어 준다면 시험에 대한 불안을 낮추는 데 도움을 줄 수 있다.

시험 불안이 있는 학생들이 흔히 하는 비합리적인 신념으로는 '이번 시험을 망치면 큰일이다.' '시험에 실패하면 인생 낙오자가 된다.' '시험 준비를 제대로 하지 못해 시험을 망칠 것이다.' '이번에도 또 시험에서 실패할 것이다.' 등이 있다. 이러한 생각을 하면 할수록 더욱더 불안해지고 시험 준비나 시험에 집중할 수 없게 된다. 이러한 비합리적인 생각과 신념을 바꾸기 위해서는 먼저 어떠한 상황에서 어떠한 비합리적 생각을 하게 되는지를 살펴보고 이에 대한 합리적인 대안적 사고를 모색해 보는 것이 좋다.

학생: 너무 불안해서 공부할 수가 없어요. 책을 봐도 글자가 눈에 들어오지 않고 집중을 할 수가 없어요.

교사: 시험이 얼마 남지 않아 많이 긴장되고 불안한가 보구나. 공부하려고 할 때 불안하다고 했는데, 그때 어떤 생각이 드니? (비합리적 사고/신념의 탐색)

학생: '시험공부를 하나도 못 해서 시험을 망칠 것 같다.' '아는 게 하나도 없다.' 이런 생각이요. 이렇게 생각하니 뭐부터 공부해야 할지 모르겠고 공부에 손을 댈 수가 없어요.

교사: 그래. 그런데 정말로 시험공부를 하나도 하지 않은 게 맞니? (비합리적 사고/신념에 대한 도전 → 타당성 검증)

학생: 안 한 건 아닌데요. 나름 공부를 하긴 했는데, 이제 시험이 3일밖에 남지 않았다고 생각하니 제대로 아는 게 하나도 없는 것 같아요. 그래서 불안해요.

교사: 그럼 공부를 전혀 하지 않았다는 것은 조금 과장된 말이네. 공부했지만 시험이 얼마 남지 않았다고 생각하니 아는 게 없는 것처럼 느껴진다는 말이지? (비합리적 사고의 확인)

학생: 네. 공부하긴 했지만, 정말 하나도 아는 게 하나도 없는 것 같아요.

교사: 그래. 그런데 공부를 하나도 못했다, 아는 게 하나도 없다 치자. 그렇게 생각하는 것이 네가 시험공부를 하는 데 어떤 도움이 되니? (비합리적 사고/신념에 대한 도전 → 유용성 검증)

학생: 글쎄요. 도움이 되는 것은 없는 것 같아요. 그렇게 생각하니 더 불안해져서 공부했던 것도 다 잊어버릴 것만 같아요.

교사: 맞아. 공부를 하나도 하지 못해 시험을 망칠 것 같다는 생각은 실제 사실도 아니고 시험 준비에도 도움이 되지 않는 생각이야. 그러면 어떠한 생각을 하

면 도움이 될 것 같니? (합리적인 대안적 사고의 탐색)

학생: 지금까지 공부한 것만이라도 잘 정리하자. 완벽한 준비는 있을 수 없다. 시험에서 실수하거나 망친다고 해도 그렇게 큰일은 아니다…….

4) 학업 소진

고등학교 2학년인 미영이는 요즈음 매사에 우울하고 무기력하다. 평소에 공부도 잘하고 열심히 하는 학생이었는데 최근 들어 수업시간에도 멍하게 있는 경우가 많고 한숨을 자주 쉬고 늘 피곤해 보인다. 성적도 예전보다 많이 떨어진 상태여서 걱정이 많다. 부모님도 기대를 많이 하시는데 이러한 기대도 미영에게는 또 다른 부담으로 다가오고 있다. 이제 곧 3학년이 되기 때문에 해야 할 공부도 많고 학원도 많이 다니고 부족한 영역을 보충하기 위해 과외도 하는 등 학업량 부담도 많은 상황이다.

미영이와 같이 과다한 학업 부담과 가정과 학교에서 많은 기대와 성취 압력을 받는 경우 지나친 학업 스트레스로 인해 정신적·신체적 고갈 상태인 학업 소진 현상이 나타나기 쉽다. 이러한 경우는 학생에게 주어지는 학업 부담과 스트레스를 줄여 주기 위한 지도와 상담이 중요하다.

먼저, 학생이 느끼는 학업에 대한 부담과 스트레스, 긴장과 불안감을 함께 공감해 주고 위로해 주고, 현실적으로 지나친 학업 부담을 줄여 줄 필요가 있다. 학업 소진을 경험하는 학생에 대한 구체적인 지도 방안을 살펴보면 다음과 같다(황매향, 2016).

첫째, 소진 상태에 대한 파악이다. 학생의 소진 상태가 어느 정도인지 파악하기 위해 객관적인 척도를 사용할 수 있다. 우리나라 중·고생을 대상으로 개발된 학업소진척도(이영복 외, 2009), 미국 척도를 토대로 우리나라 초·중·고 학업 소진 학생들의 특성을 반영해 개발한 척도(이상민, 2012) 등이 있다. 이러한 척도 등을 사용하여 학생의 객관적 상태를 파악할 수 있고, 학생에게 자신의 상태를 객관적으로 조망하게 하는 것 자체도 하나의 개입이 될 수 있다.

둘째, 휴식시간의 확보이다. 학업 소진은 어떠한 경우이든 반드시 필요한 것이 휴식이다. 일상생활에서 공부하지 않는 시간을 확보하는 것은 학업 소진을 해결하기 위해 매우 중요하다. 이동 시간이나 식사 시간 등 자투리 시간까지 공부에 투자하는 학생이라면 이러한 시간부터 휴식을 취하는 것이 좋다. 혹은 일주일 중 하루를 아예 쉬는 날로 비울 수도 있다. 휴식을 통해 다른 시간에 더 효율적으로 공부할 수 있다는 것을 깨달을 수 있도록 도와야 한다.

셋째, 학습량에 대한 점검이다. 학업에 대한 소진이 발생하는 것은 과다한 학습량으로 인한 것이기 때문에 현재 학습량을 점검하고 적절한 분량을 조정하는 것이 중요하다. 학생과 현재 학습량을 점검하고, 어떤 부분을 줄일 수 있는지 의논하여 조정한다.

넷째, 학업에 대한 통제감의 증진이다. 이상민(2012)의 학업 소진 연구에 따르면, 동일한 학업 과다 상황에서도 통제감이 높고 보상이 주어지면 학업 소진이 덜 일어난다고 한다. 학생 스스로가 공부에 대한 통제감을 가지기 위해서는 스스로 자율성을 확보하기 위한 노력이 필요하고, 동시에 외부에서 주어지는 공부에 대한 지나친 기대나 압력을 줄이는 것도 중요하다. 따라서 학생 개인에 대한 지도 및 상담과 더불어 가정에서도 좀 더 편안하고 안전한 분위기에서 학습할 수 있는 환경을 만들어 주기 위해 학부모 상담을 병행하는 것이 좋다.

5) 학업 관련 장애

중학교 2학년인 영수는 평소 쾌활하고 재미있는 농담을 잘하는 학생이었다. 다만, 학교 성적은 최하위권에서 벗어나 본 적이 없었다. 학교 친구들과 선생님들은 영수가 공부와는 담을 쌓은 학생, 정말 공부 못하는 학생으로만 여겼다. 쉬는 시간에는 선생님들께도 스스럼없이 다가와 농담을 하기도 하고 때로는 날카로운 질문을 하기도 하는 학생이었는데, 유독 수업시간만은 조용하고 눈에 띄지 않으려 하는 모습을 보였고, 어쩌다 책을 읽어 보라고 하면 얼굴이 빨개지거나 당황하는 기색이 역력했고, 어떻게 해서든 그 상황을 피하려고 하였다. 친구들은 이러한 영수의 모습을 놀리기 일쑤였고, 책을 읽어 보라며 심한 장난으로 이어지는 경우도 많았다. 보통은 농담으로 이런 상황을 모면하려 했으나 때로는 분노 폭발을 하는 일도 있었다고 한다. 평소의 모습과 수업시간의 모습이 너무나 달라 이를 이상하게 여긴 선생님이 영수를 따로 불러 책을 읽게 해 보았더니 초등학생처럼 떠듬거리며 읽는 것이었다. 선생님은 영수를 읽기장애로 의심하고 부모 상담을 요청하였다. 부모님은 어려서부터 책 읽기를 싫어하고 워낙 공부를 못했던 영수를 혼내기도 하고 학원도 보내고 나름 노력을 했지만 나아지지 않아 이제는 포기한 상태라고 한다.

영수의 학업 문제는 단순히 학업에 대한 동기나 방법 및 전략의 문제로 접근하기보다 그 원인이 학습장애일 수 있다는 점을 고려해야 한다. 학업 관련 장애를 가지고 있는 학생들의 경우는 앞에서 살펴본 다른 문제들과 달리 특수교육적 접근이 필요하다. 학업 관련 장애에는 지적 기능 수준의 저하로 인한 지적장애, 정상적인 지능 수준을 보이지만 학습과 관련된 뇌 기능의 특정 영역에 결함을 보이거나 발달지연을 보이는 학습장애, 주의력의 결핍과 과잉행동으로 인해 학습에 영향을 주는 주의력결핍 과잉행동장애 등을 들 수 있다. 여기서는 가장 대표적인 학업 관련 장애인 학습장애를 중심으로 살펴보고자 한다.[8)]

학습장애는 정상적인 지능과 신체 상태를 가지고 있으면서도 읽기, 쓰기, 산술적 또는 수리적 계산과 관련된 기술을 학습하는 데 현저한 학습장애가 나타나는 경우를 말한다(김청송, 2015). 「특수교육법」(1994)에서는 학습장애를 지닌 특수교육대상자를 개인의 내적 요인으로 인하여 듣기, 말하기, 주의집중, 지각, 기억, 문제해결 등의 학습기능이나 읽기, 쓰기, 수학 등 학업성취 영역에서 현저하게 어려움[9)]이 있는 사람으로 정의하고 있다.

학습장애 학생의 지도에서 가장 중요한 것은 조기에 발견하여 특수교육이나 치료를 받을 수 있도록 하는 것이다. 학습장애는 조기에 치료받지 못할 경우 학업성취도가 떨어지고 자존감이 상실되고, 시험불안증 및 학교거부증 등의 부작용이 나타날 수 있다. 또한 청소년기에 들어서면 자존감 저하와 함께 우울증이나 사회공포증이 나타나기도 하고, 충동 조절의 어려움과 더불어 분노 폭발 및 폭력적 행동이 늘어나기도 한다(김청송, 2015). 따라서 학생의 학습 부진 문제가 학습장애에 기인한 것인지를 확인하고 진단하는 과정은 학업 문제뿐만 아니라 이로 인해 파생되는 심리적 문제들을 예방하고 해결하는 데 중요한 역할을 하게 된다.

학습장애에 대한 개입은 먼저 학생의 능력에 맞게 학업을 효율적으로 수행할 수 있

---

8) 지적장애와 주의력결핍 과잉행동장애는 제8장 특수아를 참조하길 바란다.

9) '현저한 어려움'이란 아동의 연령이나 학년에 비해 학업성취도가 유의미하게 떨어져서 최소 6개월 이상 일반교육 이외의 조기 중재 및 의뢰 전 서비스와 같은 체계적인 지원서비스를 받았음에도 불구하고 지속적으로 어려움을 보이는 것을 말한다. 이때 아동의 학업성취도는 일반적으로 동일 연령 및 학년 수준의 평균으로부터 1~2학년 혹은 1~2 표준편차 뒤떨어진다.

도록 도와주고, 학습장애에 따른 이차적인 심리적 문제를 해결해 주어야 한다. 이를 위해 특수교육이나 인지행동치료, 혹은 필요에 따라서 약물치료 등을 병행하여 각 학생에게 맞는 학습기술과 사회적 능력을 증진할 수 있게 도와주고, 자존감 회복과 학습에 대한 동기 및 흥미를 갖도록 도와주는 것이 좋다.

6) 기타 지도 방안

학생들의 학업 관련 문제를 지도하기 위한 기타 방안으로 개별적인 지도나 상담이 아닌 수업 형태 자체에 변화를 가져온 학습자 중심 교육의 새로운 모델인 '거꾸로 교실(flipped classroom)'과 학습 부진의 문제를 해결하기 위한 국가 수준의 기초학력지원시스템을 소개하고자 한다.

(1) 거꾸로 교실

학업에 대한 의욕이 없거나 동기가 없어 학업에 몰두하지 못하는 학생들의 문제를 해결하기 위한 하나의 방법으로 거꾸로 교실이라는 교육방법을 생각해 볼 수 있다. 학생들의 학습에 대한 의욕이나 동기를 유발하는 새로운 혁신적인 교육방법으로 받아들여지고 있는 거꾸로 교실은 학습의 주도권을 교사에게서 학생에게 넘겨줌으로써 교실 안팎에서 사용하는 시간을 재구성하는 학습 모델이다. 거꾸로 교실은 전통적인 수업에서 주를 이루던 교과의 핵심 내용을 교사가 동영상으로 제작해서 학생들에게 미리 학습하게 하고, 수업시간에는 학생들의 이해를 확인하거나 관련 학습활동을 통해 심화학습이나 응용학습을 중심으로 교실수업 구조를 변화시킨 것이다. 전통적인 교실수업의 중심이었던 교사의 강의가 동영상으로 대체됨으로써 교실수업 구조가 교사의 개별지도, 또래 학습, 학생 주도적인 창의적 심화학습 등 전면적으로 학생 중심 수업으로 변화하게 되었다. 거꾸로 교실을 통해 교사와 학생 간의 유대관계가 높아지고 공부에 흥미가 없었던 아이들의 학습 의욕을 자극하는 효과가 나타났다고 한다.

거꾸로 교실은 새로운 교수 방법이 아니라 교육공학의 도움을 받아 교육적 이상으로 회자되어 온 학습자중심교육을 교실수업에서 구현한 것이라고 할 수 있다. 2007년

미국 콜로라도 Woodland Park High School의 화학교사 2명이 학교 활동으로 인한 여행으로 결석하게 된 학생들의 학습을 돕기 위해 실제 수업을 녹화하여 유튜브에 올리면서 시작된 거꾸로 교실은 다양한 학습능력과 환경을 지닌 아이들에게 효과적인 학습방법임이 증명되면서 미국 및 전 세계적으로 알려지기 시작했다. 우리나라에서도 2014년 3월 KBS에서 방영된 〈21세기 교육혁명-미래교실을 찾아서〉 프로그램의 촬영으로 시작되어 많은 학교들에서 적용되고 있다.[10]

거꾸로 교실은 학생들의 학습 흥미 유발과 참여를 유도하고 학습성취도를 증진시키는 등의 여러 장점이 있으나, 실제 거꾸로 교실을 수업에 적용할 때에는 여러 가지 어려움도 존재한다. 예를 들어, 교사가 핵심적인 학습 내용에 대해 짧은 시간 내에 학생들에게 매력적인 방식으로 동영상을 제작해야 하는 점, 교실에서 실시하는 활동 수업 내용을 동영상 내용과 밀접하게 연관되게 구성해야 하는 점, 그리고 동영상 강의를 시청하고 오지 않는 학생들을 어떻게 지도해야 하는가 하는 점 등은 거꾸로 교실을 적용할 때 반드시 고민해야 할 문제점들이다.

(2) 국가 수준의 기초학력지원 시스템

학습 부진 학생의 지도 및 지원을 위한 국가 수준의 기초학력지원 시스템으로 '학습종합클리닉센터'와 '두드림 학교' 등을 운영하고 있다.

학습종합클리닉센터는 특수교육 지원 대상으로 판정을 받지 않은 경계선상에 놓여 있어 일반적인 학습이 어렵고, 학교폭력이나 자살 등의 심각한 위기 학생으로 구분되지 않아 Wee센터의 우선 지원 대상에서 제외되어 있으나 학습에 어려움을 겪는 학습 부진 학생들을 지원하기 위해서 교육청 차원에서 찾아가 지원하는 서비스이다. 학교에서 의뢰한 기초학력 부진 학생에 대하여 정서심리검사 등을 통해 정확한 학습 부진의 원인을 진단하고, 학습코칭과 심리상담을 실시하며, 필요에 따라서는 병・의원 치료 서비스를 제공한다.

두드림 학교는 단위학교 차원에서 학습 부진 학생을 지원하기 위하여 시・도별로

10) 거꾸로 교실에 대한 자세한 사항은 미래교실네트워크(www.futureclassnet.org)를 참조하길 바란다.

지정된 학교로, 교감, 담임교사, 특수교사, 상담교사, 보조교사 등을 활용하여 다중지원팀을 조직한 후, 학습 부진 학생의 원인 진단과 학습코칭, 외부치료 등의 맞춤형 지원을 제공한다.

이 외에도 기초학력지원 사이트(www.basics.re.kr)를 통하여 학습 부진 학생의 지도와 지원을 체계적으로 실행할 수 있도록 다양한 진단도구, 보정학습자료, 관리 및 지원 프로그램을 제공하고 있다.

수업활동 1

학습 동기 향상 방안 모색하기

다음은 학업에 의욕과 동기가 없는 두 학생의 사례입니다. 사례를 잘 읽고 이 두 학생의 학업 문제를 어떻게 지도할 수 있을지 모둠별로 구체적인 지도 방안을 모색해 봅시다.

정민이는 공부에 대한 의욕이 없어 보입니다. 수업시간에는 항상 시무룩하고 따분하다는 표정을 하고 수업에 집중하지 않습니다. 멍하니 창밖을 보거나 엎드려 있거나 딴짓을 하는 경우가 많습니다. 부모님도 정민이의 학업 문제를 위해 학원도 보내고 과외도 시켜 보지만 별 진전이 없고 선생님들의 공통된 의견은 정민이가 공부에 흥미가 없고 공부를 하려고 하지 않는다는 것입니다. 하지만 쉬는 시간이나 점심시간이 되면 친구들과 장난을 치고 축구를 하는 등 전혀 다른 사람이 된 것 같습니다.

진성이도 공부에 대한 의욕이 없는 학생입니다. 매사에 의욕이 없고 지쳐 보입니다. 초등학교 때까지만 해도 공부도 잘하고 성격도 적극적인 학생이었는데, 중학교에 들어서면서 점점 성적이 떨어지고 요즈음은 아예 공부를 하지 않으려는 모습을 보인다고 합니다. 진성이 부모님은 진성이에 대한 기대가 많으시고 과외며 학원 등을 적극적으로 알아보시고 진성이의 성적이 향상될 수 있도록 모든 노력을 다하고 계신다고 합니다. 하지만 진성이는 학교 수업뿐만 아니라 학원도 자주 빠지고 학원에 가서도 멍하니 앉아 있는 경우가 많다고 합니다.

1. 정민이와 진성이의 학업 문제의 공통점과 차이점은 무엇인가요?

2. 정민이와 진성이의 학업 문제에 영향을 준 요인은 무엇인지 생각해 봅시다.

3. 정민이와 진성이의 학업 문제를 도와주기 위한 지도 방안을 계획해 봅시다.

수업활동 2

실전! 학업 상담

다음 사례에 대해 어떻게 지도할 수 있을지 생각해 봅시다.

1. 중간고사를 3일 앞둔 미진이는 시험을 생각하니 가슴이 답답하고 머리가 아파 옵니다. 교실에 앉아 책을 보고 있는데도 집중을 하지 못하고 창백한 얼굴로 한숨만 쉬게 됩니다.

1) 미진이의 시험 불안과 관련된 비합리적 사고를 탐색해 봅시다.

교사: 미진아, 얼굴이 창백하고 안 좋아 보이는데 무슨 일 있니?

미진: 선생님, 공부를 하려니까 머리가 아프고 가슴만 답답해요. 불안하고 긴장돼서 공부를 할 수가 없어요.

교사: ______________________________

미진: '이번 시험을 망치면 큰일인데, 엄마가 엄청 실망하실 거야.' 이런 생각을 하니 더 집중이 안 되고 불안하고 미치겠어요.

2) 미진이의 비합리적 사고를 합리적인 대안적 사고로 바꾸어 봅시다.

시험 결과에 대해: ______________________________

엄마에 대해: ______________________________

2. 중학교 2학년인 영식이는 성적이 최하위권인 학생입니다. 공부에 대한 의욕 자체가 없는 것은 아니지만 공부하는 게 너무 어렵고 공부에 재능이 없는 것 같다며 공부를 포기하고 차라리 자신의 꿈인 요리사가 되기 위해 노력하겠다고 합니다.

1) 영식이의 학업 문제를 파악하기 위해 어떤 요인들을 확인해야 할까요?

2) 영식이의 학업 문제에 대해 파악한 요인들을 중심으로 구체적인 지도 방법을 토론해 봅시다.

참고문헌

구병두, 양애경, 최종진(2014). 자기효능감이 학업성취에 미치는 영향에 대한 메타분석: 2000년 이후에 발간된 국내 논문을 중심으로. 상담학연구, 15(5), 1979-2000.

김계현, 김동일, 김봉환, 김창대, 김혜숙, 남상인, 천성문(2020). 학교상담과 생활지도(3판). 학지사.

김동일(2005). 학업상담을 위한 학습전략 프로그램. 학지사.

김동일, 신을진, 이명경, 김형수(2011). 학습상담. 학지사.

김동일, 이대식, 신종호(2003). 학습장애아동의 이해와 교육. 학지사.

김아영, 조영미(2001). 학업성취도에 대한 지능과 동기변인들의 상대적 예측력. 교육심리연구, 15(4), 121-138.

김영지, 황세영, 최홍일(2021). 아동 청소년 인권 실태조사. 한국청소년정책연구원.

김주환, 김은주, 홍세희(2006). 한국 남녀 중학생 집단에서 자기결정성이 학업성취도에 주는 영향. 교육심리연구, 20(1), 243-264.

김창대, 이정윤, 이영선, 남상인(1994). 성적이 떨어지는 아이들. 청소년대화의 광장.

김청송(2015). 사례중심의 이상심리학. 싸이북스.

김형태(1995). 청소년 학업상담. 한국청소년상담복지개발원.

송인섭(1989). 인간심리와 자아개념. 양서원.

신은희(2020). 간호대학생의 학업성취도와 우울, 불안 및 그릿과의 관계. 한국학교보건학회. 33(3), 156-163.

오정희, 선혜연(2013). 초등학생과 중학생의 학업 스트레스 관련 변인 연구: 성별 및 학교급, 지각된 부모의 학업성취압력과 학업적 자기효능감 중심으로. 상담학연구, 14(3), 1981-1994.

이상민(2012). 초 · 중 · 고등학생의 학업소진 진행과정 및 경로분석. 집문당.

이수란, 손영우(2013). 무엇이 뛰어난 학업성취를 예측하는가?: 신중하게 계획된 연습과 끈기(Grit). 한국심리학회지: 학교, 10(3), 349-366.

이영복, 이상민, 이자영(2009). 한국형 학업소진 척도 개발 및 타당화. 교육학연구, 15(3), 59-78.

이재희(2000). 댄스스포츠 참여자들의 참여동기와 기술 유능감에 따른 여가인지 및 관여도 분석. 연세대학교 대학원 석사학위논문.

최정아(2018). 학업적 자기효능감, 목표자기일치감, 그릿이 학업성취를 위한 노력에 미치는 영향. 교육종합연구, 16(1), 41-63.

통계청(2021). 2021 청소년 통계.

하혜숙, 임효진, 황매향(2015). 끈기와 자기통제 집단수준에 따른 성격요인의 예측력 및 학교 부적응과 학업성취의 관계. **평생학습사회**, 11(3), 145-166.

홍경자, 김창대, 박경애, 장미경(2002). **청소년집단상담의 운영**. 한국청소년상담원.

황매향(2008). **학업상담**. 학지사.

황매향(2016). **사례에서 배우는 학업상담의 실제**. 사회평론.

황매향(2021). **학업실패 트라우마 상담**. 학지사.

황매향, 최희철, 하혜숙(2014). 고등학교 학생들의 자기효능감과 학업성취도 간의 상호예언 효과. **청소년학연구**, 21(8), 443-461.

황매향, 하혜숙, 김명섭(2017). 초등학생의 그릿(Grit)과 학업성취도의 관계에서 자기조절학습의 매개효과. **초등상담연구**, 16(3), 301-319.

Bandura, A. (1977). Self-efficacy mechanism in human agency. *American Psychologist, 37*(2), 122-147.

Bandura, A. (1986). *Social foundations of thought and action*. Prentice Hall.

Bandura, A. (1997). *Self-efficacy: The exercise of control*. Freeman.

Brookover, W., Beady, C., Flood, P., Schweitzer, J., & Wisenbaker, J. (1979). *School social systems and student achievement: Schools can make a difference*. Praeger.

Deci, E. L., & Ryan, R. M. (1985). *Intrinsic motivation and self-determination in human behavior*. Plenum.

Duckworth, A. L., & Eskreis-Winkler, L. (2013). True grit. *The observer, 26*(4), 1-3.

Duckworth, A. L., Peterson, C., Matthews, M. D., & Kelly, D. R. (2007). Grit: Perseverance and passion for long-term goals. *Journal of Personality and Social Psychology, 92*(6), 1087-1101.

Duckworth, A. L., & Quinn, P. D. (2009). Development and validation of the Short Grit Scale (GTIT-S). *Journal of Personality Assessment, 91*(2), 166-174.

Edmonds, R. (1979). Effective schools for the urban poor. *Educational Leadership, 37*(1), 15-24.

Goddard, R. D., Hoy, W. K., & Woolfolk-Hoy, A. (2000). Collective teacher efficacy: Its meaning, measure, and effect on student achievement. *American Educational Research Journal, 37*, 479-507.

Gottfried, A. E. (1985). Academic intrinsic motivation in elementary and junior high school students. *Journal of Educational Psychology, 20*, 205-215.

Harter, S., & Connell, J. P. (1984). A model of the relationships among children's academic achievement and their self-perceptions of competence control, and motivational orientation. In J. Nichol'd (Eds.), *The development of achievement motivation* (pp. 214-250). JAI Press.

Henderlong, J., & Lepper, M. R. (1997). Conceptions of intelligence and children's motivational orientations: A developmental perspective. Paper presented at the biennial meeting of the Society for Research in Child Development, Washington, DC.

Jacobson, E. (1938). *Progressive relaxation*. Chicago: University of Chicago Press.

Lent, R. W., Brown, S. D., & Larkin, K. C. (1986). Self-efficacy in the prediction of academic performance and perceived career options. *Journal of Counseling Psychology, 33*, 265-269.

Lepper, M. R., Henderlong, J., & Iyengar, S. S. (2005). Intrinsic and extrinsic motivational orientations in the classroom: Age differences and academic correlates. *Journal of Educational Psychology, 97*, 184-196.

Lindsley, D. B. (1957). Psychophysiology and motivation. In M. R. Jones (Eds.), *Nebraska symposium on motivation* (pp. 44-105). University of Nebraska Press.

McKeachie, W. J., Pintrich, P. R., & Lin, Y. C. (1986). Teaching learning strategies. *Educational Psychologists, 20*(3), 153-160.

McKeachie, W. J., Pintrich, P. R., Lin, Y. C., & Smith, D. A. F. (1991). *Teaching and learning in the college classroom: Review of the research literature*. University of Michigan, MCRITAC.

Meece, J. L. (1997). *Child and adolescent development for educators*. McGraw-Hill.

Multon, K. D., Brown, S. D., & Lent, R. W. (1991). Relation of self-efficacy beliefs to academic outcomes: A meta-analytic investigation. *Journal of Counseling Psychology, 38*(1), 30-38.

Raphiphatthana, B., Jose, P., & Salmon, K. (2018). Does dispositonal mindfulness predict the development of grit?. *Journal of Individual Differences, 39,* 76-87.

Rosenshine, B., & Stevens, R. (1986). *Teaching functions. Handbook of research on teaching* (3rd ed., pp. 376-391). Macmillan.

Sarason, S., Davidson, K., Lighthall, F., Waite, R., & Ruebush, B. (1960). *Anxiety in elementary school children*. John Wiley & Sons.

Schunk, D. H. (1984). Enhancing self-efficacy and achievement through rewards and goals: Motivational and informational effects. *Journal of Educational Research, 78*, 29-34.

Schunk, D. H. (1991). Self-efficacy and academic motivation. *Educational Psychologist, 26*, 207-231.

Strayhorn, T. L. (2014). What role does grit play in academic success of black male collegians at predominately white institutions? *Journal of African American Studies, 18*(1), 1-10.

Vallerand, R. J., Pelletier, L. G., Blais, M. R., Briere, N. M., Semercal, C., & Vallieres, E. F. (1992). The academic motivational scale: A measure of intrinsic, extrinsic and amotivation in education. *Educational and Psychological Measurement, 52*, 1003-1017.

Wolf, J. R., & Jia, R. (2015). The role of grit in predicting student performance in introductory programming courses: An exploratory study. Proceedings of the Southern Association for Information Systems Conference, Hilton Head Island, SC, USA March 20-21, 2015.

Woolfolk, A. E., & Hoy, W. K. (1990). Prospective teachers' sense of efficacy and belief about control. *Journal of Educational Psychology, 82*, 81-91.

Zimmerman, B. J. (1990). Self-regulating academic learning and achievement: The emergence of a social cognitive perspective. *Educational Psychology Review, 2*, 173-201.

제6장

진로

진로는 개인의 전 생애 동안의 중요한 발달 주제이며, 특히 청소년기는 진로를 준비하는 중요한 시기라고 할 수 있다. 진로상담 및 지도는 중 · 고등학교 학교상담 및 생활지도의 중요한 영역 중 하나이다. 진로발달은 다양한 삶의 영역에서 일어나지만 특히 학교는 청소년의 진로발달을 촉진하기 위해 다양한 교육 내용을 제공한다. 진로발달 과업의 수행 정도에 따라 개인은 직업적 자아개념을 형성하고 미래를 준비하는 역량을 키워 나간다. 진로지도의 필요성은 다양하게 논의되지만 교과교육 중심의 학교교육에서 진로지도 및 진로상담에 대한 노력은 더 많이 요구되고 있다. 따라서 이 장에서는 진로상담과 진로지도의 필요성과 목적, 진로지도의 목표와 내용을 제시하고, 개인의 진로발달 및 진로선택을 이해하기 위한 두 가지 주요 이론을 학습한다. 그리고 중 · 고등학교 시기에 필요한 진로지도의 내용과 방법을 구체적으로 알아본다.

1. 진로지도 및 상담의 필요성

진로란 개인이 일생 동안 일과 관련하여 경험하게 되는 일련의 과정이라고 할 수 있다. 생애 동안의 모든 단계에서 거쳐 가야 할 길, 행로(行路)라는 의미에서 진로(進路)라고 한다(김봉환, 정철영, 김병석, 2006). 진로교육, 진로지도는 학생들의 진로발달을 촉진하고, 단계별로 진로를 선택하고, 적응하며, 미래에 유능한 직업인으로 성장할 수 있도록 가르치고, 지도하며, 안내하는 활동이라고 할 수 있다. 진로지도는 학생들이 삶의 중요한 영역인 진로와 직업을 준비할 수 있도록 개인의 여러 역량을 키워 주고 진로선택에 필요한 지식과 방법을 익히도록 하는 광범위한 교육적 활동이다. 진로지도는 단순히 직업 선택에만 국한하지 않고 더 넓게는 직업, 취미, 여가, 결혼과 같은 삶의 여러 영역을 거쳐 개인의 전반적인 삶의 방향을 안내하는 역할을 한다. 그리고 좁은 영역에서 개인의 발달 단계 및 주요 삶의 주제에 따라 진학지도, 취업지도, 전직지도, 은퇴 준비 등을 포함할 수 있다. 진로지도와 진로교육은 넓은 의미에서 유사한 활동을 지칭하고 있기 때문에 이 장에서 진로지도와 진로교육을 통용하는 방식을 취한다. 그러나 진로상담은 진로와 관련된 전반적 영역에서 개인이 어려움을 호소하고 보다 전문적인 조력이 필요할 때 제공하는 상담 서비스이다. 진로지도가 비교적 교육적이고 거시적인 접근이라면 진로상담은 어려움을 호소하는 내담자에 대한 구체적인 개입 활동이다. 따라서 진로상담은 내담자가 직면하고 있는 구체적인 어려움을 빠른 시일 내 접근하고, 중요한 의사결정을 하거나 직면한 문제에 대한 심리적 고통을 해소하는 등의 개입을 제공한다.

이와 같은 진로지도는 왜 필요한가? 진로지도는 개인의 삶의 많은 영역에 영향을 주는 전문적 활동이라는 점에서 개인적 차원에서의 긍정적 역할을 한다. 청소년들은 진로 영역에서 자신의 흥미, 적성, 가치관 등을 적극적으로 탐색하고 이해하려고 노력하지 않으면 자신의 특성을 정확히 파악하고 직업적 영역에서의 자신을 이해하는데 한계가 있다. 또한 청소년기는 정체감 혼란을 겪을 수 있기 때문에 자신의 가치관, 삶의 목표와 방향, 미래에 대한 조망 등이 모호하고 혼란스러울 수 있다. 전반적으로 청소년기는 인지적·정서적 측면에서 자신과 타인, 사회에 대한 총체적인 관점을 충분히 형성하지 못한 상태이기 때문에 진로교육을 전인교육의 한 가지 측면으로 적극 활용해야 한다.

다른 한편으로는, 진로지도를 개인적 차원에서 보는 동시에 사회적 측면에서 살펴볼 필요가 있다. 청소년들은 미래 사회를 준비하는 중요한 사회적 자원이다. 사회, 경제, 산업 등 다양한 분야의 미래 인재를 양성하는 것은 개인적 노력뿐만 아니라 국가의 중요한 역할이며, 특히 교육이 담당하는 역할이 매우 막중하다. 청소년들은 성장하여 머지않아 사회의 중추적 역할을 담당하게 되는데, 사회적 자원에 대한 전면적 지원 중 하나가 교육이라고 할 수 있다. 결국 급변하는 미래 사회를 준비하기 위해 진로교육을 강조할 수밖에 없다. 이러한 관점으로 본다면 청소년의 진로발달은 개인의 영역을 넘어 한 사회의 요구이며 미래 사회의 중요한 자원으로 적극적으로 지원을 제공해야 한다.

2. 진로지도의 목표와 내용

진로지도의 목표는 개인적 발달과 사회적 요구에 부응해야 하며, 또한 진로지도의 목표에 따라 진로지도의 내용을 제공해야 한다. 일반적으로 중 · 고등학교 진로지도의 목표는 진로에 대한 전반적인 준비를 할 수 있도록 안내하고 발달을 촉진하는 것이다. 그 과정에서 진학과 같은 중요한 의사결정 사건이 있기는 하지만 지속적 발달 과정이라고 이해하는 것이 더 적절하다. 따라서 진로지도는 진로성숙도를 높이고 직업적 자아개념의 발달을 촉진하는 것이 전반적인 방향이라고 할 수 있다. 진로지도, 진로교육의 목표와 내용은 다음과 같은 두 가지 방식으로 구분해서 살펴볼 수 있다.

1) 중·고등학교 진로교육 내용 체계

진로교육, 진로지도는 학교교육의 핵심 영역 중 하나이며 이에 따라 국가적 차원에서 관련 교육과정을 제시하고 있다. 2022 개정 교육과정에서 중 · 고등학교 진로교육 체계를 보다 시대적 요구에 맞춰 영역을 구분하여 내용을 제시하였다. 교육과정에서는 장차 사회적 직업인으로 성장할 학생들이 갖춰야 할 전반적인 역량과 진로에서 학습하고 개발해야 할 내용에 초점을 두고 있다. 영역별로 본다면 크게 3개의 영역으로 구분하고 있다. 진로와 나의 이해, 직업 세계와 진로 탐색, 진로 설계와 실천 영역으로 개인이 갖춰야 할 지식, 역량, 자신의 특성과 직업 세계에 대한 이해, 직업 정보 탐색, 교육경로 이해, 진로 의사결정 등을 두루 포함하고 있다. 교육과정에서 제시한 내용 체계를 보면 중 · 고등학교 진로교육의 큰 영역과 핵심 아이디어는 유사하고, 주요 내용 및 내용 요소에서는 발달적 차이를 두고 있다. 구체적인 내용은 〈표 6-1〉과 같다.

표 6-1 2022 개정 교육과정 중·고등학교 진로교육 내용 체계

영역	진로와 나의 이해		직업 세계와 진로 탐색		진로 설계와 실천	
학교급	중학교	고등학교	중학교	고등학교	중학교	고등학교
핵심 아이디어	• 직업군에 따라 직업인에게 요구되는 진로 특성이 있고, 진로 특성은 경험과 학습을 통해 계발된다. • 자신의 진로 특성에 대한 이해와 긍정적 자아 개념 형성은 미래 진로를 탐색하는 데 기초가 된다. • 함께 일하고 싶은 직업인은 긍정적인 특성과 태도를 갖추고 있다.	• 성공한 직업인은 해당 분야의 직업인에게 요구되는 특성을 지니고 있다. • 자신의 진로 특성에 대한 이해와 개발은 관심 분야의 일을 수행하는 데 도움이 된다. • 진로에 대한 유연하고 긍정적인 마음가짐은 진로 경로의 어려움을 극복하는 데 도움이 된다. • 직업인의 직업 윤리와 사회적 책임은 건강한 일터를 만드는 토대가 된다.	• 직업 세계는 사회 환경 변화를 반영한다. • 자신에게 적합한 진로 기회를 발견하기 위해서는 폭넓은 진로 정보와 학습이 필요하다. • 다양한 경험과 진로활동 참여는 진로 탐색의 주도성을 높인다. • 창업가 정신은 진로 탐색에 있어 새로운 기회와 다양한 도전의 기반이 된다.	• 산업 및 기술 발전에 따라 직업인에게 필요한 역량이 변화한다. • 심층적인 진로 탐색은 관심 분야 진로 설계의 토대가 된다. • 지속적인 진로 정보의 탐색과 평생학습은 다양한 진로 기회를 제공한다. • 창업은 개인의 가치 실현과 사회적 가치를 창출한다. • 미래 사회 변화에 따른 호혜적인 고용 관계는 지속가능한 사회의 기초가 된다.	• 진로 의사결정은 개인적, 환경적 특성 및 요인과 관련된다. • 진로에서 학습의 중요성에 대한 인식과 긍정적 태도는 진로 목표 달성에 도움을 준다. • 진로 준비는 자기 주도적인 진로 설계와 실천이 수반된다.	• 진로 의사결정은 개인적 특성, 환경적 요인에 따라 변화하며 완성되어 간다. • 진로와 연계한 학업 계획 및 실천은 진로 목표 달성에 도움을 준다. • 진로 준비는 진로 탐색, 계획, 실천, 성찰의 순환 과정이다.
지식·이해	• 진로와 직업의 의미와 중요성 • 다양한 직업인의 진로 특성과 삶의 모습 • 나의 진로 특성 및 긍정적 자아개념 • 바람직한 직업인의 기본자세 • 일과 여가의 개인적·사회적 의미	• 관심 분야 직업인의 진로 특성 및 나의 진로 특성 • 직업 가치 및 직업 윤리의 개념 • 건강한 일터의 특징 • 삶과 진로에 영향을 미치는 일, 학습, 여가의 상호 관계	• 직업 세계의 다양성과 가변성 • 직업 및 학과 정보 • 진로 경로와 교육 기회 • 창업과 창업가 정신	• 관심 분야의 산업 및 기술 발전과 요구 역량 • 관심 직업의 진로 경로 • 관심 분야의 진학 및 취업 정보 • 사회 문제 해결과 창업가 정신 • 고용 관계의 권리와 책임	• 진로 의사결정의 개념, 방법 및 고려사항 • 진로 경로와 학습 계획 • 진로 목표 달성을 위한 자기관리	• 진로 의사결정의 요인과 변화 가능성 • 생애 진로 경로의 변화와 특징 • 진로 계획과 학업 설계의 연계성 • 진로 설계와 자기관리

과정 · 기능	• 다양한 직업인의 삶과 진로 특성 조사하기 • 다양한 방법으로 자신의 진로 특성 분석하기 • 함께 일하고 싶은 바람직한 직업인의 특성과 자세 분석하기	• 나의 진로 특성 점검하기 • 관심 분야 직업인과 자신의 진로 특성 비교하고 개발하기 • 직업 윤리를 성찰하고 관심 분야의 직업 윤리 조사하기	• 직업 세계와 진로 정보 탐색하기 • 다양한 진로 활동 참여하기 • 창업가 사례 조사하기	• 관심 직업과 산업 구조의 관계 탐색하기 • 관심 진로 정보 탐색 및 선별하여 활용하기 • 관심 분야 진학 및 취업 정보 탐색하기 • 평생학습 기회 탐색하기 • 창업가 정신을 나의 진로 탐색에 적용하기	• 잠정적 진로 의사결정하기 • 진로 목표 달성을 위한 학습 방법 수립하기 • 진로 계획 및 단계별 실천 방법을 수립하고 실행하기	• 진로 의사결정에 대한 점검 및 보완하기 • 진로와 연계한 학업 계획을 수립하고 실천하기 • 생애 진로 경로에서 발생 가능한 어려움을 예상하고 해결 방안 모색하기 • 생애 진로 목표 설정과 장단기 진로 계획 수립하기
가치 · 태도	• 자신과 타인의 진로 특성 존중 • 진로에 대한 자기주도적 태도와 자신감 • 삶에서 일과 여가의 가치와 행복	• 유연한 사고와 협업적 태도 • 직업 가치의 다양성 포용 • 관심 분야 직업 윤리 의식 형성 • 직업인의 사회적 책임 내면화	• 직업 세계 변화에 대한 적응성 • 진로 탐색의 자기주도적인 태도 • 창의적 발상과 도전 정신	• 진로 탐색의 주도성 • 평생학습에 대한 열린 자세 • 창업가 정신의 내재화	• 진로 의사결정의 주도성 • 학습에 대한 긍정적 태도와 의지 • 자기주도적인 학습 실천 태도 • 진로 계획 실천의 중요성 내면화	• 진로 의사결정의 주도성과 유연성 • 진로 계획 점검 및 보완 자세 • 학업과 진로에 대한 긍정적 태도

2) 진로발달에 따른 진로지도의 목표와 내용

앞서 교육과정에서 제시한 내용이 포괄적이라면 여기에서는 진로교육, 진로지도의 구체적인 내용을 중심으로 목표와 내용을 설명하고자 한다. 청소년기의 진로발달을 촉진하고 향후 사회적으로 성숙한 직업인으로 성장할 수 있도록 다음과 같은 진로지도를 제공할 필요가 있다.

(1) 개인 특성의 이해

기본적으로 자신의 흥미, 적성, 가치관, 성격, 신체적 특성 등을 이해할 필요가 있다. 일반적으로 개인이 직업을 선택하는 데 있어서 자신의 적성과 흥미에 맞는 직업, 그리고 아무리 사회적 지위가 높고 경제적 수입이 많더라도 자신의 가치관과 맞는 직업을 선택할 가능성이 높다. 뿐만 아니라 개인의 고유한 성격에 따라 어떤 일을 하는 데 더 편안함을 느끼고, 자신의 성격이나 생활양식이 직업 특성, 직무 내용과 유사할 때 더 편안함을 느낀다. 신체적 조건이나 신체적 기능에 따라 직업적 업무를 수행하는 데에서도 차이가 있을 수 있다. 또한 가치관의 경우, 사람에 따라 외적 기준인 지위가 높거나 수입이 많아도 선호하는 직업이 아니면 행복하지 않을 수 있기 때문이다. 종합해 보면 개인의 특성은 어떤 직업을 선택하는 데 있어서 매우 중요하게 고려할 핵심 요소이므로 진로교육, 진로지도에서 학생들이 자신의 특성에 대해 보다 정확히 이해하도록 지도할 필요가 있다.

(2) 직업 및 직업 세계의 이해

진로발달, 직업 선택에 있어서 개인 특성을 이해하는 동시에 직업에 대한 이해, 직업 세계에 대한 이해가 병행되어야 한다. 직업 선택에 있어서 자신의 어떤 특성과 직업이 유사한지, 즉 자신의 흥미에 맞는 직업은 어떤 것이고, 자신의 가치관에, 성격에 맞는 직업들은 어떤 직업인지에 대한 기본적인 이해가 필요하다. 직업에 대한 종합적인 이해가 직업 선택을 위한 준비라고 할 수 있다. 직업 세계에 대한 이해는 현대사회의 직업 구조나 산업의 동향, 사회 변화에 따른 직업 세계 변화 등과 관련하여 직업의 다양성, 전문성, 혁신이나 변화 등을 이해하는 것이다. 직업 및 직업 세계를 이해하여 직업 세계 진입에 대해 이해하고 이에 따른 실천을 준비하게 한다. 즉, 개인의 특성뿐만 아니라 직업의 특성을 이해하는 것이 진로 선택의 기본 조건이다. 물론 직업 선택에서는 다양한 요소를 고려해야 하고 다양한 요인의 영향을 받기 때문에 직업에 대한 이해, 직업 세계에 대한 이해가 전부는 아니다. 그러나 직업 및 직업 세계에 대한 이해는 진로발달 과정 중 한 가지 과업으로, 직업 선택에서 반드시 고려할 사항이라고 할 수 있다.

(3) 일과 직업에 대한 올바른 태도 및 가치관

직업은 개인적인 측면과 사회적인 측면을 모두 포함하고 있다. 직업의 개인적인 측면을 개인의 생계수단, 자아실현의 과정으로 본다면 사회적 측면은 사회 구성원으로서의 역할로 설명할 수 있다. 한 사회의 구성원으로서 사회적 가치에 동참하고, 사회적 역할을 수행해야 한다. 그렇기 때문에 일과 직업에 대한 올바른 태도를 갖는 것이 중요하고, 사회적 맥락에서 직업에 대한 긍정적인 가치관을 형성해야 한다. 즉, 개인은 성장하여 사회적으로 유능한 직업인이 되려면 능력적인 측면뿐만 아니라 올바른 태도와 가치관을 갖춰야 한다. 특히 현대 사회는 개인이 더 능동적이고 창의적으로 직업을 수행하도록 요구한다. 그렇기 때문에 사회 구성원들이 긍정적인 태도와 가치관을 형성했을 때 우리 사회는 더 빠른 긍정적인 변화를 보일 것이다.

(4) 진로 의사결정의 과정과 방법

개인은 진로를 선택하고, 여러 차례 의사결정을 해야 한다. 진로 의사결정이란 진학, 학과 선택, 직업 훈련, 직업과 관련된 목표를 설정하는 데 필요한 과정이다. 그래서 진로 의사결정을 할 때, 의사결정과 관련된 과정과 방법을 알아야 한다. 그렇지 않으면 충분하지 않은 정보로 개인적 상황을 적절히 고려하지 않고 의사결정을 할 수 있다. 합리적인 진로 의사결정을 위해 충분히 자신에 대한 이해와 직업에 대한 이해를 바탕으로 진로 의사결정 과정에 필요한 절차적 정보, 진로 의사결정을 해야 할 상황 등을 고려해야 한다. 진로 의사결정의 과정과 방법을 지도하기 위해 합리적 진로 의사결정을 지도할 필요가 있다. 일반적으로 문제의 인식, 대안 탐색, 기준 설정, 대안에 대한 평가의 과정을 거친 후 의사결정을 하는 방법을 합리적 의사결정의 과정이라고 한다.

(5) 미래 사회를 대비하는 진로 · 진학 준비

진로발달을 촉진하는 데 있어서 현대 사회의 특성을 고려하여 지속적인 학습에 대해 강조해야 한다. 현대 사회의 급격한 변화 속에 수많은 지식과 기술이 생산되고 있다. 따라서 직업을 준비하는 과정에서 배웠던 지식이나 받았던 훈련은 매우 짧은 생명을 가지거나 새로운 지식과 기술로 바뀔 수 있다. 실제 직업 세계에 진입했을 때 이전에 배웠던 지식과 기술을 얼마 동안 활용할 수 있는지는 분야마다 다르지만 공통적인 것은 어떤 직업 영역이든 지식과 기술의 변화가 불가피하다는 것이다. 4차 산업혁

명이 새로운 시대라면 더 이상 미래가 아니라 이미 현재 진행 중이다. 그렇기 때문에 지식과 기술을 배우는 동시에 이를 습득하는 방법을 학습하는 것이 중요하다. 기술 발전은 빠른 속도로 끊임없이 이어지고 새로운 기술이 얼마 유지되지 않아 더 새로운 기술로 대체되고 있다. 최근에는 인공지능이 주도하는 데이터 처리와 이에 따른 의사결정 등 패러다임의 변화를 감지할 수 있다. 실생활에서는 주거환경, 소비패턴 등의 변화, 기업이나 사회적으로는 생산과 유통, 노동형태의 변화를 확인할 수 있다. 이러한 변화는 시작일 뿐 더욱 빠른 속도로 미래를 향하고 있다. 진로교육의 궁극적인 목표는 4차 산업혁명 변화를 맞이하는 데 필요한 문제해결 능력을 갖추도록 하는 것이다. Klaus Schwab은 이러한 문제해결 능력을 다음과 같이 상황 맥락 지능, 정서 지능, 영감 지능, 신체 지능으로 정의하였다. 결국 진로 · 진학 지도는 단순히 한 시점의 진학, 직업에 대한 의사결정이 아니라 전 생애적 관점의 미래 사회에 적응하기 위한 준비라고 할 수 있다.

- **상황 맥락 지능**: 인지한 것을 잘 이해하고 적용하는 능력
- **정서 지능**: 생각과 감정을 정리하고 결합해 자기 자신 및 타인과 관계를 맺는 능력
- **영감 지능**: 변화를 이끌고 공동의 이익을 꾀하기 위해 개인과 공동의 목적, 신뢰성, 여러 덕목 등을 활용하는 능력
- **신체 지능**: 개인에게 닥칠 변화와 구조적 변화에 필요한 에너지를 얻기 위해 자신과 주변의 건강과 행복을 구축하고 유지하는 능력

3. Super의 진로발달이론

Super의 진로발달이론은 개인의 진로발달이 일생 동안 이루어지는 것으로 보고 전 생애에 걸친 진로발달의 과정에 대한 포괄적인 이론적 체계를 제시하고 있다. 개인은 성장 과정에서 진로와 관련한 다양한 특성들이 변화하고 이러한 발달에 따라 진로를 선택하고 적응해 나간다. 다음은 Super의 진로발달이론의 주요 개념들에 대하여 살펴보고자 한다.

1) 자아개념과 진로성숙

자아개념은 Super의 진로발달이론의 기저를 이루는 핵심 개념으로서 개인의 진로에 많은 영향을 준다. 개인은 자신의 자아개념에 맞는 직업을 선택하며, 진로는 자아개념을 실현해 가는 과정이라 할 수 있다. 자아개념은 전 생애를 걸쳐 발달해 나가며 그 과정 속에서 일과 관련된 자신의 능력, 흥미, 가치 등에 대한 태도와 의미를 형성해 간다. Super는 자아개념을 심리사회적 개념으로 보았는데, '개인이 어떻게 선택을 하고 그 선택에 적응해 가는가에 초점'을 둔 것은 심리적 측면에 해당하며, '개인이 일하고 생활하는 현 사회 구조와 자신의 사회경제적 상황에 대한 개인적 평가에 초점'을 둔 것은 사회적 측면에 해당한다(이희영, 2003; Issason & Brown, 1997).

진로성숙은 진로발달의 연속적 과정에서 한 개인이 도달한 위치로서, 한 개인의 진로발달 정도를 나타내는 지표이며(Super, 1955), 개인이 속해 있는 발달 단계에서 발달 과업을 잘 수행하고 있는가를 보여 주는 개념이다. 진로성숙은 특히 청소년기의 진로발달을 설명하는 중요한 변인이다. 그러나 후기 이론에서는 진로성숙의 개념이 성인기의 진로발달을 설명하는 데는 적합하지 않아 진로적응이라는 개념을 제안하였다. 성인기 진로발달은 개인차가 크고 성숙이라는 개념보다 조직이나 환경에서의 적응이 중요하기 때문이다. 진로적응은 계획성 및 시간관념, 탐색, 정보, 의사결정, 현실 지향성과 같은 하위 요인으로 설명할 수 있다.

2) 생애 발달 단계와 발달 과업

Super의 진로발달이론(1953; Super, Savickas, & Super, 1996)의 큰 특징 중의 하나가 아동기부터 노년기까지 전 생애에 걸쳐 진로발달을 설명하는 것이다. 이 이론에서 제시한 생애 발달 단계를 살펴보면 다음과 같다.

첫째, 성장기(growth stage)는 0~14세에 해당하는 단계이며, 흥미, 능력, 가치 등의 영역과 관련하여 자아개념이 발달한다. 이 시기의 주요 발달 과업은 자신과 직업 세계에 대한 기본적인 이해이다. 자신에 대해 인식하고, 자신의 흥미, 능력 등을 점차 파악하고 이해하며 동시에 직업 세계, 사회적 환경에 대해 구체적이지는 않지만 대략적으로 이해하는 것이다. 이러한 과정을 Super는 다시 환상기, 흥미기, 능력기의 하위 단계로 구분하였다.

둘째, 탐색기(exploration stage)는 15~24세까지에 해당하며 중요한 성장 시기이다. 이 단계에 속한 청소년들은 신체적 · 인지적 측면 등에서 발달하고 자신에 대해 더 폭넓게 이해하고 평가한다. 이 시기의 발달 과업은 여러 경험을 통해 상급학교나 직업에 대해 탐색하면서 진로와 관련된 구체적인 의사결정을 내리는 것이다. 탐색기에 속한 청소년들은 자신을 더 분명하게 인식하는 결정화 시기, 직업적 선호가 더 구체화되는 시기, 그리고 이를 실천하는 실행기를 거치게 된다. 즉, 탐색기는 결정화, 구체화, 실행과 같은 하위 단계로 구분이 된다.

셋째, 확립기(establishment stage)는 25~44세까지의 기간이다. 확립기에 진입한 개인은 직업 세계에 진입하고 직업 역할 속에서 자아개념을 확립해 나간다. 이 시기의 주요 과업은 직업적 숙련도나 전문성을 향상시키고, 그 역할을 보다 충실히 할 수 있도록 하는 것이다. 이 시기는 정착, 공고화, 발전의 하위 단계를 경험한다.

넷째, 유지기(maintenance stage)는 45~65세까지의 단계이다. 확립기 이후에 개인은 직업적 역할을 계속 수행하면서 자신의 직업적 위치를 유지하는 기간을 경험한다. 유지기 단계에 속한 개인은 자신의 실무 수준을 유지하고 직업 환경에서 적응적으로 업무를 수행한다. 유지기의 하위 단계에서는 보유, 갱신, 혁신과 같은 발달 과제를 경험한다.

다섯째, 쇠퇴기(disengagement stage)는 65세 이후 은퇴를 하면서 맞이하는 단계이다. 쇠퇴기는 인생의 노년기 단계로 접어들면서 생산성이 떨어지고 직업에서의 수행 능력, 속도 등이 감소하는 시기이다. 쇠퇴기에 속한 개인은 감소, 은퇴계획, 은퇴생활과 같은 하위 단계를 경험한다.

Super는 개인의 진로발달이 성장기, 탐색기, 확립기, 유지기, 쇠퇴기로 이어지는 생애 단계별로 이루어진다고 보았고, 각 단계에 맞는 개인의 연령을 제시하였다. 하지만 그 단계들이 반드시 연령과 일치하지는 않으며 단계에 도달하는 것은 개인의 성격이나 생애 환경의 영향이 크다고 보았다. 이와 관련하여 대순환과 소순환의 개념을 제안하였다. 대순환(maxicycle)은 5개의 주요 생애 단계인 성장기, 탐색기, 확립기, 유지기, 쇠퇴기를 뜻하며, 소순환(minicycle)은 대순환의 어떤 단계 안에서 일어날 수

표 6-2 Super의 진로발달이론의 발달 단계

발달 단계	하위 단계	주요 특징
성장기 (growth stage)	환상기 (fantasy substage)	욕구가 지배적이고 욕구 탐색이 중심 과제이며, 역할 놀이를 통해 환상을 경험하고 표현한다.
	흥미기 (interest substage)	자신이 좋아하는 것을 활동으로 연결하고 이를 목표와 장래희망이라고 생각한다.
	능력기 (capacity substage)	능력을 더욱 중요시하며 직업에 필요한 요건에 관심을 가진다.
탐색기 (exploration stage)	결정화 (crystallization)	아동기의 욕구, 흥미 중심의 직업 선호가 점차 욕구, 흥미, 능력, 가치, 직업의 현실적 요건 등을 종합하여 지식과 정보를 기반으로 진로에 대한 선호가 보다 명확해진다.
	구체화 (specification)	결정화 시기에 여러 정보를 종합하여 모호하게 관심을 가졌던 직업 중에서 더 구체적인 특정 직업에 대한 선호를 드러낸다.
	실행 (implementation)	선택한 특정 직업을 성취하기 위해 필요한 능력이나 기술, 교육이나 훈련을 경험한다. 현실적인 가능성 등을 고려하여 노력하는 시기이다.
확립기 (establishment stage)	정착 (stabilizing)	진입한 직종에 종사하면서 직무에서 요구하는 것을 충족시키고 자신의 직업적 역할을 지속적으로 수행한다.
	공고화 (consolidating)	직업적 역할을 안정적으로 수행하면서 자신의 능력, 조직에서의 역할 등을 인정받으면서 자신의 입지를 안정적으로 공고히 하는 시기이다.
	발전 (advancing)	직업 역할을 안정적으로 그리고 더 높은 수준으로 성취하면서 조직 안에서 더 권위 있는 지위나 책임을 가지게 된다.
유지기 (maintenance stage)	보유 (holding)	개인은 종사하는 직업에서 어느 정도 성취하면 그 상황을 지속적으로 유지해 나간다.
	갱신 (updating)	직업 환경에서 계속 유지하기 위해 적응적인 노력을 하면서 기술, 정보, 지식 등을 갱신하는 경험을 하게 된다.
	혁신 (innovating)	직업 환경이나 조직의 변화에 따라 새로운 요구에 맞춰 새로운 기술이나 능력을 키워 직무를 수행하는 것을 의미한다.
쇠퇴기 (disengagement stage)	감속 (decelerating)	직업 속에서 업무의 양과 책임이 점차 감소하는 시기이다.
	은퇴계획 (retirement planning)	직업 전선에서 물러날 때를 대비해서 생활, 활동, 재정 상황 등 계획을 세우는 것을 말한다.
	은퇴생활 (retirement living)	직업적 역할 수행을 그만두고 가정, 지역사회 등에서 자신의 역할을 재정립하고 이전과 다른 생활양식을 만들어 간다.

있는 성장, 탐색, 확립, 유지, 쇠퇴를 의미한다. 즉, 5개의 생애 단계와 같은 일반적인 발달이나 전형적인 시기가 있는 것은 사실이지만 각 개인의 생애 동안 어떤 시기든 탐색, 확립, 유지, 쇠퇴와 같은 과정을 겪을 수 있다는 것이다. 어떤 사람은 한 시점에 여러 단계의 진로발달 특성을 나타내기도 한다. 또한 삶의 여러 시기에 이러한 단계를 거치는 것을 재순환(recycle)이라고 한다.

3) 생애 역할과 생애 공간

Super의 진로발달이론에서는 전 생애에 걸친 생애 발달 단계와 더불어 생애 공간이라는 삶의 역할 측면을 강조하고 있다. 개인은 생애 발달과정에서 삶의 여러 영역 및 관계 속에서 다양한 역할을 경험한다. Super는 일반적으로 개인이 전 생애에 걸쳐 자녀, 학습자, 여가활동인, 시민, 근로자, 배우자, 주부, 부모, 은퇴자 등과 같은 주요한 역할을 수행한다고 보았다. 예를 들어, 개인은 자녀, 부모, 학습자 등과 같은 여러 역할을 동시에 수행한다. 개인은 삶 속에서 이와 같이 다양한 역할을 수행하게 되고, 각 역할을 수행할 때마다 다른 맥락과 환경을 경험하게 된다. 여기서 Super가 주목했던 점은 개인이 특정 시기나 처한 환경에 따라서 경험하는 역할의 중요성이 달라진다는 것이다. 또한 같은 시기에 경험하는 여러 역할 간에는 상대적으로 중요성에 차이가 발생하게 된다. 예를 들어, 아동기는 자녀 역할이 더 강조되고, 어린 자녀를 둔 성인기 시기는 부모 역할이 강조되는 것과 같이 생애의 시기와 활동에 따라 여러 역할 중에서 더 많이 부각되는 역할이 있다. 또한 개인마다 삶의 경험과 역할 상호작용이 다르기 때문에 같은 역할이라 하더라도 개인이 부여하는 역할 중요성은 달라질 수 있다. 이러한 역할은 개인의 삶의 질에 영향을 미치게 된다. 개인은 경험하는 다양한 생애 역할들이 서로 조화를 이루면서 자신이 추구하는 가치를 적절하게 표현할 수 있을 때 행복감을 경험하지만, 생애 역할들이 서로 충돌하고 자신이 추구하는 삶의 가치를 표현할 수 없다면 불행을 느낄 것이다(김봉환 외, 2010).

Super(1980)는 이러한 역할 중요성을 강조하였다. 역할 중요성은 개인의 활동 참여나 헌신, 그리고 활동에서 부여하는 가치를 통해 나타나는데, 구체적으로는 참여(participation), 전념(commitment), 지식(knowledge), 가치기대(values expectations)와

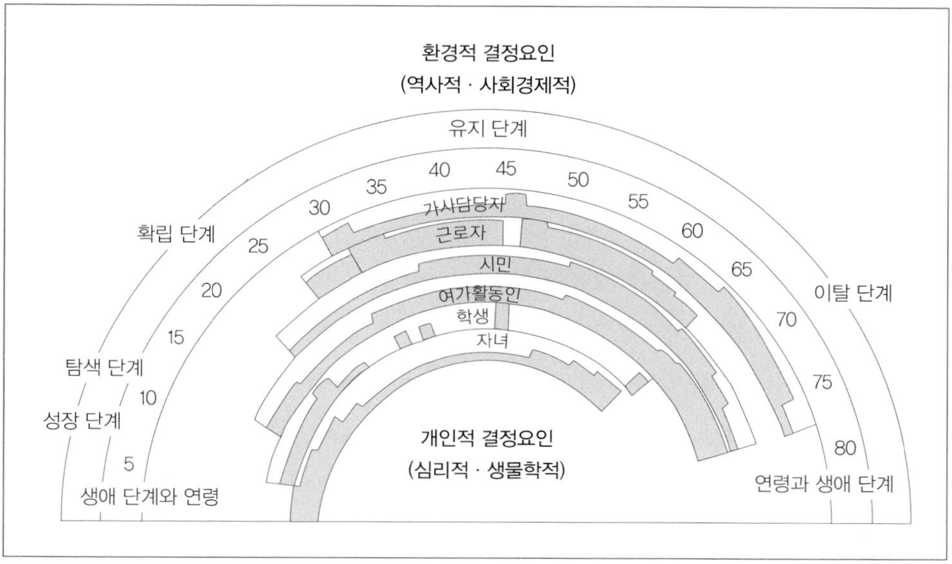

[그림 6-1] 생애와 진로의 무지개 모형: 도식화된 생애 공간에서의 여섯 가지 생애 역할

출처: 김진숙 외 공역(2016).

같은 개념으로 설명하고 있다(김진숙, 김정미, 서영숙 공역, 2016). 참여는 어떤 일에 상대적으로 더 집중하여 활동하는지, 활동 수행과 관련된 양과 질을 의미한다. 전념은 앞으로 수행에 관한 자신의 계획, 바람, 현재 수행에 대한 확신 등이다. 지식은 역할에 관한 정보, 기술 등 인지적 지식 측면을 뜻한다. 가치기대는 역할 수행과 관련하여 여러 욕구나 가치의 충족 여부와 관련이 있다. 개인이 추구하는 가치로는 능력 활용, 성취 욕구, 심미적 욕구, 이타주의, 자율성, 창의성, 경제적 보상, 생활양식, 신체적 활동, 명예, 모험, 사회적 상호작용, 다양성, 근무 조건 등이 있다.

4. Holland의 진로선택이론

Holland의 진로선택이론(2004)은 성격이론이라고 불리기도 한다. 여기에서는 진로선택의 관점을 중심으로 Holland의 진로선택이론을 소개하고자 한다. 이 이론의 주요 특징 중의 하나가 유형론적 관점이며, 쉽게 설명하자면 개인과 직업 환경의 특성에 대해 각각 유형을 구분하고 유사한 유형들의 매칭을 진로선택이라고 보았다. 구체적으로 살펴보면 다음과 같다.

1) 성격 및 직업 환경의 유형

Holland의 진로선택이론은 개인의 성격과 직업 환경에 대해 범주를 구분하였다. 우선, 대부분의 사람은 상대적으로 어떤 일을 하는 데 더 흥미를 느끼고, 성격적으로 그 일을 하는 데 더 편안함을 느낀다고 하였다. 따라서 이러한 개인의 특성을 여섯 가지로 유형화할 수 있다고 본다. 또한 직업 환경에도 각각의 특성이 있으며 이러한 특성을 마찬가지로 여섯 가지 유형으로 구분할 수 있다고 한다. 결과적으로 개인은 자신의 성격, 흥미, 능력과 기술, 태도, 가치에 따라 자신에게 맞는 직업 환경을 찾아 진로를 선택한다는 것이다. 여기에서 여섯 가지 유형에 대해 구체적으로 살펴보고자 한다.

(1) 여섯 가지 유형

Holland의 진로선택이론에서 제시한 여섯 가지 개인의 성격 유형 및 직업 환경의 유형은 구체적으로 다음과 같다.

① 실재형

실재형(R: realistic)에 속한 개인은 추상적인 것보다 실용적인 것을 선호하며, 구체적인 사물, 현장, 도구나 기계, 제품 등을 활용하거나 관련된 일을 더 좋아한다. 학습에 있어서도 실용적인 과목을 좋아하고, 기계적 기술, 신체적 기술, 실제적 방식으로 문제해결을 시도한다. 실재형의 직업 환경은 개인의 기계적 기술, 신체적 기술을 요구하며, 도구, 기계, 사물을 잘 다루는 능력이나 활동을 요구한다. 예를 들어, 농장, 목장에서 동물을 잘 기르거나, 기계나 전자제품을 조립, 수리하는 등 실용적인 것을 다루는 기술이나 능력을 선호한다.

② 탐구형

탐구형(I: investigative)의 사람들은 지적 능력을 사용하는 활동을 좋아하며, 사물과 현상에 대해 관찰하고 그 원리와 법칙을 탐구하는 데 관심이 많다. 이들은 과학, 수학, 사회과학 등 과학적 접근을 선호하며, 독서를 좋아하고, 과학적 쟁점에 호기심이 많다. 탐구형의 사람들은 독립적이며, 과학적 문제해결에 더 많은 관심을 보인다. 탐구형의 직업 환경은 마찬가지로 과학적 흥미와 능력을 통해 문제를 해결하는 것을 요구한다. 분석적·논리적·추상적 사고능력을 요구하며 논리적 정교함을 요구하는 경향이 강하다. 따라서 새로운 연구개발 등과 관련된 직업이 이러한 유형에 해당한다.

③ 예술형

예술형(A: artistic)인 사람들은 심미적 감각과 능력이 뛰어나며 음악, 미술, 문학, 희곡 등 다양한 예술적 활동을 선호한다. 창의적이고 미적 표현을 중요시하며 관습적·획일적 규범이나 틀을 거부하는 경향이 있다. 이들은 논리적·분석적 능력보다 독창적·미적 표현을 더 중요한 가치로 여긴다. 예술형의 직업 환경은 다양한 예술적 표현 형태를 중요시한다. 창의적·개방적 표현 능력을 가진 사람을 선호하며, 자유분방하고, 새로운 도전과 혁신을 할 수 있는 사람을 더 적합하다고 여긴다. 오히려 관습적이고 진부한 방식은 예술형 직업 분야에서는 좋은 평가를 받지 못할 수 있다.

④ 사회형

사회형(S: social)의 사람들은 사물보다 사람들과 함께 일하는 것을 좋아하고, 다른 사람을 돕거나 가르치거나 봉사하는 데 관심이 많다. 사물이나 기계에 관심을 쏟기보다는 사회적 기술을 사용하여 종교, 교육, 복지, 의료, 정신건강 등의 분야를 선호한다. 사람들과 일을 할 때 남을 통솔하거나 설득하는 것보다 함께 어울리고 타인의 안위를 위하는 것을 더 중요시한다. 사회형의 직업 환경 또한 유사하게 이타주의, 배려, 친절, 사회적 책임과 온정을 요구하고, 사회적 가치, 인간적 가치를 중요시한다. 이 유형에는 타인을 위해 자신의 재능을 활용하는 교육, 사회복지, 의료 등과 같은 분야의 직업을 들 수 있다.

⑤ 기업형

기업형(E: enterprising)의 사람들도 사회형과 유사하게 사람들과 함께 일하는 것을 좋아한다. 그러나 이들은 사회적 부와 명예에 가치를 두고, 타인을 설득하고 이끄는 데 더 큰 관심을 둔다. 기업형의 사람들은 사회적 기술이 뛰어나고 타인을 설득하여 판매하거나 따르게 하는 데 더 유능하며, 타인을 위한 봉사보다 관리하고 통솔하는 데 더 관심이 많다. 기업형의 직업 환경은 사람들을 조직하고 관리하는 능력을 요구하며, 조직 및 개인의 목표를 달성하기 위해 다른 사람들을 관리하고 이끌어 간다. 조직의 경제적 이익과 사회적 가치가 중요하고, 조직에서의 승진, 리더십 발휘, 권력 추구 등이 중요한 가치이다. 이와 관련된 직업으로 경영관리, 판매, 보험, 영업전략 등이 있다.

⑥ **관습형**

관습형(C: conventional)의 사람들은 체계적이고, 규칙과 규범이 정해진 일을 좋아하며, 조직 운영이나 업무 방식이 일관성 있고, 관습적인 특성을 유지하는 것을 편하게 인식한다. 새롭거나 갑작스러운 업무, 환경, 절차 등에 대해 불편을 느끼고 창의적인 것보다 관습적 · 체계적인 것을 중요하게 생각한다. 이들은 모호한 상황을 선호하지 않고, 지침, 규칙, 체계를 갖춘 구조나 환경을 더 선호한다. 정리정돈, 사무능력, 계산능력, 규범에 맞추는 활동 등을 좋아하고, 조직적 형태를 갖추고 지향하는 것에 중요한 가치를 둔다. 관습형의 직업 환경 또한 유사 특성이 상대적으로 뚜렷한 사람을 선호하고 업무의 특성도 이런 점에서 비교적 분명하다.

(2) 유형의 조합

Holland의 진로선택이론에서 여섯 가지 유형으로 개인의 직업적 특성과 직업 환경의 특성을 구분하였다. 사실 개인의 성격이든 직업 환경이든 그 특성은 매우 다양하고 복합적이라고 할 수 있다. 그렇기 때문에 Holland의 진로선택이론에서 제시한 각 유형 중 한 가지로 정의하기는 어렵다. 그래서 이 이론에서는 여러 유형의 조합으로 개인의 성격과 직업 환경에 대해 설명하고 있다. 예를 들어, 미술 교사를 지망하는 학생의 경우 예술적 성향과 사회적 성향이 다른 유형의 성향보다 더 높게 나타날 수 있으므로 이 학생의 직업적성이나 흥미를 AS 또는 SA 코드로 설명할 수 있다.

2) 육각형 모형과 구성개념

Holland의 진로선택이론에서는 여섯 가지 성격과 직업 환경에 대해 이론적 구성요인을 설명하면서 육각형 모형을 제시하였다([그림 6-2] 참조). 여섯 가지 유형을 정육각형 형태의 그림으로 나타내고, 여섯 가지 유형이 확립 가능하다는 것을 다섯 가지 구성개념으로 설명하였다(Holland, 2004).

첫째, 일치성(congruence)은 개인의 성격과 직업 환경 간의 관계를 설명하는 개념이다. 개인의 성격과 직업 환경의 유사성이 높을수록 일치성이 높아진다. 즉, 실재형 성격의 사람들은 실재형 직업에서 일할 때 일치성이 높고 다른 유형의 환경에서 일을 할 때 일치성이 낮다고 한다. 둘째, 변별성(differentiation)은 개인이든 직업 환경이든 어떤 유형에 분명하게 속하는지, 다른 유형과 구분이 되는 정도를 의미한다. 예를 들어, 개인에 따라 다른 유형에 비해 특징적인 한두 유형에 분명히 속할 가능성이 높다. 이러할 경우 변별성이 높다고 말할 수 있다. 경우에 따라 어떤 사람은 모든 유형에 일치성이 높아 변별성이 낮은 경우도 있고, 어떤 사람은 어떤 유형과도 일치성이 높지 않아 변별성이 낮을 수 있다. 셋째, 일관성(consistency)은 유형을 조합해서 볼 때, 어떤 쌍들의 관련성이 높은지와 관련된 개념이다. 예를 들어, 육각형 모형에서 인접해

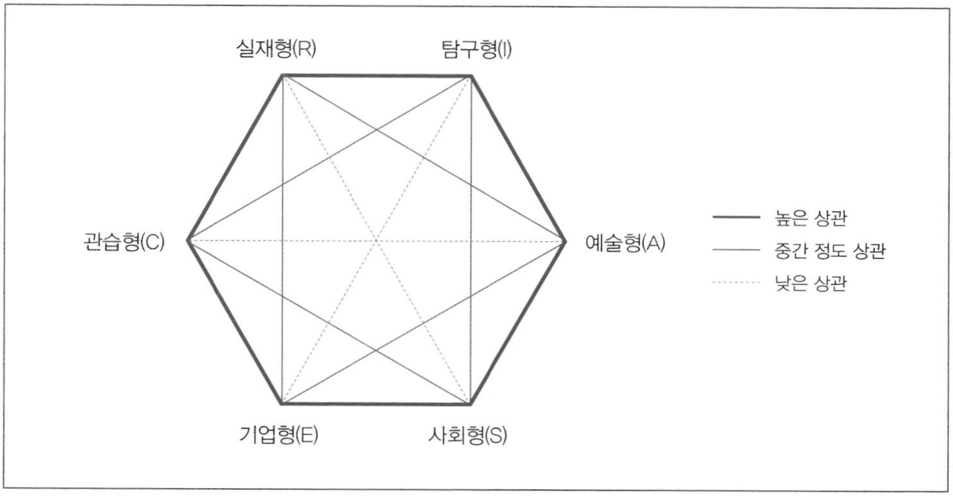

[그림 6-2] Holland 이론의 육각형 모형

출처: 김진숙 외 공역(2016).

있는 두 유형을 나타냈을 때 일관성이 높다는 것이다. 대각선으로 표시된 두 유형이 나타났을 때는 일관성이 낮다고 할 수 있다. 넷째, 정체성(identity)은 개인이 현재와 미래에 진로 목표를 분명하고 안정적으로 나타내는지, 그리고 직업 환경이 안정성을 나타내는지를 의미한다. 개인이 직업에 대한 정체성을 확립하는 것이 중요하며 이는 진로 결정에 명확한 방향을 안내한다고 본다. 또한 직업 환경이 안정적인 특성을 갖고, 쉽고 빠르게 변화하지 않음을 의미한다. 다섯째, 계측성(calculus)은 개인의 직업적 흥미들 간의 관계, 그리고 직업 환경들 간의 관계가 계산이 가능하며, 이론에서 제시한 유형들 간의 관계를 경험적 연구를 통해 확인할 수 있음을 의미한다.

5. 진로지도의 실제

진로지도는 학생들의 특성을 이해하는 동시에 학생들의 진로발달 단계의 주요 과업에 맞춰 지도하는 것이 더 효율적이다. 실제 학생들 개개인의 발달 수준, 진로탐색, 진로발달에서의 어려움은 각각 다를 것이다. 이에 따라 진로지도의 구체적인 방법 또한 다르게 적용해야 한다. 예를 들어, 개인적 호소문제와 집단적 발달 특성을 고려하여 개인상담과 집단 지도의 방법으로 구분해 볼 수 있다. 개별 학생의 특수한 어려움에 접근할 때는 개인 진로상담, 비슷한 발달 수준의 학생들의 공통적인 주제를 다룰 때는 집단상담, 다수 학생들의 일반적인 발달 영역을 촉진할 때는 집단 진로지도의 형식이 더 효과적이라고 할 수 있다. 여기서는 진로상담과 진로지도로 나눠 이러한 접근 방법을 살펴보고자 한다.

사실 진로상담은 진로지도의 구체적인 방법 중 하나이며, 실제 진로지도를 할 때 학생의 특성, 학급이나 학년의 특성에 따라 그 방법을 다르게 활용할 수 있다. 여기에서는 학교현장 상황을 고려하여 진로지도를 하는 사람의 역할에 따라 그 방법을 구분하여 설명하고자 한다. 예를 들어, 개인상담과 집단상담은 진로진학상담교사나 전문상담교사가 주로 접근하는 방법이라면, 그 외에 다양한 진로지도 방법은 학교에서 많은 교사가 쉽게 접근할 수 있는 영역과 방법이다.

1) 진로상담

진로상담은 개인이 호소하는 문제를 보다 구체적이고 심층적으로 접근하는 데 효과적인 방법이다. 진로상담의 대상은 일차적으로 진로 문제를 호소하는 학생들이다. 그러나 다른 한편으로는 교사가 관찰이나 면담을 통해 파악한 어려움을 겪는 학생이 진로상담의 대상이 될 수 있다. 다만, 스스로 어려움을 호소하지 않은 학생의 경우 권유를 통해 상담을 받을 수 있도록 추천하고 상담에 참여하게 하는 노력이 필요하다. 왜냐하면 일반적으로 청소년기의 진로 문제는 외현화되지 않아 쉽게 인식하고 발견하기 어렵기 때문이다. 청소년기에 중요한 진로 의사결정을 하거나, 심각한 진로발달의 문제를 겪는 경우가 드물기 때문에 오히려 교사가 관찰이나 면담을 통해 파악한 어려움을 겪는 학생이 실제로 어려운 문제를 겪고 있을 수 있다. 따라서 진로상담의 대상을 보다 포괄적으로 이해할 필요가 있다. 여기에서 진로상담의 내용, 형태와 방법에 대해 설명하고자 한다.

(1) 진로상담의 내용

진로상담의 내용은 주로 호소하는 문제를 중심으로 다루게 된다. 예를 들어, 학생들이 제일 많이 호소하는 것이 어떤 직업을 선택할까, 어떤 학교를 선택할까와 같은 고민들이다. 그러나 이러한 고민 이면에는 다양한 상담 주제들이 숨어 있을 수 있다. 앞에서 살펴본 바와 같이 개인 특성에 대한 이해, 직업 및 직업 세계의 이해, 바른 가치관이나 태도, 진로와 관련된 의사결정 등이 진로상담의 포괄적인 주제이다. 이런 주제 영역에서 학생의 개인적 진로발달 수준을 고려하여 더 구체적인 상담 주제, 상담 목표를 설정하는 것이 중요하다. 여기에서 한 가지 예를 들어 설명하고자 한다. 많은 고등학생들이 진학하는 학과를 선택하는 과정에서 자신의 적성, 흥미보다 부모가 생각하는 직업의 안정성이나, 겉으로 보기에 화려한 모습의 직업들을 선호하여 학과와 직업 선택을 하는 것이 좋을지 고민하면서 상담을 신청한다. 이런 경우 여러 세부 상담 목표를 설정할 수 있다. 첫째, 학생이 자신의 특성을 잘 이해하고 있는지, 어떤 특성이 있는지, 둘째, 자신에 특성에 맞는 직업은 무엇이고, 어떻게 노력해야 성취할 수 있는지, 셋째, 의사결정에서 정확한 정보를 기반으로 합리적 의사결정을 하고 있는지, 넷째, 선호하는 직업에 대해 충분한 이해와 정보가 있는지, 다섯째, 자신의 가치관과 부모의 가치관이 일치하는지, 의사결정에서 부모는 어떤 역할을 해야 하는지 등에 대해 구체적으로 확인하면서 상담을 이끌어 가야 한다. 또한 Super의 진로발달 이론에서 중요하게 다루는 자아개념과 진로성숙도를 중심으로 내담자의 진로 문제를 이해하고 자아개념의 형성과 진로성숙도 증진을 상담의 목표로 삼을 수 있다.

한편, 개인상담으로 진로 문제를 다룰 때의 과정과 절차는 제3장에서 설명한 상담의 과정과 유사하다. 여기에서는 진로 호소문제에 대한 정확한 이해와 접근에 대해 간단히 서술할 것이다. 내담자의 호소문제를 이해하는 데 있어서 진로 문제 이면에는 심리적 문제와 깊이 연결되어 있기 때문에 단순히 한 가지 측면만 고려할 수 없다. 심리적 특성에 대한 이해를 함께 살펴봐야 한다. 예를 들어, 의존적 의사결정 때문에 어려움을 호소하는 고등학교 3학년 학생의 사례를 개념화할 때, 의존성에 관한 개인의 심리적 특성에 대한 사례개념화와 진로발달, 진로 의사결정과 관련된 사례개념화를 동시에 고려해야 한다. 그리고 이와 같은 구체적인 호소문제를 다룰 때 기본적인 상담의 기법을 활용하는 동시에 진로상담에서의 주요 기법을 적절히 활용해야 한다. 내담자의 호소문제와 관련 배경 및 개인의 특성을 종합적으로 고려해서 사례개념화를 하여 상담을 진행해야 한다.

(2) 진로상담의 형태

진로상담의 형태는 개인상담과 집단상담으로 나눠서 구분해 볼 수 있다. 진로 문제를 다루는 상담에서도 마찬가지로 개별적으로 접근하는 게 더 효과적인 경우와 집단으로 다루는 게 더 효과적인 경우가 있다. 일반적으로 청소년기의 진로를 접근하는 데 집단상담 방식을 많이 활용하는 이유 또한 비슷한 발달 단계의 학생들이 공통적으로 탐색하고 개발하는 영역이기 때문이다. 예를 들어, 자기이해, 직업 세계의 이해, 바람직한 직업가치관 함양 등이 초기 청소년기의 공통적인 주제라면, 자기이해, 직업 세계의 이해, 그리고 이를 바탕으로 합리적 진로 의사결정을 연습하는 내용이 중기 청소년기의 중요한 진로발달 주제라고 할 수 있다. 이러한 공통 주제를 중심으로 집단상담 방식을 활용할 때 보다 경제적이고 효율적일 수 있다.

(3) 진로상담의 과정

진로상담의 과정은 제3장에서 살펴본 바와 같이 상담의 과정과 기법이 필요하다. 상담의 과정으로 우선 내담자에 관한 다양한 정보를 수집하여 내담자의 어려움을 이해하고 이를 이론적으로 설명하여 사례개념화하고 상담 목표와 상담 전략을 수립한다. 상담 목표를 달성하기 위해 다양한 상담 기법을 적용하고 내담자의 통찰이나 행동 변화를 이끌어 낸다. 내담자에게 새로운 학습 또는 변화가 일어나고 상담자의 조력이 없어도 스스로 잘 대처한다면 상담의 성과를 평가하고 종결할 수 있다. 이러한 과정을 더 구체적으로 이해하기 위해 앞에서 진학 관련 의사결정을 호소하는 사례를 한 번 더 예를 들어 보겠다. 만약 내담자가 단순히 정보 부족으로 의사결정을 두려워하고 부모의 의견에 따른다면 자기이해와 직업 및 직업 세계의 이해를 중심으로 사례개념화하고 접근하는 방법을 취하면 된다. 그러나 진로성숙도가 낮고 의존성 성향이 강한 내담자라면 심리검사 등의 방법으로 진로성숙도의 하위 영역을 확인하고 하위 영역에 대한 개입과 의존성 성향에 대한 개입을 동시에 해야 한다. 일반적으로 심리적 문제를 동반하는 경우는 전문상담교사나 진로진학상담교사에게 의뢰하는 것이 더 효과적이다.

2) 진로지도 방법

진로지도 방법은 매우 다양하며, 기본적으로 지도의 목표와 지도하고자 하는 초점에 따라 지도 방법을 선택해야 한다. 여기서는 심리검사를 활용하는 방법과 패키지 형태의 프로그램을 적용하는 방법, 그리고 다양한 활동과 연계하는 방법에 대해 소개하고자 한다.

(1) 심리검사의 활용

학교현장에서 많은 심리검사를 사용하고 있는데, 그중에서 진로지도를 위해 활용할 수 있는 검사가 다수 있다. 예를 들어, 스트롱검사, 홀랜드 진로적성검사, 진로성숙도검사 등이 있다. 심리검사는 개인의 고유한 특성을 파악하는 데 매우 유용하다. 기본적으로 다음과 같은 구체적인 목적을 가지고 지도할 때 심리검사를 활용하는 것을 권장한다.

첫째, 개인 특성에 대한 이해를 할 수 있다. 심리검사는 개인의 내적 특성을 확인하고, 개인의 여러 특성 중에서 개인 내 차이를 이해하는 데 매우 효과적인 방법이다. 검사를 통해 개인의 적성, 흥미, 가치관, 성격, 진로성숙도 등을 확인할 수 있다. 둘째, 개인 간의 차이를 확인할 수 있다. 동일한 심리검사를 사용하여 각각의 특성을 알아볼 수 있는 동시에 타인과의 비교를 통해 다른 부분을 확인할 수 있다. 특히 표준화된 심리검사의 경우 그 차이를 보다 정교하게 확인할 수 있다. 셋째, 심리검사의 결과에 따라 지도의 방향과 지도 내용을 구체화할 수 있다. 심리검사 결과를 활용하여 학생에게 어떤 진로지도를 제공할지에 대한 대략의 계획을 세워 볼 수 있다. 예를 들어, 흥미검사를 통해 흥미의 발달이 세분화되지 않고 매우 제한된 흥미 발달 수준을 보이는 학생에게 보다 다양한 활동이나 경험을 통해 새로운 것을 접해 보게 하고, 흥미를 개발하거나 확인하는 데 도움을 줄 수 있다. 넷째, 실제로 진로발달이나 진로 의사결정 등에서 문제가 있을 경우 문제의 정의 및 구체화, 문제의 인식과 수용을 돕는 데 유용하다. 일반적으로 발달 단계에 있는 청소년들이 진로에서 외현화된 문제를 드러내지는 않지만 진로가치관, 진로성숙도 등에서 또래집단에 비해 개인적 문제가 있을 경우 검사를 통해 구체적인 영역 및 문제를 확인할 수 있다.

다만, 심리검사를 활용하는 데 주의할 점이 몇 가지 있다. 우선, 검사의 목적을 분명히 하고 검사를 선별하여 실시해야 한다. 둘째, 검사의 측정 목적, 측정하고자 하는 특성을 잘 확인할 수 있도록 검사 실시에 대한 안내를 진행해야 한다. 셋째, 검사 실시가 끝나면 검사 결과를 이해하고 해석하는 데 과장하거나 지나치게 의존하지 않아야 한다. 또한 개인을 이해하기 위해 행동관찰, 면담, 심리검사 등을 종합해서 해석해야 한다. 넷째, 많은 심리검사 결과에 추천 직업 등 직업에 대한 자료가 제시된다. 예를 들어, 적성검사, 흥미검사 등에서 추천 직업이 있는데 검사 결과를 해석할 때 이것이 본인의 진로 목표인 것으로 착각하거나 당연히 성취할 수 있다고 인식해서는 안 된다. 이러한 결과를 자신에 대한 탐색, 직업 정보 탐색, 진로 준비행동 촉진, 학습 동기 촉진 등과 유기적으로 연결하는 것이 중요하다.

홀랜드검사 활용의 예

▣ 영미의 홀랜드검사 결과는 다음과 같다.

- 첫 번째 흥미유형은 '실재형, R'입니다.
- 두 번째 흥미유형은 '예술형, A'입니다.
- 흥미유형 점수

	R	I	A	S	E	C
원점수	55	54	54	54	51	54
표준점수	65	65	68	64	59	64

- 표준점수 해석 방법

표준점수는 각 흥미 분야에 대한 여러분의 흥미 수준이 다른 친구들과 비교해서 상대적으로 어떤 수준인지를 확인시켜 주는 점수입니다. 표준점수의 평균은 50점으로 되어 있으며 상대적 위치를 다음과 같은 기준에 의해서 해석해 볼 수 있습니다.

–표준점수 64점 이상: 최상
–표준점수 57~63점: 상
–표준점수 50~56점: 중상
–표준점수 43~49점: 중하
–표준점수 36~42점: 하
–표준점수 35점 이하: 최하

▣ 영미의 홀랜드검사 결과를 활용하여 다음과 같은 상담을 진행할 수 있다.

영미: 선생님, 제 유형이 현실형이랑 예술형이라고 하는데 이 유형에는 제가 원하는 직업이 없는 것 같아요.

교사: 네가 원하는 직업은 뭐니?

영미: 글쎄요. 그건 아직 모르겠어요.

교사: 어디 보자. 검사를 한번 한다고 해서 다 해결되지는 않지만, 검사 결과를 이해하고 어떻게 활용할 수 있는지 생각해 보자.

영미: 네.

교사: 영미는 상대적으로 현실형이랑 예술형이 높게 나오긴 했지만 다른 유형도 모두 높게 나왔네. 여기저기 다방면에 관심이 많은데 뚜렷하게 하고 싶은 것이 없는가 보다.

영미: 네. 그리고 여러 직업에 관심이 많은지도 모르겠어요.

교사: 딱히 원하는 직업도 없고, 검사 결과에서 추천하는 직업들도 별로 관심이 없는 거니?

영미: 네, 아직 뭘 할지 모르겠어요. 검사 결과에서 추천하는 직업 중에서 디자이너가 있었어요.

교사: 마땅히 하고 싶은 게 없어서 대학 진학 학과 선택이 어렵다고 했었는데, 검사 결과를 보고 디자이너에 대해 조금은 관심이 생겼나 보구나?

영미: 네. 아주 조금 생긴 것 같아요.

교사: 그동안 하고 싶은 것이 없다고 고민했는데, 디자이너는 이번에 처음 생각해 본 거니?

영미: 진지하게 생각해 보지는 않았지만 '이런 직업이 있구나'라고 알고는 있었어요.

교사: 그래? 반가운 이야기네, 좀 더 얘기해 볼래?

영미: 중학교 때 친구들이랑 꾸미는 것을 좋아했어요. 같이 쇼핑하고 옷을 골라 주고, 그리고 어떤 옷은 살짝 변화를 주고 그랬어요. 친구들이 제가 골라 준 옷이 마음에 든다고, 저보고 디자이너 하면 잘 어울릴 것 같다고 했어요.

교사: 친구들이 영미의 재능을 알아봐 주고 칭찬도 많이 해 줬네. 영미도 꾸미는 일에 흥미를 느낀 것 같다.

영미: 제 재능요?

교사: 그럼, 친구들의 신체적 특성이나 이미지 등을 고려해서 옷을 잘 골라 줬다는 말인데……. [개인 특성 이해]

영미: 아, 그렇게 생각해 보지는 않았지만 선생님 말씀 들어 보니 그런 것도 같아요(쑥스럽게 웃음). 친구들이 좋아해 주니 저도 기분이 좋았을 뿐이죠.

교사: 자신의 재능을 자연스럽게 잘 발휘한 것 같다. 그럼 그때 디자이너라는 직업을 생각해 봤니?

영미: 아니요. 디자이너가 되고 싶다는 생각을 못해 봤어요. 그냥 좋은 직업이구나, 다른 사람들을 기쁘게 해 줄 수 있는 직업이구나 생각했던 것 같아요.

교사: 맞아, 다른 사람을 기쁘게, 아름답게 해 주거나 편리하게 해 줄 수 있는 멋진 직업이지. 지금도 디자이너라는 직업을 그렇게 생각하니?

영미: 네, 그 생각은 변하지 않았어요.

교사: 그럼 여러 직업 중에서 그래도 제일 관심이 있었던 직업이 디자이너라고 할 수 있을까?

영미: 그런 것 같아요. 하고 싶은 것이 없다고 생각했는데 디자이너는 조금 하고 싶은 것 같아요. 그때는 약간 우러러보는 느낌이었어요. 제가 하겠다는 생각은 못했던 것

같아요.

교사: 영미가 그동안 알아차리지 못한 꿈이 있었던 것 같다. 디자이너에 대해 앞으로 더 생각해 볼까?

영미: 네, 아직 잘 모르겠지만 더 생각해 보고 싶어요.

교사: 그래 이제 하나하나 더 알아보고, 정보를 모으면서 더 깊은 생각을 해 보면 좋을 것 같다. 디자이너가 된 영미의 모습을 상상해 보니 선생님이 행복해진다. [격려와 희망의 주입]

(중략, 1~2주 후)

교사: 영미가 재능과 흥미가 있다는 것은 지난번에 이야기했고, 왜 디자이너가 되고 싶은지도 생각해 보기로 했지. 그 직업의 어떤 점이 좋은지 생각해 봤니? [흥미, 가치관 등 진로 관련 특성 탐색]

영미: 직업에 대해 관심이 없었다고 생각했는데, '왜 디자이너가 되고 싶지?' 하고 계속 생각해 보니 친구들에게 그랬던 것처럼 사람들에게도 좋아하는 것을 만들어 주고 기뻐하는 것을 보면 뿌듯할 것 같아요.

교사: 정말 멋진 생각이구나. 다른 사람에게 의미 있는 일을 하고 즐거움과 뿌듯함을 느끼는 것, 그것 정말 대단한 거야. 이 질문은 특별히 더 어려운 질문인데 영미는 아주 훌륭한 답을 찾아냈구나.

영미: 저는 하고 싶은 것이 생겨서 마음이 놓여요. 친구들은 다 목표가 있고 열심히 준비하는데 저는 부족한 사람 같아서 싫었어요.

교사: 그렇게 생각해서 더 속상하고 기분이 처진 것 같다. 영미에게도 맞는 것이 있고, 찾아가는 데 시간이 필요했던 것 같다. 이제는 그렇게 속상하지 않겠지?

영미: 네. 저도 하고 싶은 것이 생겨서 이제는 속상하지 않아요.

교사: 그래, 그럼 앞으로 디자이너가 되기 위해 무엇을 하면 좋을지, 어떻게 하면 될 수 있을지는 생각해 보자. [필요한 노력과 행동에 대한 안내]

영미: 꿈이 생겨도 할 것이 너무 많아요. 어떤 준비와 노력을 해야 하는지도 너무 막연해요.

교사: 이제 목표를 정했으니 다른 준비를 또 차근차근 하면 될 것 같다. 선생님이 조금만 도와주면 영미는 잘할 수 있을 거야. [지지와 격려] 다음 시간에는 디자이너라는 직업에 관한 것을 조사해 보고 어떻게 준비할지 이야기해 보자. [직업 정보 탐색, 진학 계획 설정 준비]

영미: 네, 그럼 제가 알아보겠습니다.

(2) 교과 연계 진로지도

학생들은 학교에서 다양한 교과를 학습하면서 새로운 지식, 경험, 활동을 하게 된다. 진로가 개인의 장기적 발달 과업인 점을 고려하면 교과 학습을 통해서 진로발달을 촉진해야 하는 것이 당연하고 또 그렇게 실천할 필요가 있다. 다양한 교과 학습 과정에서 진로지도를 연계했을 때 교육적 효과가 더 확대될 것이다. 진로정체감이 학습 동기에 정적 영향을 미친다는 결과(임선아, 2003)에서 알 수 있듯이 교과지도와 진로지도의 유기적 연계가 매우 중요하다. 교과 학습과 진로지도를 유기적으로 연계하면 상호 촉진적인 영향을 주고받는다. 다양한 교과 영역에 대한 이해를 바탕으로 해당 교과와 관련된 직업에 대한 이해를 증진시킬 수 있는 동시에 교과와 진로, 해당 교과와 관련된 직업을 이해함으로써 미래에 대한 기대뿐만 아니라 학습 동기가 높아질 수 있다.

이와 같은 교과 연계 진로지도의 장점을 고려했을 때 학생들에게 필요한 지도의 영역과 방법을 다양하게 만들어 낼 수 있다. 우선, 앞에서 설명한 바와 같이 교과목의 내용과 관련하여 다양한 직업 정보 탐색, 관련 직업에서 하는 일, 필요한 능력, 필수 자격 요건 등을 알아볼 수 있다. 둘째, 교과목 학습에서 다양한 경험을 탐색하고, 선호하는 교과목을 통해 자신의 적성, 흥미, 가치관 등을 구체화할 수 있으며, 다양한 경험을 종합하여 유용하게 진로를 탐색할 수 있다. 셋째, 선호하는 직업이 있는 경우, 관련된 교과목을 조사함으로써 더 적극적으로 직업을 탐색하고 자신의 적성을 개발하여, 진입에 필요한 요건을 갖출 수 있도록 안내할 수 있다. 이와 관련하여 교과 연계 진로지도에서 다음과 같은 큰 주제로 과제를 제시하거나 활동을 계획하고, 토론이나 발표를 진행해 볼 수 있다.

- 각 교과목에서 배우는 지식과 연계되는 직업이 무엇인지 조사한다.
- 조사한 교과목과 관련된 직업 중에서 연관성 높은 순서대로 배열해 본다.
- 자신이 좋아하는 교과목 중에서 선호하는 직업을 조사한다.
- 자신이 선호하는 직업이 어떤 교과목의 지식, 기술 등을 요구하는지 조사해 본다.
- 각 교과목의 직업과 관련된 대표적인 인물을 조사하고, 그 사람의 진로 경로, 진로 목표 성취 경험, 직업가치관 등을 알아본다.

• 각 교과목의 특성에 맞춰 보다 구체적인 주제 중심으로 과제 및 활동을 설계한다.

예) –사회 교과: 산업 구조의 변화 중심으로 직업 세계의 변화 조사 및 직업 세계의 이해

–미술 교과: 미술관 큐레이터, 미술품 경매사 등 관련 직업의 직무 내용 조사

–국어 · 역사 교과: 박물관, 기록관, 고문헌자료 관련 기관 및 관련 직업 조사

(3) 프로그램의 활용

진로지도 프로그램의 경우 다양한 목적과 형태로 개발된다. 개발된 프로그램 중에서 학생들의 진로발달에 필요한 주제를 고려하여 1회 프로그램이나 여러 회기에 걸쳐 운영할 수 있는 프로그램들을 활용할 수 있다. 소수의 학생을 중심으로 운영할 수도 있고, 다수의 학생을 중심으로 운영할 수도 있다. 진로지도 프로그램을 활용할 때 다음과 같은 다양한 상황을 종합적으로 고려해야 한다. 예를 들어, 학생들의 연령, 기타 개인 특성, 진로발달의 단계 및 필요한 주제, 학교 상황, 주어진 시간, 공간, 활용할 수 있는 도구, 자원, 예산 등을 고려하여 유연하게 주제, 운영 방식 등을 계획할 수 있다.

활용 가능한 진로지도 프로그램은 다양한 출처에서 자료를 얻을 수 있다. 우선, 여러 기관에서 개발하여 보급하는 프로그램들이 있다. 예를 들어, 한국직업능력개발원에서는 수많은 진로교육 자료를 개발하여 보급하고 있다. 학교급별, 학교 유형별, 주제별, 특수교육대상자 등 다양한 활동 자료 및 진로교육 자료가 제공되고 있다. 둘째, 학술 연구 논문, 저서 등을 참고해 보면 연구자가 개발 및 운영하여 효과 검정까지 한 프로그램들이 있다. 연구자가 특정 집단, 특정 발달 주제나 목표를 설정하여 개발한 프로그램이 많고, 연구를 통해 실행해 본 프로그램들이라 실제 상황과 비슷할 경우 더 적절한 자료가 될 수 있다. 셋째, 지도할 학생들의 특성, 학급 상황 등을 고려하여 교사 입장에서 활동을 계획하거나 기존 활동 내용을 적절히 수정하거나 조직화하여 운영해 볼 수 있다.

(4) 전문가 초청 강연 및 면담

학교현장에서 많이 활용하고 있는 진로교육 방법 중의 하나가 전문가 초청 강연이다. 전문가를 초청하여 강연하거나 찾아가서 면담을 진행하는 방법은 특정 분야의

일과 관련 종사자의 경험을 접하는 데는 매우 효과적인 방법이다. 이러한 방법들은 학생들에게 긍정적인 역할모델을 제공하고, 관련 종사자를 직접 접해 보고 해당 직종이나 직무 내용을 이해하는 데 도움이 된다. 그러나 실제 이런 활동을 준비할 때 얼마나 효과적인 방향으로 계획하고 실행하는지가 관건이다. 단순히 강연 한번 듣고 지나가는 일이라면 계획 의도나 활동의 장점은 전혀 달성하지 못할 수 있다. 그래서 효과적인 방법으로 활용하기 위해 구체적인 계획을 세우고, 활동 후에 관련 내용을 종합하여 학생들이 자신의 진로와 관련지어 내면화할 수 있도록 마무리하는 것이 중요하다.

전문가 초청 강연의 경우, 행사 기획 의도를 분명히 하는 것이 중요한데, 전문가의 초청 강연을 통해 무엇을 전달할 것인지와 관련하여 행사의 목표를 분명히 해야 한다. 단지 유명한 사람, 최근 유망 직종이라는 이유로 초청 강연을 기획하는 것보다 유명 인사를 통해 무엇을 전달하고, 유망 직종이라면 학생들이 무엇을 아는 것이 중요한지와 같은 세부적인 내용을 중심으로 기획의도를 구체화시켜야 한다. 예를 들어, 다음과 같은 방식으로 목표 및 실행 방법을 구체화할 필요가 있다.

- 초청 연사를 통해 바람직한 역할모델을 제공한다.
- 초청 연사가 자신의 직업 분야를 선택하는 동기, 직업적 가치관을 명료하게 전달하게 한다.
- 어려움, 역경 속에서의 노력, 극복하는 과정 등을 전달하고 학생들이 어려움을 겪을 때 용기를 낼 수 있도록 힘을 실어 주도록 한다.
- 직업을 통해 얻게 된 성취감, 보람 등을 전달하고 이해시킨다.
- 해당 분야에 관심 있는 학생들에게 구체적인 직업 정보를 제공한다.
- 전반적인 목표에 대해 설명하고 강연 내용 및 자료를 준비하도록 요청한다.
- 강연을 들은 후 가장 인상적이고 감동을 느낀 부분에 대해 과제를 하거나 각자 발표하는 시간으로 강연 내용을 이해하고 내면화할 수 있는 시간을 마련한다.

전문가 면담의 경우 학생들에게는 초청 강연보다 더 접근하기 어려울 수 있다. 초청 강연은 학교에서 기획부터 전문가 섭외까지 하는 경우가 대부분이다. 면담은 학생들이 적절한 대상을 선정하고, 연락하여 실제 만나서 면담하기까지 해야 하는 일련의 과정이 필요하다. 이 과정은 교사 및 학부모의 조언과 도움이 필요하지만 주도적으로 진행하는 주체는 학생이라고 할 수 있다. 전문가 면담활동을 지도할 때, 면담 대상의 선정, 연락, 만남 진행, 면담 내용 정리, 과제 혹은 발표 등의 일련의 과정에 대해 사전에 안내하고 학생들이 준비할 수 있도록 한다. 이 과정에서 자신이 면담하고 싶은 인물이나 관련 직종의 종사자를 찾고 적절한 대상으로 정하는 과정, 실제 어떻게 연락해서 면담을 요청할지, 만났을 때 예의 바른 행동이나 기본 태도 등을 사전에 가르치거나 안내할 필요가 있다.

그리고 중요한 것은 면담할 때 무엇을 묻고 어떻게 질문할 것인지에 대한 사전 준비이다. 질문이 구체적이지 않고 피상적이거나 아주 평이한 질문이라면 면담하지 않아도 알 수 있는 정보만 얻게 될 것이다. 즉, 사전 준비를 통해 기본 정보를 숙지하고 그 외에 보다 구체적이고 심층적인 정보와 경험을 알아볼 수 있는 노력을 해야 한다. 따라서 전문가 면담을 시작하기 전에 질문을 구체적으로 준비하고, 지도를 통해 여러 차례 수정해서 보다 좋은 질문을 만들고 면담을 하도록 해야 한다. 〈표 6-3〉과 같이 더 구체적이고 적절한 질문을 준비할 수 있도록 지도할 필요가 있다.

표 6-3 나쁜 질문과 좋은 질문의 예

나쁜 질문 예시	좋은 질문 예시
• 방송국 PD는 주로 어떤 일을 하시나요?	• 방송국 PD도 여러 영역이 있는 걸로 아는데 주로 어떤 영역의 PD가 있습니까? • 각 영역별 PD는 주로 어떤 일을 하시나요?
• 이 직업의 전망이 어떤가요?	• 이 직업에는 사람이 하는 일과 인공지능이 하는 일이 구분이 되나요? • 인공지능이 발달되더라도 이 직업에는 꼭 사람이 해야 하는 부분이 있나요?

(5) 진로 · 직업 체험활동

진로 · 직업 체험활동은 학교, 학급 단위로 많이 진행하는 활동이다. 외부의 기관, 직업 현장, 체험 시설 등을 직접 방문하고 직 · 간접적으로 보고 체험하는 형식의 진로지도 방법이다. 진로 · 직업 체험에서 활동의 목적, 목표를 분명히 하고 학생들이 이 활동을 통해 무엇을 이해하고, 어떤 것을 경험하고 학습해야 하는지에 대한 교육 목표가 있어야 한다. 기본적으로 다음과 같은 목적으로 진로 체험활동을 계획해 볼 수 있다. 어떤 체험활동이든 활동 자체의 경험뿐만 아니라 체험 후 이러한 경험을 정리해서 긍정적인 부분을 내면화하는 것이 중요하다. 충분히 내면화가 되어야 진로에 관한 생각과 행동의 변화로 이어지기 때문이다. 그리고 외부 기관이나 현장으로 체험활동을 갈 때는 이동 과정과 현장에서의 안전을 가장 우선순위로 고려해야 한다.

- 현장 체험활동으로 직접적으로 직업과 관련된 경험을 하고 구체적인 정보를 얻는다.
- 관심 직업에 대해 더 구체적으로 체험해 보고 진로선택과 관련하여 더 실질적인 경험을 제공해 준다.
- 해당 분야의 종사자를 통해 해당 직업에 대한 가치관, 태도 등을 생각해 본다.
- 각 직업 현장의 직업인들의 삶의 경험을 이해하고 이를 자신의 진로 설계와 연결시켜 생각해 보게 한다.

수업활동 1

교과 연계를 활용한 직업 정보의 이해

다음 표에 제시된 직업에 관련된 교과목과 직무 내용, 그리고 관련성이 높은 이유를 적어 봅시다.

번호	직업명	관련 교과목	하는 일	관련성이 높은 이유
1	소설가			
2	식품공학기술자			
3	출판물기획자			
4	기자			
5	정보보안관			
6	발전장치 운전원			
7	조경사			
8	보석감정사			
9	언어학 연구원			
10	통 · 번역가			
11	역사학자			
12	언론인			
13	원예작물 재배원			
14	인문학 연구원			
15	스포츠 감독			
16	항공기 교통관제사			
17	금융데이터분석가			
18	언어임상가			
19	회계사			
20	자재관리 사무원			
21	아나운서			
22	산업안전 전문가			
23	경찰			
24	헌법연구원			
25	독서지도사			

소감: ____________________

수업활동 2

다음 사례에서 학생이 호소하는 어려움과 이에 대한 지도 방안을 토론하고 발표해 봅시다.

사례 1	미소는 초등학교 5학년 여학생이다. 호기심이 많고 꿈이 많은 학생인데 스포츠 분야의 기자가 되고 싶다는 생각에 진로를 일찍 정하고 다른 분야는 전혀 고려하지 않는다.
사례 2	수아는 중학교 2학년 여학생이다. 특별히 좋아하거나 하고 싶은 것이 없고, 부모님이 정해 주신 대로 충실히 따라가면 된다고 생각한다. 부모님은 수아를 위해 정보를 모으고 고등학교 진학, 대학 진학, 대학 졸업 후의 직업까지도 부모님이 정해 줄 것으로 예상된다.
사례 3	선우는 고등학교 3학년 남학생이다. 좋아하는 일은 컴퓨터 관련 프로그램이나 정보보안과 관련된 분야이다. 흥미검사에서도 이러한 결과가 나오는데 대학 진학을 고려하면 이과 과목의 성적이 너무 낮고 대학 가서도 기초가 없어서 따라가기 힘들 것 같다.

사례 분석:

	사례 1	사례 2	사례 3
전반적 진로 발달적 측면			
핵심 문제			

지도 방안:

	사례 1	사례 2	사례 3
주요 목표			
개입 방법			

참고문헌

김봉환, 강은희, 강혜영, 공윤정, 김영빈, 김희수, 선혜연, 손은령, 송재홍, 유현실, 이제경, 임은미, 황매향(2013). **진로상담**. 학지사.

김봉환, 이제경, 유현실, 황매향, 공윤정, 손진희, 강혜영, 김지현, 유정이, 임은미, 손은령(2010). **진로상담이론: 한국 내담자에 대한 적용**. 학지사.

김봉환, 정철영, 김병석(2006). **학교진로상담(2판)**. 학지사.

김진숙, 김정미, 서영숙 공역(2016). **진로상담: 아동기부터 성인기까지 진로발달 이론의 적용** (*Applying career development theory to counseling*) (6th ed.). Sharf, R. S. 저. 박학사. (원저는 2014년에 출판)

김현옥(1989). 청소년의 진로성숙과 관련변인과의 상관관계. 건국대학교 대학원 박사학위논문.

이윤주(2001). 상담사례 개념화 요소목록 개발 및 타당성 검증 연구. 서울대학교 대학원 박사학위논문.

이희영(2003). **진로성숙과 상담**. 학지사.

임선아(2003). 진로정체감이 성취목표, 몰입 및 학업성취에 미치는 영향 관계의 경로분석. **청소년학연구, 20**(1), 47-67.

Ginzberg, E. (1984). Career development. In D. Brown & L. Brooks (Eds.), *Career choice and development*. Jossey-Bass.

Ginzberg, E., Ginsburg, S. W., Axelrad, S., & Herma, J. L. (1951). *Occupational choice*. Columbia University Press.

Holland, J. L. (1959). A theory of vocational choices. *Journal of Counseling Psychology, 6*(1), 35-45.

Holland, J. L. (2004). *Making vocational choices: A theory of vocational personalities and work environments* (4th ed.). Psychological Assessment Resources, Inc, Odessa, F. L.

Issason, L. E., & Brown, D. (1997). *Career information, career counseling, and career development* (6th ed.). Allyn and Bacon.

Sharf, R. S. (2014). *Applying career development theory to counseling* (6th ed.). Cengage Learning.

Super, D. E. (1953). A theory of vocational development. *American Psychologist, 8,* 185-190.

Super, D. E. (1955). Dimensions and measurement of vocational maturity. *Teachers College Record, 57*(3), 151-163.

Super, D. E. (1973). The career development inventory. *British Journal of Guidance and Counselling, 1*(2), 37-50.

Super, D. E. (1977). Vocational maturity in midcareer. *Vocational Guidance Quarterly, 25*, 294-302.

Super, D. E. (1980). A life-span, life-space approach to career development. *Journal of Vocational Behavior, 16*(3), 282-298.

Super, D. E. (1990). A life-span, life-space approach to career development. In D. Brown & L. Brooks (Eds.), *Career choice and development: Applying contemporary theories to practice* (2nd ed., pp. 197-261). Jossey-Bass.

Super, D. E., & Jordaan, J. P. (1973). Career development theory. *British Journal of Guidance and Counselling, 1*(1), 3-16.

Super, D. E., & Nevill, D. D. (1984). Work role salience as a determinant of career maturity in high school students. *Journal of Vocational Behavior, 25*, 30-44.

Super, D. E., Savickas, M. L., & Super, C. M. (1996). Career Construction: A Developmental Theory of Vocational Behavior. In D. Brown & L. Brooks (Eds.), *Career choice and development* (3rd ed., pp. 121-178). Jossey-Bass.

Super, D. E., & Sverko, B. (1995). *Life roles, values, and careers: International findings of the Work Importance Study*. Jossey-Bass.

제7장

대인관계

인간은 다양한 인간관계 속에서 자신의 삶을 만들어 간다. 특히 청소년기는 부모-자녀관계에 비중을 두던 아동기를 벗어나 좀 더 다양한 인간관계를 경험하면서 인생을 배우고 성장해 나간다. 대인관계는 학업과 더불어 청소년기에 수행해야 할 중요한 과업 중 하나로, 이 시기의 대인관계 지도는 필수적이다. 이 장에서는 먼저 대인관계의 기초가 되는 애착이론과 의사소통의 원리를 살펴보고, 청소년기 대인관계의 특징을 살펴본 다음, 대인관계 지도를 위한 구체적인 방법들을 논의하고자 한다.

1. 대인관계의 기초

1) 애착이론

사람이 태어나 처음 맺는 최초의 인간관계는 엄마와의 관계라는 것에 이의를 제기할 사람은 없을 것이다. 애착(attachment)이란 생애 초기부터 영아가 부모와 같은 정서적 안정을 제공하는 사람과 맺는 정서적 유대를 의미한다(김종운, 박성실, 2011). Bowlby의 애착이론(attachment theory)은 바로 이러한 최초의 인간관계에 대한 이론이라고 할 수 있다. 애착이론에 따르면 발달과정에서 아동이 부모나 주요 대상(특히 1차 양육자)과의 반복적인 상호관계에서 내면화한 대인관계의 패턴은 성인이 된 다음에도 다른 사람과의 관계에서 계속 반복되는 경향이 있다. 물론 애착과 의존이 더 이상 어린 시절과 똑같은 방식으로 나타나지는 않지만 일생 동안 지속적으로 영향을 미친다(이경숙 역, 2005). 즉, 아동이 어린 시절 부모나 주요 대상과의 관계에서 건강하지 못한 대인관계 양식을 습득하게 되면 성인이 된 다음, 대인관계에서 나타나는 여러 가지 어려움을 경험할 가능성이 높아진다는 것이다.

애착은 크게 안정 애착과 불안정 애착으로 나눌 수 있다. 대부분의 유아들에게 생후 6개월 무렵이면 애착대상과 분리되거나 분리된다고 위협받았을 때 애착행동이 분명하게 나타나는데, 이러한 아이의 애착행동에 대해 어머니가 적절하게 반응하면 애착행동이 끝나거나 완화되지만, 그렇지 못하고 아이의 애착욕구를 좌절시키게 되면 아이는 불안정 애착을 형성하게 된다. Bartholomew(1990)는 Bowlby의 내적 작동모델에 기초해 자신과 타인에 대한 각각의 작동 모형을 제시했는데, 이러한 두 작동 모형을 조합하면 [그림 7−1]과 같은 네 가지 애착 유형이 만들어진다(정태연, 2022, 재인용).

애착 유형별 특징을 살펴보면 다음과 같다. 먼저, 안정형 애착 유형의 사람들은 자신과 타인을 모두 긍정적으로 평가함으로써 자기존중감이 높고 타인에 대한 신뢰감이 높으며 대인관계에서의 만족도가 높은 특성을 보여 준다. 불안정 애착 유형 중 집착형 애착 유형의 사람들은 타인은 긍정적으로 평가하면서도 자신은 사랑받을 가치

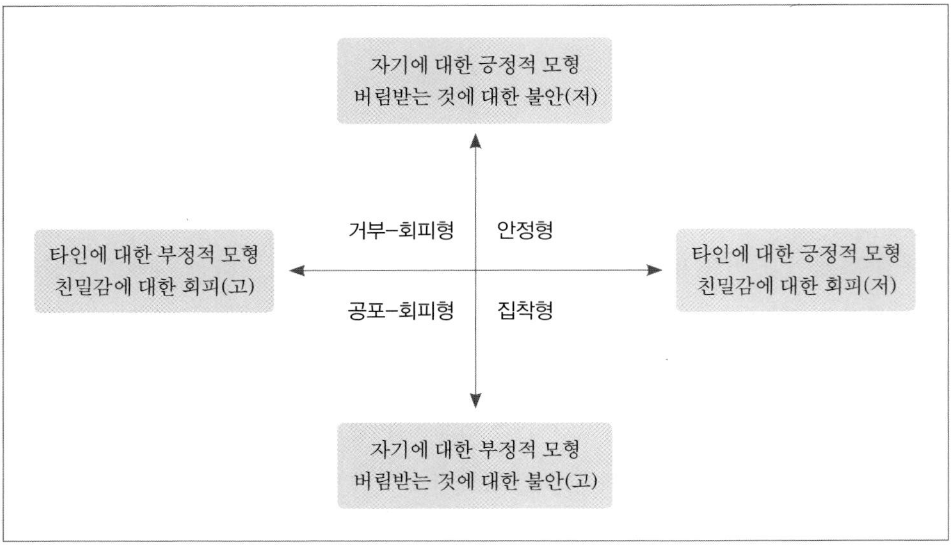

[그림 7−1] 성인 애착의 네 가지 유형

가 없다고 평가한다. 따라서 이 유형의 사람들은 타인으로부터 인정을 얻음으로써 자기존중감을 유지하려고 애쓰는 사람들이며 타인을 이상화하거나 타인에게 의존하는 경향이 있다. 이와 달리, 회피형 애착은 아이의 애착행동에 대해 어머니가 지속적으로 거부적인 반응을 보이는 경우에 형성된다. 거부-회피형은 타인에 대해서는 부정적인 생각을 가지면서 동시에 자신에 대해서는 긍정적인 생각을 갖는다. 이러한 사람들은 타인과의 친밀한 관계를 회피하고 독립심을 유지함으로써 자신을 보호한다. 반면, 공포-회피형은 타인이 차갑고 거부적이라고 생각하면서 동시에 자신은 사랑받을 가치가 없다고 생각한다. 이러한 유형의 사람들은 타인으로부터 거부당할 것을 두려워하여 타인과의 친밀한 관계를 회피한다.

안정형 애착을 형성한 아이들은 반응을 잘하고 애정이 깊으며, 신뢰할 만한 보호자 및 사랑받고 주목받을 가치가 있는 자신에 대한 내적 작동모델을 저장하고 있어서, 이러한 가정들을 다른 관계에도 적용한다(이경숙 역, 2005). 따라서 더 자신감 있고, 교우관계에서 친밀감이 더 높고, 건설적인 의사소통을 하며 효과적인 관계를 유지할

성인애착유형검사

성인애착유형검사는 '애착 불안'과 '애착 회피'를 측정하는 두 개의 차원으로 이루어진 자기보고형 검사로, Brennan, Fraley, Waller(2000)가 개발한 자가보고형 측정도구인 ECR-R(Experience of Close Relationship-R) 친밀관계 경험 개정판을 김성현(2004)이 번안 후 타당화하였다.

총 36개 문항으로 애착 불안 18문항, 애착 회피 18문항으로 구성되어 있고, 애착 불안은 타인으로부터 버림받거나 거절당하는 것에 대한 공포를 측정하고, 애착 회피는 다른 사람에게 의지하거나 가까워지는 것에 대한 불편함과 관련된 회피를 측정한다. 각 문항은 Likert식 7점 척도로 1점(전혀 아니다)에서 7점(매우 그렇다)까지 각 하위 척도의 점수가 높을수록 하위 유형인 애착 불안 또는 애착 회피가 높다는 것을 의미한다.

낮은 불안과 낮은 회피가 특징인 안정형(secure-type), 높은 불안과 낮은 회피가 특징인 집착형(preoccupied-type), 낮은 불안과 높은 회피가 특징인 거부형(dismissing-type), 높은 불안과 높은 회피를 보이는 공포형(fearful-type) 등 네 가지 애착 유형으로 이루어져 있다(검사문항과 채점 방법은 이 장 후반부의 '부록'에 수록).

수 있도록 성장할 것이다. 반면, 불안정형 애착을 형성한 아동은 세상을 위험한 장소, 즉 다른 사람들을 매우 주의 깊게 다루어야 하는 곳으로 간주하고 자기 자신도 사랑받을 가치가 없다고 생각한다. 이렇게 불안정형 애착을 경험한 성인은 종종 새로운 관계에 대하여 불안해하고, 친밀감을 불편하게 느끼며, 관계의 손실에 대하여 걱정한다(정태연 역, 2015). 아이러니하게도 관계에서 거절을 두려워하는 사람은 그러한 두려움을 실현하는 방식으로 행동할 가능성이 높다. 부정적인 예상은 역기능적인 자기충족적 예언을 하게 만들기 때문이다. 애착이론은 자녀가 안정형 애착을 형성하도록 양육하는 것이 얼마나 중요한지를 잘 보여 준다. 그러나 이러한 안정형 애착을 형성할 수 있는 긍정적인 환경에서 태어나고 자라는 행운을 누리지 못하더라도 성장하면서 좀 더 기능적인 의사소통 방식을 배우고 행복한 관계를 형성하는 것 또한 가능하다.

2) 의사소통의 원리

대인관계는 주로 서로의 느낌과 생각을 주고받는 의사소통의 과정을 통해 발전하기도 하고 멀어지기도 한다. 의사소통을 의미하는 영어의 communication은 공유라는 의미의 라틴어 communis에서 온 말로, 인간을 포함한 생물체가 다른 생물체와 지식, 정보, 의견, 의도, 감정, 느낌 등을 공유하는 행동을 의미한다(차배근, 1987: 정태연, 2022 재인용).

Shannon과 Weaver(1949)의 의사소통 모형에 따르면, 의사소통의 과정은 송신자(sender), 부호화(encoding), 메시지(message), 매체(channel), 해독화(decoding), 수신자(receiver), 그리고 피드백(feedback)의 요소로 이루어진다([그림 7-2] 참조). 이 모형에 따르면 송신자는 메시지를 부호화한 다음, 그것을 특정 경로(매체)를 통해 수신자에게 보내고, 수신자는 송신자와 같이 어떤 경로를 이용해서 받은 신호를 해독하는 것으로, 매체가 소음을 발생시켜 경로로서의 제 기능을 수행하지 못하면 수신자는 송신자가 보낸 메시지를 있는 그대로 받지 못하고 의사소통에 문제가 발생할 수 있다. 이때 수신자가 보이는 반응은 송신자의 입장에서 자신이 보낸 메시지가 제대로 전달되었는지를 평가할 수 있는 피드백의 역할을 한다.

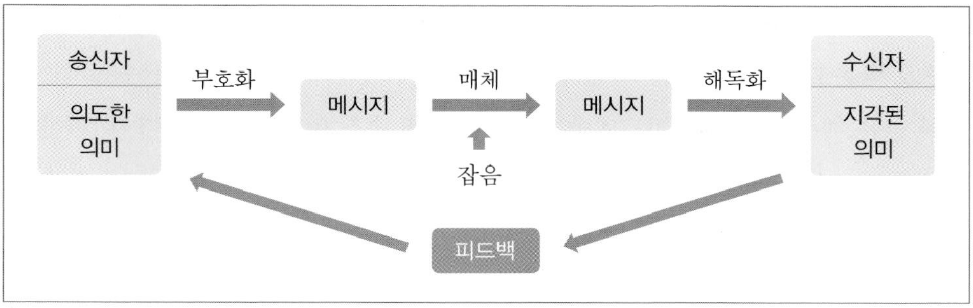

[그림 7-2] Shannon-Weaver의 의사소통 모형

예를 들어, 소음이 심한 전철 속에서 전화로 친구와 한 약속이 제대로 전달되지 않거나, 회의 중 상대방이 내 말을 제대로 듣지 못해 반복해서 이야기해야 하는 경우 이 의사소통 모형으로 설명할 수 있다(정태연, 2022).

한편, Schramm(1954)은 Shannon과 Weaver의 모형에 기초해서 2명의 의사전달자와 메시지라는 3요소로 구성된 의사소통 순환모형을 제시하였는데, 이 모형에 따르면 의사소통은 2명의 의사전달자가 메시지를 동시에 주고받는 순환적이고 교환적인 과정으로, 송신자가 특정 정보를 수신자에게 일방적으로 전달하는 과정이 아니라, 각 의사전달자가 정보의 송신자이면서 동시에 수신자 역할을 하는 쌍방적 과정이다([그림 7-3] 참고).

송신자는 자신이 전달하고자 하는 메시지를 적합한 신호나 상징으로 구성(부호화)

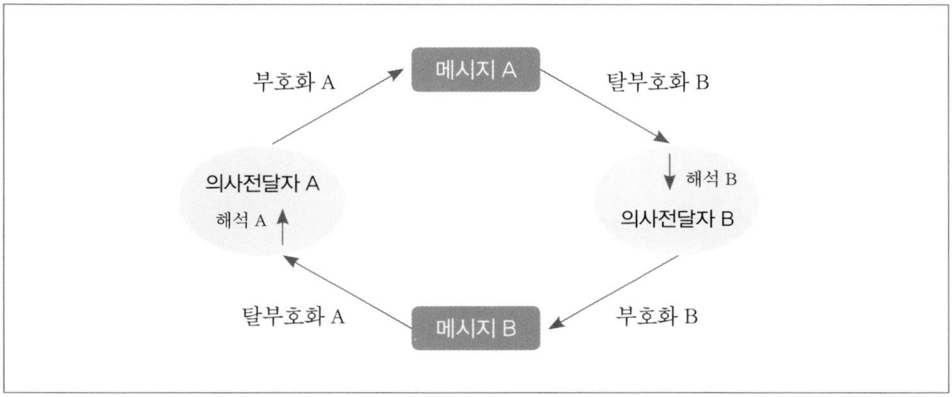

[그림 7-3] Schramm의 의사소통 순환모형

해서 그것을 수신자에게 보낸다. 그러면 수신자는 그 메시지를 언어적으로나 비언어적으로 받은 다음(탈부호화), 그 메시지에 의미를 부여한다(해석). 그다음 수신자는 자신이 받은 메시지에 대한 피드백을 제공함으로써 송신자의 역할을 한다. 이러한 과정을 통해 A와 B 두 의사전달자는 부호화(A)→탈부호화(B)→해석(B)→부호화(B)→탈부호화(A)→해석(A)의 단계를 순환적으로 거친다. 예를 들어, A가 B에게 "너 요즘 기분이 안 좋아 보이네."라는 말을 했을 때 B가 "그래? 별일 없는데. 왜 그렇게 생각했어?"와 같은 메시지를 보낼 수 있다. 그러면 A는 이 피드백을 반영한 새로운 메시지를 B에게 보낼 것이다.

이처럼 의사소통은 상호의존성을 갖고 있어, 한 개인의 언어적 · 비언어적 메시지는 상대방의 이전 메시지에 의해 영향을 받을 뿐만 아니라, 상대방의 이후 메시지에도 영향을 준다. 여기에는 메시지의 내용뿐만 아니라 전달하는 경로(말, 몸의 움직임, 목소리, 신체 접촉, 냄새, 거리 등)의 변화도 포함된다.

또한 의사전달자의 인종, 사회경제적 수준, 거주 지역, 주제에 대한 관심 등 다양한 사회문화적 · 심리적 요인이 의사소통에 영향을 미친다(Schramm, 1954: 정태연, 2022 재인용). 예를 들어, 친밀감의 증가로 다양한 영역에서 상호작용함으로써 서로에 대한 지식이 많아지면, 상대방과의 의사소통이 오해 없이 좀 더 정확하게 이루어질 수 있고, 이러한 친밀한 사람들 사이에서 의사소통의 내용과 메시지는 끝나는 것이 아니라 계속 진행하면서 변화한다. 상대방과 만족스럽고 친밀한 관계를 맺는 것은 일정 기간 동안의 관심이나 노력만으로 완성되는 문제가 아니라 서로에 대한 지속적인 관심과 배려, 노력을 요구한다. 따라서 이러한 특성을 이해하지 못하면 상대방과 의사소통을 하는 데 어려움을 겪을 수 있다.

2. 청소년기의 대인관계

청소년기는 인생의 모든 발달과정에서 가장 많은 변화와 혼란을 겪는 시기로, '나는 누구인가?' '나는 무엇을 좋아하고 어떤 것에 가치를 두는가?' '나는 다른 사람들과 어떻게 다르고 또 어떤 점이 같은가?'와 같은 문제에 대해 고민하고 자신만의 고유한 개성과 행동양식을 위해 노력하는 시기이다(한상철, 이수연, 임순선, 류수현, 김우철, 2012). 발달 단계상 신체적 · 심리적으로 많은 변화를 겪고 이에 따른 도전과 위기를 경험하게 되는 이 시기의 대인관계는 다른 사람과의 관계를 통해 자신의 정체성을 확립해 가는 바탕이 되므로 어느 발달 단계보다 더 중요하다고 해도 과언이 아니다. 여기서는 청소년기의 인간관계 영역을 크게 친구관계, 이성관계, 부모-자녀관계, 교사-학생관계로 구분하여 그 특징을 살펴보고, 특징에 따른 지도 방법을 안내하고자 한다.

1) 친구관계

인간의 발달과정을 살펴보면 아동기에 접어들면서부터 비슷한 나이의 친구들과 어울리는 시간이 많아진다. 특히 학교에 다니면서부터는 친구들과 접촉하는 시간이 많아져 또래집단은 중요한 준거집단이 되고 정보 교환의 통로가 된다. 또래집단은 상호작용을 통해 우정으로 결속되는 집단으로, 상하관계보다는 대등한 관계가 중심이 된다. 또래집단은 아동이나 청소년 발달에 모두 중요한 영향을 미치지만, 청소년기 또래집단은 아동기 또래집단과는 다소 차이가 있다. 아동기의 친구는 주로 놀이를 함께 하는 것에 초점을 두는 반면, 청소년기의 친구는 부모를 대신해서 비밀을 나누고 여가를 함께 한다. 따라서 청소년은 아동보다 좀 더 구조화되고 통합된 또래집단을 형성하며, 또래들과 점차 수평적이고 평등한 상호작용이 증가한다. 또래집단이 영향력 있는 요인이 됨에 따라 청소년들은 친구들을 중요시하게 되고, 친구들과의 참된 우정을 통해 인간관계를 넓혀 나간다(장성화, 구승신, 정옥희, 이주연, 신성철, 정희정, 2012). 청소년기는 가족으로부터의 독립욕구가 강해지면서 평등한 관계를 유지할 수 있는 또래집단에 몰입하는 발달적 특성 때문에 상대적으로 또래관계의 영향력이 강해지고 사회적 동조행동이 많이 증가하며 또래로부터 얻는 지원과 이해 및 인정이 매우 중요하다(이은희, 2005). 청소년기에 들어서면 이러한 관계적 자기가치감, 낭만적 호소력, 우정관계의 질 등이 전반적인 자존감 형성에 영향을 끼치게 되는 것이다(김동일 외, 2014).

자신이 친구들에게 어떻게 보이는가 하는 것은 청소년들의 삶에서 매우 중요하다.

청소년기 친구와의 관계는 평등한 사회적 관계를 정립하는 출발점으로서 긍정적인 또래관계를 통해 정서를 공유할 뿐만 아니라 정체감과 자아개념을 확립한다. 또한 성공적인 사회적 상호작용에 필요한 사회적 기술을 학습하고, 사회성 발달은 물론 인지발달에도 도움을 받는다. 그러므로 긍정적인 또래관계는 청소년기 이후 청년기와 성인기의 바람직한 사회적응에도 지속적인 영향을 미쳐 청소년의 현재뿐만 아니라 미래의 발달에도 매우 중요한 역할을 한다고 볼 수 있다.

Wentzel과 Erdley(1993)의 연구에 따르면, 친구관계를 맺는 데 효과적인 전략은 친사회적 행동과 또래의 승인과 관계가 있고, 부적합한 전략은 반사회적 행동과 관계가 있는 것으로 나타났다(김종운, 박성실, 2011 재인용). 이를 바탕으로 효과적인 친구관계를 맺고 유지하는 데 필요한 태도를 살펴보면 다음과 같다. 첫째, 친절하고 상냥하고 사려 깊게 행동한다. 누구나 자신을 존중하고 배려해 주는 사람을 좋아하기 마련이다. 아무리 가까운 친구 사이라도 친구의 사생활을 존중하지 않고 간섭하려 들거나, 친구의 약점을 들춰내 놀리거나 흉을 본다면 친구관계가 불편해지고 멀어질 수 있다. 둘째, 서로 마음을 나누고 신뢰를 지킨다. 자신의 일상에서의 소소한 기쁨과 고민을 함께 나눌 수 있는 사이가 친한 친구 사이일 것이다. 서로를 믿고 비밀을 공유했다면 친구가 자신의 생각과는 다르게 행동한다거나 혹은 다른 사람들이 친구를 다르게 보더라도 친구에 대한 신뢰를 지키는 모습은 친구에게 감동을 준다. 나를 믿어 주는 친구를 신뢰하게 되는 것은 자연스러운 일이다. 셋째, 친구가 곤경에 처했을 때 도와준다. 별로 도와줄 수 있는 게 없다고 생각할 수 있지만 때로는 정서적인 지지만으로도 큰 힘이 된다. 이러한 지지는 관계의 만족도를 높이고 서로를 더 친밀하게 느끼게 해 준다. 넷째, 서로의 장점을 칭찬하고 본받는다. 누구에게나 장단점이 있기 마련이다. 단점보다는 장점에 주목하고 그 장점을 알아봐 주는 친구가 좋은 친구일 것이다. 교사는 이러한 청소년기 또래관계의 특징을 잘 이해하고 학생들이 진실하고 참된 우정을 쌓아 갈 수 있도록 관심을 기울여야 할 것이다.

2) 이성관계

사춘기에 해당하는 청소년 시기에는 신체적 성징이 뚜렷이 나타나게 되고 이성에 대한 관심이 높아져 이성관계가 시작되는 시기이기도 하다(권석만, 2004). 아름답고 성숙한 이성관계로 발전하기 위해서는 사랑에 대한 기본적인 이해가 필요하다. 사랑은 설렘과 기대, 기쁨과 행복, 불안과 고통 등 복잡미묘한 정서적 경험이라 그 실체를 파악하기 어렵지만 Sternberg(1998)는 사랑의 삼각형이론(triangular theory of love)을 통해 사랑의 기본적인 구성요소와 사랑의 다양한 형태를 명쾌하게 설명하였다. 사랑의 세 가지 구성요소는 정서적 측면의 친밀감(intimacy), 동기적 측면의 열정(passion), 인지적 측면의 의사결정과 헌신(decision & commitment)으로, 이 세 가지 요인이 적절히 조화를 이룰 때 완전한 사랑을 이어 갈 수 있다(김종운, 박성실, 2011 재인용).

첫째, 친밀감은 서로의 감정을 공유하고 정서적 지지를 해 주는 것으로, 높은 수준의 자기개방을 수반하고 서로의 개인적 정보를 공유한다. 즉, 친밀감은 만남의 횟수와 교제 기간에 비례하여 서서히 증가하는 사랑의 따뜻한 측면이다. 둘째, 열정은 서로의 관계 속에서 생리적으로 흥분시켜 사랑하는 사람과 함께 있고 싶은 강렬한 욕망을 동반한 사랑의 뜨거운 측면이다. 열정은 친밀감과 달리 급속히 일어나며, 때로는 상대방을 처음 만난 순간부터 강렬한 열정을 느끼게 되는 경우도 있다. 그럼에도 불구하고 열정은 교제 기간이 길어짐에 따라 그 강도가 줄어들어 그리 오래 지속되기 어렵다. 셋째, 의사결정과 헌신은 상대방을 사랑하고 그 사랑을 지키겠다는 선택이자 의사결정이며 책임감이다. 그러므로 헌신은 사랑의 차가운 측면이자 인지적이고 이성적인 측면이다.

청소년기의 사랑은 흔히 친밀감이나 열정으로 시작되지만 헌신이 수반되지 않는 낭만적 사랑(romantic love)에 그칠 때가 많다. 적어도 이성 간 친구관계는 동성 간 친구관계에는 없는 도전에 부딪히게 되는데(정태연 역, 2015), 가장 분명한 것은 실제적이거나 잠정적인 성적 매력일 것이다. 연애감정 없는 이성 간 친구관계도 가능할 수 있지만 그러한 종류의 관계를 정의하기는 쉽지 않다. 그러므로 이성관계에서는 특히 서로를 아끼고 배려하며 존중하는 태도가 필요하다. 흔히 자신이 생각하는 사랑의 표현을 상대방도 좋아할 것이라고 가정하지만 그렇지 않은 경우가 훨씬 많다. 반대로 상대방이 원한다면 내가 불편하거나 싫어도 기꺼이 함께하는 것이 사랑이라고 생각하기도 한다. 그러나 한쪽이 더 많이 희생하는 관계는 오래가지 못한다. 끊임없는 의사소통을 통해 서로를 진심으로 이해하고 알아 간다면 좋은 이성친구는 서로의 상

청소년 데이트폭력

연인관계에서 발생하는 폭력을 말하는 데이트폭력은 이성교제에서 발생할 수 있는 가장 심각한 문제 중 하나로, 이성교제를 경험하는 청소년이 늘어남에 따라 청소년들의 데이트폭력 역시 증가하고 있다.

데이트폭력은 데이트 상대로부터의 신체적, 성적, 감정적, 또는 언어적 학대는 물론 관계가 종결된 이후에 지속되는 심리적 손상까지도 포함한다(한국데이트폭력연구소, http://www.stoptrauma.co.kr/). 신체상해나 성추행은 물론, 비난과 무시, 고함과 욕설, 사생활 감시 및 통제, 경제적 피해, 스토킹[1] 또한 데이트폭력에 해당한다. 특히 소셜 미디어의 시대, 사이버 폭력이나 스토킹으로 사람들을 괴롭히는 것이 그 어느 때보다 쉬워졌다. 또한 격렬한 질투, 열정적인 싸움 그리고 과한 사랑의 표현들을 낭만적으로 묘사하는 무분별한 미디어에 노출된 청소년들은 이러한 행위가 학대적인 관계의 초기 징후일 수 있음을 인식하기 어렵다. 따라서 데이트폭력의 예방을 위해서는 이성교제를 시작하기 전에 친밀한 관계에서의 동의, 존중, 경계에 대해 사전 교육이 이루어지는 것이 필요하다.

첫째, 이성교제 시 데이트 상대의 중요한 자질이 무엇인지, 관계를 좋게 혹은 나쁘게 만드는 요소는 무엇인지, 그리고 관계 속에서 존중은 어떻게 보이는지 생각해 보도록 한다. 친밀한 관계의 기본은 서로 간의 신뢰와 존중이라는 것을 이해한다면 서로를 이해하고 배려하려는 노력은 필수적이다. 둘째, 본인이 어떻게 대우받고 싶은지를 상대에게 전달하고, 선을 넘었을 때 명확한 의사표현을 하도록 한다. 청소년들이 데이트를 시작하기 훨씬 이전에, 가족, 친구들과 함께 자신의 경계를 설정할 수 있도록 해야 한다. 상대방에 대한 예의나 호감 때문에 거절하지 못한다면 내 진심을 전달하고 이해받을 기회를 계속 놓치게 되고 진실된 관계를 만들어 갈 수 없다. 셋째, 주변에 걱정되는 행동을 하는 커플을 본 적이 있는지, 본인이 그런 상황에 처했던 적이 있는지, 만약 불편하거나, 통제당하거나, 압박을 받거나, 위협을 느낀다면 어떻게 대처할 것인지 함께 생각하고 논의해 본다. 데이트폭력은 단순한 사랑싸움이 아니라 심리사회적 지원이 필요한 범죄라는 것을 인식하고 함께 예방하고 대처하려는 자세가 필요하다.

1) '스토킹(stalking)'이란 상대방의 의사에 반(反)하여 정당한 이유 없이 상대방 또는 그의 동거인, 가족에 대하여 접근하거나 따라다니거나 진로를 막아서는 행위 등을 하여 상대방에게 불안감 또는 공포심을 일으키는 것을 말하며, 2021년 「스토킹범죄의 처벌 등에 관한 법률」이 시행되면서 법적 처벌을 받을 수 있는 범죄행위에 해당한다.

황을 다른 관점에서 볼 수 있는 기회를 제공하기도 하고 동성 간 친구관계가 주지 못하는 색다른 우정과 사랑을 경험하도록 하기도 한다. 교사는 학생들이 청소년기 소중한 이성관계의 시작을 긍정적으로 경험하고 배워 갈 수 있도록 관심과 주의를 동시에 기울여야 할 것이다.

3) 부모-자녀관계

사람은 누구나 부모-자녀라는 인연으로 세상에 태어난다. 자녀가 성장함에 따라 부모-자녀관계는 다양한 형태로 상호작용하며 변화를 거치게 된다. 부모는 어린 자녀를 보호하고, 어린 자녀는 부모에게 의존하기 마련이지만, 청소년기에 접어든 자녀의 경우 신체적 · 심리적 성장이 이루어지면서 자기주장이 강해지고 부모로부터의 심리적 독립을 추구하게 된다(권석만, 2004). 청소년은 아동보다 부모의 통제를 더 많이 느끼고 저항하기 시작하며, 평등한 부모-자녀관계를 원한다. 이 시기의 자녀는 자신의 옷차림새, 학업과 취미활동에서부터, 친구관계, 가치관, 진로선택에 이르기까지 스스로 결정하고 행동하고자 하는 반면, 부모는 자녀를 여전히 어리다고 생각하여 자녀의 선택과 결정에 적극적으로 관여하고자 한다. 청소년기의 부모-자녀관계가 이러한 변화를 겪는다고 해서 그 관계의 중요성이 떨어지거나 기능상 의미가 감소하는 것은 아니다. 청소년들은 내외적 요인의 압력과 변화 때문에 불안과 긴장 속에서 부모와 갈등을 겪을 수 있지만, 점차 이러한 상황에 적응하면서 부모에 대한 태도 또한 점점 긍정적으로 변화한다(Feldmman & Quatman, 1988: 정태연, 2022 재인용).

모든 부모는 자녀에 대해 무조건적인 애정을 가지고 자녀가 바람직한 성인으로 성장하기를 바라는 마음이 간절하지만, 자녀에게 애정을 표현하는 정도나 방법은 다양하다(김계현 외, 2020). 어떤 부모는 자녀를 지나치게 보호하고 통제하는 방식으로 애정을 표현하고 어떤 부모는 자녀가 원하는 대로 허용함으로써 애정을 표현한다. 어떤 자녀는 부모의 지나친 간섭과 통제에 숨이 막힌다고 느끼고, 어떤 자녀는 부모의 허용이 무관심으로 느껴져 상처를 받기도 한다. 이렇게 부모의 애정표현 방식과 자녀의 기대 간의 차이로 부모-자녀 간에 갈등은 골이 깊어진다.

따라서 청소년기의 자녀는 독립적인 성인으로 성장하기 위해 부모로부터 점진적으로 심리적 독립을 이루어 나가는 것이 필요하다. 아울러 부모는 자녀의 자율적이고 자발적인 행동을 격려하며 자녀의 심리적 독립을 지원하는 것이 중요하다. 심리적 독립이 부모에 대한 반항이나 결별을 의미하는 것은 아니다. 오히려 자녀의 자율성을 무시한 부모의 과도한 통제와 간섭이 자녀의 저항을 초래하여 부모와의 관계를 소원하게 만들 수 있다. 서로의 애정을 유지한 채 자녀의 자율성을 점진적으로 인정하며 서서히 자녀의 심리적 독립을 지원하는 것이 부모의 중요한 역할이다. 아울러 자녀는 서서히 부모에 대한 의존에서 벗어나 자율적이고 책임 있는 행동을 통해 점진적인 심리적 독립을 이루어 나가는 것이 필요하다. 이러한 과정에서 대부분의 부모와 자녀는 크고 작은 갈등을 경험하게 되며 이러한 갈등을 자유로운 대화와 타협을 통해 지혜롭게 해결하는 것이 중요하다. 부모가 자녀의 변화를 이해하고 공감적으로 소통한다면 이는 자녀의 인지 · 정서 · 사회적 발달을 촉진할 수 있다. 교사는 이러한 과정을 잘 이해하고 학생들이 부모로부터 점진적으로 심리적 독립을 이루어 나갈 수 있도록 학생들을 지도하고, 학부모 상담 및 교육에도 주의를 기울여야 할 것이다.

4) 교사-학생관계

교사와 학생 간의 관계는 본래 가르치고 배우는 교육 장면을 전제로 한 계약적이고 제한적인 만남이지만 다른 인간관계와는 다른 독특한 측면을 가지고 있다. 교사는 단순히 학생들에게 지식을 전달하는 교수자일 뿐만 아니라, 때로는 부모를 대신하기도, 때로는 친구를 대신하기도 하며, 학생의 인생에 결정적인 영향을 미칠 수 있는 중요한 역할을 하기 때문이다. 교사는 학생들에게 가장 대표적인 인생의 모델이 된다. 학창시절 만났던 좋은 선생님을 본받아 교사가 되기로 결심하기도 하고, 나쁜 선생님을 경험하고 나서 반면교사(反面教師) 삼아 좋은 교사가 되기로 결심하는 경우도 있다. 이렇듯 교사의 가치관과 태도는 학생들의 성장과 발달에 매우 큰 영향을 미치므로 교사는 학생들의 모델로서 자신을 항상 돌아보고 점검할 필요가 있다.

학생들은 친구들 외에 부모보다 더 많은 시간을 선생님들과 학교라는 한 공간에서 보내면서, 교사로부터 더 많은 사랑과 인정을 받고 싶어 한다. 교사로서 학생에 대해 편견을 갖지 않고 동등하게 대하는 것이 강조되지만, 교사도 사람인지라 더 호감이

가는 학생이 있고 마음에 들지 않는 학생이 있기 마련이다. 중요한 것은 이러한 자신의 마음을 알아차리고 최대한 드러나지 않도록 노력하는 것이다. 이러한 학생에 대한 평가 및 선호를 학생들이 알아차린다면 학생들은 애초부터 선생님과의 인간적인 교류를 피하게 되기 때문이다. 학생들이 학교생활에 애착을 느끼고 즐겁게 생활하려면 친구들과의 관계뿐 아니라 교사와의 관계 또한 중요하다. 따라서 교사로서 먼저 학생 개개인에게 관심을 갖고 보다 깊이 있게 이해하려는 태도가 필요할 것이다.

3. 대인관계 지도의 실제

여기서는 지금까지 배운 대인관계의 기초와 청소년 대인관계의 특성을 토대로 실제 대인관계 지도에서 활용할 공감대화법과 대인관계 향상을 위한 집단상담 활동을 소개해 보고자 한다.

1) 공감대화–비폭력대화

비폭력대화(nonviolent communication)는 국제평화단체 CNVC(The Center for Nonviolent Communication)의 설립자이자 교육책임자인 Marshall Rosenberg가 강조한 비폭력적인 삶의 언어이다. 우리가 매일 쓰는 언어와 대화방식을 바꿈으로써 따뜻한 세상을 이루고자 하는 비폭력, 평화의 정신을 담은 의사소통법으로 공감대화라고도 한다. 비폭력은 우리 생각을 지배하고 있는 이기심, 탐욕, 미움, 편견, 의심, 공격성과 같은 부정적인 생각 대신 우리 안에 잠재해 있는 긍정적인 면, 즉 다른 사람에 대한 사랑과 존중, 이해, 감사, 연민, 배려가 우리 마음을 채우고 밖으로 나타날 수 있도록 하는 것이다(캐서린 한 역, 2011).

Rosenberg는 서로 폭력적으로 행동하게 만드는 특정한 말과 대화 방식을 '삶을 소외시키는 대화'라고 하면서 그러한 대표적인 유형의 대화로 '평가와 판단'을 들었다. 평가와 판단은 자신의 가치관과 맞지 않는 다른 사람의 행동을 나쁘다거나 틀렸다고 하는 것으로 비난, 모욕, 비하, 비교 등이 여기에 포함된다.

"너는 너무 이기적이어서 문제야." "왜 그렇게 게을러 터졌어?" 이런 언어를 사용할 때 우리는 다른 사람들의 행동이 뭔가 잘못됐다는 관점에서 생각하고 말하는 것이다. 이렇게 판단하고 평가하는 것은 사실 우리 자신의 가치관과 욕구를 비틀어 표현하는 것으로 볼 수 있다. 예를 들어, "폭력은 나쁘다. 다른 사람에게 폭력을 행사하는 것은 나쁜 짓이다."라는 평가 대신 "나는 폭력으로 갈등을 해결하는 것이 두렵다. 나는 다른 방법으로 사람들 사이의 갈등을 해결하는 것에 가치를 두기 때문이다."라고 자신의 욕구와 가치관을 직접적이고 분명하게 표현할 수 있을 것이다. 이러한 긍정적인 진실성을 담은 대화는 서로의 마음을 왜곡 없이 주고받을 수 있도록 한다.

NVC 모델의 네 단계(캐서린 한 역, 2011)는 다음과 같다.

(1) 관찰: 우리 삶에 영향을 미치는 행동을 구체적으로 관찰한다

어떤 상황에서 실제로 일어나고 있는 것을 있는 그대로 관찰한다. 관찰한 상대방의 행동이 나에게 유익하든 그렇지 않든, 내가 좋아하든 그렇지 않든 판단이나 평가를 내리지 않고 관찰한 바를 명확하고 구체적으로 말하는 것이다. 예를 들어, "얘가 맨날 절 무시해요."라고 말하는 학생에게 관찰한 사실만을 이야기하게 한다면 "제가 인사했는데 인사 안 받아 주고 그냥 지나갔어요."라고 고쳐 말할 수 있을 것이다. 이

표 7-1 평가와 관찰을 구별하기

표현에 쓰는 말	평가가 섞인 관찰	평가와 분리된 관찰
1. Be 언어(~이다): 행동을 전반적인 성격 특성이나 인격으로 확대시켜 표현하는 것	• 이건 미친 짓이야! • 너는 게을러.	• 넌 지금 우리 12명이 모두 네 차로 갈 수 있다고 말하는 거야. • 너는 방 청소를 일주일에 한 번도 안 하는구나.
2. 사실이 아닌 능력을 나타내는 표현	• 그는 형편없는 축구 선수야.	• 그는 20차례 경기에 나가서 한 골도 넣지 못했어.
3. 형용사나 부사를 자신의 평가임을 밝히지 않고 쓰는 것	• 잰 못생겼어.	• 나는 저 아이의 외모에 끌리지 않아.
4. '자주' '항상' '모두'와 같은 표현	• 너는 너무 자주 지각을 해.	• 너는 일주일에 두 번은 지각을 해.

렇게 평가와 분리된 관찰은 평가나 판단 없이 상대방의 행동이나 말을 바라볼 수 있게 해 줌으로써, 다른 사람의 말이나 행동을 상대방의 의도와 상관없이 자신의 판단으로 평가하고 해석하여 받아들이는 일을 줄여 줄 수 있다.

(2) 느낌: 관찰에 대한 자신의 느낌을 표현한다

상대방의 행동을 보았을 때 어떻게 느끼는가를 말한다. 기뻤는지, 슬펐는지, 즐거웠는지, 화가 났는지 등 나에게서 일어나는 느낌을 알아차리고 표현하는 것이다. 이때 느낌과 느낌이 아닌 것을 구분할 필요가 있다. 우리가 느낌이라고 표현하지만 사실은 느낌이 아니라 평가인 경우가 많다. 자신에 관한 생각을 나타내는 표현을 대표적인 예로 들 수 있는데, 예를 들어 "나는 머리가 나쁜 것 같아."라는 표현은 자신의 능력에 대한 평가로 이에 대한 느낌을 표현한다면 "나는 성적이 좋지 않아. 나 자신이 실망스러워."처럼 자신이 부족하다는 평가 이면에 있는 실망, 불안, 좌절과 같은 감정을 표현할 수 있다. 또한 대인관계에서 주로 일어나는 나에 대한 다른 사람들의 반응과 태도를 나타내는 표현 중에 흔히 "내가 오해를 받고 있다고 느껴져." 또는 "나는 무시당하고 있다고 느껴."와 같은 표현은 느낌이라기보다는 다른 사람이 나를 어떻게 이해하고 생각하고 있는지, 다른 사람의 말이나 행동에 대한 나의 해석에 가깝다. 내가 오해를 받고 있다고 생각된다면 이 상황에서의 불편감은 "내가 오해를 받고 있는 것 같아 속상해." "무시당하는 것 같아 화가 나."와 같이 표현할 수 있을 것이다.

(3) 욕구: 그러한 느낌을 일으키는 욕구, 가치관, 원하는 것을 찾아낸다

내가 알아차린 느낌이 내면의 어떤 욕구와 연결되는지를 이야기한다. 다른 사람의 말과 행동은 우리 느낌의 자극이 될 수는 있어도 원인은 아니다. 느낌은 그 말과 행동을 어떻게 받아들이기로 했는가에 따라 달라질 수 있으므로 우리가 어떻게 자신의 느낌을 일으키는지에 대한 책임을 받아들일 필요가 있다.

다른 사람을 비판하고, 비난하며, 분석하고, 해석하는 것은 자신의 욕구를 돌려서 표현하는 것이다. 예를 들어, 어떤 사람이 "넌 나를 한 번도 이해한 적이 없어!"라고 했다면, 실제로 그는 이해받길 바라는 자신의 욕구가 충족되지 않는다는 말을 하는 것으로 볼 수 있다. 누군가가 우리에게 부정적으로 말했을 때 자신을 탓하거나 다른

사람을 탓하지 않고, 우리 자신의 느낌과 욕구를 인식하며, 더 나아가 상대방의 부정적인 말 속에 숨어 있는 느낌과 욕구를 알아준다면 서로의 욕구를 충족할 수 있는 방법을 찾을 가능성은 훨씬 커질 것이다.

(4) 부탁: 구체적인 행동을 부탁한다

부탁이란 내 삶을 더 풍요롭게 하기 위해서 그리고 상대방과 좋은 관계를 유지하기 위해서 상대방이 나에게 해 주기를 바라는 것을 표현하는 것이다. 욕구가 충족되지 않았을 때 내가 관찰하고, 느끼며, 원하는 것을 표현한다. 이어서 구체적인 부탁, 즉 욕구를 충족할 수 있는 행동을 부탁하는 것이다. 예를 들어, 학생한테 "머리가 너무 긴데 좀 자르지 그래?"와 같은 말은 명령이나 공격으로 들리기 쉽다. "머리가 너무 길어서 혹시나 앞이 안 보일까 걱정된다. 그러다 다치기라도 할까 봐…… 머리를 조금만 자르는 게 어때?"라고 부탁할 수 있을 것이다.

부탁과 강요의 차이

듣는 사람이 자기가 그 부탁을 들어 주지 않으면 비난이나 벌을 받을 것이라고 생각한다면 그 부탁은 강요로 받아들여지고 있는 것이다. 특히 우리가 힘 있는 지위에 있을 때, 과거에 위압적인 방식으로 권위를 행사한 사람들을 겪은 적이 있는 사람은 우리의 말을 강요로 받아들이기 쉽다(캐서린 한 역, 2016). 부탁이 강요가 아니라 진정한 부탁이라는 것을 다른 사람이 믿을 수 있도록 하기 위해서는 기꺼이 들어 줄 수 있을 때에만 우리의 부탁을 들어 달라는 뜻에서 의문형으로 표현하는 것도 한 방법이다. "칠판 좀 지워."라고 하기보다는 "칠판 좀 지워 줄래?" 하고 물어보는 것이다. 또한 부탁이 강요가 아니라는 점을 전달하는 가장 효율적인 방법은 사람들이 우리의 부탁을 들어 주지 않을 때 부탁을 들어 주기 어려운 마음을 공감해 주는 것이다.

비폭력대화 적용의 예

이번 주에 이미 세 번이나 『춘향전』 중에서 정해진 부분을 읽어 오라는 숙제를 안 한 채 수업에 들어온 학생이 있다고 가정해 보자. 그런데 여러분은 학생들과 비폭력대화를 하겠다고 결심한 터라, 그 학생에게 "게으르고 무책임하구나."라고 말하고 싶은 충동을 꾹 참는다. 그리고 평가를 전혀 하지 않으면서 관찰한 것을 이야기하고("내 질문에 '과제물을 읽지 않았어요.'라고 대답하는 것을 들으니"), 이어서 자신이 그에 대해 어떻게 느끼는지 밝히고("난감하구나."), 다음으로 그 느낌을 욕구와 연결시켜 본다("난 네가 공부하는 데 도움을 주고 싶거든. 이걸 안 읽고 어떻게 한국 문학에 대해 배울 수 있을지 모르겠어."). 마지막으로 학생이 할 수 있는 일을 명확하게 부탁하는 것이다("『춘향전』을 읽지 않은 이유가 무엇인지 말해 줄 수 있겠니?").

2) 대인관계 향상을 위한 청소년 집단상담 활동

집단상담은 서로의 '상호작용적 과정'을 통해 이루어지기 때문에 특히 대인관계 향상을 목적으로 하는 교육 및 생활지도에 효과적으로 활용할 수 있다. 학교 집단상담은 주로 구조화 집단의 형태로 이루어진다. 구조화 집단(structured group)이란 집단상담의 주제를 다루기 위해 사전에 계획된 활동을 일정한 절차에 따라 진행하는 집단의 형태를 말한다(강진령, 2015). 반면, 비구조화 집단은 집단지도자의 개입과 활동에 대해 미리 정해진 틀이 없이 집단원들 간의 상호작용에서 '지금-여기'에 초점을 맞추어 이루어지는 집단의 형태이다. 청소년기는 자신의 생각을 언어로 조직하고 적절하게 표현하는 능력, 자신의 정서에 대한 통찰력, 집단에서 일어나는 역동을 활용하여 다른 사람들과 원활하게 관계하는 능력 등이 부족하므로 프로그램이 없는 비구조화 집단상담에 참여하는 것은 부담스러운 경험이 될 수 있다(홍경자 외, 2009). 따라서 구체적인 체험과 경험을 통한 학습, 인지적인 작업, 흥미를 북돋우는 작업 등으로 이루어진 구조화 프로그램을 활용하는 것이 좋다. 또한 구조화 집단상담은 비구조화 집단상담에 비해 진행이 용이하면서도 교사의 개인적 능력보다는 구조화한 활동의 질에 의해 집단상담의 효과가 좌우되기 때문에 교사가 운영하기에도 부담이 적다. 청소년들을 대상으로 집단상담을 운영할 때에는 청소년의 발달 단계와 또래들과의 상호작용을 고려하여 이러한 집단상담 활동을 적절히 사용하는 것이 유익하다.

집단상담 활동은 다음과 같은 장점이 있다. 첫째, 재미와 긴장완화를 제공함으로써 주의를 환기시키고 적극적으로 활동에 참여할 수 있도록 한다. 둘째, 경험적 학습의 기회를 제공한다(김춘경 외, 2015). 활동을 통해 지적인 토론을 하는 것보다 주제를 보다 깊이 탐구하고 체험하도록 하는 데 도움을 준다. 셋째, 활동을 통해 집단원들에 대한 정보를 얻을 수 있다. 청소년 집단상담에서 치료적 요인을 가장 많이 촉진하는 대표적인 활동으로 '칭찬 세례' '인생 그래프' '피드백 주기' '나의 장단점' '나에게 영향을 준 사람들' '역할 놀이' '빈의자 기법' '심리극(드라마) 만들기'를 들 수 있다(이숙영, 권경인, 2003). 이러한 구조화 프로그램에 자연스럽게 참여하는 가운데, 청소년들은 제한된 시간 내에 상담자와 집단 구성원들이 원하는 바람직한 행동의 변화를 이루어 내고, 그들이 발달 과업을 성취해 나가는 데 그리고 성장기의 어려움을 극복해 나가는 데 도움을 받을 수 있다. 여기서는 대인관계 지도를 위해 활용할 수 있는 친밀감 및 신뢰감 형성을 촉진하는 대표적인 집단상담 활동 몇 가지를 소개하고자 한다.

(1) 둘씩 짝지어 자기소개하기

목표 및 기대효과	서로에게 관심을 기울이고 친밀감을 형성한다.
준비물	• 메모지, 필기구
단계	진행절차
들어가기(5분)	활동에 대해 간단히 소개한다.
활동 1(10분)	• 빈 메모지와 필기구를 나누어 준다. • 둘씩 짝을 지어서 서로 마주본다. 10초 정도 서로의 눈을 바라보면서 다음 질문에 대한 답을 맞추어 보도록 한다. –이 친구의 이상형은? –좋아하는 영화 장르는? –요즘 가장 고민거리는? • 서로의 답이 얼마나 맞았는지 확인해 본다. –서로의 답을 확인하는 과정에서 서로를 알아 갈 수 있도록 한다. –많이 맞춘 사람에게 어떻게 맞출 수 있었는지 물어 본다. –선물을 줄 수도 있다. • 이 경험이 어떠했는지 전체적으로 소감을 나눈다.

활동 2(30분)	• 둘씩 짝을 지어서 서로를 인터뷰한다. 인터뷰 질문은 다음과 같다. –이름 또는 별명의 유래와 의미는? –요즘 가장 고민거리는? –자유 질문(서로에게 궁금한 것) • 인터뷰한 내용을 집단(모둠) 전체에게 소개한다. • 소개를 하는 마음, 소개를 받는 마음에 대해 전체 집단에서 나눈다.
정리하기(5분)	전체 과정을 통해서 자신에 대해 느낀 점이나 깨달은 점에 대해 경험을 나눈다.
유의사항	• 전체 진행시간에 따라 활동 1을 생략하고 활동 2를 진행할 수 있다. • 참여인원에 따라 적절하게 모둠을 나누어 진행한다.

(2) 내 문제? 다른 사람 문제?

목표 및 기대효과	비슷한 고민을 공유하고 피드백함으로써 동질감을 느끼고 이타주의를 학습할 수 있다.
준비물	• 메모지, 필기구, 고민상자
단계	**진행절차**
들어가기(5분)	활동에 대해 간단히 소개한다.
본활동(35분)	1. 학생들에게 메모지를 나눠 준다. 2. 최근 고민하고 있는 문제를 무기명으로 적고 잘 접어 고민상자에 넣도록 한다. 문제는 처음 보는 사람이 잘 이해할 수 있도록 가급적 구체적으로 쓰도록 안내한다. 3. 고민상자 속의 고민들을 잘 섞은 다음, 각 모둠별로 한 사람이 대표로 나와 메모지 하나를 선택하도록 한다. 4. 집단원들은 선택한 고민에 대해 피드백을 해 준다.
정리하기(10분)	전체 과정을 통해서 자신에 대해 느낀 점이나 깨달은 점에 대해 경험을 나눈다.
유의사항	• 학생들 간에 어느 정도 신뢰감이 형성된 후에 실시한다. • 참여인원에 따라 적절하게 모둠을 나누어 진행한다. • 자신의 고민을 선택했을 때에는 자신의 고민이 아닌 것처럼 읽도록 할 수도 있고, 본인이 괜찮다면 자신임을 밝힐 수도 있다.

(3) 칭찬 세례

목표 및 기대효과	서로의 장점을 확인하면서 자존감을 높여 주고 친밀감을 형성한다.
준비물	없음
단계	진행절차
들어가기(5분)	활동에 대한 전반적인 내용과 활동의 의미에 대해 간략히 설명한다.
본활동(35분)	1. 집단원 중 한 사람이 지정된 자리에 앉는다. 2. 다른 집단원은 솔직하게 주인공의 좋은 점과 칭찬해 줄 만한 점들을 사방에서 폭탄 세례를 하듯이 얘기해 준다. 3. 모든 집단원이 빠짐없이 칭찬 세례를 받도록 반복한다.
정리하기(10분)	전체 과정을 통해서 자신에 대해 느낀 점이나 깨달은 점에 대해 경험을 나눈다.
유의사항	집단원에 대해 막연한 좋은 느낌만을 전달하는 것이 아니라 보다 구체적인 행동이나 특성을 함께 전달할 수 있도록 촉진한다.

사례로 이해하는 대인관계 지도

"○○랑 같은 반 안 되면 좋겠는데 가능할까요?"

지원이가 상담을 하고 싶다고 찾아왔다.

지원: 선생님, 제가 지금 반에서 사이가 안 좋은 애들이 있는데, 3학년 때 같은 반 안 되는 게 가능할까요?

교사: 같은 반 안 하고 싶을 정도면 많이 힘들었겠네. 오죽하면 나한테 와서 같은 반 안 되고 싶다고 말을 하겠니?

지원: 네.

교사: 좀 더 얘기해 줄 수 있겠어?

지원: 원래 친했는데 혜교가 저를 좀 오해해서 SNS에 저격 글 올리고 걔랑 친한 애들한테 전부 말해서 지금은 애들이 저랑 말도 잘 안 해요.

교사: 혜교가 오해를 해서 글도 올리고 다른 애들한테 말해서 다른 애들도 영향을 받은 것 같다는 거지? 많이 속상하겠네. 그런데 뭘 오해한 거야?

지원: 혜교 남친이랑 저랑 편한 사이라서 같이 통화하고 그랬는데 혜교가 그걸 오해한 것 같아요.

교사: 넌 그냥 편한 사이라 스스럼없이 연락한 건데 혜교는 그게 기분이 안 좋았던 모양이네.

지원: 네. 그래서 그걸로 SNS에 내 욕 하고 친한 친구들한테 막 얘기해서 다른 친구들도 저를 나쁘게 보는 것 같아요.

교사: 그래. 무슨 말인지 알겠다. 넌 사심 없이 한 행동인데 그런 오해를 받으니 많이 억울하고 속상했겠네.

지원: 네. 그래서 같은 반 안 됐으면 좋겠어요.

교사: 불편한 친구랑 같은 반 안 되고 싶겠지. 그런데 혜교랑은 어떻게 되고 싶은 거야? 원래 친하게 지낸 사이였고, 오해로 벌어진 일이니까 이대로 끝내고 싶지는 않을 것 같은데?

지원: 잘 모르겠어요.

교사: 마음이 많이 상해서 지금은 생각하기 어려운 모양이네.

지원: …….

교사: 오해를 풀고 다시 예전처럼 친하게 지내고 싶지는 않은 거구나?

지원: 자꾸 이런 일이 생기니까 친하게 지내는 건 힘들 것 같아요. SNS에 그런 글 올리고 다른 친구들도 저를 그렇게 보는 것 같아서 너무 힘들어요.

교사: 친하게 지내지는 않아도 오해를 풀고 그렇게 불편하지 않게 지내고 싶긴 하겠다.

지원: 네. 사실 제가 자기 남친이랑 친하게 지내는 게 마음에 안 들 수는 있을 것 같아서 그건 좀 미안하거든요.

교사: 그래? 혜교가 오해할 만한 부분이 있다는 걸 인정하는 거야? 너 참 훌륭하다! 혜교한테 얘기해 봤어?

지원: 아니요. 지금은 서로 아는 척도 안 하니까…….

교사: 답답하겠네. 미안한 마음도 전하지 못하고, 그런 의도가 아니었다는 것도 말 못하고.

지원: 그래서 오해 풀고 서로 인사하는 사이가 되면 좋겠어요. 그러려면 당분간 좀 떨어져 있어야 될 것 같아요.

교사: 네가 원하는 모습이 있고 그걸 위해서 이렇게 나한테 찾아와 주니 참 반갑고, 도와주고 싶어. 그런데 반을 배정하는 건 선생님 마음대로 할 수 있는 게 아니라서 그렇게 해 주겠다는 약속은 못해 줄 것 같은데…… 서운하지?

지원: 아니, 네. 조금이요.

교사: 선생님이 제안하고 싶은 게 하나 있는데 들어 볼래?

지원: 뭐요?

교사: 혜교한테 먼저 미안한 마음을 전해 보는 거야.

지원: 어떻게요? 저랑 말도 안 하려고 하는데…….

교사: 내가 혜교라고 생각하고 한번 해 봐.

지원: 미안해, 혜교야. 네가 화났을 것 같아. 미안해.

교사: (혜교 입장에서) 아니야.

지원: 근데 나는 네 남친이랑 그냥 편해서 통화한 건데 네 입장에서는 화날 수도 있을 것 같아서 미안해. 이제 오해 풀면 좋겠어.

교사: 그리고 네가 원하는 걸 덧붙여서 얘기해 봐.

지원: 오해 풀렸으면 SNS에 나에 대한 저격 글 안 올리면 좋겠어. 다른 친구들까지 오해해서 나 그동안 너무 힘들었어.

교사: 잘하네. 어때? 얘기해 보니?

지원: 얘기해 보면 좋을 것 같아요.

출처: 한국교사힐링센터(http://comm.tongsaem.net)의 공감교실이야기 제79호
충북 추주연 선생님의 사례를 발췌하여 각색함.

앞의 사례는 친구관계에서 일어난 갈등을 다루고 있다. 우리는 대인관계에서 여러 가지 이유로 갈등을 겪게 된다. 갈등이 발생하는 이유 중 하나는 우리가 여러 측면에서 상호의존하고 있기 때문이다(정태연, 2022). 관계에서 서로가 원하는 것은 내 뜻대로만 되는 것이 아니라 상대방의 결정이나 행동에 달려 있다. 이러한 상황에서 나와 상대방의 욕구나 신호, 행동이 서로 일치하지 않을 때 우리는 갈등에 직면하게 되고, 이러한 갈등은 친밀한 관계에서 더 자주 발생할 수 있기 때문에 이를 잘 해결하는 것이 관계를 유지하고 발전시키는 데 매우 중요하다.

갈등이 발생하면 그 문제를 회피하거나 개입해서 다루거나 결정을 해야 하는데 사례에서 지원이는 갈등을 회피하는 것을 선택하고 선생님을 찾아왔다. 사건이 논쟁을 할 만큼 충분히 중요해 보이지 않거나, 잘잘못을 따지기가 어렵고 다룬다고 해서 좋을 것이 없을 때 사람들은 보통 갈등을 회피한다. 반면, 갈등사건을 직접 다루고자 할 때에는 서로가 수용할 수 있는 해결책이나 결과물을 찾아내기 위해 의사소통하는 과정이 필요하다. 사례에서 교사는 학생에게 미안한 마음을 먼저 전달함으로써 이러한

대화를 시도해 볼 것을 제안하고 있다. 화해는 서로 간의 부정적인 감정을 줄이고 문제해결을 위해 기꺼이 나서겠다는 의도를 지닌 행동으로, 주어진 문제보다 관계의 회복과 유지가 더 중요하다는 인식과 화해를 청하는 사람이 상대방을 비난하기보다 책임이 자신에게 있다는 것을 먼저 인정하는 것을 포함한다(정태연, 2022). 따라서 이러한 의도를 충분히 전달하면 다른 쪽도 화해로 응답함으로써 합리적으로 갈등을 해결할 수 있는 가능성을 높일 수 있다.

수업활동 1

느낌과 욕구를 표현하기

1. 다음 표현을 자신의 느낌과 욕구를 연결함으로써 자기 느낌에 대해 책임을 지는 표현으로 바꾸어 봅시다.

   1) 네가 수업에 늦게 들어오면 화가 나.

   2) 내 말을 잘못 알아들은 것 같아서 선생님이 좀 속상하네.

   3) 어떻게 그런 행동을 하는지 이해할 수가 없어.

2. 다음의 순서대로 칭찬이나 감사를 표현해 봅시다.

   1) 내 인생에 중요한 영향을 주었거나 내가 고맙게 생각하고 있는 사람을 떠올려 봅시다.

   2) 그 사람이 한 행동이나 말 중의 하나를 관찰한 사실대로 써 봅시다.

   3) 그 사람의 행동이나 말로 나의 어떤 욕구가 충족되었나요?

   4) 그것을 떠올리면 나는 어떤 느낌이 드나요?

수업활동 2

실전! 대인관계 지도

다음 상황에서 교사로서 나는 어떻게 하면 좋을지 생각해 봅시다.

1. 수업이 시작된 줄도 모르고 학생 둘이 멱살을 잡고 싸움이 한창이다. 이유인즉슨, A가 친구들 앞에서 최근 부모님이 이혼한 B에게 "네 아빠가 엄마 버렸다며?"라고 시비를 걸며 놀렸고, 화가 난 B가 A를 때리자 서로 멱살을 잡고 씩씩대고 있는 상황에서 수업을 들어간 당신이 이 광경을 목격했다.

2. 학급에서 교우관계를 조사하는데 한 여학생이 또래 여학생들이 이야기하는 연예인 이야기나 화제에는 관심이 없는데 또래 남자애들하고는 관심사가 잘 맞아서 같이 어울렸더니 남자애들하고만 다닌다고 여자애들이 욕한다며 토로한다.

3. 수학시간에 일부 학생들이 선생님께 장난을 치자 화가 난 선생님은 몇몇 학생들을 혼내고 밖으로 내보냈다. 그런데 전혀 장난을 치지 않았던 한 학생이 그중에 포함되었다. 그 학생은 몹시 화가 나서 씩씩대고 있다. 당신은 그 친구가 오후 내내 열심히 공부하고 있었다는 것을 알고 있다.

4. 한 학생이 고민이 있다며 상담을 요청해 왔다. 이유인즉슨, 친구들이 "카톡 방에서 내 말만 무시하는 것 같아 기분이 좋지 않은데 방에서 나오자니 괜히 내가 예민한가 싶고, 그냥 있자니 찐따 같다."는 거다.

부록 성인애착유형검사(ECR-R)

▶ 다음 문항은 친밀한 관계에서 정서적으로 경험하는 느낌에 관한 질문입니다. 각 문항을 읽고 자신의 경험과 생각에 가장 적절하다고 여겨지는 것에 ✓표시해 주시기 바랍니다.

문항	내용	전혀 그렇지 않다. ①	②	③	④	⑤	⑥	매우 그렇다. ⑦
1	다른 사람들과 지나치게 가까워지는 것을 원하지 않는 편이다.							
2	가끔 다른 사람들은 분명한 이유 없이 나에 대한 그들의 감정을 바꾸곤 한다.							
3	다른 사람들과 가까워지는 것은 비교적 쉽다.							
4	다른 사람들이 나에게 가까워지려고 하면 불편하다.							
5	다른 사람들에게 모든 것을 다 이야기 한다.							
6	다른 사람들은 내가 화나 있을 때만 나에게 주목하는 것 같다.							
7	다른 사람들은 내 욕구를 잘 이해한다.							
8	버림받을까 봐 걱정하는 일은 별로 없다.							
9	다른 사람들과 여러 가지에 대해 의논한다.							
10	내가 다른 사람들에게 관심을 갖는 것만큼 그들도 내게 관심을 가져 주지 않을까 봐 걱정한다.							
11	다른 사람들에게 내 마음속 깊은 감정을 드러내는 것을 원치 않는 편이다.							
12	다른 사람들 기대에 못 미칠까 봐 걱정된다.							
13	다른 사람들이 내가 얻고자 하는 애정과 지지를 보내 주지 않을 때는 화가 난다.							
14	내가 다른 사람들에게 호감을 표현했을 때 그들이 나와 같은 감정이 아닐까 봐 걱정된다.							
15	다른 사람들이 나를 진심으로 사랑하지 않을까 봐 자주 걱정한다.							
16	다른 사람들에게 속내를 털어놓는 것이 편하지 않다.							
17	다른 사람들은 나 자신에 대해 회의를 하게 만든다.							
18	필요할 때 다른 사람들에게 의지하는 것은 도움이 된다.							
19	다른 사람들을 의지하는 것이 어렵다.							
20	내가 다른 사람들에게 갖는 호감만큼 그들도 내게 강한 호감을 가지기를 자주 원한다.							
21	다른 사람들과의 대인관계에 대해 걱정이 많다.							
22	매우 가까워지고 싶은 나의 욕구 때문에 사람들이 내게서 멀어지기도 한다.							

23	다른 사람들이 나를 떠날까 봐 걱정하는 일은 거의 없다.							
24	다른 사람들은 내가 바라는 만큼 나와 가까워지려고 하지 않는다.							
25	다른 사람들이 잠시 떠나 있으면 그들이 나 아닌 다른 누군가에게 관심을 갖게 될까 봐 걱정한다.							
26	다른 사람들의 사랑을 잃을까 봐 두렵다.							
27	다른 사람들과 가깝게 지내는 것이 매우 편하다.							
28	다른 사람들에게 다정하게 대하는 것이 쉬운 일이 아니다.							
29	다른 사람들에게 의지하는 것이 편하게 느껴진다.							
30	다른 사람들에게 의지하는 것은 쉬운 일이다.							
31	다른 사람들이 나와 함께 있기를 원하지 않을까 봐 자주 걱정한다.							
32	다른 사람들과 가까워지는 것은 어렵지 않다.							
33	내 걱정거리나 문제를 보통 다른 사람들과 상의한다.							
34	사적인 감정과 생각을 다른 사람들과 나누는 것에 대해 편안하게 느낀다.							
35	다른 사람들이 내게 너무 가까워지려고 하면 불안하다.							
36	다른 사람들이 나에 대해 알게 되면 그들이 있는 그대로의 내 모습을 좋아하지 않을까 봐 두렵다.							

※ 애착 불안 문항: 2, 6, 8*, 10, 12, 13, 14, 15, 17, 20, 21, 22, 23*, 24, 25, 26, 31, 36
애착 회피 문항: 1, 3*, 4, 5*, 7*, 9*, 11, 16, 18*, 19, 27*, 28*, 29*, 30*, 32*, 33*, 34*, 35
(*은 역채점 문항을 표시)

※ 점수 계산은 각 '문항 점수 합계/18'로 하고 점수에 따른 애착 유형 결과는 다음과 같다.

- 안정형 애착: 회피점수 2.33 미만, 불안점수 2.61 미만
- 집착형 애착: 회피점수 2.33 미만, 불안점수 2.61 이상
- 거부형 회피애착: 회피점수 2.33 이상, 불안점수 2.61 미만
- 공포형 회피애착: 회피점수 2.33 이상, 불안점수 2.61 이상

출처: 최보배(2016).

참고문헌

강진령(2015). 학교상담과 생활지도: 이론과 실제. 학지사.

권석만(2004). 젊은이를 위한 인간관계의 심리학(개정증보판). 학지사.

김계현, 김동일, 김봉환, 김창대, 김혜숙, 남상인, 천성문(2009). 학교상담과 생활지도. 학지사.

김계현, 김동일, 김봉환, 김창대, 김혜숙, 남상인, 천성문(2020). 학교상담과 생활지도(3판). 학지사.

김동일, 김은하, 김은향, 김형수, 박승민, 박중규, 신을진, 이명경, 이영선, 이원이, 이은아, 이제경, 정여주, 최수미, 최은영(2014). 청소년 상담학 개론. 학지사.

김성현(2004). 친밀 관계 경험 검사 개정판 타당화 연구: 확증적 요인분석과 문항 반응 이론을 중심으로. 서울대학교 대학원 석사학위논문.

김은하(2013). 상담학에서 공감 연구에 대한 고찰: 국내 주요 상담학술지를 중심으로. 상담학연구, 14(5), 2851-2867.

김종운, 박성실(2011). 인간관계 심리학. 학지사.

김창대 역(2009). 애착(*attachment*). Bowlby, J. 저. 나남. (원저는 1969년에 출판)

김춘경, 박지현, 손은희, 송현정, 안은민, 유지영, 이세나, 전은주, 조민규, 한은수(2015). 청소년 집단상담 프로그램. 학지사.

노성덕(2014). 학교 또래상담(2판). 학지사.

박성희(2004). 공감학: 어제와 오늘. 학지사.

신명희, 강소연, 김은경, 김정민, 노원경, 박성은, 서은희, 원영실, 황은영(2010). 교육심리학. 학지사.

이경숙 역(2005). 존 볼비와 애착이론(*John Bowlby & Attachment Theory*). Holmes, J. 저. 학지사(원저는 1993년에 출판)

이숙영, 권경인(2003). 집단상담활동의 치료적 요인에 대한 청소년 상담자의 평가. 청소년상담연구, 11(1), 68-83.

이은희(2005). 청소년의 친구관계에 관한 연구. 관동대학교 대학원 석사학위논문.

장성화, 구승신, 정옥희, 이주연, 신성철, 정희정(2012). 청소년 심리 및 상담. 정민사.

정태연 역(2015). 인간관계와 의사소통의 심리학(*Looking out looking in*)(14th ed.). Adler. R. B., & Proctor, R. F. 공저. 교육과학사. (원저는 2010년에 출판)

정태연(2022). 대인관계와 의사소통의 심리학. 학지사.

주은선 역(2012). 상담의 기술(*Helping Skills: Facilitating Exploration, Insight, and Action*) (3rd ed.). Hill, C. E. 저. 학지사. (원저는 2009년에 출판)

최보배(2016). 병원 간호사의 성인애착유형에 따른 직무스트레스와 대처방식의 차이. 단국대

학교 대학원 석사학위논문.

캐서린 한 역(2011). **비폭력 대화**(*Nonviolent Communication*). Rosenberg, M. B. 저. 한국NVC센터. (원저는 2003년에 출판)

캐서린 한 역(2016). **삶을 풍요롭게 하는 교육**(*Life-Enriching Education*). Rosenberg, M. B. 저. 한국NVC센터. (원저는 2003년에 출판)

한상철, 이수연, 임순선, 류수현, 김우철(2012). **청소년심리 및 상담**. 정민사.

홍경자, 김창대, 박경애, 장미경(2009). **청소년 집단상담**. 한국청소년상담원.

Barrett-Lennard, G. F. (1981). The empathy scale: Refinement of a nuclear concept. *Journal of Counseling Psychology, 28*, 91-100.

Neumann, M., Bensing, J., Mercer, S., Ernstmann, N., Ommen, O., & Pfaff, H. (2009). Analyzing the "nature" and "specific effectiveness" of clinical empathy: A theoretical overview and contribution towards a theory-based research agenda. *Patient Education and Counseling, 74*, 339-346.

Schramm, W. (1954). How communication works. In W, Schramm (Ed.), *The process and effects of mass communication*. Urbana-Champaign, IL: University of Illinois Press.

Shannon, C. E., & Weaver, W. (1949). *The mathematical theory of communication*. Urbana-Champaign, IL: University of Illinois Press.

제8장

특수아

학교현장에는 다양한 특성을 가진 학생들이 존재하며, 이러한 학생들의 교육적 요구를 반영한 교육과 지도를 위한 교사의 지식과 역량이 요구된다. 특히 최근 통합교육[1]이 일반화되면서 전체 특수교육대상 장애 학생의 70% 이상이 일반학급에 통합되어 교육받고 있어(교육부, 2022), 특수아에 대한 이해와 이들의 요구를 반영한 지도가 필요하다. 이 장에서는 먼저 학교현장에서 만나게 되는 특수아는 누구인지에 대한 정의를 살펴보고, 특수아를 지도하기 위한 교사의 역할을 살펴볼 것이다. 그리고 특수아의 여러 유형 중에서 학교에서 자주 접하게 되는 몇 가지 유형의 특징과 이들에 대한 지도 방안을 살펴보고자 한다.

1. 특수아의 정의

1) 학문적 정의

특수아가 누구인가에 대한 정의는 학자마다 의견의 차이가 있다. Hallahan과 Kauffman(2000)은 인간의 타고난 잠재능력을 충분히 실현하기 위해 특수교육 및 관련 서비스가 필요한 아동으로 특수아를 정의하고 있고, Heward(2003)는 특수아를 신

1) 통합교육은 특수교육대상 학생이 일반학교에서 장애 유형이나 장애 정도에 따라 차별을 받지 않고 또래와 함께 개인의 교육적 요구에 적합한 교육을 받을 수 있는 것을 말한다.

체 속성이나 학습능력이 일반아동과 달라 개별화된 특수교육 프로그램 및 관련 서비스가 필요한 아동으로 정의하고 있다. Kirk, Gallagher, Coleman과 Anastasiow(2009)도 특수아란 정신적 특성, 감각능력, 의사소통 능력, 행동 및 정서적 발달 또는 신체적 특성에 있어 평균적이거나 전형적인 아동과는 다른 아동이라고 하였다. 김영숙과 윤여홍(2009)에 따르면, 특수아란 일반교실 현장에서 채워질 수 없는 특별한 욕구를 가진 아동으로 특별한 교육적 조치가 필요한 아동이며, 영재아뿐 아니라 심한 장애아 및 경미한 장애아 등 주로 법이 정한 법적 장애 아동과 법에서 정하지 않았으나 특수교육적 조치와 그와 관련한 서비스가 필요한 준장애 아동을 다 포함한다.

이러한 학자들의 정의를 종합해 보면, 학교현장에서 특수아란 단순히 심각한 장애를 가진 아동 및 청소년만을 의미하는 것이 아니라 경미한 장애를 가진 준장애 아동 및 영재아를 포함하여 전반적 발달을 위해 특수한 교육적 서비스가 필요한 모든 학생을 의미한다고 하겠다.

2) 법적 정의

현재 우리나라에서 특수아에 대한 법은 장애 아동과 관련한「특수교육법」[2)]과 영재와 관련한「영재교육 진흥법」이 있다.「특수교육법」에서는 특수아라는 용어 대신 특수교육대상자라는 용어를 사용하여 정의를 내리고 있다. 특수교육대상자[3)]란 특수교육을 필요로 하는 사람으로 선정된 사람을 말하며, 특수교육대상자는 시각장애, 청각장애, 지적장애, 지체장애, 정서・행동장애, 자폐성장애(이와 관련된 장애 포함), 의사소통장애, 학습장애, 건강장애, 발달지체, 그 밖에 대통령령으로 정하는 장애 중 어느 하나에 해당하는 사람 중에 특수교육을 필요로 하는 사람으로 진단・평가된 사람을 선정한다.

2)「특수교육법」은 1979년「특수교육진흥법」을 제정하여 지켜 왔으나, 2007년「장애인 등에 대한 특수교육법」(약칭:「특수교육법」)이 제정되어 2008년 시행되었고, 2022년 10월 18일 일부 개정되어 시행되고 있다.

3) 특수교육대상자의 정의는「특수교육법」제2조 3항에 명시되어 있고, 특수교육대상자 선정에 대해서는 제15조에서 명시하고 있다.

「영재교육 진흥법」[4]에서는 영재를 "재능이 뛰어난 사람으로서 타고난 잠재력을 계발하기 위하여 특별한 교육을 받아야 할 필요가 있는 자"라고 정의하고 있으며, 영재교육대상자는 일반지능, 특수학문적성, 창의적 사고능력, 예술적 재능, 신체적 재능, 기타 특별한 재능 사항에 대하여 뛰어난 성취가 있거나 잠재력이 우수한 사람 중 영재판별 기준에 의거, 판별된 사람을 선정한다.

이 장에서는 특수아의 범위를 영재아를 제외한 특수교육이 필요한 특수교육대상자, 즉 장애 학생을 중심으로 하여 살펴보려고 한다.

2. 특수아 지도를 위한 교사의 역할

국내외적으로 통합교육의 필요성과 인식이 확산되면서 우리나라에서도 통합교육이 증가하는 추세이다. 교육부(2022)의 특수교육통계 자료에 따르면, 특수교육대상 학생 중에서 일반학교에서 통합교육을 받은 학생이 2004년에는 57.1%이던 것이, 2015년에는 70.4%, 2018년 71.0%, 2022년 72.8%로 꾸준히 증가하고 있다. 이처럼 통합교육의 확산으로 일반학교에서 특수아 지도를 위한 교사의 역할은 더욱더 중요해지고 있다.

통합교육 환경에서 특수아 지도를 위한 교사의 역할은 특수아 개개인의 특성에 맞는 지도를 하는 것에 그치는 것이 아니라 특수아와 함께 생활하는 비장애 학생들에게 장애에 대한 올바른 인식을 심어 줄 수 있는 제대로 된 장애이해교육을 실시하는 것 역시 포함된다.

여기서는 먼저 비장애 학생들을 대상으로 한 장애이해교육에 대해 살펴보고, 그 후에 특수아 개개인의 성장과 발달을 위해 교사가 어떠한 역할을 감당해야 하는지에 대해 살펴보고자 한다.

4) 「영재교육 진흥법」은 2000년 1월 제정 · 공포된 이후 현재는 2017년 일부 개정되어 시행되고 있으며, 영재의 정의는 제2조 1항에, 영재교육대상자 선정은 제5조 1항에 명시되어 있다. 현재 영재 선발은 교사관찰추천제를 통해 이루어지고 있으며, 이와 관련한 자세한 사항은 GED 영재교육종합데이터베이스(www.ged.kedi.re.kr)를 참조하기 바란다.

1) 장애이해교육

장애이해교육은 비장애인에게 장애에 대한 잘못된 개념이나 이해를 바로잡아 주고 편견을 없앨 수 있도록 교육하는 것이다(국립특수교육원, 2009). 학교에서 이루어지는 장애이해교육은 비단 이미 형성된 장애인에 대한 편견을 교정하는 역할을 할 뿐만 아니라, 장애인에 대한 편견이 생기기 이전에 장애에 대한 바른 이해와 태도를 가질 수 있도록 돕는 예방적 역할도 감당하게 된다. 비장애 학생과 장애 학생이 함께 생활하며 교육받는 학교현장에서 장애이해교육은 진정한 의미의 통합교육을 실현하는데 중요한 요소라 할 수 있다.

(1) 장애이해교육 현황

우리나라의 장애이해교육은 2003년부터 장애인에 대한 인식 개선을 목표로 전국의 모든 유, 초, 중, 고등학교에서 연 1회 실시하도록 하던 것이 2008년부터는 연 2회 실시로 확대되었다(교육과학기술부, 2008). 최근에는 장애 공감 문화 확산 및 지원체제를 강화하여, 매년 장애이해교육을 연 2회 의무 실시하고 있고, '장애인의 날'에는 특별 기획방송을 활용한 장애이해수업을 확대하고, 장애체험활동을 통한 체험중심 장애이해교육, 전문강사 및 교육콘텐츠를 활용하여 내실 있는 교육을 하도록 하고 있다. 또한 일반학교 장애이해교육 내실화를 위해 '찾아가는 장애이해교실' 운영도 확대하고 있다(교육부, 2022).

현재 시행되고 있는 장애이해교육의 내용과 방법을 살펴보면 각 장애를 체험해 보는 모의장애체험활동 등의 활동중심 교육과 각 장애를 이해할 수 있는 다양한 시청각 수업, 강의식 수업 등의 이해중심 교육 등이 있다. 또한 장애이해교육을 교과 활동과 내용에 포함하여 별도의 장애이해교육을 실시하지 않고 수업시간에 교육과정 통합적으로 교육하는 방안과 이에 대한 효과를 검증하는 연구들도 있다(김정아, 김수연, 2006; 박동환, 2008; 서양원, 이미숙, 2019; 이대식, 김수연, 2013; 이동현, 박지연, 2011; Friend & Bursuck, 2006; Shapiro, 1999).

(2) 문제점과 향후 방향

장애이해교육은 비장애 학생들의 장애인에 대한 인식과 태도 개선에 효과가 있는 것으로 보고되고 있지만, 장애인에 대한 편견과 고정관념을 심화시킬 수 있는 위험도 지적되고 있다(김수연, 2010; 김수연, 권택환, 2004). 장애이해교육에서 제기되고 있는 문제점들을 살펴보면 다음과 같다.

우선, 대부분의 장애이해교육이 학생의 장애 유무에만 초점을 맞추어 장애 학생의 다양한 특성 중 '장애'만을 부각시켜 다른 특성들이나 장점에 관심을 덜 두게 만드는 부작용을 낳을 수 있다(남혜진, 박승희, 2014; 박승희, 김수연, 2003; 박승희, 홍정아, 2009a, 2009b; 한경인 외, 2016). 장애이해교육을 통해 장애 학생을 특별한 사람으로 부각시키거나 장애인은 도움이 필요한 집단이라는 잘못된 편견을 심어 줄 수 있다(남혜진, 박승희, 2014; 박승희, 2010; 박승희, 홍정아, 2009b).

또 다른 문제점으로는 장애이해교육의 내용 자체의 편협성을 들 수 있다. 장애이해교육의 내용이 장애의 불편함과 어려움에 초점을 두고 있는 경우가 많아 장애에 대한 고정관념을 심화하는 경우가 많다(김수연, 2010; 한경인 외, 2016; French, 1992). 장애이해교육에서 많이 사용하고 있는 방법인 장애체험활동의 경우 장애는 불편하고 도움이 필요하다는 점이 강조되어 장애에 대한 부정적 인식이 더 부각될 가능성이 있고(김성애, 2014; 김수연 2010), 학생들이 체험할 수 있는 장애도 감각장애와 지체장애에 국한된다는 한계를 가지고 있다(김수연, 2010).

마지막으로, 장애이해교육을 실시하고 있는 교사 및 교수 자료의 장애에 대한 관점이 비장애 학생의 장애 및 장애 학생에 대한 인식 및 태도에 큰 영향을 미칠 수 있다는 점이다(김수연, 2010; 김정아, 김수연, 2006; 한경인 외, 2016). 교사나 교수 자료가 장애를 개인이 가진 개인적인 불변의 속성이나 결함으로 보는 의료적 모델에 근거한 장애관을 가지고 있다면 장애로 인한 불편이 부각되고 동정에 근거한 도움에 호소할 가능성이 커지게 된다(김수연, 2010; 김정아, 김수연, 2006; 이동현, 박지연, 2011; 한경인 외, 2016).

이러한 문제점들을 기반으로 하여 보다 효과적인 장애이해교육을 실시하기 위해 고려해야 할 점들을 살펴보면 다음과 같다.

첫째, 장애 유무에만 초점을 두는 교육이 아니라 다양성을 수용할 수 있는 교육이 되어야 한다(김성애, 2014; 김수연, 2010, 이대식, 김수연, 2013). 장애이해교육을 통해 학생들은 서로의 다름을 인식하면서도 그 안에서 공통점을 발견할 수 있다. 김성애(2014)는 다양성을 가진 학생들이 서로의 다양성을 존중하고 협력하는 것이야말로 장애이해교육의 효과를 새롭게 하는 핵심요소로 보았다.

둘째, 교사와 교수 자료의 장애인관을 점검할 필요가 있다(김수연, 2010; 한경인 외, 2016). 장애이해교육을 실시하는 교사 자신이나 교수 자료의 장애인에 대한 관점이 의료적 모델에만 치우쳐 있지 않은지 살펴보아야 한다. 장애이해교육은 장애가 고정불변의 속성이 아니라 사회와의 역동적인 상호작용의 문제이며, 사회적 지원에 따라 변화할 수 있는 개념으로 인식할 수 있도록 도와야 한다(김수연, 2010). 예를 들어, 장애체험활동의 경우도 장애의 불편함을 체험하는 것에 그치지 말고, 편의시설이나 보조공학을 통해 불편이 경감될 수 있음을 경험할 수 있도록 구성할 필요가 있다. 장애이해교육에서 활용되는 동화나 교과서 등의 자료에서도 도움을 받아야 하는 대상자로만 장애인을 묘사하는 것이 아니라 능동적으로 상호작용하는 한 사회의 구성원으로서 묘사할 필요가 있다(김수연, 2010).

마지막으로, 일회적이고 집중적인 교육보다는 일상적인 학교생활 속에서 교육이 이루어질 수 있는 방향이 모색되어야 한다. 별도의 시간이나 프로그램이 아니라 평소 교과교육 시간과 교과용 도서를 이용하여 자연스럽게 장애인식개선을 위한 교육이 이루어지도록 하는 '교육과정적 삽입접근'이 효과적이라는 보고도 있다(김정아, 김수연, 2006; 박동환, 2008; 이대식, 김수연, 2013; Friend & Bursuck, 2019; Shapiro, 1999). 학생들에게 장애에 대한 바른 인식과 태도를 갖게 하기 위해서는 한두 번의 의무적인 집중 교육만이 아니라, 교과수업과 학교의 일상생활 속에서 장애 학생과 비장애 학생이 서로 소통하고 상호작용할 기회들을 제공하여 자연스럽게 장애이해교육이 일어날 수 있도록 다양한 방안들을 마련할 필요가 있다.

장애이해교육 프로그램 자료를 다운로드 받을 수 있는 곳

–국립특수교육원(www.nise.go.kr)

–장애인먼저실천운동본부(www.wefirst.or.kr)

–세티넷(www.setea.net)

2) 특수아 지도를 위한 교사의 역할

학교상담과 생활지도를 담당하는 교사는 일반 학생뿐만 아니라 특수아의 전반적 발달과 성취에도 적극적인 역할을 담당해야 한다. 이를 위해 다른 전문가들은 물론이고, 가족과 지역사회와도 긴밀하게 협력할 필요가 있다. 특수아에게 최상의 교육을 제공하고, 그 질을 보장하기 위해 공동의 주인의식을 갖고 특수교사, 상담교사, 치료사, 의사, 행정가, 부모 및 가족, 학생 등 다양한 사람들과 함께 참여하며 협력하는 것을 공동 협력이라고 한다. 교사가 다른 전문가들과 가족, 그리고 지역사회와의 공동 협력을 잘 이루어 나간다면 특수아의 교육적 성취 및 발달에 좀 더 바람직한 영향을 줄 수 있다(조광순, 2001; Vaughn, Bos, & Schumm, 2000). 특수아의 전반적 발달과 성취를 위해 교사가 할 수 있는 공동 협력의 구체적인 역할로서, 전문가와의 협력, 가족과의 협력, 지역사회와의 협력에 대해 구체적으로 살펴보면 [그림 8-1]과 같다.

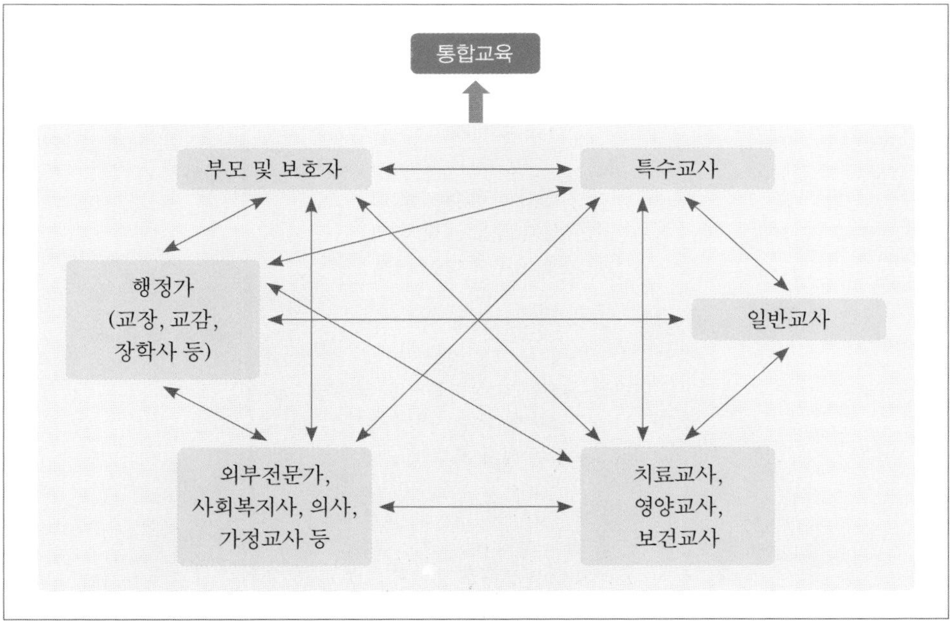

[그림 8-1] 공동 협력 관계망

출처: 이대식, 김수연, 이은주, 허승준(2011).

(1) 전문가와의 협력

학습이나 학교생활에 어려움을 갖는 행동 문제를 보이는 학생들을 전문가에게 의뢰하기 이전에 다양한 조정 방법을 먼저 제공할 수 있다(예: 학생을 교실 앞쪽으로 이동시키는 것, 과제를 완성할 시간을 더 늘려 주거나 과제를 적게 시키는 것, 바람직한 행동에 대해 상과 피드백을 제공하는 것 등). 이처럼 특수교육이나 상담 서비스 등 전문가에게 의뢰하기 전에 다양한 수준의 중재를 제공한 후 학생들의 반응에 따라 적절한 수준의 지원을 결정하는 단계를 중재반응(Response-To-Intervention: RTI)이라고 한다(송미경, 최윤희, 2013).

중재반응은 3차에 걸친 중재를 제공하는 3차원 예방 모델로 개념화되어 있는데, 보편적 중재라고 할 수 있는 1차적 중재는 학교 차원의 중재로서 학교의 전교생을 대상으로 한다. 2차적 중재는 개별화된 중재로서 개별 학생이나 개별 학급을 대상으로 특정한 지원을 제공한다. 3차적 중재는 2차적 중재로 효과를 거두지 못한 학생을 대

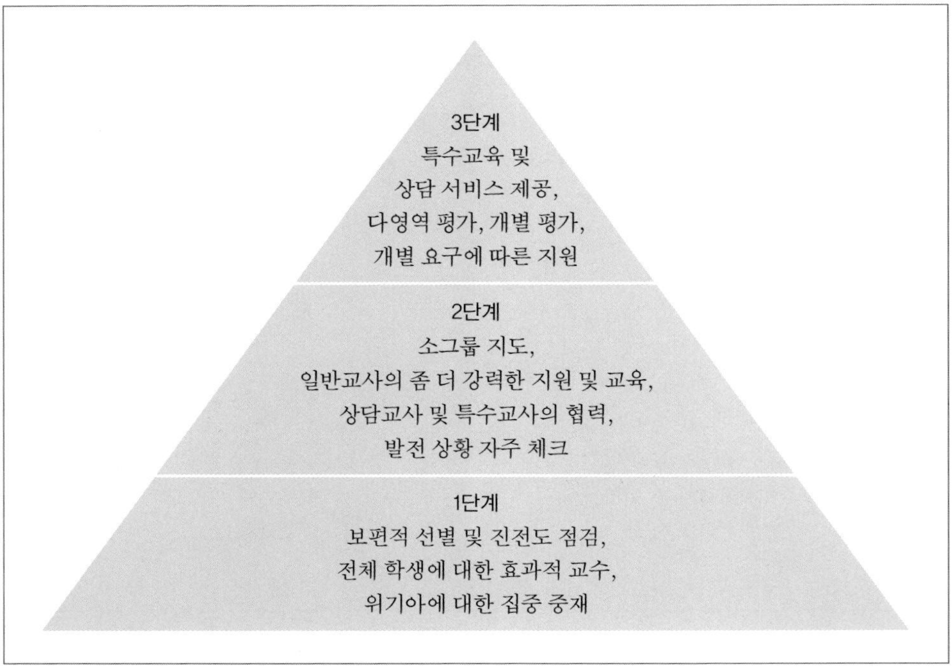

[그림 8-2] 중재반응 모델

출처: Kirk et al (2009): 송미경, 최윤희(2013) 재인용.

상으로 강도 높은 개별화된 지원을 제공하는 것이다(Bradley, Danielson & Doolittle, 2005; Marston, 2001).

의뢰 전 중재로 문제가 해결되지 않은 경우, 즉 다양한 장애로 인해 독특한 특성을 나타내는 학생의 어려움을 해결하기 위해서는 포괄적인 서비스가 필요하다. 한 영역에서 발달상의 지체나 일탈은 다른 영역의 발달에 영향을 미치게 되므로 다양한 전문 영역의 협력적인 접근은 필수적이다.

특히 학교현장에서 가장 핵심적인 협력 주체는 일반교사와 특수교사, 상담교사이다. 일반교사는 특수교사와 상담교사에게 학생의 학업성취도나 사회성숙도, 필요한 지원, 의료적인 요구사항, 보조장치, 상담 서비스에 대한 정보를 공유한다(송미경, 최윤희, 2013). 만일 학교 밖 서비스를 받는다면 심리학자의 자문하에 치료사 간의 협력적인 노력이 필요하다.

이러한 전문가들과의 협력은 단순히 정보를 공유하는 차원에서 벗어나, 학생의 교육 및 치료 목표를 공유하고 각각의 역할을 분담하여 함께 참여하는 실제적인 협력까지 다양한 차원을 포함하며, 일회성 모임이 아닌 정기적인 모임과 협력을 통해 특수아의 진전을 지속적으로 모니터링할 필요가 있다.

(2) 가족과의 협력

학교 및 교사와 부모 및 가족 간의 협력은 특수아의 성공적인 교육에 필수적인 요소이다(송미경, 최윤희, 2013; 이대식 외, 2011). 교사들은 특수아의 문제로 상담을 하거나 지도할 때 부모와 파트너로서의 협력적인 관계를 형성하고 유지하도록 노력해야 하며, 이러한 노력을 통해서 특수아의 교육적 성과에 긍정적 영향을 미칠 수 있어야 한다.

교사가 특수아의 부모 및 가족들과 협력할 때 반드시 기억해야 할 점은 장애아 가족의 경우 장애아를 키우면서 다양한 곳에서 다양한 사람들로부터 거절당한 경험이 있을 수 있다는 것이다. 이로 인해 지나치게 날카롭고, 비판적이며, 방어적일 수 있다. 따라서 부모 및 가족과의 협력적 관계를 유지할 때 교사가 부모의 조력자임을 성실하게 보여 주는 것이 매우 중요하다.

(3) 지역사회와의 협력

한 명의 전문가나 교사가 특수아가 필요로 하는 모든 자원을 제공해 주는 것은 불가능하고, 특수아와 가족은 각각 고유한 특성이 있으므로 필요한 지원의 내용과 범위도 매우 다양하다. 따라서 교사들은 가족이 필요로 하는 지원이나 서비스를 제공하기 위해 지역사회의 다양한 자원에 대해 알고 있어야 한다.

교육부(www.moe.go.kr), 보건복지부(www.mohw.go.kr), 여성가족부(www.mogef.go.kr) 산하에는 특수아를 위한 정책을 담당하는 행정부서가 있으며 관련 서비스를 제공받을 수 있는 해당 기관에 대한 정보들이 많이 있다. 그 외 주민센터, 건강가족지원센터, 정신보건센터, 청소년상담복지센터, 특수교육지원센터, 사회복지관, 장애인복지관, 보건소 등 생애 주기 및 특수아의 상황에 따라 개별 아동에게 필요한 서비스는 지속적으로 변화하므로 교사나 가족, 기관 담당자들은 지역사회 내에 어떤 기관이 있는지, 그곳에서 어떤 일을 하는지 잘 알고 있어야 하며, 이를 적절하게 연결하고 지원하는 코디네이터의 역할을 할 수 있다(송미경, 최윤희, 2013).

3. 유형별 특수아 지도 방안

여기서는 여러 가지 특수아 중에서 학교현장에서 자주 만나게 되는 주의력결핍 과잉행동장애, 자폐스펙트럼장애, 그리고 지적장애를 중심으로 각각의 특성과 지도 방안을 살펴보고자 한다.

1) 주의력결핍 과잉행동장애

(1) 정의

주의력결핍 과잉행동장애(Attention-Deficit/Hyperactivity Disorder: ADHD)는 자신의 행동을 적절하게 통제하지 못하고, 부주의하며, 충동적인 과잉행동을 나타내는 경우를 말한다. 즉, 첫째, 적절한 행동조절의 실패, 부주의(예: 주의산만), 충동적인 과잉행동이 12세 이전에 시작되어 최소한 6개월 이상 지속되고, 둘째, 두 가지 이상이 상황

(예: 학교, 가정, 작업장 등)에서 나타나며, 셋째, 이로 인해 사회적, 학업적 또는 직업적 기능에 심각한 지장이 초래되거나 그 질이 크게 저하될 때 ADHD로 진단된다.

(2) 원인

ADHD의 원인은 크게 유전적 요인, 신경학적 요인, 사회심리적 요인으로 나누어 볼 수 있다.

ADHD는 유전적 취약성이 전수된다고 하지만 무엇이 유전되는지는 아직 분명치 않다고 하며, 출생 시의 미세한 뇌손상이나 출생 후의 고열, 감염, 독성 물질, 대사장애, 외상 등으로 인한 뇌손상 때문에 ADHD가 발생할 수 있다고 한다(김청송, 2015). 최근 양성자방출단층촬영술(PET)을 이용한 대뇌포도당 대사율 연구 결과, ADHD 아동들의 경우 대체로 전전두엽으로부터 줄무늬체, 미상핵을 거쳐 변연계에 이르는 경로의 혈류량 감소가 보고되었고, 뇌의 좌측 전두엽에서 대사율 감소가 발견되었으며, 이 부위의 대사율 감소현상과 ADHD 증상의 심각도 간에 상당한 연관성이 있음이 발견되었다(질병관리청 국가건강정보포털, 2020).

사회심리적 요인의 경우는 과거에 ADHD의 환경적 요인으로 제시되었으나, 별로 지지받지 못하고 있으며, 부모의 자녀 양육 방식이나 부모의 정신병리 등과 같은 사회심리적 요인이 ADHD의 발현에 기여하는 비율은 10%도 되지 않는다고 한다.

(3) 특성

ADHD의 일반적인 특성은 주의집중을 못하고 과잉행동을 한다는 것이지만, 시기와 유형에 따라 조금씩 다른 양상과 특성을 보인다.

먼저, 시기별 특성을 살펴보면, 초등학교 시기의 ADHD 학생들이 주로 수업시간에 주의가 산만하고 집중 시간이 짧아 학업에 집중하지 못하거나 과제를 제대로 하지 못하고 과잉행동을 자주 보이는 것에 비해, 청소년기에 들어서면 과잉행동이 많이 줄어든다. 그러나 적절한 시기에 치료하지 않으면 청소년기에도 문제가 지속할 뿐만 아니라 다양한 영역에서 적응상의 문제를 보이게 된다. 청소년기 ADHD 학생의 행동특성을 간략히 살펴보면 다음과 같다(유형근, 신효선, 김현경, 이혜정, 2010).

- 환경에 대한 부적응 및 좌절로 자아존중감이 낮다.
- 사회 기술의 결핍으로 교우관계에 어려움을 겪는다.
- 학습에 적응하기 힘들고 성적이 낮다.
- 쉽게 싸움을 걸고 말다툼을 하며, 폭력성을 보이고 무단결석을 자주 하는 경향을 보인다.
- 자신감이 없어지고 미래에 대한 희망이 없어 자포자기 경향도 생긴다.
- 우울증에 빠지거나 분노 감정이 누적된다.

ADHD의 진단 유형에 따라 부주의 우세형, 과잉행동-충동성 우세형, 이 두 가지 증상을 모두 보이는 복합형으로 나뉘며, 각각의 특성은 다음과 같다(김청송, 2015).

첫째, 부주의 우세형은 주목할 만한 충동성과 과잉행동의 특징 없이 부주의와 관련된 문제만 뚜렷하게 나타난다. 이들은 주의집중 시간이 또래에 비해 짧은 것이 아니라 지속적으로 주의를 기울이는 것 자체를 힘들어한다. 인지 작용이 느리고, 몽상에 빠져 있는 시간이 많으며, 사람들 사이에서 위축된 것처럼 보인다(Hodgens, Cole, & Boldizar, 2000; McBurnett, Pfiffner, & Frick, 2001). 이들은 다른 유형보다 학습 관련 문제를 경험할 가능성이 크지만, 충동성, 과잉행동, 공격성, 반항, 또래관계 문제 등의 증상은 잘 보이지 않는다.

둘째, 과잉행동-충동성 우세형은 과잉행동, 충동적 행동을 현저히 드러내는 경우로, 복합형과 유사하게 반항장애, 품행장애 등과 같은 공존장애를 지닌 것으로 보고되고 있다(Willcutt, Pennington, Chhabildas, Friedman, & Alexander, 1999). 이 유형은 복합형의 초기 형태이고, 보다 덜 심각한 수준에 해당한다고 볼 수 있다(유형근 외, 2010).

셋째, 복합형은 부주의 증상과 과잉행동-충동성의 증상을 모두 나타낼 뿐만 아니라 공격성 증상이 복합적으로 나타난다. 복합형은 부주의 우세형 학생보다 행동적 문제를 더 많이 가지고 있을 가능성이 있고, 반항장애, 품행장애, 틱 그리고 불안, 우울과 같은 장애를 동시에 가지고 있는 경우가 많아 치료 또는 상담에 가장 많이 의뢰되는 유형이다(유형근 외, 2010; Jensen, Martin, & Cantwell, 1997).

(4) 지도 방안

① 학급 관리 지도

ADHD 학생의 주요 특성인 주의집중 곤란과 산만함, 그리고 과잉행동 등은 수업 시간에 다른 학생들의 학습을 방해할 수 있는 것은 물론이고, ADHD 학생 자신의 학습에도 많은 어려움을 초래한다. ADHD 학생을 포함한 학급 전체의 효율적인 관리를 위해서는 ADHD 학생의 특성을 이해하고 이에 따른 지도 전략이 필요하다. ADHD 학생을 효율적으로 지도하기 위한 교수 전략을 살펴보면 다음과 같다(유형근 외, 2010).

- 일렬로 자리를 배치하고, 주의가 산만해질 수 있는 환경적 요소를 제거하기
- 옆자리에 차분한 학생을 앉히거나 역할모델이 되는 학생과 같은 모둠에 배치하기
- 교실 내에서 돌아다니다 앉을 수 있는 빈 의자 마련하기
- 지켜야 할 규칙이 무엇인지 분명하게 알려 주기
- 학교에서 정해진 일과를 알려 주고, 그날의 할 일에 대해 목록 작성하게 하기
- 학교생활 동안 짧게, 자주 쉴 수 있도록 배려하기
- 움직일 수 있는 기회를 제공하기
- 이해하기 쉽게 간략하고 단순하게 지시하기
- 가능한 한 많은 칭찬과 격려, 배려를 해 주고, 학업 스트레스를 주지 않기
- 교사로서 참을 수 있는 한계를 자각하고, 자신이 감당할 수 있을 정도의 원칙을 적용하기
- 과제는 짧게, 여러 번 수행할 수 있도록 나누어서 제시하기
- 수업은 강의식보다 다감각적 교수 방법에 따라 지도하기
- 학업 기술 및 정리정돈 기술 가르치기

② 약물치료

ADHD의 치료 방법으로 대표적인 것이 바로 약물치료이다. 가장 일반적인 약물은 메틸페니데이트, 덱스트로암페타민, 혼합형 암페타민 솔트, 페몰린 등과 같은 자극제

이다. 자극제 치료는 ADHD 아동의 75% 정도에서 효과가 있으며, 국내외 여러 연구에서 주의력결핍이나 과잉운동, 충동성, 비순응적이고 공격적인 행동을 감소시키는 데 효과적인 것으로 알려져 있다(황지희, 곽영숙, 2013; MTA Cooperate Group, 1999). 그러나 불면증, 식욕 감퇴, 두통, 복통, 우울, 약간의 혈압 및 심장박동 수의 상승과 같은 부작용이 발생할 수 있다. 부모들은 이러한 약물치료의 부작용 혹은 잘못된 정보 등으로 선입견을 갖고 있는 경우가 많아 자녀에게 약물치료를 결정하기를 가능한 한 회피하려는 경향을 보인다(Rief, 2003). 그러므로 교사는 ADHD로 진단된 학생의 약물치료와 관련된 문제를 잘 인지하고 민감하게 대처할 필요가 있다. 교사는 학생을 자세히 관찰하고 학부모, 의사, 보건교사와 약물의 효과에 대해 의사소통해야 한다. 약물치료를 받는 학생과 관련하여 기억해야 할 사항은 다음과 같다(서선진, 서우정, 최종근, 김유리 공역, 2011).

- 약물, 복용량, 복용시간은 학생에 딱 맞는 정확한 처방이 나올 때까지 계속해서 변할 수 있다.
- 학생마다 약물의 효과를 볼 수 있는 시간이 다를 수 있다.
- 학생은 부작용을 경험할 수도 있다.

교사는 학생이 약물 복용 후 학교에서의 수행과 기능을 세심하게 모니터링하고 관찰하여, 학업 수행, 작업 결과물, 과제지속능력, 행동, 관계, 그리고 학생이 경험할 수 있는 부작용 등에 대해 학부모에게 보고해 주어야 한다. 이러한 교사의 관찰과 피드백은 의사가 약물의 복용량을 조절하고 약물의 부작용을 최소화하면서 학생의 증상과 기능에 도움을 주는 데 필수적인 요소이다. 그러나 약물치료는 ADHD 학생들의 낮은 자존감, 우울감 등의 정서적 영역이나 대인관계 대처기술 증진 등에는 별로 효과적이지 못하고, 약물치료 단독보다는 다른 치료들과 병합했을 때 보다 광범위하고 지속적인 효과를 나타낼 수 있다(황지희, 곽영숙, 2013).

③ 인지행동수정 기법

ADHD 학생들에게 효과적으로 사용할 수 있는 대표적인 인지행동수정 기법에는 자기통제능력 훈련과 사회기술 훈련이 있다.

자기통제능력 훈련은 일시적인 충동이나 만족을 억제하고 인내하며 스스로 선택한 결과를 얻기 위해 신중하게 생각하고 행동하여 자신의 인지와 정서 및 행동을 스스로 관리하고 조절할 수 있는 능력을 기르는 기법이다. 자기통제능력 훈련은 부주의하고 충동적인 ADHD 학생들의 문제행동을 개선하는 데 도움이 된다.

사회기술 훈련은 또래와 어울리고 다른 사람들과 친밀한 관계를 유지하는 데 어려움을 경험하는 ADHD 학생들에게 사회기술을 훈련시켜 학교생활에서 야기될 수 있는 여러 가지 대인관계 문제에 도움을 줄 수 있다. ADHD 학생을 위한 사회기술 훈련 프로그램의 목표는 크게 사회적 인식과 사회적 기술을 획득하게 하는 것이다(Barkley, 1990). 사회적 인식이라 함은 ADHD 학생이 자신의 사회적 행동이 다른 사람에게 어떠한 영향을 주는지 스스로 깨닫고 인식하게 하는 것이고, 사회적 기술의 획득은 또래관계를 형성하고 유지하는 데 필요한 기술을 훈련시키는 것으로 다른 학생과 함께 놀이하기, 협력하기, 적절한 대화기술 익히기, 갈등을 건설적으로 해결하기, 자신의 생각과 감정을 다른 사람에게 긍정적으로 표현하기 등을 익히도록 도움을 줄 수 있다.

④ 부모 교육 및 상담

ADHD 아동 및 청소년의 지도에 있어 부모 교육 및 상담은 중요한 역할을 한다. 이미 부모들은 자녀들의 끊임없는 문제행동으로 많이 지쳐 있고, 부모-자녀관계도 부정적인 경우가 많다. 자녀들의 부주의하고 충동적인 행동이 부모의 잘못된 양육으로 인식되는 경우가 많고, 자녀들의 문제행동이 심각해질수록 더 강압적인 지시와 처벌을 하게 되면서 부모-자녀관계가 더 악화되기 쉽다. 따라서 ADHD 자녀를 둔 부모와의 상담과 교육에서는 먼저 ADHD는 잘못된 양육 탓이 아니며 자녀 역시 부모나 교사에게 반항하기 위해 과잉행동과 충동성을 보이는 것이 아님을 이해시켜야 한다. 그리고 약물치료 및 인지행동치료 등의 효용성을 제대로 교육시키는 것이 중요하다. 이러한 부모 교육은 ADHD의 치료에 중요한 역할을 한다(권석만, 2003).

다음은 가정에서 ADHD 자녀들을 지도할 때 적용할 수 있는 부모 역할 지침이다(황매향, 2008).

- 의도적으로 생활 공간 속에 구조를 만들어 준다. 집안 환경을 산만하지 않게 조정하고, 학생의 주의를 분산시킬 수 있는 자극이 될 만한 것을 제거한다. 과제는 짧은 시간에 끝낼 수 있게 부여하고 가능한 한 구체적으로 지시해야 한다.
- 주의집중하는 노력에 대해 반드시 강화해 준다. ADHD 자녀가 주의집중하려고 노력하는 모습이 부모의 기대에 못 미치더라도 약간의 변화와 노력에도 강화를 주고 격려해 주어야 한다. 결과보다는 시도 자체를 칭찬해 주는 것이 중요하다.
- 가능한 규칙을 만들고 그 규칙을 일관성 있게 실행한다. 하루 일과를 가능한 한 정해진 시간에 일정하게 할 수 있도록 도와주고, 부모나 다른 가족들도 함께 모범을 보여야 한다. 즉, 식사 시간이나 귀가 시간, 취침 시간 등이 일정한 것이 좋다.

2) 자폐스펙트럼장애

(1) 정의

자폐스펙트럼장애(autism spectrum disorder)는 사회적 · 정서적 상호작용의 결함, 언어적 · 비언어적 의사소통의 결함, 대인관계를 발전시키고 유지하고 이해하는 데의 결함, 제한된 관심과 기이하고 상동증적인 행동을 반복적으로 나타내는 경우를 말한다. DSM-IV에서는 자폐장애, 레트증후군, 아동기 붕괴성 장애, 아스퍼거장애로 구분해서 부르던 것을 DSM-5에서는 이들 장애가 증상의 심각도만 다를 뿐 모두 연속선상에 존재하는 하나의 장애라는 연구 결과를 반영하여 자폐스펙트럼장애로 묶게 되었다.

(2) 원인

자폐스펙트럼장애의 원인은 주로 출생 전, 출생 중, 출생 후에 야기되는 두뇌의 역기능이나 생화학적 역기능과 관련된 것으로 보고 있다. 현재 생의학 분야의 관련 학자들은 자폐스펙트럼장애가 두뇌 발달 이상이나 두뇌 신경손상과 밀접하게 관련되어 있다는 데 동의한다. 자폐스펙트럼장애인의 소뇌와 대뇌 피질의 이상이 발견되고 두뇌의 화학적인 작용과 관련된 요인, 특히 두뇌 신경전달물질의 이상이 언급되고 있다.

(3) 특성

자폐스펙트럼장애는 사회성의 결여와 언어적 문제 또는 의사소통의 문제, 제한되고 반복적인 양상을 보이는 행동 등 세 가지 핵심적인 증상을 특징적으로 보인다. 자폐스펙트럼장애의 주요 특징을 살펴보면 〈표 8-1〉과 같다.

표 8-1 자폐스펙트럼장애의 주요 진단 특징

구분	특징
사회적·정서적 상호작용의 결함	• 유아기부터 부모를 알아보거나 눈 맞춤이 없음 • 사회적 미소가 없음 • 사람이나 사회적 상호작용 대신 사물에 높은 집착을 보임 • 타인을 시각적·공간적으로 지각하나 마음을 읽지 못함 • 부모와의 상호작용이 결여됨
의사소통의 장애	• 구어와 발달지연(옹알이가 없거나 적음), 옹알이나 말할 때 음색, 음률, 리듬이 비정상적임 • 이상한 단어나 구절을 사용하거나 반향언어나 대명사 사용에 혼란이 있음 • 몸짓이나 동작과 같은 비언어적 의사소통을 이해하는 데 문제가 있음 • 상대방과 함께 동일 대상에 주의를 기울이고 상호작용을 하는 능력이 부족함 • 다른 사람에게 말을 걸거나 지속하는 능력에 현저한 장애가 있음 • 불필요한 내용을 말하거나 엉뚱한 주제로 옮겨 가기도 함
제한된 관심과 행동의 반복성	• 몸을 앞뒤로 흔들기, 발끝으로 걷기, 빙글빙글 돌기, 팔이나 손을 흔들기 등과 같은 고집스럽고 강박적이고 반복적인 행동을 지속함 • 반복적인 동작성 매너리즘(예: 손이나 손가락으로 딱딱거림)을 보이기도 함 • 특정 장난감, 진공청소기, 특정 숫자나 노래에 집착하는 것과 같은 제한된 관심을 가짐 • 가구 배치나 계획된 일정을 바꾸는 것에 분노하는 등 동일한 방식의 행동에 병적인 집착을 보임

출처: 김청송(2015).

(4) 지도 방안

① 학급 관리 지도

자폐스펙트럼장애 학생들의 학습과 학교생활의 적응을 돕기 위해서는 자폐스펙트럼장애의 사회성 결여와 언어적 문제 또는 의사소통의 문제, 제한되고 반복적인 양상을 보이는 행동 등과 같은 주요 특성들을 이해하고 이에 따른 학급 관리 지도 전략이 필요하다. Pierangelo와 Giuliani(2008)는 자폐스펙트럼장애 학생과 함께하는 교사들에게 다음과 같은 학급 관리 전략을 제안하고 있다.

㉠ 구조화되고 예측 가능한 학급 환경을 제공하라.

자폐스펙트럼장애 학생들은 예상할 수 없는 상황에서 불안함을 느끼므로, 어디에서 무엇을 하게 되는지 분명하게 예측할 수 있는 구조화된 환경을 만들어 주는 것이 좋다.

㉡ 개인의 요구에 맞춘 시각적 일과표를 제공하라.

자폐스펙트럼장애 학생들의 일과 계획은 전체 학생들의 일과 계획과 맞추어 주되, 학생의 요구에 맞추어 조정해야 한다. 자폐스펙트럼장애 학생들은 그림이나 사진과 같은 시각적 자료에 대한 이해가 높으므로, 활동 변화를 이해하고 다음 활동이 무엇인지 이해할 수 있도록 시각적인 형태로 일과표를 만들어, 학생들의 책상 가까이에 부착해 놓으면 도움이 된다.

㉢ 학생들에게 감각의 과부하 또는 과소화를 줄 수 있는 문제 영역에 대한 교수 계획과 비교수적 활동들을 검토하라.

감각의 과부하나 과소화는 자폐스펙트럼장애 학생들에게 문제행동을 유발할 수 있으므로 잠재적인 좌절감을 동반하는 과제에 침착하게 대응할 수 있도록 유용한 감각 경험을 만들어 주어야 한다.

㉣ 긴장을 푸는 기회와 영역을 제공하라.

자폐스펙트럼장애 학생들은 쉴 수 있는 고요하고 편안한 지정 장소가 필요할 수도 있다. 몸을 흔들거나 다른 자기 자극 행동과 같은 어떤 움직임을 갈망하는 학생들은 이러한 움직임이 허용된 시간과 장소가 필요하다.

㉤ 또래 친구들과 의미 있는 접촉 기회를 제공하라.

특정 상황에서 어떤 행동이 기대되는지 가르쳐야 한다. 이러한 사회적 행동은 또래와의 접촉 기회를 통해 학습될 수 있다.

㉥ 학생의 변화를 위한 준비와 전환 계획을 하라.

자폐스펙트럼장애 학생들은 종종 활동, 환경 또는 계획된 일과가 변화하면 많은 스트레스를 받는다. 시각적 일과표는 필요한 변화를 이해하고 적응하도록 돕는 데 유용하다. 삽화와 함께 제공되는 상황 이야기를 이용하여 새로운 상황에 학생을 준비시킬 수 있다.

② 문제 상황별 지도

㉠ 공격행동과 자해행동

다른 사람의 머리채를 잡거나, 흥분하여 할퀴고 꼬집는 경우, 혹은 자기 뺨이나 머리를 심하게 때리는 등 이러한 공격행동과 자해행동은 특히 청소년기에 있는 자폐스펙트럼장애 학생의 경우 자신이나 타인에게 위해가 될 수 있기에 적극적이고 빠른 대처가 중요하다. 많은 경우, 자폐스펙트럼장애 학생들이 보이는 공격행동과 자해행동의 원인은 의사소통의 실패에 기인할 수 있다(최주언 역, 2015). 따라서 자폐스펙트럼장애 학생들이 공격행동이나 자해행동을 할 때는 왜 이러한 부적응행동을 하는 것인지에 대해 생각해 볼 필요가 있다.

Iwata, Dorsey, Slifer, Baumna와 Richman(1994)은 발달장애를 보이는 학생들의 자해행동이 다음과 같은 네 가지 범주의 기능적 역할을 하는 것으로 제시한다.

- **관심 끌기/접근 범주**: 원하는 것을 얻기 위해 부적응행동을 하는 것이다. 교사나 주변 학생들의 관심을 끌기 위해 다른 사람의 머리채를 잡아당기거나 자기 뺨을 때리는 등의 행동을 할 수 있다.
- **회피/도피 범주**: 싫어하는 것을 피하려고 부적응행동을 할 수 있다. 또래나 교사에게 공격행동을 함으로써 원치 않는 과제 활동에서 도피할 수 있다.
- **감각 자극 중심 범주**: 특히 자폐스펙트럼장애 학생들은 자극이 필요할 때 자기 뺨을 때리거나 머리를 부딪치는 등의 자해행동을 할 수 있다.
- **고통 경감 범주**: 자폐스펙트럼장애 학생들의 경우, 다양한 감각 자극에 민감하거나 둔감하게 반응하는 경향이 있다. 특정 소리나 자극에 민감한 경우 그러한 자극에서 오는 고통을 피하려고 부적응행동을 할 수 있다.

이러한 네 가지 범주 이외에도 자폐스펙트럼장애 학생들의 공격행동이나 자해행동과 같은 부적응행동의 원인은 매우 다양하며 이러한 원인을 찾아 해결해 주려는 노력이 필요하다.

공격행동과 자해행동을 보이는 학생을 지도하는 순서는 다음과 같다(김형준, 2011). 첫째, 공격행동이나 자해행동이 있는 학생의 경우 일단 때리는 순간 제지한다. 둘째, 그다음 흥분을 가라앉혀 주고 안정감을 준다. 보통은 눕혀서 가슴을 눌러 주거나, 꽉 안아 주기, 손 잡기 등을 통해 감각을 자극하면 진정시키는 데 도움이 된다. 셋째, 교육을 시작한다. "때리면 안 돼."라고 말한다. 그리고 부적응행동에 대한 적절한 대안 행동을 제시해 준다. 예를 들어, 손을 물 때 퍼즐 맞추기를 시키거나, 반갑다고 다른 사람의 머리카락을 잡아당길 때 하이파이브를 하도록 지도할 수 있다.

㉡ 변화를 거부하는 행동

매일 아침에 등교하면 교실로 가서 수업을 듣는데, 현장학습 가는 날처럼 교실이 아닌 운동장에서 버스를 타야 하는 경우, 이를 심하게 거부하고 교실로 간다고 고집을 부릴 수 있다. 구조화된 일과에서 벗어난 행동을 해야 하는 경우 이를 심하게 거부하고 고집을 부리거나 난동을 피우는 행동은 교사나 주변 사람들을 당황하게 한다.

이러한 행동은 자폐스펙트럼장애 학생들이 예측할 수 없는 상황에서는 불안함을 느끼는 것에 기인할 수 있다. 이들은 장소나 물건, 사람에 집착하고 장면의 전환에 적응하지 못해 패닉에 빠지기도 한다(김은진 역, 2005). 자폐스펙트럼장애 학생들의 동일성에 대한 고집을 다루기 위한 전략들은 다음과 같다(곽승철 외 공역, 2010).

- 최소한의 전환과 함께 일관되고 예측 가능한 환경을 제공하는 것이 중요하다.
- 시각적 일과표의 사용은 학생의 일과와 관련된 정보와 발생할 수 있는 변화에 대한 준비를 도와줄 수 있다.
- 시각적 · 청각적으로 미리 알려 주는 것이 도움이 된다. 학생에게 일상에서 가능한 변화와 관련한 정보를 많이 제공한다. 예를 들어, 현장학습 가는 날은 등교하기 이전에 미리 시각적 일과표를 보여 주면서 "오늘은 학교 가면 운동장으로 가서 버스 타고 현장학습 가는 날이야."라고 반복적으로 알려 준다.

③ 부모 교육 및 상담

자폐스펙트럼장애 학생의 지도에 있어서 부모와의 협력은 매우 중요하다. 청소년기의 자폐스펙트럼장애 학생의 부모들은 이미 장애와 중재 프로그램, 그리고 자녀에 대한 풍부한 식견과 경험이 있다. 교사가 부모들의 경험과 지식, 그리고 특수교사 및 다른 전문가와 긴밀하게 협력한다면 자폐스펙트럼장애 학생의 교육과 지도에 많은 도움이 된다.

부모와의 협력적인 관계를 형성하고 효율적인 부모 상담을 하기 위해 고려할 점들은 다음과 같다(곽승철 외 공역, 2010).

- 청소년기 자폐스펙트럼장애 자녀를 둔 부모의 스트레스와 고민을 이해해야 한다. 이 시기의 부모들은 아동기에 보였던 열성적인 태도가 누그러지고, 치료에 대해서도 지쳐 있을 가능성이 있고, 고등학교에서 성인기로의 전환에 대해서도 많은 고민을 할 수 있다.
- 부모 상담을 시작할 때 학생의 장애, 학생의 병력, 과거 중재와 효과성, 그리고 학생의 강점과 성장 범위에 대한 자연스러운 이해가 필요하다. 교사는 부모의 경험과 목표, 자녀에 대해 가지고 있는 희망 등을 이해해야 한다.

- 교사는 부모에게 학교 시스템이 어떻게 작동되는지, 학교에서 어떻게 교육적 결정이 이루어지는지에 대해 알려 주어야 한다.
- 자폐스펙트럼장애 학생의 지도와 교육 목표를 세우기 위해 부모뿐만 아니라 특수교사, 보조교사, 치료 전문가 등 다른 전문가들과도 공동 협력하여 팀 접근을 한다.
- 부모와 효과적인 협력을 위해서는 의사소통 계획을 잘 세우는 것이 중요하다. 직접 면대면의 상담뿐만 아니라 알림장, 가정-학교 간의 의사소통 책, 노트, 편지, 전화 통화 등 다양한 방법으로 의사소통을 할 수 있고, 부모들이 요구하는 의사소통의 방식과 양을 확인하는 것이 중요하다.

3) 지적장애

(1) 정의

지적장애는 지적발달장애(intellectual developmental disorder)라고도 하며, 정신지체(mental retardation)로 알려졌던 장애로, 「특수교육법」에서는 지적 기능과 적응 행동상의 어려움이 함께 존재하여 교육적 성취에 어려움이 있는 사람이라 정의하고 있다.

DSM-5에서는 지적장애를 지능이 비정상적으로 낮아서 추리력, 문제해결, 계획 세우기, 추상적 사고, 판단력, 학습능력과 같은 정신 활동에 제약이 있는 경우로 명시하고 있다. 그 결과 개인적 · 사회적 적응 기능에 큰 어려움이 수반되며, 지능은 지능지수(Intelligence Quotient: IQ) 70 미만의 낮은 수준을 나타낸다(김청송, 2015).

(2) 원인

현재까지 알려진 지적장애의 유발원인은 유전 또는 염색체 이상, 감염성 질환, 신진대사장애, 생후 양육 환경의 문제로 구분할 수 있다. 다운증후군, 프래더윌리증후군, 취약성X-증후군, 클라인펠터증후군 등과 같은 염색체 이상 질환은 지적장애를 일으키는 요인과 깊은 관련이 있다. 풍진이나 매독, 인플루엔자 등 감염성 질환에 산모가 걸릴 경우도 지적장애의 위험성이 커진다. 또한 페닐케톤 뇨증과 선천성 갑상선 기능저하증과 같은 신진대사장애도 지적장애를 유발하는 것으로 알려져 있다. 추락이나 각종 사고로 인해 아동의 뇌에 손상이 생길 경우 역시 지적장애를 유발하며, 수은이나 납과 같은 중금속 독성물질이나 환경오염물질의 중독 역시 지적장애의 원인이 될 수 있다. 그 외에 사회경제적 수준이 낮고 극심한 빈곤과 불우한 가정에서 성장한 경우, 지능발달에 필요한 다양하고 풍부한 지적 자극을 받지 못하고 성장한 경우, 아동학대 및 방임을 오랫동안 경험한 경우, 가정파탄 등 생후 양육 환경의 문제가 심각한 경우에도 경도의 지적장애를 유발할 수 있다.

(3) 특성

지적장애 학생은 비장애 학생과 동일한 기본적인 생리적 · 사회적 · 정서적 요구를 가지고 있으나 지적 기능과 적응 행동상의 어려움을 보이는 특성이 있다. 지적장애 학생의 특성을 좀 더 세분화하여 인지 및 학습적 특성, 심리 및 사회 · 행동적 특성, 언어 및 의사소통적 특성, 그리고 신체적 · 건강적 특성으로 나누어 살펴보면 〈표 8-2〉와 같다(송준만 외, 2022).

표 8-2 지적장애 학생의 특성

구분	특성
인지 및 학습적 특성	• 장기기억보다는 단기기억에 어려움을 보인다. • 선택적 주의집중과 유지가 어렵다. • 모방과 우발학습 능력이 부족하다. • 일반화와 전이에 어려움을 보인다.
심리 및 사회 · 행동적 특성	• 학습 동기가 높지 않고, 아무리 노력해도 실패할 것이라는 학습된 무기력을 보인다. • 문제해결을 하고자 할 때, 외부에서 단서를 찾으려고 하는 외부지향성이 강하다. • 외적 통제의 소재를 보인다. • 다른 사람을 쉽게 믿고, 긍정적인 반응 경향을 보인다. • 사회적 기술이 부족하다. • 정서발달은 일반 학생과 크게 다르지 않으나 사회적 상호작용과 관련된 어려움을 지닌다. • 지적장애 학생은 다양한 문제행동을 지니고 이를 위해서는 기능적 행동평가와 긍정적 행동지원이 활용된다. • 지적장애 학생은 유전적 증후군과 관련된 행동 문제를 지니기도 한다.

언어 및 의사소통적 특성	• 지체되거나 비정상적인 언어발달을 보인다. • 사회적 기능의 결함과 관련된 의사소통 문제를 지닌다.
신체적 · 건강적 특성	• 기초 체력은 지체되어 나타날 수 있다. • 시력과 청력 등 감각에서의 문제를 나타낸다. • 건강 문제는 유전적 요인들과 관계가 있다.

(4) 지도 방안

① 학습 지도

지적장애 학생의 학습 지도를 위해서는 먼저 지적장애 학생의 인지적 특성과 심리 및 사회 · 행동적 특성 등을 고려하는 것이 중요하다. 주의집중이 어렵고, 모방학습이나 일반화 능력이 부족하며 단기기억에 어려움이 있음을 고려하여 지도해야 한다. 지적장애 학생에게 학습이란 성숙이나 성장, 혹은 나이에 따라 자연적으로 발달하는 것이 아니라 행동에 변화를 가져오는 연습이나 경험 과정에 의해 이루어진다는 것을 기억하고 반복적 학습 경험을 할 수 있도록 돕는 것이 중요하다.

지적장애아의 학습 지도 시에 유의할 점을 살펴보면 다음과 같다(김영숙, 윤여홍, 2009).

- 배울 준비가 되어 있을 때 지도한다.
- 진보가 있을 때 격려와 칭찬을 한다.
- 한 번에 한 가지씩만 지도한다.
- 학생이 필요로 하고 원할 때 지도한다.
- 어떤 일이든 지도할 때는 단시간에 실시한다.
- 지도하는 동안 많은 대화를 나눈다.
- 응용능력이 부족하다는 것을 고려한다.
- 일관성 있는 지도를 한다.
- 산만한 주위 환경은 피하도록 한다.
- 아동이 과오를 범하였을 때는 침착하고 다정하게 대한다.

② 내적 동기 회복을 위한 지도

경도 지적장애인 경우 부정적 경험 누적으로 인해 학습된 무기력을 보이고, 외부인의 관심을 필요로 하는 외부지향적 성향과 자신에 대한 기대감이나 효능 동기가 낮기 때문에 내적 동기를 높이기 위한 지도가 필요하다. 이미아, 강영심, 정은영(2007)은 지적장애 학생의 심리 및 사회 · 행동적 특성에 근거하여 내적인 동기 회복을 위한 중재 방안을 다음과 같이 제시하고 있다.

- 지적장애 학생이 성공할 수 있는 과제를 제공해야 한다.
- 교사 주도적 교수법보다 상호작용적 전략 교수법이 학생들의 효능감을 높이는 데 도움이 된다.
- 과제 수행의 성공은 자신의 능력의 결과로, 실패는 노력의 부족으로 그 원인을 돌리게 하는 인지행동적 중재전략을 사용하여 문제해결의 실마리를 외부에서만 찾으려고 하는 외부지향성을 감소시키고, 성공기대를 증가시킨다.
- 사람에 대한 긍정적 반응 경향을 이용하여 사람들과 관련된 활동이나 과제를 활용하거나, 팀 또는 또래 체계를 이용할 경우 효과적이다.

③ 긍정적 행동지원[5]을 통한 문제행동 지도

긍정적 행동지원(positive behavior support)이란 사회적으로 의미 있는 행동의 변화를 성취하기 위하여 긍정적인 행동 중재 프로그램과 시스템을 적용하는 것으로, 문제행동에 대한 처벌적이고 사후 반응적인 관점에서 벗어나, 문제행동이 일어나는 것을 사전에 예방하는 것을 강조하며 바른 행동을 가르치고 학습 환경을 잘 관리하기 위하여 긍정적이고 교육적이며 연구에 기반을 둔 중재 기법을 사용하는 것을 강조한다(Scheuermann & Hall, 2008).

긍정적 행동지원 접근에서는 행동의 숨은 의도와 원인을 파악하기 위하여 개인 주변의 제반 상황 요인을 고려한 가정이나 교실과 같은 자연적 환경에서 행동에 대한

5) 긍정적 행동지원은 지적장애 학생들뿐만 아니라 다른 유형의 특수아들에게도 적용 가능하다.

기능 평가를 시도하며, 즉각적인 선행사건뿐 아니라 행동 유발의 원인이 될 수 있는 주변 환경에 대한 자료를 분석하여 환경적 중재를 하며, 학생의 행동에 대한 대안적 중재 및 결과 중재를 활용한 지원체계를 다양하게 동원하여 도전적 행동 및 생활방식과 삶의 질 개선에까지 초점을 확산시킨다(김창호 외, 2008).

국내의 여러 연구들에서도 긍정적 행동지원이 지적장애 학생들의 공격행동, 자해행동, 수업 방해 행동 및 자위행위의 감소에 긍정적인 영향을 미친 것으로 보고하고 있다(김정선, 여광응, 2005; 김은화, 이승희, 2007; 김창호, 백은희, 2009; 김창호 외, 2008; 박민휘, 백은희, 2010; 이화영, 이소현, 2004; 정환별, 백은희, 김정민, 2011; 최미점, 백은희, 김정민, 2013; 최진아, 이점조, 2006).

다음은 구체적 문제행동에 대한 긍정적 행동지원 중재의 예이다.

• 자리 이탈

조작적 정의: 국어, 직업, 미술 수업 중 ○○는 교사의 지시 없이 3초 이상 자신의 자리에서 일어나거나 교실을 돌아다니는 행동을 한다.

표 8-3 자리 이탈에 대한 상황 간 긍정적 행동지원 중재

중재	국어 시간	직업 시간	미술 시간
선행사건 중재	• 모둠 책상 가운데 연필 깎이, 연필통, 직업 재료 놓아 두기 • 등교 후 수업시간표 스케줄 붙이고, 복지관 가는 시간 확인하여 버스 모양 붙이기 • 과제의 난이도(그림자료 제시), 선호도(색깔)를 고려한 과제 제시		
대안행동 교수 중재	• 어려운 과제가 주어지면 손을 들어 도움 요청하기 교수 • 메모지에 단어로 써서 의사소통하기 • 책상 위에 쓸 수 있는 종이 붙이기		
후속사건 중재	• 교사 옆자리 배치 • 과제 완성 후 자석 칠판 보여 주며 칭찬하거나 하이파이브 하기 • 기대행동을 하면 사진 쿠폰 받기 • 사진 쿠폰 5개 모으면 선택적 보상		

출처: 최미점 외(2013).

• 자위행위

조작적 정의: 학교에서 컴퓨터 수업을 하는 상황과 가정에서 가족과 TV를 시청하는 동안 2분 30초에 1회 이상 자신의 바짓가랑이로 성기를 만지거나 바지 속으로 손을 넣어 만지는 행동을 한다.

표 8-4 자위행위에 대한 상황 간 긍정적 행동지원 중재

구분	배경사건 중재	선행사건 중재	대안행동 교수 중재	결과행동 중재
컴퓨터 수업 상황	• 컴퓨터 학습 지도안이 적절한 수준인지 평가 • 부가적으로 컴퓨터 활용에 대한 기초 교육 실시 • 인터넷 이용하여 음악 듣기 1:1 개별 지도하기(또래 보조교사 이용)	• 무엇을 해야 할지 모르는 상태에서 수업시간 동안 컴퓨터 앞에 앉아 옆 친구 모니터만 바라보고 있음(자리 재배치 및 활동 선택의 기회 제공)	• 컴퓨터 활용(마우스 활용) 기술 • 교사나 유능한 학생에게 도움 요청하는 방법 익히기 • 즐겨찾기로 좋아하는 음악 듣기와 간단한 게임 방법 익히기	• 컴퓨터 수업에 흥미를 가지고 참여할 때 -보상스티커 부여받기 -교사로부터 칭찬받기 -컴퓨터 게임을 할 수 있는 기회 제공
가족과 TV를 시청하는 상황	• 학생의 지적 수준에 적절한 성교육 • 아버지와 샤워하거나 목욕탕 가기	• 연속극이나 뉴스 프로에 흥미를 갖지 못하고 지루해함. 혼자 있는 것을 싫어하고 지루해함(1분 간격으로 가족의 관심 및 관여, 흥미 있는 대안 활동 계획)	• 선호 채널로 변경 교수 • 엄마와 함께 산책/백화점/시장 가기(대안 활동) • 새우깡 먹으면서 TV 시청하기 • 촉감 볼 만지면서 TV 시청	• 자위행동을 하지 않을 때 -보상스티커 부여받기 -엄마의 칭찬과 강화물 제공 받기 -부모의 관심 받기

출처: 김창호, 백은희(2009).

④ 부모 교육 및 상담

다른 특수아와 마찬가지로 교사가 부모와 협력하여 일관성 있는 지도를 하는 것은 지적장애 학생들의 발달과 적응을 위해 매우 중요하다. 그러나 부모들과 협력하는 상황에는 다양한 방해 요인이 존재한다. 이러한 방해 요인들을 제거하기 위해 부모들이 보이는 다양한 반응 단계와 특성을 이해하는 것이 필요하다.

다음 〈표 8-5〉는 지적장애아를 둔 부모들이 보이는 다양한 반응과 그에 따른 교사의 협력 방안을 요약한 것이다(신진숙, 2010).

표 8-5 지적장애아 부모들의 반응과 그에 따른 교사의 협력 방안

부모 반응	교사의 협력 방안
비판적 태도	• 부모가 과거나 현재의 교사를 부당하게 비판할 때 먼저 현실을 부정하고 남의 탓으로 돌리고 싶어 하는 부모의 나약함을 이해할 필요가 있다. • 부모가 다른 사람을 비난할 때 중립적 입장을 취한다.
과잉보호	• 지적장애 학생들의 안전과 발달을 위해 학교 상황에서는 교사가 일반 학생들을 대상으로 장애 학생에 대한 올바른 인식을 할 수 있도록 교육하고 괴롭힘을 방지할 수 있는 교육을 실시한다. • 일반 지역사회 상황에서는 부모가 지적장애 자녀들을 사회적 상황에 적절히 노출시킴으로써 자녀의 사회 적응을 도울 수 있음을 부모에게 인지시킨다.
과잉노출	• 과잉보호를 피하기 위해 장애 자녀를 필요 이상으로 사회에 노출시키는 경우 집단상담보다는 개별상담을 통해 과잉노출의 연속적인 반응이 미치는 결과를 알려 준다.
쇼핑행위	• 장애 자녀의 능력과 상황에 맞지 않는 교육 프로그램을 지나치게 시키는 경우 제대로 학습할 수 없어 좌절감만 더할 수 있다. → MacMillan(1982)은 이러한 상황을 '쇼핑'행위로 언급 • 부모와 교사가 함께 자녀에게 적합한 교육 프로그램을 상의하고 교육받을 수 있도록 한다. • 부모가 학교에서 이루어지는 자녀의 교육과정에 정기적으로 참여하고 교사와 함께 일관된 지도를 함으로써 자녀의 발달을 도모할 수 있다는 사실을 인지시킨다.

장애 이해 관련 사이트

국립특수교육원: www.nise.go.kr

국가건강정보포털: health.cdc.go.kr

ADDHelpline: www.addhelpline.org

한국자폐인사랑협회: www.autismkorea.kr

미국자폐인정보단체: www.autism-society.org

한국지적장애교육학회: www.kaid.kr

미국지적장애 및 발달장애학회: aaidd.org

장애를 더 도드라지게 하는 장애이해교육

"선생님, 그러니까 승재가 지적장애인이라는 거죠?"

"승재는 지적장애인이니까 봐 줘."

통합학급에서 장애이해교육을 하며 받았던 질문과 학생들이 승재의 행동을 보고 한 말이다. 특수교사 첫해, 첫 출근을 한 지 일주일도 안 된 시점에서 1학기 통합학급 장애이해교육을 하게 되었다. 통합학급 학생들에게 승재의 장애를 설명하고 통합학급에서 잘 지냈으면 하는 마음에서 한 교육 활동이 승재의 '장애'만을 부각시킨 셈이었다. 오히려 내가 한 장애이해교육이 승재를 지적장애인으로 낙인찍고, '장애'라는 틀에 가둬 승재의 진짜 모습을 가리게 한 것이다. (중략)

장애이해교육이 특정 '장애 학생' '특수교육대상 학생'을 콕 집어 하는 교육일 필요는 없다. '장애'로 국한하게 되면 오히려 내가 교사 첫해에 실수한 것처럼 특정 학생들을 더욱 도드라지게 하거나, 일부 학생만을 위한 특별한 교육으로 인식하게 된다.

'장애'를 가졌기에 이해하는 것이 아니라 우리는 모두가 다양한 모습을 가지고 있는 한 인간이기 때문에 '존중'하자는 것이다. 이해되지 않으면 존중하지 않을 것인가? '장애'는 이해가 아니라 한 사람이 가질 수 있는 특성, 삶의 양식으로 '존중'되어야 하지 않을까? (중략)

나는 항상 학년 초에 우리 학교 선생님들에게 가장 중요한 것은 교사의 태도라고 말씀드린다. 간혹 장애 학생이나 특수교육대상 학생을 너무 배려한 나머지 학생들을 배제하는 교사들이 있다.

"선생님, 제가 다음 주에 연구수업 발표를 하는데 평소에도 승재가 거의 수업에 참여하는 부분이 없어서요. 연구수업이라 승재가 참여하는 데 어려움이 있을 것 같아요. 참관하는 선생님들께 수업에 제대로 참여하지 못하는 모습을 보이면 승재가 부끄러울 것 같아서요. 그 시간에 승재는 특수학급에 있어도 될까요?"

"승재는 1인 1역이 어려울 수 있어요. 그래서 승재는 1인 1역 하지 않아도 다른 친구들이 이해해 주세요."

앞의 표현처럼 특수교육대상 학생에게 선의로 행했던 행동들이 교육 장면에서 배제를 만들 수 있다는 것을 생각해 보도록 말씀드린다. 담임교사가 특수교육대상 학생을 자기 반의 학생으로 받아들이고 반의 여타 학생들처럼 대한다면 통합학급의 다른 학생들도 '장애 학생'을 먼저 보지 않고 '우리 반 학생'으로 먼저 본다. 교과수업에서도 마찬가지이다. 교과 교사가 조금이라도 수업에 참여시키려고 한다면 같이 수업을 듣는 통합학급 학생들이 당연히 장애 학생도 함께 수업에 참여해야 한다고 생각하게 되며 모둠활동이나 수업활동에서 배제하지 않는다. 당연한 이야기지만 교사는 아이들이 자신을 비추어 보는 거울이다.

장애를 '장애'로만 보지 않고, 인간의 다양한 특성 중의 하나라는 것을 일상에서 자연스럽게 느낄 수 있도록 하려면 어떻게 해야 할까? 먼저, 통합학급 담임교사에게 장애 학생, 특수교육대상 학생을 설명할 때 장애 특성보다는 한 학생의 있는 그대로의 모습을 가지고 이야기를 나눈다. 특히 '지적장애 때문에' '자폐성장애 때문에'라는 표현을 지양하고 '○○이는 만들기를 좋아하고, 조심성이 많아요' 혹은 '○○이는 속도는 느리지만 완성도가 높아요'처럼 일반 학생들을 설명할 때 하는 방식을 그대로 사용하려고 한다. 어떤 장애명으로 인해 학생 개인이 가지고 있는 고유성이 사라지지 않도록 말이다. 장애명이 강조되다 보면 학생이 보이는 모든 행동이 다 장애 때문인 것으로 오해되기도 한다. 특히 장애 학생들도 사춘기를 겪는데, 이때 보이는 행동들도 모두 장애로 인한 행동들로 오해해서, 일반 학생이었다면 사춘기 행동쯤으로 여기고 넘어갈 것들이 장애 학생에게는 행동의 문제로 확대되는 경우도 많다.

출처: 이수현, 김민진 저(2022), pp. 224-229에서 발췌 요약.

수업활동 1

통합학급에서의 특수아 지도 1

다음 사례는 자폐스펙트럼장애를 가진 영식이의 현재 학교생활 모습입니다. 담임교사로서 영식이와 학급 학생들에 대해 어떻게 생활지도를 할 수 있을지 구체적인 방안을 모색해 봅시다.

> 중학교 1학년인 영식이는 자폐스펙트럼장애를 가진 학생입니다. 영식이는 평소에 반 친구들은 물론이고 도움 반에 있는 다른 장애를 가진 친구들과도 잘 어울리지 못하고 혼자서만 지냅니다. 수업시간에도 혼잣말을 하거나 때로는 소리를 질러 수업을 방해하는 경우가 많습니다. 특히 낯선 사람이나 상황에서는 불안해하고 심하면 실수를 하기도 합니다. 학년 전체 활동으로 현장학습을 갈 때는 더 적응하지 못하고 함께 어울리려 하지 않아 보조 선생님이 따로 데리고 있거나 혼자 집으로 가는 경우가 많습니다. 심지어는 도움 반에서도 따로 노는 경우가 많습니다. 이런 상황이 반복되다 보니 학교에서도 보조 선생님과 따로 지내게 되고, 함께 가는 현장학습이나 수학여행 등은 빠지는 것이 당연한 일처럼 되어 버렸습니다. 이러한 모습을 지켜본 담임선생님은 부모님께 영식이에게 맞는 특수학교로 전학을 가서 교육을 받게 하는 것이 어떻겠느냐는 말씀을 드렸지만, 부모님은 영식이를 일반 학교에서 졸업시키고 싶다고 말씀하십니다.

1. 「장애인차별금지 및 권리구제 등에 관한 법률」에 따르면, 장애인의 입학, 전학을 거부하거나 강요할 수 없고, 모든 교육 활동에 있어 장애 학생의 참여를 제한, 거부할 수 없으며, 교육 책임자는 교육 활동에 필요한 정당한 편의를 제공해야 합니다. 이러한 법적인 근거와 현재 영식의 상황을 고려하여 적절한 지도 방법들을 토론해 봅시다.

2. 만일 영식이가 지금 현재의 학교에서 계속 공부해야 한다면, 어떤 점들을 고려하여 지도해야 할까요? 영식이에 대한 지도, 학급 학생들에 대한 지도, 부모 상담, 그리고 특수교사 및 보조교사와의 연계라는 측면으로 나누어 생각해 봅시다.

3. 만일 영식이에게 특수학교에서의 교육이 더 적합하고 도움이 된다면 이 점에 대해 부모님과 어떻게 상담할 수 있을까요?

수업활동 2

통합학급에서의 특수아 지도 2

1. 다음 사례를 읽고 지적장애 학생인 민수와 민수 때문에 힘들어하는 비장애 학생인 지은이를 어떻게 지도해야 할지 생각해 봅시다.

지적장애 학생인 민수는 쉬는 시간이나 점심시간에 복도에서 친구들을 만나면 격하게 달려와 손을 잡고 흔들거나 껴안으려 하는 등의 행동을 합니다. 특히 여학생들은 이러한 민수의 신체접촉을 싫어하여 민수를 보면 피하거나 가까이 가려 하지 않습니다. 하루는 민수가 복도를 지나가던 지은이를 보고 갑자기 달려가 껴안으려 하는 일이 벌어졌습니다.

지은: 선생님, 민수 때문에 너무 힘들고 무서워요. 쉬는 시간에 복도에 나갈 수가 없어요. 갑자기 달려와 껴안으려 하고, 팔이나 손을 잡으면 너무 세게 잡고 흔들어서 아프고 힘들어요. 이젠 무섭기까지 하다고요.

선생님: 지은아, ____

선생님: 민수야, 어제 복도에서 지은이를 갑자기 껴안으려 했다면서. 왜 그랬어?

민수: 지은이가 좋아요.

선생님: 민수야, ____

2. 평소에도 산만하고 과잉행동이 많은 형식이는 특히 체육 시간에는 더욱 산만하여 한 가지 활동을 5분 이상 견디지 못하고 딴짓을 하거나 다른 친구들이 하고 있는 공을 빼앗거나 자리 이탈을 많이 하며 수업을 방해하는 일이 많습니다. 형식이의 수업 방해 행동을 줄이기 위한 긍정적 행동지원 계획을 세워 봅시다.

중재	체육 시간
선행사건 중재	
대안행동 교수 중재	
후속사건 중재	

참고문헌

곽승철, 강민채, 금미숙, 편도원 공역(2010). **자폐성 장애아동 교육: 교사를 위한 단계별 지침서**(*Teaching students with Autism spectrum disorders: A step by step guide for educators*). Pierangelo, R., & Giuliani, G. 공저. 학지사. (원저는 2008년에 출판)

교육과학기술부 (2008). 2008년 특수교육 연차보고서. 교육과학기술부.

교육부(2022). 2022년 특수교육 연차보고서. 교육부.

국립특수교육원(2009). **특수교육 용어사전**. 하우.

권석만(2003). **현대이상심리학**. 학지사.

김성애(2014). 우리나라 장애이해교육의 의미고찰. **유아특수교육연구**, 14(2), 53-73.

김수연(2010). 장애이해교육의 현재와 향후 방향. **현장특수교육**, 17(1), 8-13

김수연, 권택환(2004). 초등학교 교과용 도서의 장애관련 내용 분석. **초등교육연구**, 17(2), 471-497.

김영숙, 윤여홍(2009). **교사와 부모를 위한 특수아 상담의 이해**(개정판). 교육과학사.

김은진 역(2005). **교사를 당황하게 하는 아이를 만났을 때**. 다나카 야스오 외 공저. 한울림.

김은화, 이승희(2007). 특수학교 정신지체 학생의 정서 · 행동문제 특성과 관련 변인. **특수교육학연구**, 42(3), 187-217.

김정선, 여광응(2005). 학교에서의 긍정적 행동지원이 정신지체 학생의 문제행동에 미치는 효과. **특수교육연구**, 12(1), 305-338.

김정아, 김수연(2006). 장애이해교육 내용을 삽입한 교과 수업이 장애아동에 대한 일반아동의 태도에 미치는 영향. **초등교육연구**, 19(2), 173-192.

김창호, 백은희(2009). 긍정적 행동지원(PBS)이 특수학교 전공과 정신지체학생의 자위행동에 미치는 효과. **특수교육학연구**, 44(3), 149-167.

김창호, 백은희, 박민휘, Wungu Esti(2008). 긍정적 행동지원(PBS)이 특수학교 정신지체 학생의 문제행동에 미치는 효과. **특수교육학연구**, 43(3), 193-209.

김청송(2015). **사례중심의 이상심리학**. 싸이북스.

김형준(2011). **자폐학생과 잘~ 지내기: 부적응행동이 있는 청소년기 자페범주성장애인 행동수정 사례집**. 한국장애인사역연구소.

남혜진, 박승희(2014). 다양성 이해교육 프로그램이 초등 통합학급 학생들의 공감능력, 문화적 민감성 및 장애수용 태도에 미친 효과. **특수교육**, 13(3), 53-76

박동환(2008). 교과교육과 연계한 통합적 장애이해교육 프로그램이 일반아동의 장애인식 및 수용 태도에 미치는 영향. 공주대학교 교육대학원 미간행 석사학위 청구논문.

박민휘, 백은희(2010). 긍정적 행동지원이 통합학급 정신지체 아동의 수업방해 행동과 수업 참여 행동에 미치는 효과. **특수교육학연구, 45**(1), 269-289.

박승희(2010). 한국와 일본의 초등 통합학급 학생들이 경험한 또래지원: 국가 간 및 학년별 비교. **초등교육연구, 23**(2), 71-103.

박승희, 김수연(2003). 정서적 능력 향상 프로그램: 장애를 포함한 개인의 다양성 이해 촉진의 한 접근. **정서행동장애연구, 19**(1), 139-161.

박승희, 홍정아(2009a). "안 그러면 종우는 맨날 맨 마지막에 밥을 먹게 돼서요.": 통합학급의 비장애학생들이 장애학생에게 제공한 또래지원. **초등교육연구, 22**(2), 307-334.

박승희, 홍정아(2009b). 통합교육 환경에서 자연적 지원: 개념화와 적용에서의 쟁점. **특수교육학연구, 44**(1), 49-83.

서선진, 서우정, 최종근, 김유리 공역(2011). **ADHD 아동의 이해와 교육**(*How to reach and teach children with ADD/ADHD: Practical techniques, strategies, and interventions*) (2nd ed.). Rief, S. F. 저. 교육과학사. (원저는 2005년에 출판)

서양원, 이미숙(2019). 중학교 국어교과 수업을 활용한 장애이해교육의 구성과 장애인식 변화. **특수교육, 18**(1), 55-81.

송미경, 최윤희(2013). **특수아 상담**(개정판). 시그마프레스.

송준만, 강경숙, 김미선, 김은주, 김정효, 김현진, 이경순, 이금진, 이정은, 정귀순(2022). **지적장애 학생교육**(3판). 학지사.

신진숙(2010). **지적장애아 교육**. 양서원.

유형근, 신효선, 김현경, 이혜정(2010). **산만하고 충동적인 아이들**. 학지사.

이대식, 김수연(2013). 장애인식개선 교육의 내용과 방향에 대한 전문가들의 견해. **교육논총, 33**(1), 113-136.

이대식, 김수연, 이은주, 허승준(2011). **통합교육의 이해와 실제**(2판). 학지사.

이동현, 박지연(2011). 장애이해교육을 포함한 국어과 협력교수가 장애학생에 대한 비장애학생의 태도와 학급 분위기에 미치는 영향. **특수교육, 10**(3), 197-217.

이미아, 강영심, 정은영(2007). 정신지체 학생의 성격특성에 기반한 통합교육 장면에서의 중재방안 탐색. **정신지체 연구, 9**(1), 71-96.

이수현, 김민진(2022). **해 보니까 되더라고요: 중학교 통합교육을 말하다**. 새로운 봄.

이화영, 이소현(2004). 가족이 참여하는 긍정적 행동지원이 정신지체 초등학생의 문제행동에 미치는 효과. **특수교육, 3**(1), 103-123.

정환별, 백은희, 김정민(2011). 개별차원의 긍정적 행동지원이 정신지체 초등학생의 자리이탈 행동과 과제수행 행동에 미치는 효과. **특수아동연구, 13**(1), 193-217.

조광순(2001). 발달장애유아 통합 유아교육기관의 교사 간 공동협력에 대한 현장중심 교사연수 및 지원활동에 대한 사례연구. **특수교육학 연구, 36**(1), 251-274.

질병관리청 국가건강정보포털(2020). 건강/질병 정보, 주의력결핍 과잉행동장애.

최미점, 백은희, 김정민(2013). 개별차원의 긍정적 행동지원이 정신지체 학생의 자리이탈 행동에 미치는 효과. **특수교육저널: 이론과 실천, 14**(2), 97-114.

최주언 역(2015). **자폐아동의 부모를 위한 101개의 도움말**(*101 tips for parents of children with autism*). Miller, A., & Smith, T. C. 공저. 한국심리치료연구소. (원저는 2014년에 출판)

최진아, 이점조(2006). 긍정적 행동지원을 통한 문제행동 중재가 중증 정신지체학생의 부적응 행동에 미치는 영향. **발달장애연구, 10**(2), 163-191.

한경인, 남혜진, 이현주, 박승희(2016). 통합학급 교사와 특수교사의 장애이해교육 실시 경험: 교사들의 장애이해는 이대로 좋은가? **특수교육, 15**(4), 532.

황매향(2008). **학업상담**. 학지사.

황지희, 곽영숙(2013). 주의력결핍 과잉행동장애 아동과 아스퍼거 장애 아동에서 사회기술훈련의 효과 비교. **소아청소년정신의학, 24**(4), 199-206.

Barkley, R. A. (1990). *Attention-deficit hyperactivity disorder: A handbook for diagnosis and treatment*. Guildford Press.

Bradley, R., Danielson, L., & Doolittle, J. (2005). Response to intervention. *Journal of Learning Disabilities, 38*(6), 485-486.

French, S. (1992). Simulation exercise in disability awareness training: A critique. *Disability, Handicap & Society, 7*(3), 257-266.

Friend, M., & Bursuck, W. D. (2019). *Including students with special needs: A practical guide for classroom teachers* (8th ed.). Allyn & Bacon.

Hallahan, D. P., & Kauffman, J. M. (2000). *Exceptional children: Introduction to special education* (8th ed.). Allyn & Bacon.

Heward, W. (2003). *Exceptional children: An introduction to special education* (7th ed.). MerrillPrentice-Hall.

Hodgens, J. B., Cole, J., & Boldizar, J. (2000). Peer-based differences among boys with ADHD. *Journal of Clinical Child Psychology, 29*, 443-452.

Iwata, B. A., Dorsey, M. F., Slifer, K. J., Baumna, K, E., & Richman, G. S. (1994). Toward a functional analysis of self-injury. *Journal of Applied Behavior Analysis, 27*(2), 197-209.

Jensen, P. S., Martin, D., & Cantwell, D. P. (1997). Comorbidity in ADHD: Implications for research, practice, and DSM-V. *Journal of the American Academy of Child and Adolescent Psychiatry, 36*, 1065-1079.

Kanfer, F. H. (1984). Self-management methods. In F. H. Kanfer & A. P. Goldstein (Eds.), *Helping people change* (2nd ed.).Pergamon.

Kirk, S., Gallagher, J., Coleman, M., & Anastasiow, N. (2009). *Educating Exceptional Children*. Wadsworth.

MacMillan, D. L. (1982). *Mental retardation in school and society* (2nd ed.). Little, Brown.

Marston, J. R. (2001). LSCI in functional behavior assessment and positive behavioral intervention. *Reclaiming Children and Youth, 10*(1), 57-60.

McBurnett, K., Pfiffner, L., & Frick, P. (2001). Symptom properties as a function of ADHD type: An argument for continued study of sluggish cognitive tempo. *Journal of Abnormal Child Psychology, 29*, 207-213.

MTA Cooperative Group (1999). A fourteen-month randomized clinical trial of treatment strategies for attention-deficit/hyperactivity disorder. *Archives of General Psychiatry, 56*, 1073-1086.

Pierangelo, R., & Giuliani, G. (2008). *Teaching students with Autism spectrum disorders: A step by step guide for educators*. Corwin Press.

Rief, S. F. (2003). *The ADHD Book of Lists*. Jossey-Bass.

Scheuermann, B. K., & Hall, J. A. (2008). *Positive behavioral supports for the classroom*. Merrill/Prentice Hall.

Shapiro, A. (1999). *Everybody belongs: Changing negative attitudes towardclassmates with disabilities*. Routledge.

Vaughn, S., Bos, C. S., & Shumm, J. S. (2000). *Teaching exceptional diverse and at-risk students in the general education classroom* (2nd ed.). Allyn & Bacon.

Willcutt, E. G., Pennington, B. F., Chhabildas, N. A., Friedman, M. C., & Alexander, J. (1999). Psychiatric comorbidity associated with DSM-IV ADHD in a nonreferred sample of twins. *Journal of the American of Child and Adolescent Psychiatry, 38*, 1355-1362.

제9장

다문화

최근 우리 사회가 다문화 사회로 급격하게 진입하면서 우리는 다양한 장면에서 나와 다른 문화권 출신의 사람들과 함께 사회 활동을 한다. 이러한 과정에서 상호 이해, 타문화에 대한 기본적인 존중 등이 새로운 과제로 요구되고 있다. 다문화 사회에서 보다 적응적인 사회적 기술을 향상하기 위해 다문화 사회에 대한 이해와 다문화적 역량이 필요하다. 학교현장에서 다문화 가정 학생에 대한 이해와 지도 또한 교사 역량의 중요한 부분 중 하나이다. 이 장에서는 이러한 맥락에서 다문화 교육 및 상담, 교사 및 상담자의 다문화 역량, 다문화 가정 학생의 이해, 다문화 가정의 학생 생활지도 및 상담에 대해 살펴보고자 한다.

1. 다문화 교육 및 상담

1) 다문화 교육의 의미와 필요성

(1) 다문화 교육의 의미

다문화 교육은 다문화 사회에서 나타난 다문화주의 관점을 교육의 영역에서 이해하고 이를 교육적으로 적용하는 개념이다. 따라서 다문화 교육은 다문화 사회의 복합적인 상황을 이해하고 개인의 사회적 적응을 돕기 위한 목적이 있다. 이러한 맥락에서 다문화 교육에 대해 Banks의 정의(권오현 외, 2013; 모경환 외, 2008 재인용)를 살펴보면 다음과 같다.

- 다문화 교육은 개인들로 하여금 다른 문화의 관점을 통하여 자신의 문화를 바라보게 함으로써 자신에 대한 이해를 증진한다.
- 다문화 교육은 학생들에게 문화적 · 종족적 · 언어적 대안들을 가르친다.
- 다문화 교육은 모든 학생이 자문화, 주류 문화, 그리고 타문화가 공존하는 다문화 사회에서 요구되는 지식과 기능, 태도를 습득하도록 한다.
- 다문화 교육은 소수 종족 집단이 그들의 인종적 · 신체적 · 문화적 특성 때문에 겪는 고통과 차별을 감소시킨다.
- 다문화 교육은 학생들이 전 지구적이고 일정 수준의 테크놀로지 세계에서 살아가는 데 필요한 읽기, 쓰기, 그리고 수리적인 능력을 습득하도록 한다.
- 다문화 교육은 다양한 인종, 문화, 언어, 종교 집단에 속한 학생들이 자신의 문화 공동체, 국가 시민 공동체, 지역 문화 그리고 전 지구 공동체에서의 역할 수행에 필요한 지식, 기능, 태도를 습득하도록 한다.

이 정의에서 볼 수 있듯이 다문화 교육은 교육의 다양한 측면을 포함하고 있다. 학교상담과 생활지도 영역에서는 다문화 교과교육 외에 개인이 자문화와 타문화에 대해 이해하고, 그 차이를 인식하는 동시에 자신과 다른 사고방식, 정서와 행동을 보이는 사람을 존중하고 그 차이를 수용할 수 있도록 지도하는 것이 필요하다. 구체적으로 다양한 문화적 · 언어적 · 인종적 · 종교적 · 신체적 특성에 대한 이해와 수용을 할 수 있도록 인지, 정서, 행동의 변화를 촉진하는 것이 학교상담과 생활지도의 영역이라고 할 수 있다.

다문화 교육의 기본적인 핵심은 다른 문화에 대한 이해와 존중에서 출발하였지만 사회적 현실을 고려하면 그 범위를 보다 확장할 필요가 있다. 즉, 다문화 교육을 다음과 같은 몇 가지 측면에서 더 구체적으로 구분할 필요가 있다(유네스코 아시아태평양국제이해교육원, 2007). 첫째, 다문화 교육을 복수 문화 교육(multicultural education) 측면에서 살펴볼 수 있다. 이는 다수의 문화를 경험하면서 다양한 문화를 통합적으로 이해하고 비판적 · 합리적 사고로 다양한 문화를 바라볼 수 있도록 하는 것이다. 둘째, 국제 이해 교육(education for international understanding)이 다문화 교육의 한 가지 측면이다. 대부분의 경우 국제 이해 교육은 갈등과 분쟁의 해소, 세계 평화 유지 측면에서 주로 국가 기구, 국제 기구 중심으로 이루어진다. 셋째, 반편견 교육(non-biased education) 측면에서의 다문화 교육이 중요하다. 다문화 교육은 다양한 문화에 대한 이해를 증진하는 것이지만 타문화에 대한 사회적 편견, 왜곡된 시각 등으로 인해 다문화 교육에 반편견과 같은 교육을 동반해야 한다. 즉, 이질적이고 낯선 다른 문화에 대한 거부감을 해소하고 보다 객관적으로 타문화를 바라볼 수 있는 시각을 제공할 필요가 있다. 넷째, 세계화 교육(global education)이 다문화 교육의 다른 한 가지 측면이라고 할 수 있다. 사회적 변화에 따라 현대인들에게는 단일 문화 또는 복수 문화에만 국한되지 않고 세계 시민으로서의 초국가적 · 세계적 환경에 적응하기 위한 세계화 교육이 필요하다.

(2) 다문화 교육의 필요성

앞서 설명한 다문화 교육의 정의와 의미를 통해 다문화 교육의 세부적인 영역을 확인할 수 있다. 즉, 다문화 교육의 의미를 통해 다문화 교육이 보다 세분화된 역량을 요구하고 있음을 알 수 있다. 다문화 교육의 정의 및 영역에서 다문화 교육의 필요성을 어느 정도 제시하고 있다. 여기에서는 다문화 교육의 세부 영역을 이해함으로써 다문화 교육의 필요성과 목적을 다음과 같은 두 가지 차원으로 다시 정리해 본다. 하나는 개인적 성장과 역량 강화 차원이며, 다른 하나는 사회 통합적 관점의 차원이라고 할 수 있다.

① 개인 차원의 다문화 역량 필요성

개인이 다문화 사회, 세계화와 같은 사회적 변화에 적응하고 보다 성장하기 위해 다문화적 역량을 갖출 필요가 있다. 다양한 인종, 민족, 문화를 가진 사람과 같은 사회, 같은 시대를 살아가는 데 있어서 문화적 역량은 매우 중요한 개인 특성이라고 할 수 있다. 역량이란 특정 상황이나 직무에서 효과적이고 우수한 성과의 원인이 되는 개인의 내적 특성이다(민병모, 박동건, 박종구, 정재창 공역, 1998). 즉, 역량은 다양한 사회적 상황에 적용되어 여러 분야, 직무, 생활 장면에 필요한 개인의 특성이다.

문화적 역량은 다인종적 · 다문화적 상황에서 민족, 문화, 언어 등 다양성에 적절히 반응하는 능력이며, 자신과 다른 문화적 관점을 존중하는 것뿐만 아니라 문화적 지식을 가지기 위한 문화적 자각과 민감성을 넘어서 확장된 능력이다(Brach & Fraser, 2000; Lynch, 2000). 문화적 역량을 갖춘다는 것은 문화적 통합으로 나가는 것이며, 문화적 삶에 참여하고 문화적 정체성 형성, 사회적 자본의 개발 등을 의미한다. 문화적 역량을 이해하는 데 있어서 그 차원의 다양성을 수용하고, 문화, 국가, 성 지향성, 세대, 종교 그리고 지역의 개념을 모두 포함하는 다층적인 것이라고 인식해야 한다. 다문화적 역량을 갖춘다는 것은 관용, 수용의 태도로 성 지향성, 세대, 문화, 종교 사이에서 시스템적 소통이 가능하며 그 속에서 여러 상황을 정확히 인식하고 잘 해결해 나가는 것이라고 한다.

② 다문화 시대의 사회적 화합

사회의 발전에 따라 한국 사회는 다문화 사회로 진입하였고, 우리는 다문화 사회에서 다양한 문화적 배경을 가진 사람과 동시대를 살아가고 있다. 이러한 사회적 변화 속에서 다양한 인종 · 민족 · 문화적 배경을 가진 사람들이 한 사회의 구성원으로 공동체에서 평등하게 공존해야 한다. 평등한 사회 구성원이라는 것은 정치, 사회, 문화, 교육 등 여러 측면에서 소수민이라는 이유로 차별받지 않는 것을 의미한다. 사람들이 보편적으로 누리는 기본권이 보장되었을 때 비록 모두를 위한 사회, 화합의 사회라고 할 수 있다. 이러한 사회적 변화 속에서 사회적 화합을 이루기 위해 사회 구성원 개인뿐만 아니라 사회 제도, 문화, 인식 등 여러 측면에서 다문화적 관점과 역량이 필요하다.

한 사회의 모든 구성원이 지역 공동체 생활에서 적응하고 개인적 능력을 발휘하여 한 사회의 구성원으로 정착하고 순기능적으로 활동하는 것이 중요하다. 한 사회의 구성원으로 자발적인 참여와 개인의 의지가 중요하기 때문에 사회적 맥락 속에서 소수민의 자유 의지를 이끌어 나가 자발적 사회 참여를 실천해야 한다. 아직까지 우리 사회에 필요한 것은 갈등 해소, 차별 방지, 적응 교육, 능력 개발, 문화 다양성 인정과 존중 등이 있으며, 이를 정책 수단으로 제안(차용호, 2015)하여 사회문화적, 정책 제도적으로 다문화 사회로서의 면모를 갖춰 나가는 것이다.

2) 다문화 교육의 대상 및 목표와 내용

(1) 다문화 교육의 대상

다문화 교육의 대상은 다문화 사회를 동시에 살아가는 모든 사람에게 해당된다. 소수민이나 다문화 배경을 가진 사람만이 다문화 교육의 대상이 아니라 사회 구성원 누구나 다문화 교육이 필요하다. 상호 이해와 존중이 다문화 교육의 핵심 목표이기 때문에 소수민만 다문화 교육을 받아야 한다는 주장은 일방적으로 주류 문화에 대한 강요로 보일 수 있다. 다양한 문화가 공존하기 위해서는 이질적이고, 익숙하지 않은 문화에 대한 상호 이해와 존중이 우선이다. 따라서 다문화 교육의 대상은 모든 사회 구성원이어야 한다. 편의상 교육 대상과 교육 내용을 구분해 보자면, 한편은 소수민에 대한 교육이며, 대부분이 주로 사회 적응을 돕기 위한 내용들이다. 실제 주류 사회에서 살아가는 소수민들의 경우 또한 타문화에 대한 개방적 · 수용적 태도가 필요하다. 다른 한편은 주류 사회 구성원에 대한 교육이고, 주요 내용으로는 다문화에 대한 개방성, 다민족, 인종, 문화권 사람에 대한 개방적 · 수용적 태도를 갖게 하는 것이다.

(2) 다문화 교육의 목표

앞에서 언급한 바와 같이 다문화 역량은 동시대를 살아가는 모든 구성원에게 필요하고 중요하다. 사회 구성원들의 다문화 역량을 향상하기 위해 여러 교육이 필요하며, 교육을 통해 폭넓은 문화권 간의 민감성을 갖추게 하는 것이다. 즉, 타문화 또는 문화 간 감수성에 대한 인식은 일정한 경험과 교육을 통해 변화가 가능하며 타문화에 대해 민감하게 인식하는 데는 일정의 과정을 거치게 된다(Bennett, 1993). 이러한 과정에 대해 Bennett(1993)은 문화 차이에 대한 감수성 발달 단계를 제시하였다(〈표 9-1〉 참조).

표 9-1 Bennett의 문화 차이에 대한 감수성 발달 단계

자민족 중심적 상황	
자신의 문화가 현실 인식에서 가장 중심적인 것으로 생각하고 문화 차이를 피한다.	
1. 부정	자신의 문화만이 진짜 문화라고 생각하고 다른 문화와의 심리적 · 물리적 거리를 둠으로써 다른 문화에 대해서 생각하는 것조차 피한다.
2. 방어	다른 문화들 간에 구분은 할 수 있으나, 역시 자신의 문화만이 가장 세련되고 좋은 문화라고 생각하고 다른 문화는 열등한 것으로 여긴다.
3. 경시	문화 차이를 회피하는 가장 교묘한 전략을 사용한다. 드러나는 문화적 차이가 있어도 경시하면서, 근본적으로는 자신의 문화와 같다고 생각하고 자신의 문화와 세계관을 보편적인 것으로 여긴다.
민족 상대주의적 상황	
문화 차이를 추구하고 타문화의 맥락에서 자신의 문화를 경험하는 것이다.	
4. 수용	타문화가 자신과는 다르지만 현실의 구성이라는 점에서 동등하게 복합적이라는 것을 인식한다.
5. 적응	관점을 자신의 문화와 타문화의 세계관 사이에서 자유롭게 이동할 수 있는 능력을 가지게 된다.
6. 통합	문화적 정체감을 강조한다. 다문화적인 사람들 중에는 자신의 문화적 정체감을 어느 한 문화에 정박시키지 않고 넓어진 경험세계를 포괄하기 위하여 자아정체감을 재정의해야 하는 경우가 있다.

출처: 정진경, 양계민(2005)에서 요약 정리.

감수성 발달 단계에서 볼 수 있듯이 다문화 교육을 통해 자민족 중심 상황에서 민족 상대주의적 상황으로 점차 변화가 가능하다. 다양한 문화에 대한 통합적 관점은 어떤 문화적 배경을 가진 사람에게나 중요하듯이 다문화에 대한 개방성과 수용성이 교육의 초점이라고 할 수 있다. 자신이 속한 문화에 대한 지나친 폐쇄적 태도는 다문화 사회에 적응하는 데 어려움이 있을 수밖에 없다. 자신이 속한 문화에 대한 우월의식, 타문화를 부정하거나 열등하다고 인식하며 경시하는 모습은 매우 낮은 수준의 문화적 개방성이다. 상대적으로 높은 수준의 문화적 개방성을 보이는 경우, 민족 상대주의적 관점을 취하며 문화의 차이를 인식하고 문화 간 동등성을 인식한다. 이러한 과정을 넘어 자신의 문화든 타문화이든 다양한 문화적 가치와 세계관에서 자유롭게 이동할 수 있으며 각 문화의 가치를 동등하게 존중한다. 보다 높은 수준의 단계는 통

합적 관점의 단계이며 다양한 문화에 대한 이해를 바탕으로 폭넓은 경험 세계를 통해 자신의 문화적 정체감을 재정립해 나간다.

(3) 다문화 교육의 형태와 내용

앞서 살펴본 것과 같이 다문화 교육의 대상은 모든 사회 구성원이며, 다문화 교육의 목표는 다른 문화에 대한 이해와 존중, 다양한 문화 속에서 민감성과 개방성을 가지는 것이라고 할 수 있다. 이러한 목표를 달성하기 위해 다문화 교육의 내용을 다양한 측면에서 제안한 바 있다.

다문화 교육의 형태는 학교교육, 고등교육, 시민교육과 같은 여러 형태가 있다. 학교교육과 고등교육에서는 교과교육과 비교과교육으로 다양한 다문화 교육을 제공할 수 있다. 아동 · 청소년 등에서 시작해서 청년기 · 성인기까지 학교교육과 고등교육에서는 발달 단계에 따라 교육 내용을 제공한다. 발달 수준에 따라 가장 기본적인 인간 존엄성에 대한 이해, 개인의 가치와 개인차에 대한 이해, 사회적 평등 증진 등과 같은 교육을 제공한다. 또한 다른 문화를 직 · 간접적으로 접해 볼 수 있는 다양한 기회를 제공함으로써 다문화에 대한 이해를 향상시킨다. 시민교육에는 정부기관에서 주도하는 교육, 지방자치단체에서 제공하는 교육, 민간에서 주도하는 시민사회 단체에서 제공하는 교육 등이 있다. 이러한 시민교육은 전 연령 구성원에게 해당하며 주류 집단, 소수민 집단 등을 모두 아우를 수 있다는 장점이 있다. 또한 보다 다양한 사회계층, 지역 특성 등을 반영할 수 있다는 장점이 있다. 우리 사회의 현 주소를 봤을 때 아직까지는 더 많은 양질의 교육 내용과 교육 프로그램을 제공해야 할 실정이다. 여기에서 특별히 더 추가적으로 강조하고자 하는 것은 학교현장에서 일반 학생에 대한 교육을 어떻게 할지에 대한 논의가 필요하다는 것이다.

3) 학교에서의 다문화 상담

일반적으로 다문화 상담은 북미 국가에서 많이 발전해 온 상담 영역이며, 우리나라에서는 사회적 특성에 따라 비교적 늦게 출발하였고, 그리고 좀 다른 형태로 발전해 왔다. 북미나 유럽 국가의 경우 이민자의 출신, 가족의 단위, 가족의 형태 등이 매우 다양하기에 다문화의 형태가 훨씬 복합적이라고 할 수 있다. 그러나 한국 사회로 이주한 타문화권 사람의 경우, 홀로 온 노동자나 결혼으로 이주한 여성의 비율이 상대적으로 높다. 이들이 한국 사회에서 매우 소수이고 개별적인 이주이므로 고유의 문화를 가족 단위의 생활 형태로 이어 가는 경우는 많지 않다. 그렇기에 북미나 유럽 국가에서처럼 복합적 형태의 다문화라기보다는 제한적 특성을 보이는 다문화 사회 구조라고 할 수 있다. 그래서 넓은 의미의 다문화 상담보다 좁은 의미의 다문화 소수 집단에 대한 상담으로 이해하는 경우가 많다. 학교상담 장면에서도 다문화 상담을 다문화 소수 집단 학생에 대한 상담으로 이해하고 있다. 이러한 이해 방식은 다문화 상담을 포괄적이고 객관적으로 이해하고 적용하는 것은 아니다. 하지만 학교현장에서 다문화 소수 집단에 대한 상담으로 한정하는 것이 더 실제적이라고 본다. 따라서 여기에서는 학교에서의 다문화 상담에 대한 이해를 돕고자 한다.

다문화 사회로의 통합을 지향하지만 다문화 소수 집단을 바라보는 시선은 아직까지 편견과 차별이 존재한다. 특히 사회경제적 수준이 낮은 국가 출신의 소수 집단에 대해 이해, 수용, 인정보다 주류 집단에 비해 부족하거나 이상한 점이 있는 것으로 생각하는 경우가 많다. 인종, 피부색, 출신 국가의 사회경제적 수준으로 그 사람의 존재를 판단하고 차별하는 것이다. 타문화권의 사람을 동등한 인격체, 존중 받을 만한 사람으로 인정하고 수용하는 분위기가 충분히 조성되지 못했다는 것이다. 이러한 다문화 소수 집단에 대한 편견이 다문화 학생에게는 일종의 사회화된 폭력이나 외상 경험으로 작용할 수 있다. 이에 따라 학교에서의 좁은 의미의 다문화 상담은 다문화 소수 집단 학생의 여러 가지 어려움을 지도하고 치유하는 역할을 해야 한다.

다문화 가정 학생에 대한 생활지도 및 상담은 그들이 겪고 있는 사회적 편견과 차별에서 생긴 심리적 고통, 이로 인한 대인관계의 어려움, 집단 · 사회에 대한 소속감, 자신의 정체성 문제 등 광범위하게 이루어진다. 이러한 다문화 학생을 상담할 때 일반 청소년 상담의 주제와 다문화라는 주제를 동시에 가지고 있을 수 있다. 관련 문제를 다루는 데 있어서 다문화 소수 집단 사람들 역시 존재적 가치, 행복한 삶을 바라고 있다는 점을 이해하고 그들이 자신의 삶의 가치를 창조하는 데 조력을 해야 한다. 일반 학생들과 비교하면 그들의 삶의 대한 보편적인 이해와 개별적인 경험은 일치하지 않을 수 있다. 부정적인 경험을 호소하는 다문화 학생들에게 어떻게 자신의 감정을 수용하고, 타인과 다른 자신의 삶을 수용할지 또한 중요한 초점 중 하나이다. 그리고 내담자로 하여금 삶의 불안을 이해하고, 타인과의 비교, 타인으로부터 받는 차별에서 오는 심리적 고통을 극복할 수 있도록 도와야 한다. 특히 사회적 편견과 소수 집단에 대해 차별하는 환경에서 희생양이 되지 않도록 자신의 삶의 방향과 자기가치를 발견하도록 할 필요가 있다. 상담자는 이러한 과정을 통해 다문화 학생들이 긍정적인 자아개념을 형성할 수 있도록, 그리고 자신만의 정체성을 확립하는 데 조력자 역할을 제공해야 한다.

2. 교사 및 상담자의 다문화 역량

다문화 교육, 다문화 상담에 있어서 교사는 학교에서 교사의 역할과 상담자의 역할을 같이 하게 된다. 즉, 전반적 다문화 교육을 제공하는 교사의 역할을 하는 동시에 개별 학생 및 다문화 가정 학생을 상담하는 등의 역할을 할 수 있다. 이러한 두 가지 역할에 따라 각각 어떤 다문화 역량이 필요한지에 대해 살펴보고자 한다.

1) 교사의 다문화 역량

청소년들이 새로운 사회적 환경 속에서 적응적으로 살아갈 수 있도록 교사가 그 역할을 다하려면 다문화 역량은 더더욱 중요하다. 그러나 교사 양성기관에 따라 교사교육에서 다문화 역량 증진을 위한 준비가 격차가 있고 아직 체계적이지 못하다. 교사의 다문화 역량은 곧 학생의 다문화 역량이 되며, 교사교육의 질은 미래 세대 청소년의 사회 적응을 예측할 수 있다.

교사가 다문화 역량을 개발하기 위해서는 자신에 대한 인식에서부터 출발해야 한다. 그리고 개인에 대한 이해, 문화 간 상호작용에 대한 이해, 교육적 측면에 대한 이해, 제도나 체계와 관련된 이해 등을 민감하게 인식하고 교육적으로 적절히 잘 활용해야 한다. 그러나 다문화 역량은 한순간에 생기는 것이 아니라 점차 발달하면서 형성되는 것이다. 이와 관련해서 교사의 다문화 역량 형성과정을 Heard(1999)는 다른

표 9-2 Heard의 교사들의 다문화 수용과정

구분	단계 1	단계 2	단계 3
자기인식 수준	자신의 관점이 옳거나 유일하다고 지각	자신의 관점이 많은 관점 중의 하나임을 인식	자신의 관점이 점점 변화됨
차이에 대한 정서적 반응	두려움/거절/부정/모두 동일함을 주장	관심, 인식, 개방	이해/존중, 기쁨/열중, 능동적 탐색
문화적 상호작용 양식	고립, 회피, 적대	통합, 상호작용, 수용	변형, 내면화, 보상
교수에 대한 접근	유럽 중심/자민족 중심 교육과정	다른 문화에 관한 학습	다른 문화로부터 학습
관리에 대한 접근	단문화적, 독재적, 지시적	승낙, 관용	협동적, 가치부여, 다양성/잠재성의 극대화
위험한 상태	→ 개인적 진보	→	지속적인 과정

출처: 안병환(2009) 재인용.

문화에 대한 수용 단계로 설명하고 있다. 이 견해에 따르면 다문화 수용과정은 크게 세 단계로 나뉘고, 시작 단계보다 중기, 후기 단계로 갈수록 다문화 수용 정도가 더 높아진다. 다문화 수용의 내용은 자기인식 수준, 차이에 대한 정서적 반응, 문화적 상호작용 양식 이해, 교수에 대한 접근, 관리에 대한 접근으로 구분된다. 이러한 교사의 다문화 수용과정은 〈표 9-2〉와 같이 단계별로 제시된다.

2) 상담자의 다문화 역량

교사는 다문화 가정 학생 및 학부모와 상담할 때 교사 또는 상담자의 역할을 수행해야 하므로 교사의 역량과 상담자의 역량을 모두 갖춰야 한다. 교사의 다문화 수용과정에서 살펴본 바와 같이 교사가 다문화 관련 심리적 현상을 이해하고 수용하는 과정이 다문화 역량을 갖추는 과정이다. 다문화 상담의 경우 상담의 기본인 인간에 대한 깊은 애정을 갖고, 타인의 감정을 이해하고 수용하는 능력을 갖춰야 하며, 심리적 문제를 이해하고 해결하는 전문적인 지식과 능력이 필요하다. 동시에 개인의 문제와 관련된 문화적 배경을 이해하는 전문적인 지식과 능력, 이를 개입하는 기술 등이 필요하다. 특히 다문화 상담에서 상담자의 역량은, 첫째, 문화적 가치와 편견에 대한 인식, 둘째, 내담자 세계관에 대한 상담자의 인식, 셋째, 적절한 다문화 개입 전략으로 분류되며, 각각 항목에 따라 필요한 태도, 지식, 기술이 있다(Sue, Arredondo & McDavis, 1992). 이러한 다문화 상담자의 역량에 관해 AMCD(Association for Multicultural Counseling and Development)에서 규정한 다문화 상담 역량에 대한 세부 내용은 다문화 상담에 관한 책에서 자세히 기술하고 있으니 이 책에서는 다루지 않겠다.

기본적으로 상담자는 문화적 민감성을 갖춰야 하며, 자신이 속해 있는 문화에 대해 인식하는 동시에 다른 집단의 문화를 인식하고 존중할 수 있어야 한다. 즉, 문화적 민감성과 다양한 문화에 대한 존중과 수용이 중요하다. 또한 상담자는 사회문화적 맥락과 개인의 특성에 대한 이해를 바탕으로 내담자의 문제를 개인적 측면, 사회문화적 측면에서 구분하여 설명할 수 있어야 한다. 상담자가 문화적 다양성에 대해 민감해야 하며 전문 지식과 기술을 갖춰 효과적인 상담을 제공해야 한다.

3. 다문화 가정 학생의 이해

1) 다문화 가정 학생의 성장 환경

다문화 가정 학생을 이해하기 위해 개인의 중요한 성장 환경인 가정, 학교, 사회 등 환경에 대한 이해가 필요하다. 아직까지 우리 사회에서의 다문화 가정은 외국인 어머니와 한국인 아버지로 구성된 가정이 많고, 주로 개발도상국 출신의 외국인 어머니, 사회경제적 지위가 낮은 아버지의 경우가 대부분이다. 이러한 특성으로 인해 발생하는 차별과 편견을 감안하면 다문화 가정 학생의 성장 환경이 긍정적이라고 보기는 어렵다.

가정환경의 경우, 사회적으로 취약한 다문화 가정은 도시의 외곽이나 농촌 지역에 거주하며 부모의 학력, 종사하는 직업에 대한 사회적 인식이 낮고, 거주, 월수입, 사회보장 등 여러 측면에서 어려움을 겪고 있다(김혜련, 황나미, 장인순, 윤강재, 강복정,

2008). 외국인 어머니의 경우 한국 사회에 적응하는 어려움을 겪는 동시에 낯선 문화와 환경에서 자녀를 양육하는 어려움을 겪고 있다. 가족의 기능 측면에서 봤을 때 순기능적인 가족이면 어려움을 점차 극복하겠지만 취약한 점이 있는 가족이라면 부부관계, 부모-자녀관계, 형제자매관계의 역동에 따라 이중, 삼중의 어려움을 겪을 수 있다. 이를 잘 대처하지 못할 경우 자녀뿐만 아니라 가족 구성원 모두 심리적 어려움을 경험하게 된다. 특히 아직 어린 아동, 청소년을 둔 다문화 가정의 경우 자녀의 심리적 어려움을 더 민감하게 인식해야 한다.

다른 한편, 부모의 자녀 교육에 대한 인식은 부모의 문화적 배경과 인식에 따라 차이가 있다. 다른 문화권에서 교육을 받은 부모는 학교의 교육체계, 학교의 특성 등을 이해하는 데에 한계가 있다. 따라서 다문화 가정 자녀가 가정으로부터 학교에 대한 안내와 조언을 받는 기회는 상대적으로 적을 수밖에 없다. 또한 교육의 가치에 대한 부모의 인식이 다를 수 있으며, 자녀가 학업에서 성취하기를 기대하거나, 자녀의 학교생활에 대한 전반적인 기대가 높지 않을 수 있다. 이러한 점은 한국 사회에서 교육을 강조하는 사회적 풍토와는 차이가 있을 수 있으며, 부모의 태도는 자녀, 그리고 교사에게도 영향을 미칠 수 있다.

학교 환경에서 다문화 가정 학생은 당연히 교사, 또래 등과 상호작용한다. 지금의 학교는 초기 다문화 가정 학생들이 등장할 때보다 많이 좋아졌지만 아직 성숙한 모습을 갖췄다고 하기는 역부족이다. 학교현장의 교사들이 실제 다문화 역량을 얼마나 갖추고 있는지는 정확히 평가하기 어렵다. 교사와 교육 행정가들이 다문화 역량을 갖추지 못하고 있다면 학교 환경은 그렇게 낙관적이라고 볼 수는 없다. 다문화 가정 자녀에 대한 정확한 이해 없이 단순히 동정과 연민으로, 또는 경제적으로 어려운 학생으로만 인식한다면 학생과 학부모를 충분히 이해했다고 할 수는 없다. 결과적으로 다문화 가정 학생이 호소하는 어려움 중에서 학교에서 또래로부터 받는 차별, 교사로부터 이해를 받지 못하는 점 등을 근본적으로 해결하기는 어렵다(설동훈, 2005; 신혜정, 2007).

사회적 환경에서도 다문화 가정 자녀에 대한 긍정적 · 부정적 시각이 나타나고 있다. 호기심, 관심과 같은 긍정적인 시선도 있지만 이질감으로 인한 경계심, 편견 등의 부정적인 시선도 있다. 특히 지역사회에서 공동체를 이루는 이웃, 또래 친구들로부터 편견과 차별을 받는 경우는 일반적인 사회적 편견보다 더 불편하고 대처하기 어려울 수 있다(양미진 외, 2012).

2) 다문화 가정 학생의 어려움

여기에서는 다문화 가정 학생에 대한 생활지도와 상담 영역을 중심으로 다문화 가정 학생의 어려움을 제시하고자 한다. 연구 결과에 따르면 다문화 가정 학생 중 33.3%가 학업 문제, 13.3%가 진로 문제를 고민하는 것으로 나타났다(이창호, 송민지, 2013). 그리고 학교생활에 있어서 다문화 가정 학생들은 또래관계에서 가장 많은 어려움을 느낀다(오성배, 2005; 전경숙, 2008; 조영달, 윤희원, 박상철, 최영인, 2006). 개인적 특성을 보면 다양한 부정적 경험들은 개인의 부정적인 자아상을 형성하고, 낮은 자아존중감을 만드는 데 일정 부분 기여한다. 같은 맥락에서 다문화 가정 학생들을 자신감이 없고 소극적이라고 평가하는 경우가 많다(김미선, 2009). 뿐만 아니라 다문화 가정 학생이 겪고 있는 어려움은 학업, 진로, 성격 및 대인관계, 정체감 발달에서 두루 나타나고 있다.

(1) 학업 영역

다문화 가정 학생이 학업 영역에서 보이는 특성은 다음과 같이 크게 세 가지로 요약할 수 있다. 첫째, 언어 문제는 많은 다문화 가정 학생이 경험하는 학습의 어려움 중 하나이다. 다문화 가정 학생 중 한국어를 모국어로 사용하지 않는 아버지나 어머니를 통해 한국어를 습득하는 경우, 정확한 발음, 표현, 문법 등이 학습되지 않은 상태에서 입학하게 되면 학교에서 더 많은 어려움을 겪게 된다. 기본적인 일상생활에서의 언어 사용에는 문제가 없으나 쓰기나 더 상위 수준의 학습을 요구할 때는 또래에 비해 어려움이 상대적으로 더 많다. 언어 문제가 초등학교 때부터 누적이 되었다면 이로 인해 다른 교과 영역이나 상급학교에 진학했을 때 학업 및 학교생활 전반에 영향을 미칠 수 있다.

둘째, 학습 부진과 같은 학습에서의 어려움이 있다. 다문화 가정 학생은 선행학습의 부족, 가정에서의 지도 등이 부재함으로 인해 학습에서의 여러 가지 어려움을 보인다. 이러한 문제는 학년이 높아지면서 점점 더 어려워지는 경향이 있다. 다문화 가정 초·중·고등학생의 학습 부진에 영향을 미치는 요인에 대해 탐색한 연구(조인제, 김다영, 홍명기, 2020)에서 한국어 능력, 학습전략과 학습환경 중 경제적 지원이 부적 영향을 미친다. 학습 부진에 대해서는 학업상담에서 구체적으로 설명하였으므로 제5장을 참고하기 바란다.

셋째, 학습 동기와 태도에 관한 특성을 주의할 필요가 있다. 학생마다 개인차가 있겠지만 다문화 가정 학생 중 학습에 대한 동기가 없거나 학습에 대한 태도가 형성되지 않은 학생들이 있다. 성취 동기가 없거나 부모로부터 학습에 대한 기대가 없어서 발생할 수 있는 문제이다. 학습에 대해 바람직한 태도를 갖지 못한 학생들은 점점 학업성취가 낮아지면서 무동기 상태에 빠지고, 학생에 따라 학습된 무기력을 경험할 수도 있다.

(2) 진로 영역

진로발달은 청소년기의 중요한 발달 영역으로 모든 청소년에게 중요할 수밖에 없다. 다문화 청소년 또한 중요한 발달 과업을 경험한다. 진로발달은 여러 요인의 영향을 받기 때문에 다문화 가정 청소년들의 경우 일반 청소년의 발달적 궤적을 같이하면서도 개인적 변인과 사회문화적 변인의 영향이 더해지게 된다. 때로는 다문화 가정이라는 개인적 배경으로 인해 더 두드러진 영향 요인이 작용할 수도 있다.

여기에서는 다문화 가정 학생의 진로발달을 촉진하기 위해 이들에게 작용하는 부정적 요인을 중심으로 살펴보고자 한다. 첫째, 학습 문제로 인한 진로에 대한 좌절이다. 학업 문제는 진로발달에 영향을 주는 요인으로 진로 영역에 여러 부정적인 영향을 미친다. 학업으로 인한 진로 문제는 낮은 학업적 자기효능감, 낮은 진로발달 수준과 진로포부를 초래할 수 있다. 이러한 점이 청소년기 진로발달에 부정적인 요인으로 작용할 수 있다. 조홍용과 정진철(2022)의 연구에서 확인할 수 있듯이 다문화 가정의 중학생은 일반 가정의 중학생에 비해 부모가 진로에 관여하는 것이 적고, 학업적 자기효능감이 진로포부에 정적 영향을 미친다. 둘째, 진로장벽에 대한 극복 의지와 극복 방법의 어려움이다. 다문화 가정 학생들은 개인적·가정적·사회적 요인으로 인해 여러 진로장벽을 경험하게 된다. 진로장벽은 개인 요인, 사회 요인 등 여러 측면에서 발생하기 때문에 진로장벽을 극복하는 데 개인적 측면과 사회적 측면 모두 고려할 필요가 있다. 그러나 다문화 가정 학생들의 경우 개인적 · 가정적 측면에서 취약할 뿐만 아니라 사회적 측면에서도 진로장벽이 예상된다. 이러한 현실을 고려하여 진로장벽에 대한 인식, 극복 방법 등을 지도하는 것이 중요하다. 셋째, 긍정적 진로모델의 부재가 다문화 가정 자녀에게 매우 안타까운 현실이다. 직업적으로 부모의 역할 모델이 상대적으로 약한 다문화 가정 학생에게 가정이나 사회에서 촉진적인 역할을 제공하지 못하고 있는 실정이다.

전반적으로 진로 영역은 당장 어떤 문제로 나타나거나 표면적으로 드러나지는 않는다. 그러나 진로발달은 지속적인 과정이라는 점을 고려해 본다면 진로지도를 소홀히 해서는 안 된다. 진로지도는 학생들의 삶의 방향을 안내하는 데 매우 중요한 역할을 하기 때문이다. 다문화 가정 학생의 진로발달을 촉진하고, 진로장벽을 극복할 수 있도록 지도하고 상담하는 것은 매우 가치 있고 중요한 일이다.

(3) 성격 및 대인관계 영역

일반적으로 개인의 기본적인 기질 외에도 다양한 경험은 성격 형성에 중요한 영향을 미친다. 다문화 가정 학생의 경우 가정, 학교, 사회에서의 다양한 경험은 그들의 성격에 큰 영향을 미치며 정서적 · 대인관계적 · 행동적 특성의 영역에서 그 영향을 나타낸다. 다문화 가정 학생의 경우 불안, 분노 등 부정적 감정을 경험하고, 부정적인 경험으로 인해 낮은 자아존중감과 자아개념을 형성한다. 이러한 개인의 부정적 정서는 폭행, 인터넷 과다 사용이나 부정적 대인관계로 표출될 수 있다(권오현 외, 2013). 다문화 가정 학생을 지도할 때 다음과 같은 어려움을 더 중요하게 살펴볼 필요가 있다.

첫째, 부정적인 정서 및 낮은 자아존중감이다. 다문화 가정 학생들이 생활 속에서 사회적 편견과 차별을 자주 받았다면 이로 인해 심리적 어려움을 경험할 수 있다. 자신의 잘못이 아닌데도 부적절감, 위축된 모습, 열등감 등의 감정이 나타날 수 있다. 다른 한편으로는 사회에 대한 불신, 분노 등이 발생할 수 있다. 개인 내적으로 위축, 열등감, 억울함, 수치와 같은 부정적인 감정을 느끼고, 타인에 대해서는 불안과 불신, 분노와 같은 감정을 느낄 수 있다. 지속적인 부정적 감정으로 인해 낮은 자아존중감, 소극적인 태도, 자기비하 등의 모습을 보일 수 있다(김미선, 2009).

둘째, 대인관계의 어려움을 겪는다. 대인관계의 어려움은 두 가지 측면이 있는데, 하나는 다문화 가정 자녀에 대한 사회적 편견과 차별로 인한 것이고, 다른 하나는 다문화 가정 구성원 및 자녀의 개인적 특성에서 오는 부적절한 행동과 반응에서 생긴 어려움이다. 즉, 대인관계의 어려움은 다문화 가정 학생의 내적 요인과 외적 요인에 기인한다. 내적 요인과 외적 요인은 독립적으로 존재하기보다 상호작용하여 어려움을 증가시킬 수 있다(권오현 외, 2013). 실제 대인관계에서 가족관계 문제, 또래관계 문제, 교사와의 관계 문제 등 여러 측면에서 어려움이 나타날 수 있다. 대인관계 문제를 이해하기 위해서는 개인 특성, 관계적 특성 등을 종합적으로 이해해야 한다. 특히 또래관계에서는 학급문화를 보다 존중과 수용의 환경, 편견과 차별 없는 분위기로 조성하는 것이 중요하다. 즉, 거부와 차별보다 수용과 존중의 경험을 많이 할 수 있는 환경을 제공하는 것이 중요하다.

셋째, 기타 행동 문제로는 학교규칙에 어긋나는 행동, 일탈행동 등이 나타날 수 있다. 다문화 가정 초・중・고등학생의 학교 부적응 설명변인을 탐색한 연구(조인제, 김다영, 홍명기, 2020)에서 외국인 어머니, 부모-자녀관계, 친구와의 관계가 학교 적응에 부적 영향을 미치는 것으로 나타났다. 이러한 문제 또한 개인의 내적 특성이나 환경적 영향을 받기 때문에 적절한 지도와 상담이 필요하다. 그 외에도 인터넷 과다 사용 문제 등 일반 청소년들이 많이 겪는 문제에 대해 정확한 이해를 바탕으로 상담과 생활지도를 제공해야 한다.

(4) 정체감 발달

자아정체감(ego-identity)은 '나는 누구인가'에 대한 인식이며(Erikson, 1968), 삶의 방향을 결정해 주는 중요한 내적 요인이다. 자아정체감은 스스로의 특성을 이해하고 흥미, 가치, 세계관을 형성하는 데 통합된 관념을 갖는 것이다. 자아정체감 발달은 자아의 내면적 발달과 타인으로부터 받는 피드백을 통해 지속적으로 이루어진다. 자아정체감을 형성하지 못한 사람은 다양한 어려움을 극복하고 삶의 방향을 이어 가는 데 혼란을 느끼고, 삶의 가치, 자신과 사회에 대한 이해가 부족해진다. 일반적으로 건강한 아동기를 넘어 청소년기에 정체감을 형성하고 지속적인 과정을 통해 정체감을 형성해 나간다. 개인의 생활 경험에 따라 정체감을 형성하는 시기나 정체감의 발달 수준이 다르다. 중·고등학교 단계는 자아정체감을 형성하는 중요한 시기이므로 교육의 역할이 당연히 클 수밖에 없다. 특히 다문화 가정 학생의 경우 부정적인 피드백을 받거나 타인과의 비교에서 부적절감이 든다면 자아존중감이 낮아지게 되고, 부정적인 자아개념이 형성되면 정체감 형성에 어려움을 겪게 된다.

이러한 관점에서 다문화 가정 청소년의 정체감 발달은 크게 두 가지 양상으로 나타난다. 하나는 동화주의 관점으로 부모 중 한쪽이 한국인이므로 한국인으로서의 정체감을 갖는 것이다. 문화적 전통과 단일 민족 문화가 짙은 한국 사회에서 가족들은 다른 문화적 배경을 배제하고 자녀에게 한국인의 정체성을 인식하기를 바란다. 자녀 또한 그 영향을 받아 정체감을 형성해 나간다. 또 하나의 관점은 통합주의 관점으로 자신의 두 가지 문화적 배경을 인정하고 소수민으로서 두 가지 문화를 통합하여 수용하는 것을 자신의 정체감으로 인식하는 것이다. 자신의 문화적 배경을 부정하는 경우는 자아정체감을 형성하는 과정에서 의도적 회피와 방어적 태도를 보이는 것으로 자기이해와 수용이 결여될 수밖에 없다. 정체감 발달과정에서 문화적 배경에 대한 고려 없이 정체감을 갖게 되더라도 개인의 출생과 관련된 문화적 배경이 존재하는 한, 특정 상황에서 다시 정체감 위기와 관여의 과정[1]을 경험하게 된다. 이와 관련해서 〈표 9-3〉에서 제시한 소수 집단 문화적 정체감 발달 모델(Atkinson, Morten & Sue, 1997)을 보면 자아정체감의 한 측면인 문화적 정체감이 청소년기의 주요 과업인 정체감 형성에 자연스럽게 작용되고 복합적인 위기와 관여를 경험하면서 정체감을 형성할 수밖에 없다.

이와 같이 일반적으로 청소년기의 중요한 과업이 자아정체감의 형성이라면 다문화 가정 학생의 경우 자아정체감 형성의 또 다른 어려움을 겪는다. 왜냐하면 자아정체감을 형성하는 과정에서 자신의 문화적·민족적 특성을 무시할 수는 없다. 특히 아직 어린 청소년의 경우 사회적 차별이라는 부정적인 환경에서 스스로 자신과 부모의 문화적 배경을 객관적으로 인식하기 어려울 수 있다. 보다 구체적으로 다문화 가정 자녀의 정체감 발달을 Atkinson 등(1997)이 제시한 소수 집단 정체감 발달 모델을

1) Marcia(1980)의 자아정체감 발달 모델에 따르면 정체감에 대한 위기와 관여에 따라 정체감 성취, 정체감 유예, 정체감 유실, 정체감 혼미와 같은 네 가지 상태(단계)가 나타난다.

표 9-3 소수 집단 문화적 정체감 발달 모델

단계	자신에 대한 태도	같은 소수 집단에 대한 태도	다른 소수 집단에 대한 태도	주류 집단에 대한 태도
1단계 순응	자기비하	집단 비하	차별적	높이 평가
2단계 불일치	자기비하	집단 내 갈등(집단 비하와 높이 평가)	주류 문화의 소수 문화 위계에 대한 관심과 공유된 경험의 감정 사이의 갈등	집단 비하와 높이 평가 사이의 갈등
3단계 저항과 흡수	자기를 높이 평가	집단을 높이 평가	다른 소수 집단 경험에 대한 공감과 자문화중심주의 감정의 갈등	집단 비하
4단계 자기반성	자기를 높이 평가하는 근거에 관한 관심	불평등한 평가의 본질에 대해 관심	다른 사람을 평가하기 위한 인종중심적인 관심	집단 비하의 근거에 대한 관심
5단계 통합적인 명료화와 인식	자기를 높이 평가	집단을 높이 평가	집단을 높이 평가	선택적으로 높이 평가

출처: Atkinson et al. (1997).

통해 살펴보고자 한다. 〈표 9-3〉에서 볼 수 있듯이 개인은 정체감 발달과정에서 자신에 대한 태도, 같은 문화적 배경을 공유하는 집단에 대한, 다른 소수 집단에 대한, 주류 집단의 태도에 따른 영향을 받는다. 또한 이 과정에서 자신에 대한 태도를 수정해 나가는 경험을 한다. 자아정체감의 발달은 순응, 불일치, 저항과 흡수, 자기성찰, 통합적인 명료화와 인식의 단계를 거쳐 보다 성숙한 수준으로 자신, 또는 다양한 소수 집단, 주류 집단 모두에 대해 긍정적인 태도를 갖는 것이다. 그러나 현시점에서 다문화 가정 학생들의 경우, 발달 단계상 순응, 불일치, 저항과 흡수 단계의 특성을 쉽게 관찰할 수 있을 것으로 추측한다.

4. 다문화 가정 학생 지도의 실제

다문화 가정 학생에 대한 이해에서 볼 수 있듯이, 학교 장면에서 아직 소수자인 다문화 가정 학생들은 일반 학생들 사이에서 여러 가지 어려움을 겪고 있다. 특히 다문화 교육이 아직 보편화되지 않은 사회적 현실 속에서 학교라는 환경은 많은 부정적인 요소들을 포함하고 있다. 이러한 환경 속에서 다문화 가정 학생에 대한 생활지도 및 상담은 다양한 영역에서 이루어져야 하지만 특히 현재 이들이 겪고 있는 어려움에 더 초점을 둘 필요가 있다. 이러한 맥락에서 다문화 가정 학생에 대한 이해를 바탕으로, 개인의 내적 · 외적 요인을 고려하여 생활지도와 상담의 목표를 설정할 필요가 있다. 주요 문제 영역을 중심으로 권오현 등(2013)이 제시한 생활지도 및 상담의 목표를 요약하여 제시하면 다음과 같다.

1) 자기보호 능력의 향상

다문화 가정 학생이 부당한 대우와 차별을 받을 때 자기보호 능력을 갖는 것이 중요하다. 그러나 다른 한편, 지나친 대응으로 공격적 행동을 하지 않도록 지도할 필요가 있다. 구체적인 지도 활동과 상담 목표는 다음과 같다.

- 놀리거나 차별하는 친구에게 자신의 생각을 논리적으로 표현할 수 있도록 연습시킨다.
- 상대방의 말과 행동이 자신에게 어떤 피해를 주고, 왜 기분이 나빴는지를 정확하게 표현하도록 한다.
- 친구가 의도적으로 나쁜 행동을 한 것은 아니지만 자신에게 피해를 준 점을 인식하고, 이에 대해 객관적으로 설명하도록 한다.
- 자신을 보호하기 위해 어떤 방식을 택했고 어떤 효과가 있었는지 이야기해 본다.
- 지속적인 놀림이나 차별을 받을 경우 상담교사, 담임교사 및 부모에게 전달하고 도움을 요청한다.

2) 존중과 수용 경험의 제공

앞에서 설명한 바와 같이 다문화 교육의 핵심은 존중과 수용인 점을 고려하여 모든 학생들이 존중과 수용의 태도를 가지고, 우호적인 관계를 맺게 하는 것이다. 특히 다문화 가정 학생에게 존중과 수용의 경험을 통해 근본적인 태도와 행동의 변화를 시도하는 것을 목표로 삼아야 한다.

- 학생이 어떤 문제행동을 보이든지 표면적으로 드러난 문제에만 집중하지 않는다.
- 문제행동을 언급할 때 비난이나 지적으로 비춰지지 않도록 대화를 나눈다.
- 문제행동 이면 또는 어떤 행동의 의도에 대해 충분히 이해하도록 한다.
- 문제행동 이면의 기본 욕구를 읽어 주고, 문제행동과 어떻게 연결되었는지 알아본다.
- 학생 내면의 기본 욕구와 표현된 문제행동을 이해했다면 기본 요구를 건전하고 효과적으로 표출하는 방법을 함께 찾아본다.
- 전체 과정에서 학생의 말에 귀를 기울이고 충분히 표현할 수 있도록 같이 있어 주고 견뎌 준다.
- 상담과정에서 존중, 수용이 동정, 연민과는 구분되어야 한다.

3) 우호적인 또래관계 촉진

다문화 가정 학생의 경우 외적 요인으로 또래관계의 어려움이 예상되기 때문에 보다 적극적으로 또래와 친밀한 관계를 형성할 수 있도록 지도할 필요가 있다. 외부 환경이 열악하더라도 개인이 적극적으로 노력하면 환경을 바꿀 수 있기 때문에 대인관계 측면에서 적극성과 개인의 노력을 강조할 필요가 있다. 다문화 가정 학생의 또래관계를 지도할 때 이러한 내용을 포함하여 다음과 같은 구체적인 접근을 시도해 볼 수 있다.

- 호감 가는 친구나 자신에게 호감을 보이는 친구를 이해하고 다가가도록 격려한다.
- 친구에게 다가가는 방법을 연습해 보게 한다.

- 친구와 함께할 수 있는 놀이를 찾아보게 한다.
- 자신을 어떻게 알리고, 무엇을 알리면 친구랑 친해질지 이야기해 본다.
- 자신의 장점, 좋아하는 것, 어떤 꿈을 가지고 어떤 생각을 하는지를 잘 전달하도록 지도한다.
- 친구의 이야기를 어떤 마음으로 어떻게 들어 주는지를 생각해 보도록 한다.
- 친구의 아픔이나 어려움을 어떤 마음으로 어떻게 도와줄지 생각해 보도록 한다.

4) 학업능력 향상 및 진로발달 촉진

학업 문제를 경험하는 다문화 가정 학생의 경우 학습 부진이 악화되지 않도록 신속히 개입하여 단계별로 학업능력을 향상시키는 것이 중요하다. 특히 누적된 학업 결손이 있는 경우 장기적인 계획을 세우고 기초선부터 확인하고 구체적인 방향을 설정하여 학업지도를 한다. 학업 내용에 대한 평가와 점검뿐만 아니라 학습 동기, 학교에 대한 태도 등을 함께 이해해야 효과적으로 학업 문제에 접근할 수 있다. 그리고 표면적인 행동만이 아니라 복잡하고 다양한 영향 요인을 종합적으로 고려하여 접근해야 한다. 진로에서는 어떤 구체적인 문제가 나타나지는 않지만 지속적인 진로발달을 촉진하고 진로성숙도를 높이는 것이 중요하다.

- 학업상담을 진행할 때 한국어 읽기, 쓰기, 듣기, 말하기, 글짓기를 구체적으로 평가하고, 한국어로 인한 학업 결손이 없는지 평가한다.
- 현재 학년 수준에 해당되는 학업성취를 평가하고 학업성취 수준이 낮은 과목이 어느 수준에 머물러 있는지 평가한다.
- 학습 동기가 높은지, 학업에 대해 어떤 태도를 보이는지 평가한다.
- 학습 동기가 낮고 공부에 대해 무관심한 학생의 경우 먼저 학습 동기를 향상시켜야 한다.
- 공부를 왜 하는지, 공부를 잘하면 어떤 장점이 있는지 생각해 보게 한다.
- 공부와 앞으로의 진로가 어떻게 연결되는지 생각해 보면서 공부의 필요성에 대해 이야기를 나눈다.

- 선행학습을 보충할 계획을 함께 세워 보고 도움을 줄 수 있는 사람(예: 멘토, 선생님 등)을 찾아본다.
- 학습 방법을 검토해 보고 더 효과적인 학습 방법에 대해 알아본다.
- 지속적인 지도와 안내를 통해 점차 스스로 할 수 있도록 돕는다.
- 자신의 능력, 흥미 등을 개발하고 지속적으로 향상시킬 수 있도록 촉진한다.
- 진로와 직업에 대한 긍정적인 가치관을 형성하고 미래에 대해 꿈꿀 수 있게 지도한다.

5) 균형 있는 정체감 형성

앞에서 언급한 바와 같이 다문화 가정 학생들은 부모와 다른 생활양식과 내적 경험을 겪으면서 자신만의 정체감을 형성하게 된다. 이들은 적어도 두 가지 문화를 경험하고 그 문화의 영향을 받게 된다. 어린 아동이나 청소년의 입장에서 다른 문화를 경험하면 일치하지 않는 부분에 대해 혼란을 느끼기 마련이다. 학생들이 두 가지 문화 속에서 혼란의 원인과 어려움이 무엇인지 분명하게 인식하기는 어렵다. 이러한 경우 성장 과정에서 문화의 차이를 통합적으로 수용하고 균형 있는 정체감을 형성하는 것이 중요하다.

- 여러 고민이나 복잡한 생각(정체감 관련)은 누구나 청소년기에 경험하게 되는 혼란이라고 안내한다.
- 객관적으로 부모의 출신국을 바라보고 수용하도록 한다.
- 어떤 문화이든 더 가치 있거나 더 우월하지 않다는 것을 알려 준다.
- 국가 경제력과 문화적 특성으로 사람을 평가하지 않도록 한다.
- 친구들과 다른 자신, 자신의 가족을 있는 그대로 인정하고 수용하도록 한다.
- 한국 문화를 이해하고 수용하는 동시에 부모의 문화를 이해하고 수용하도록 한다.
- 두 가지 문화적 전통을 수용하여 자신만의 색깔을 찾도록 한다.
- 정체감 문제에 대해 어렵고 추상적으로 접근하는 것보다 일상적인 사건을 중심으로 다루도록 한다.

중도입국 다문화 가정 청소년의 한국에서의 적응 시기별 경험

영역	범주
처음 입국 시 한국에 대한 경험	• 한국에 너무 오고 싶었다(입국 전 경험). • 처음에 한국에 왔을 때 좋았다, 신기했다(입국 당시 경험). • 입국 후 한국에서의 긍정적 경험 –가족과 함께 있어 너무나 좋았다. –한국은 살기 편하다. –공부하고 가르쳐 주는 분위기가 좋다.
이주 후 초기의 특성	• 엄마와 사이가 나쁘다. • 한국말 배우는 것이 힘들다. • 문화 차이가 커서 힘들다. • 놀림이나 따돌림을 당했다. • 부정적 정서 –외롭고 우울하다. –불안하고 불행하다. • 행동 반응 –부모님께 이야기를 한다. –화가 나도 참는다.
적응기의 특성	• 부모님과 세대 차이가 많이 난다. • 경제적으로 어렵다. • 학업을 따라가기 어렵다. • 진로선택이 어렵다. • 아직도 사람들과 어울리기 힘들다. • 자신감 없고 힘들다. • 긍정적 자원 –직면한 상황에 적극적으로 대처한다. –가족의 지원이 힘이 된다. –친구나 선생님이 도움을 준다.

출처: 양미진, 고홍월, 이동훈, 김영화(2012).

다문화 청소년 상담에 필요한 기본 역량

영역	범주
태도	• 전문가로서의 책임감, 헌신, 진실성 • 내담자에 대한 개방적 태도 • 인간권리에 대한 옹호 및 연구윤리 • 다문화 상담 전문성을 확보하기 위한 노력 • 상담자로서의 어려움과 한계 극복 노력
전문적 지식	• 청소년 문화와 발달적 특성 이해 • 상담프로그램 개발에 관한 지식 • 상담자의 다문화 지식 • 한국 사회 적응을 지원하기 위한 상담 외의 정보에 대한 지식
실제적인 상담 면접기술	• 개인상담 면접기술(경청, 공감, 수용, 질문) • 욕구 파악 • 버터 주기, 견뎌 주기, 기다려 주기 • 문제 영역별 해결 방법 찾기 • 내담자의 건강한 내적 · 외적 자원 활용
청소년 상담자에게 요구되는 역할	• 대리부모 역할 • 생활지도 관리자 역할 • 학업 및 진로지도 역할 • 다문화 청소년에 맞는 상담 방법 탐색 • 부모 교육 및 다문화 가족 특성에 대한 개입

출처: 이동훈, 고홍월, 양미진, 신지영(2014).

수업활동 1

다문화 학생 사례 분석 및 지도 방안 모색

다음 사례를 읽고 본인이 담임교사라면 어떻게 학생들을 지도할 것인지 구체적으로 논의해 봅시다.

지훈이는 외국인 어머니와 한국인 아버지 사이에서 태어난 남학생이다. 지훈이의 어머니는 한국어를 잘하지 못해 지훈이가 어릴 때부터 학교 공부를 도와주기 어려웠다. 지훈이는 중학교에 입학한 후 학업 성적이 점점 떨어지고 여러 과목에서 어려움을 겪었다. 또한 다문화 가정을 조사할 때 뒤에서 수군거리는 몇몇 친구들 때문에 여러 번 기분이 나빴다고 한다. 결국 하루는 점심시간에 수군거리는 친구 두 명과 싸우기에 이르렀다.

담임인 김 교사는 이 문제를 처리하는 데 여러 가지 고민이 생겼다. 학생들의 갈등을 어떻게 해결하고, 그 이면에 있는 여러 문제를 어떻게 다룰지가 어려운 과제로 다가왔다. 지훈이의 개인적 문제, 같이 싸우게 된 두 학생의 개인적 문제, 그리고 반 전체 학생들의 다문화 가정에 대한 인식이 어떤지에 대해서도 고민이다. 우선, 싸운 세 명의 학생, 그리고 학부모님들과 합의하여 학급 내 폭력 사건은 일단락되었다. 그러나 김 교사는 근본적인 문제를 해결하기 위해 좀 더 장기적인 계획이 필요하다고 느꼈다. 갈등 처리도 중요하지만 이러한 사건 이면에 있는 여러 문제에 대해 고민하지 않을 수가 없었다. 일시적인 갈등 문제만 해결하는 것이 아니라 보다 근본적인 변화가 필요하다고 판단하여 장기 목표를 세워 보았다.

다음 여러 영역에 대해 이 사례에 대한 상담 및 생활지도 계획을 세워 봅시다.

문제의 영역	주요 문제	상담 및 생활지도 목표
학급 문화	1. 2.	1. 2.
당사자 간 갈등 문제	1. 2.	1. 2.
지훈이의 개인적 문제	1. 2.	1. 2.
상대 학생의 개인적 문제	1. 2.	1. 2.

수업활동 2

다문화 가정 학생의 상담 및 지도

다음의 상황에서 다문화가정 학생 및 일반 학생을 어떻게 지도하면 좋을지 생각해 봅시다.

1. 조별 학생 간 대화에서 다문화 학생인 민주가 자신을 보호하고 자기주장을 할 수 있도록 하려면 어떻게 해야 할지 생각해 보고 빈칸을 채워 봅시다.

학생 1: 선생님께서 우리 세 명이 한 조를 하라고 하셨는데, 민주는 외국에서 전학 온 지 얼마 안 돼서 잘 모르니까 어떻게 같이 하지?

학생 2: (민주에게) 너는 우리랑 다르잖아. 그러니까 조별 과제는 우리끼리 할게. 너는 빠져.

민주: ____

____

____

2. 각 학생들이 존중과 수용받는 경험을 할 수 있도록 빈칸을 채워 봅시다.

학생 1: 민주가 잘 몰라도 열심히 알아보고 자료를 많이 모아서 정리하는 데 도움이 되었어요.

학생 2: (불만스럽게) 그래도 많이 서툴고 답답할 때가 있어요.

민주: 애들아, 많이 도와줘서 고마워. 그리고 노력은 했는데 뜻대로 잘 되지는 않아서 미안해. 다음에 같이 하면 더 열심히 할게.

선생님: (민주에게) ____

____

____

선생님: (두 학생에게) ____

____

____

3. 우호적인 또래관계를 촉진하기 위해 다음 대화의 빈칸을 채워 봅시다.

민주: 제가 잘 모르고 잘 못하니까 친구들이 저랑 같은 조 하는 걸 싫어하는 것 같아요. 저는 친구들이랑 친해지고 같이 하고 싶은데 어떨 때는 눈치 보여서 더 조용히 가만히 있게 돼요.

교사: (공감적 이해) ______________________________

____

____

교사: (또래관계 촉진) ______________________________

____

____

참고문헌

교육과학기술부(2010). 다문화 가정 자녀 현황.

권오현, 고홍월, 권순희, 김경수, 모경환, 박동열, 박선운, 박성혁, 성상환, 안경환, 우희숙, 윤희원, 조영달, 한용택(2013). **다문화 교육의 이해**. 서울대학교출판문화원.

김미선(2009). 자아존중감 증진 프로그램이 다문화 가정 아동의 자아존중감과 학교생활 적응에 미치는 효과. 숙명여자대학교 대학원 석사학위논문.

김승경(2013). **다문화청소년 종단조사 및 정책방안 연구 Ⅰ**. 한국청소년정책연구원.

김혜련, 황나미, 장인순, 윤강재, 강복정(2008). **국제결혼 이주여성의 생식건강 실태와 정책과제**. 한국보건사회연구원.

모경환, 최충옥, 김명정, 임정수 공역(2008). **다문화교육 입문**(*Introduction to multicultural education*) (4th ed.). Banks, J. A. 저. 아카데미프레스. (원저는 2003년에 출판)

민병모, 박동건, 박종구, 정재창 공역(1998). **핵심역량모델의 개발과 활용**(*Competence at work: Models for superior Performance*). Spencer, L. M., & Spencer, S. M. 저. PSI컨설팅. (원저는 1993년에 출판)

설동훈(2005). 국제결혼 이주여성 실태조사 및 보건 · 복지 지원 정책 방안. 보건복지부.

신혜정(2007). 다문화 가정 자녀의 자아정체성에 영향을 주는 요인에 관한 연구. 이화여자대학교 대학원 석사학위논문.

안병환(2009). 다문화교육의 현황과 다문화교육 접근방향 탐색. **한국교육논단, 8**(2), 155-177.

양미진, 고홍월, 이동훈, 김영화(2011). **다문화 청소년 상담매뉴얼 개발**. 한국청소년상담원.

양미진, 고홍월, 이동훈, 김영화(2012). 중도입국 다문화 가정 청소년의 이주 후 적응에 관한 질적 연구. **청소년상담연구, 20**(2), 87-113.

오성배(2005). 코시안(Kosian) 아동의 성장과 환경에 관한 사례 연구. **한국교육, 32**(3), 61-83.

유네스코 아시아태평양 국제이해교육원(2007). **다문화 사회의 이해**. 동녘.

이동훈, 고홍월, 양미진, 신지영(2014). 현장전문가가 인식한 다문화 청소년 상담역량에 관한 탐색적 연구. **청소년상담연구, 22**(2), 281-311.

이창호, 송민지(2013). **다문화청소년 종단조사 및 정책방안 연구: 질적연구보고서 1**. 한국청소년정책연구원.

전경숙(2008). 경기도 지역의 다문화 가정과 일반가정 청소년의 생활실태 조사-학교생활과 가정생활을 중심으로. **청소년상담연구, 16**(1), 167-185.

정진경, 양계민(2004). 문화적응이론의 전개와 현황. **한국심리학회지, 23**(1), 101-136.

정진경, 양계민(2005). 문화간 훈련의 이론과 방법. **한국심리학회지, 24**(1), 185-215.

조영달, 윤희원, 박상철, 최영인(2006). **다문화 가정의 자녀 교육 실태 조사**. 중앙다문화교육센터.

조인제, 김다영, 홍명기(2020). 다문화가정 학생의 학습부진과 학교부적응에 영향을 미치는 요인에 관한 연구: 경기도 외국인 밀집지역을 중심으로. **문화교류와 다문화교육**. 9(4), 165-184.

조홍용, 정진철(2022). 다문화 가정 중학생의 직업포부와 영향 변인 연구: 일반 가정 중학생과의 비교를 중심으로. **다문화교육연구**. 15(2), 149-179.

차용호(2015) 외국인 사회통합교육 정책변동에 관한 연구: 이민정책에 관한 외부환경 변화와 정책기업가의 활동을 중심으로. 서울대학교 대학원 석사학위논문.

황매향, 고홍월(2009). **초등교사를 위한 다문화상담 길잡이**. 학지사.

황매향, 고홍월, 김진영(2010). 초등교사의 다문화 가정 아동 지도 경험. **아시아교육연구**. 11(1), 147-167.

Atkinson, D. R., Morten, G., & Sue, D. W. (1997). *Counseling American Minorities*. McGraw.

Bennett, M. J. (1993). Toward Ethnorelativism: A developmental model of intercultural sensitivity. In R. M. Paige (Ed.), *Education for the intercultural experience* (2nd ed., 21-71). Intercultural Press.

Brach, C., & Fraser, I. (2000). Can cultural competency reduce and health disparities? A review and conceptual model. *Medical Care Research and Review, 57*, 181-217.

Erikson, E. H. (1968). *Identity: Youth and Crisis*. Norton.

Heard, D. (1999). A development model of Educating Themselves for Multicultural pedagogy. *Higher Education, 38*(4), 461-487.

Lynch, M. (2000). Globalization and international democracy. *International Studies Review, 2*(3), 91-102.

Marcia, J. E. (1980). Identity in Adolescence. In J. Adelson (Ed.). *Handbook of Adolescent Psychology*. Wiley.

Sue, D. W., Arredondo, P., & McDavis, R. J. (1992). Multicultural Counseling Competencies and Standards. *Journal of Counseling and Development, 70*, 477-486.

제10장

학교폭력

「학교폭력예방 및 대책에 관한 법률」(약칭 「학교폭력예방법」)이 제정 · 공포되어 시행된 지 20년이 되었다. 학교폭력예방과 대책에 필요한 사항을 규정함으로써 피해학생을 보호하고 가해학생의 선도 · 교육 및 피해학생과 가해학생 간의 분쟁조정을 통하여 학생의 인권을 보호하고 건전한 사회 구성원으로 육성하는 것을 목적으로 하였지만, 현재 그 목적에 얼마나 다가갔는지 돌아보고 새로운 시각으로 학교폭력을 바라볼 때가 된 것 같다. 타인에게는 사소하게 취급될 수도 있는 학교폭력(學校暴力, school violence)은 피해를 입은 학생에게는 신체적 · 정신적으로 고통을 주어 오랫동안 상처로 남을 수 있다. 자칫 돌이킬 수 없는 비극적인 결과를 초래할 수도 있는 학교폭력은 또래들의 치기 어린 장난쯤으로 이해하고 넘길 문제가 아니다. 이 장에서는 학교폭력의 이해와 개념 및 실태, 최근 학교폭력의 경향, 학교폭력의 특성과 영향을 미치는 요인을 알아보고, 교사가 반드시 알아야 할 학교폭력 사안처리 가이드, 학교폭력의 개입과 상담, 학교폭력 예방 및 대책을 살펴보고자 한다.

1. 학교폭력의 이해

1) 학교폭력의 개념

학교폭력은 학교 내 · 외에서 학생을 대상으로 발생한 상해, 폭행, 감금, 협박, 약취 · 유인, 명예훼손 · 모욕, 공갈, 강요 · 강제적인 심부름 및 성폭력, 따돌림, 사이버

따돌림, 정보통신망을 이용한 음란 · 폭력 정보 등에 의하여 신체 · 정신 또는 재산상의 피해를 수반하는 행위를 말한다(교육부, 2023). 학교폭력이란 용어는 1997년 학생들의 폭력실태가 악화되어 가고, 폭력으로 인하여 자살하는 사례가 늘어나자, 정부기관과 언론매체에서 공식적인 용어로 쓰기 시작하였다. 처음에는 학생들을 중심으로 하는 학교 대 학교 또는 학교 내에서 발생하는 신체적인 가해행위를 가리키는 한정적인 의미였지만, 이후에는 심리적 위협을 포함한 다양한 형태의 폭력을 포괄하는 의미로 확장되었다.

2) 학교폭력의 실태 및 유형

(1) 학교폭력의 실태

2011년에 대구에서 한 중학교 2학년 남학생이 친구들의 집단 괴롭힘을 견디지 못하고 자살하는 사건이 발생했다. 이후 학교폭력을 근절하기 위한 사회적인 노력이 계속되어 왔지만, 여전히 학교폭력은 사라지지 않고 있고, 새로운 형태의 학교폭력은 증거를 남기지 않는 방식으로 진화해서 문제해결을 더욱 어렵게 만들고 있다. 학교폭력이 사회적 이슈로 대두될 때마다 정부는 CCTV 증설 등 다양한 학교폭력 근절 대책과 예방책을 제시하고 있지만, 학교현장에서는 실제적인 효과를 보지 못하고 있고, 여전히 학교폭력의 사각지대가 존재하고 있다. 또한 '117학교폭력신고센터'는 학교폭력에 시달리는 학생들을 도와주고 더 큰 피해를 예방하기 위해 만들어졌지만, 보복을 두려워하는 학생들에게 안전한 상담처가 되지 못하고 있다.

전국의 시도교육청이 초 · 중 · 고등학교(초4~고3) 학생들을 대상으로 실시한 '2022년 1차 학교폭력 실태 전수조사' 결과([그림 10-1])에 따르면(교육부, 2022a) 피해응답률은 1.7%(5.4만 명)로 2021년 1차 조사 대비 0.6%p 증가했으며, 학교급별로는 초등학교 3.8%, 중학교 0.9%, 고등학교 0.3%로 나타나, 모든 학교급에서 2021년 1차 조사보다 증가하는 양상을 보였다. 코로나19 확산을 방지하기 위해 실시했던 원격수업으로 한때 감소했던 학교폭력 피해응답률이 코로나19 위기 단계 하향화 조치로 정상적인 학교수업이 진행되고 대면수업으로 전환됨에 따라 신체적 · 언어적 상호작용이 증가하면서 함께 증가하는 양상을 나타내고 있다.

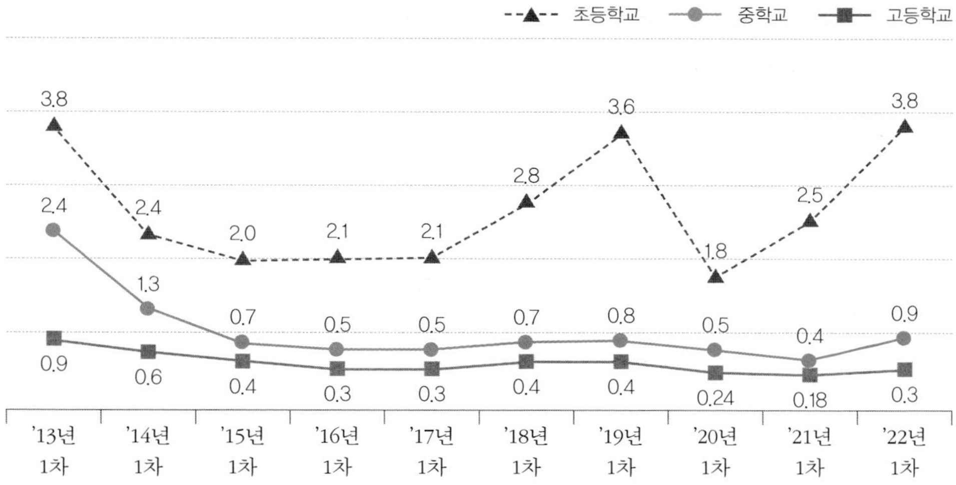

[그림 10-1] 학교급별 학교폭력 피해응답률(단위: %)

출처: 교육부(2022a).

피해유형별 응답 비중은 [그림 10-2]에 나타난 바와 같이 언어폭력(41.8%), 신체폭력(14.6%), 집단따돌림(13.3%) 순으로, 2021년 1차 조사 대비 집단따돌림(14.5%→13.3%), 사이버폭력(9.8%→9.6%)의 비중은 감소하고, 신체폭력(12.4%→14.6%)의 비중은 증가하였다. 또한 모든 학교급에서 '언어폭력'의 비중이 가장 높게 나타났고, 초등학교(14.6%)와 중학교(15.5%)는 '신체폭력'이, 고등학교(15.4%)는 '집단따돌림'이 높게 나타났다.

한편, 집단따돌림 비중이 감소하고, 가해를 '주로 여럿이 했다'는 응답이 감소하는 등 2021년 1차 조사 대비 집단으로 이루어지는 학교폭력이 줄어드는 추세를 보이고

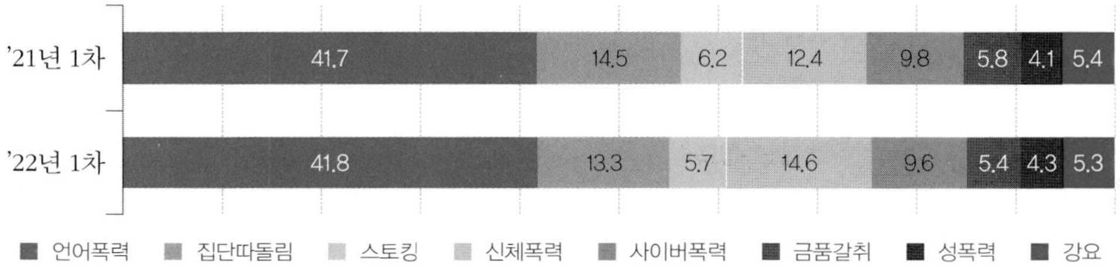

[그림 10-2] 2021~2022년 학교폭력 피해유형별 비중(단위: %)

출처: 교육부(2022a).

있으며 학교폭력 피해 후 '주위에 알리거나 신고했다', 학교폭력 목격 후 '알리거나 도와줬다'는 응답은 2021년 1차 조사 대비 증가한 모습을 보였다.

(2) 학교폭력의 유형

학교 내 · 외에서 학생을 대상으로 발생한 상해, 폭행, 감금, 협박, 약취 · 유인, 명예훼손 · 모욕, 공갈, 강요 · 강제적인 심부름 및 성폭력, 따돌림, 사이버 따돌림, 정보통신망을 이용한 음란 · 폭력 정보 등에 의하여 신체 · 정신 또는 재산상의 피해를 수반하는 행위를 학교폭력이라 한다. 〈표 10-1〉에 제시하는 유형은 예시적으로 열거한 것으로, 신체 · 정신 · 재산상의 피해를 수반하는 모든 행위는 학교폭력에 해당한다.

표 10-1 학교폭력의 유형

유형	예시 상황
신체폭력	• 신체를 손, 발로 때리는 등 고통을 가하는 행위(상해, 폭행) • 일정한 장소에서 쉽게 나오지 못하도록 하는 행위(감금) • 강제(폭행, 협박)로 일정한 장소로 데리고 가는 행위(약취) • 상대방을 속이거나 유혹해서 일정한 장소로 데리고 가는 행위(유인) • 장난을 빙자한 꼬집기, 때리기, 힘껏 밀치기 등 상대방이 폭력으로 인식하는 행위
언어폭력	• 여러 사람 앞에서 상대방의 명예를 훼손하는 구체적인 말(성격, 능력, 배경 등)을 하거나 그런 내용의 글을 인터넷, SNS 등으로 퍼뜨리는 행위(명예훼손) ※ 내용이 진실이라고 하더라도 범죄이고, 허위인 경우에는 형법상 가중 처벌 대상이 됨 • 여러 사람 앞에서 모욕적인 용어(생김새에 대한 놀림, 병신, 바보 등 상대방을 비하하는 내용)를 지속적으로 말하거나 그런 내용의 글을 인터넷, SNS 등으로 퍼뜨리는 행위(모욕) • 신체 등에 해를 끼칠 듯한 언행("죽을래" 등)과 문자메시지 등으로 겁을 주는 행위(협박)
금품갈취 (공갈)	• 돌려줄 생각이 없으면서 돈을 요구하는 행위 • 옷, 문구류 등을 빌린다며 되돌려 주지 않는 행위 • 일부러 물품을 망가뜨리는 행위 • 돈을 걷어 오라고 하는 행위

강요	• 속칭 빵 셔틀, 와이파이 셔틀, 과제 대행, 게임 대행, 심부름 강요 등 의사에 반하는 행동을 강요하는 행위(강제적 심부름) • 폭행 또는 협박으로 상대방의 권리행사를 방해하거나 해야 할 의무가 없는 일을 하게 하는 행위(강요)
따돌림	• 집단적으로 상대방을 의도적이고 반복적으로 피하는 행위 • 싫어하는 말로 바보 취급 등 놀리기, 빈정거림, 면박 주기, 겁주는 행동, 골탕 먹이기, 비웃는 행위 • 다른 학생들과 어울리지 못하도록 막는 행위
성폭력	• 폭행 · 협박을 하여 성행위를 강제하거나 유사 성행위, 성기에 이물질을 삽입하는 등의 행위 • 상대방에게 폭행과 협박을 하면서 성적 모멸감을 느끼도록 신체적 접촉을 하는 행위 • 성적인 말과 행동을 함으로써 상대방이 성적 굴욕감, 수치감을 느끼도록 하는 행위
사이버폭력	• 사이버 언어폭력, 사이버 명예훼손, 사이버 갈취, 사이버 스토킹, 사이버 따돌림, 사이버 영상 유포 등 정보통신기기를 이용하여 괴롭히는 행위 • 특정인에 대해 모욕적 언사나 욕설 등을 인터넷 게시판, 채팅, 카페 등에 올리는 행위(특정인에 대한 저격 글이 그 한 형태임) • 특정인에 대한 허위 글이나 개인의 사생활에 관한 사실을 인터넷, SNS 등을 통해 불특정 다수에 공개하는 행위 • 성적 수치심을 주거나, 위협하는 내용, 조롱하는 글, 그림, 동영상 등을 정보통신망을 통해 유포하는 행위 • 공포심이나 불안감을 유발하는 문자, 음향, 영상 등을 휴대폰 등 정보통신망을 통해 반복적으로 보내는 행위

출처: 교육부(2023).

3) 학교폭력의 최근 경향

(1) 학교폭력의 저연령화

[그림 10-1] 학교급별 학교폭력 피해응답률을 살펴보면 중 · 고등학생에 비해 초등학생의 피해응답률이 높고, 2017년 2.1%, 2018년 2.8%, 2019년 3.6%, 2022년 3.8%로 해마다 증가하고 있다. 학교폭력 감지 민감도가 상대적으로 높은 초등학생이 습관성 욕설, 비속어 사용을 학교폭력으로 인식한 결과라는 분석도 있지만, 학교폭력

표 10-2 학교폭력 가해응답률(단위: %)

구분	전체	초	중	고
비율(%)	0.6	1.3	0.3	0.1
인원 수(천 명)	18.5	14.6	3.3	0.5

출처: 교육부(2022a).

가해자와 피해자의 연령이 확연하게 낮아지고 있다는 것을 의미한다. 〈표 10-2〉에 나타난 초등학교 가해비율은 학교폭력 저연령화 현상이 가속되고 있다는 것을 뒷받침해 준다. 학교폭력 저연령화 경향이 뚜렷해지면서 2020년부터 모든 초등학생에 대한 학교폭력예방교육('어울림' 프로그램)과 사이버폭력 예방교육('사이버 어울림' 프로그램)을 모든 초등학교에서 운영하기 시작했지만, 학교에서 실시하는 학교폭력예방교육의 실제적인 효과가 미미하다는 것을 보여 주고 있다.

발달심리적 측면에서 보면 어린 학생들은 자신의 행동이 학교폭력인지 아닌지 인식하지 못하는 상태에서 장난 삼아 저지르거나 뚜렷한 목적이나 동기 없이 우발적이고 충동적으로 행동하는 연령적 특성을 나타낸다.

(2) 학교폭력의 집단화

1명이 아닌 2명 이상에게 폭력을 당하는 경우 누구라도 저항하기 힘들고 무기력하게 당하게 되며 보복을 두려워하게 된다. 최근 학교폭력은 점차 조직화되고 있고 학교 내에서의 영향력이 증가하여 단순한 학생들 간의 폭력 수준을 넘어섰다. 학생들이 피해를 입지 않기 위해 일진 등 조직에 가입하고 학교별 일진이 정보를 공유하여 피해자를 지속적으로 괴롭히는 대표적인 학교폭력의 방법은 셔틀이다. 셔틀(shuttle)은 10대 청소년들 사이에서 부당한 심부름을 하는 학생들을 가리키는 말인데 부당한 지시를 하는 학교폭력을 가리키는 은어로 확장되어 사용되고 있다. '셔틀'은 e스포츠의 원조라 할 수 있는 스타크래프트에서 병력을 태우고 운송하는 '비행기 유닛 셔틀'에서 나온 말로, 운송 수단을 의미한다. 2010년 청소년들 사이에서 이른바 '빵 셔틀'이 유행하면서 널리 알려진 말이다. 왕따 당하는 학생들이 매점에서 빵을 사서 바치는 것을 일컬어 빵 셔틀이라 한다. 최근에는 스마트폰의 대중화로 인해 게임 아이템을 바쳐야 하는 '애니팡 하트 셔틀', 자신의 휴대전화 데이터를 주위 친구들이 공유해서 쓸 수 있도록 핫스팟 기능을 켜 놓아야 하는 '와이파이 셔틀', 친구들이 데이터를 달라고 하면 자신의 휴대전화 데이터를 넘겨주어야 하는 '데이터 셔틀' 같은 신종 셔틀이 등장하고 있다. 이런 현상은 오프라인의 위계가 온라인까지 이어지는 경향이 반영된 것이며 온라인의 특성상 통제가 어려워 피해학생이 받는 정신적 스트레스는 오프라인보다 더 심각할 수 있다.

(3) 정서적 폭력의 증가

학교폭력 행위 중 언어적 모욕, 성적인 모독, 별명 부르기, 험담하기, 빈정거리거나 조롱하기, 나쁜 소문 퍼뜨리기, 위협적인 행동, 음란한 눈빛과 몸짓, 행동을 사진이나 동영상으로 찍어 수치심을 느끼게 하는 것, 카페나 학교 게시판에 협박하는 글을 올리는 것, 따돌림 등은 정서적 폭력에 포함된다. 특히 정서적 폭력의 경우 휴대전화 문자 및 SNS 등을 통해 손쉽게 반복적으로 이루어지고 있어 문제가 되고 있지만 피해가 겉으로 잘 드러나지 않기 때문에 폭력으로 인식되지 못하는 경우가 많다. 하지만 다른 유형의 폭력과 마찬가지로 정서적 폭력도 한 개인을 통제하려는 행동이므로 그로 인한 피해를 무시할 수 없다. 2022년 학교폭력 피해유형에 따른 피해율을 살펴보면, 모든 학교급 · 성별에서 언어폭력(41.8%)의 피해율이 가장 높았고, 사이버폭력(9.6%)이 차지하는 비율도 상당히 높았다. 최근 청소년들의 SNS 활동 빈도가 높아지면서 학교폭력 행위 중 심한 욕설이나 장기간에 걸친 집요한 따돌림과 같은 사이버폭력이 증가하는 추세에 있다. 아울러 시험지 보여 주기 강요, 숙제나 심부름시키기 등의 심리 · 정서적 괴롭힘과 폭력도 끊이지 않고 있다. 이러한 정서적 폭력을 당하는 피해학생들은 인격적인 모멸감을 겪게 되고 심할 경우 우울증, 자살충동, 자살시도 등 심각한 정신적 고통을 호소하기도 한다.

(4) 폭력의 지속성 확대

학교폭력은 학교라는 폐쇄적인 공간에서 발생하기 때문에 학교폭력 가해경험이 있는 학생이 재차 가해하는 등 지속적이고 반복적으로 발생하는 경향이 있다. 이러한 반복적인 학교폭력은 가해학생에게 일종의 훈련 효과를 줄 수 있는데, 자신의 폭력적인 행동을 일상적으로 여기고, 그 행동에 대한 죄의식이나 책임감을 느끼지 않을 수 있다. 이러한 심리적 패턴은 가해자들이 학교폭력을 계속 반복하는 원인으로 작용할 수 있다. 특히 SNS와 같은 디지털 플랫폼의 보급으로 인해 학교폭력은 쉽게 전파되고 반복될 수 있으며, 휴대폰 문자, 소셜 미디어 등을 통해 손쉽게 반복적으로 이루어지는 디지털 폭력은 피해학생들에게 정서적인 상처를 주는 것은 물론 가해학생들에게도 정상적인 대인관계 형성과 소통 방식을 왜곡시킬 수 있다.

4) 학교폭력의 특성

학교폭력은 가해와 피해의 악순환을 반복하고, 장기간에 걸쳐 행해지기 때문에 심각한 후유증을 초래하며, 집단 괴롭힘으로 발전할 가능성이 높고, 피해학생이 친구관계 단절과 보복을 두려워하여 신고하는 것을 꺼리기 때문에 재생산될 수 있는 가능성이 많다. 심지어 성인들의 잘못된 행태를 모방하는 범죄로 발전하는 경우도 있고, 가해학생이 폭력을 행사하는 뚜렷한 동기를 찾기 힘들다는 특성을 가지고 있다. 그러므로 학교폭력을 예방하고, 효율적으로 지도할 수 있는 방안을 모색하려면 가해학생과 피해학생의 특성과 행동유형을 이해하는 것이 필요하다. 가해행위를 한 학생과 피해를 당한 학생의 개인적인 특성과 행동유형을 이해하고 참고자료로 활용하여 지속적인 관심을 기울인다면, 학교폭력을 예방하는 데 도움이 될 것이다.

(1) 피해학생의 특성과 징후

학교폭력 피해는 학교폭력을 통해 신체적·정신적 고통을 수반하는 것을 의미한다. 심리적 방어기제가 제대로 갖추어지지 않은 학생이 친구들에게 신체적인 감금, 상해, 폭행을 당하거나 소외, 집단따돌림 등 심리적인 괴롭힘을 지속적으로 당하게 되면 이로 인한 심리적 상처와 충격은 감당하기 힘들게 된다. 더욱이 피해가 반복적이고 지속적으로 진행되는 경우 더욱 심각한 영향을 미치게 되는데, 폭력으로 인해 생기는 분노감이나 복수심, 수치심과 우울, 폭력에 대한 두려움과 공포를 지니게 된다. 이로 인해 등교를 기피하거나 거부하게 되고, 대인관계 형성에 어려움이 생겨 스스로 고립을 선택하여 은둔형 외톨이가 될 가능성이 있다. 또한 식사, 수면과 같은 일상생활에 어려움을 경험하고, 사람을 신뢰하지 못하며, 피해로 인한 정신적 트라우마는 심각한 정신장애로 이어질 수 있고, 때로는 자살을 시도하는 경우도 있다.

학교폭력의 표적이 되거나 집단따돌림의 대상이 되는 학생은 자신감이 부족하고 자아존중감이 낮아 자기주장을 하지 못하는 경우가 많다. 이런 경향을 나타내는 학생들은 대체적으로 성장과정에서 부모로부터 따뜻한 사랑을 받지 못했거나, 반대로 양육자의 과보호로 인해 자기주도적이지 못하고 의존적인 성향을 학습한 경우로 구분할 수 있다.

표 10-3 피해학생의 행동유형 및 징후

가정에서
• 표정이 어둡고 평소보다 기운이 없다. • 이름만 불러도 놀라는 등 사소한 일에도 크게 반응하고 평소보다 예민하다. • 학교 가는 것을 싫어하거나 두려워한다. • 이유 없이 결석을 하거나 전학시켜 달라고 말한다. • 몸에 상처나 멍 자국이 자주 발견되고 혼자 있고 싶어 한다. • 절망감(예: 죽고 싶다)이나 복수심(예: 죽어라)을 표현하는 낙서가 있다.
학교에서
• 친구들이 자신을 험담해도 반발하지 않는다. • 모둠 활동이나 학급 내 다양한 활동 시 소외되거나 배제된다. • 쉬는 시간, 점심시간에 친구들을 피해 종종 자신만의 공간(화장실 등)에 머문다. • 옷이 망가지거나 준비물, 소지품을 잃어버리는 일이 잦다. • 학교 행사나 단체 활동에 참여하지 않으려고 한다. • 특별한 사유 없이 지각, 조퇴, 결석하는 횟수가 많아진다.
사이버폭력 피해 징후
• 불안한 기색으로 정보통신기기를 자주 확인하고 민감하게 반응한다. • 단체 채팅방에서 반복적으로 공격을 당한다. • 용돈을 많이 요구하거나 온라인 기기의 사용요금이 지나치게 많다. • 부모가 자신의 정보통신기기를 만지거나 보는 것을 극도로 싫어하고 민감하게 반응한다. • 문자메시지나 메신저를 본 후에 당황하거나 정서적으로 괴로워 보인다. • 사이버상에서 이름보다 비하성 별명이나 욕으로 불리거나 야유와 험담이 많이 올라온다. • SNS의 상태 글귀나 사진 분위기가 갑자기 우울해지거나 부정적으로 바뀐다. • 컴퓨터 혹은 정보통신기기를 사용하는 시간이 지나치게 많다. • 잘 모르는 사람들이 자녀의 이야기나 소문을 알고 있다. • 갑자기 휴대전화 사용을 꺼리거나 SNS 계정을 탈퇴한다.

출처: 교육부(2023).

학교폭력은 어떤 특정한 학생에게 발생되는 것이 아니다. 상황에 따라 누구라도 신체폭력, 언어폭력, 금품갈취, 따돌림, 성폭력, 사이버 및 매체폭력의 피해자가 될 수 있다. 학교폭력 관련 연구에 의하면, 피해를 당하기 쉬운 학생은 〈표 10-3〉과 같은 행동유형을 나타내는 경향이 두드러진다고 한다. 교사는 학생을 주의 깊게 관찰하고, 이러한 징후를 보일 경우 학교폭력의 희생자가 되는 것은 아닌지 관심을 두고, 학생 생활지도와 상담활동에 보다 많은 시간과 노력을 기울여야 할 것이다.

(2) 가해학생의 특성과 징후

가해학생은 충동적이고 공격적인 성향이 강하고, 폭력에 대해 일반 학생보다 허용적인 태도를 지니고 있으며, 타인을 지배하려는 욕구가 강한 심리적 특성을 가지고 있다. 그리고 피해학생의 입장과 감정에 대해 공감하는 능력이 부족하다는 특징이 있다. 학교폭력 가해학생들은 자신의 존재감을 확인할 목적으로 비슷한 또래의 학생들에게 폭력과 폭언을 하고, 학교생활에 대한 의욕이 상실되어 있는 경우가 많다. 그러므로 가해학생은 정서적 불안을 자주 경험하고, 감수성이 예민한 청소년들은 정서적 불안이 정서적 장애로 발전되어 반항적, 충동적 그리고 파괴적 행동으로 연결된다. 이들은 자신의 폭력행동에 대한 잘못과 책임은 인정하면서도 폭력적인 행위의 원인을 피해학생의 탓으로 돌림으로써 자신을 정당화하려는 경향이 있다.

가해학생들은 종종 부모의 애정결핍과 무관심으로 인해 가정에 대한 부정적인 감정을 품고 있고, 상당수의 가해학생들은 가정에서 폭력을 당한 경험을 가지고 있고, 이러한 피해경험은 자연스럽게 가해 성향으로 나타날 가능성이 높다. 가해학생들의 부모 중 일부는 알코올 중독이나 도박 중독에 빠져 있거나 자녀에게 적대적이며 폭력적인 태도를 보일 수 있다. 때때로 가해학생과 피해학생 간에는 상호 전환이 형성될 수도 있는데, 이는 폭력이 사회화되는 과정에서 피해와 가해의 부정적 순환고리가 형성될 수 있다는 것을 간접적으로 보여 준다. 또한 문제해결 방법이 폭력행위를 모방함으로써 전파되고 있다는 점도 주목해야 할 것이다. 가정폭력이 세대에서 세대로 전수되는 역기능적인 가정의 부모는 자녀에게 자신을 해롭게 하는 대상에 대해 보복하라고 가르침으로써 가정에서 폭력을 학습하게 되는 경우도 있다.

청소년 시기에는 또래의 영향을 쉽게 받는 경향이 있어 주위 친구들 중에 누군가

표 10-4 가해학생의 행동유형 및 징후

가정에서
• 부모와 대화가 적고, 반항하거나 화를 잘 낸다. • 사 주지 않은 고가의 물건을 가지고 다니며, 친구가 빌려준 것이라고 한다. • 친구관계를 중요시하며, 밤늦게까지 친구들과 어울리느라 귀가시간이 늦거나 불규칙하다. • 감추는 게 많아진다. • 집에서 주는 용돈보다 씀씀이가 크다. • 다른 학생을 종종 때리거나, 동물을 괴롭히는 모습을 보인다. • 자신의 문제행동에 대해서 이유와 핑계가 많고, 과도하게 자존심이 강하다. • 성미가 급하고, 충동적이며, 공격적이다.
학교에서
• 친구들이 자신에 대해 말하는 걸 두려워한다. • 교사가 질문할 때 다른 학생의 이름을 대면서 그 학생이 대답하게 한다. • 교사의 권위에 도전하는 행동을 종종 나타낸다. • 자신의 문제행동에 대해서 이유와 핑계가 많다. • 성미가 급하고, 충동적이다. • 화를 잘 내고, 공격적이다. • 친구에게 받았다고 하면서 비싼 물건을 가지고 다닌다. • 과도하게 자존심이 강하다. • 작은 칼 등 흉기를 소지하고 다닌다. • 등 · 하교 시 책가방을 들어 주는 친구나 후배가 있다. • 손이나 팔 등에 종종 붕대를 감고 다닌다.
사이버폭력 가해 징후
• 게시판이나 이메일 채팅방, 모바일 메신저 등을 통해 상스러운 욕설이나 인격모독 또는 허위 사실이나 비방하는 글을 올린다. • 사이버 공간에서 사실 여부와 관계없이 상대방을 비방할 목적으로 사실이나 거짓을 말하여 상대방의 명예를 떨어뜨리거나 인격을 침해하는 행위를 한다. • 성적 묘사, 성적 비하, 또는 성차별적인 발언 등을 인터넷이나 SNS에 올리거나 유포한다. • 사이버 공간에서 상대가 원하지 않는 문자, 사진, 동영상을 반복적으로 보내 상대방에게 불안감과 두려움을 준다. • 인터넷 대화방, SNS 채팅방에서 친구를 퇴장하지 못하게 막고 놀리거나 대화에 끼어들지 못하게 한다.

출처: 교육부(2022b) 재구성.

를 괴롭히고 폭력을 행사하는 친구가 있는 경우, 그의 행동에 쉽게 동조하는 경향을 보이는데, 심한 경우 무력감의 해소와 무조건적인 욕구충족을 위하여 폭력을 사용하면서 다른 사람이 괴로워하는 것을 즐기는 심각한 도덕적 해이를 나타내는 경우도 있다. 가해학생들은 〈표 10-4〉와 같은 행동유형을 나타내는 경향이 있으므로 교사는 학생을 주의 깊게 관찰하고, 징후를 보일 경우 적극적인 상담을 통해 학생의 마음을 이해하고, 긍정적인 방법으로 욕구를 충족시킬 수 있는 방법을 모색하도록 지도해야 할 것이다.

앞에 제시한 것은 단지 학생생활지도를 위한 참고자료일 뿐이므로 비합리적인 선입견이나 편견을 가지고 학생을 낙인찍는 기준으로 삼으면 안 된다. 최근 학교폭력은 점점 은밀하고 지능화되어 표면으로 드러나지 않는 사례가 증가하는 추세이다. 그러므로 가해할 가능성이 있는 학생의 행동유형 및 징후에 주의 깊은 관찰과 지속적인 관심이 필요하다.

2. 학교폭력의 요인

학교폭력의 원인은 어느 하나라고 지목할 수 없을 정도로 복합적이고, 우리 모두가 책임지고 근절하기 위해 노력해야 할 사회적인 문제이다. 학교폭력에 대한 전문가들의 많은 연구가 이루어져 왔고, 학교폭력 이슈가 등장할 때마다 여러 가지 대책이 시행되었음에도 불구하고 학교폭력은 근절되지 못하고 있다. 학교폭력의 피해는 학생 개인에게 신체적·정신적 후유증을 남기고, 심한 경우 학교중도탈락, 가출, 자살 등 극단적인 선택을 하는 비극적인 상황으로 연결되기도 한다. 우리 사회에 만연해 있는 폭력문화, 학교 주변에 널려 있는 유해환경시설, 청소년을 위한 문화 시설 및 여가활동 부족, 입시 위주의 교육 제도, 기성세대의 도덕적 타락 등 학교폭력에 영향을 미치는 원인이 여러 가지 있지만 학교 요인, 개인 요인, 가정 요인, 사회문화·환경 요인으로 구분하여 살펴보면 다음과 같다.

1) 학교 요인

학교폭력은 학교생활적응력향상 프로그램, 대인관계증진 프로그램, 심성계발 프로그램 등과 같은 인성교육의 개발과 운영을 통하여 예방하는 것이 최선이다. 하지만 현재의 학교교육과정은 인성교육이나 학교폭력을 예방하고 방지하기 위한 프로그램을 효율적으로 운영하지 못하고 있다. 교과교육과정 운영에 중점을 두는 교육과정 특성상 인성교육을 할 수 있는 시간을 확보하는 것이 어렵기 때문이다. 창의적 체험 활동 시간을 활용하여 인성교육, 성교육, 학교폭력예방교육, 금연교육 등을 실시하고 있지만 일회적이고 대중 집합적인 교육을 통해 긍정적인 인성 변화 동기를 유발시킨다는 것은 매우 어려운 일이다. 현재 학교에서는 입시 위주 교육으로 인해 나타나는 시험 스트레스, 지나친 경쟁주의에 찌든 감수성을 회복하기 위한 인성교육의 절실함에 대해서는 공감하면서도 인성교육을 위한 프로그램이 다양하게 갖추어져 있지 않다. 학교 자체적으로 프로그램을 개발할 수 있는 여건이 마련되어 있지 못하고, 인성교육 프로그램을 담당할 만한 인적 자원 또한 부족하다. 그럼에도 불구하고 폐쇄적인 학교문화는 외부에서 개발된 인성교육 프로그램을 학교에 도입하고 적용하는 것을 유연하게 받아들이지 못하고 있다. 학교에서 담당하는 교육활동 중 학생생활지도규정을 기초로 하여 기본 예의지도, 언어사용 및 행동습관지도, 생활지도를 하는 것은 교사의 기본적인 책무에 속한다. 그런데 최근 학교교육에서 교육적 행위와 학생인권침해 행위의 논란 속에 어떤 행위가 교육적 행위에 속하는지 단위학교에서조차 명확한 합의를 이루지 못하고 있다. 따라서 학생생활지도규정은 교사에 따라 다르고, 일관성 없이 적용되어 학생들이 수긍하지 못함으로써 내실 있는 학교생활지도가 어려워지고, 교사의 학교생활지도 활동은 교육적 기여를 하지 못하고 있다. 이러한 현상은 결국 학교의 업무분장에서 교사들이 학생생활지도를 담당하는 부서를 기피하는 결과를 낳았고, 적극적인 생활지도를 뒤로 하고, 기대수준을 낮추거나, 학교폭력에 소극적인 자세로 대응하는 현상을 만들었다.

2) 개인 요인

삶의 이정표와 같은 역할을 하는 자아정체성을 형성하는 청소년기에는 경쟁관계에서 자신의 우월성을 확보하기 위한 손쉬운 방법으로 타인을 지배하려는 경향을 보인다. 사춘기에 접어든 청소년들은 신체발달과 더불어 심리・정서적인 발달을 동시에 이루어야 하는 성장과제 수행으로 혼란스러울 수밖에 없다. 따라서 타인이 다가오는 것을 무의식적으로 밀어내고, 집단공동체 생활에서 자신의 겉모습을 강하게 드러내고 의식하게 된다. 이와 같은 청소년기 특성이 왜곡된 사고와 행동으로 표출되는 경우 학교폭력으로 이어질 가능성이 높다.

학교폭력 가해학생들은 대체로 정서가 불안하다는 공통점을 가지고 있다. 욕구가 충족되지 못하여 발생하는 불평, 불만, 무력감, 좌절의 정서는 소외감, 무기력함, 열등감으로 인한 의욕 상실, 학교생활 부적응으로 연결되고, 결국 자아존중감이 낮아지게 되어 타인을 괴롭히고, 파괴적 행동을 하며 품행장애, 폭력, 반사회적 행동으로 나타나게 된다. 이 중에서 학교폭력에 직접적으로 연결되는 것이 공격성인데, 공격성이 높은 학생들은 상대방의 권리와 감정을 무시하고 친구를 지배하려는 강한 욕구를 가지게 된다. 이러한 욕구는 사회질서나 규범을 고려하지 않고 자기중심적으로 감정에 휘둘려 행동하는 것으로 이어지게 된다.

반면, 학교폭력 피해학생들은 우울감과 불안감이 높게 나타나고, 낮은 자아존중감을 보일 수 있다. 이로 인해 이들은 다양한 친구들과의 관계 형성에 어려움을 겪을 수 있으며, 새로운 상황에 놓이면 예민해지고, 주변 환경과 타인을 경계하는 경향을 보일 수 있다. 이러한 행동 특성과 정서적 상태는 공격성이 높은 학생들에게 쉽게 표적이 되어 피해를 입을 취약성이 증가할 수 있다. 학교폭력에 취약한 피해학생들의 개인적 특성을 살펴보면, 다음과 같은 요소들이 포함된다.

- 사회적 약자: 어려운 사회적 위치에 있는 학생들은 학교폭력에 노출될 가능성이 높다. 이들은 사회적으로 격리되거나 권력이나 자원이 제한된 상황에서 피해를 입을 수 있는데, 이로 인해 저항하거나 자기를 보호하는 능력이 상대적으로 약할 수 있다.

- **내향적 성향**: 내향적 성향을 가진 학생들은 다른 사람과의 대화와 사회적 상호작용에 어려움을 겪을 수 있고, 이러한 특성은 학교폭력 상황에서 친구나 교사에게 지지나 보호를 요청하기 어렵게 만들 수 있다.
- **정서적 어려움**: 우울, 불안, 자존감 문제 등의 정서적 어려움을 가진 학생들은 학교폭력의 피해자가 될 가능성이 높은데, 학교폭력으로부터 자신을 보호하는 능력이 상대적으로 약할 수 있다.
- **다문화적 배경**: 다문화적 배경을 가진 학생들은 환경적으로 학교폭력에 노출될 가능성이 높을 수밖에 없다. 문화적 차이로 인해 차별이나 괴롭힘의 대상이 될 수 있으며, 언어장벽이나 문화적 갈등으로 인해 학교폭력을 신고하거나 보호와 도움을 요청하는 것이 어려울 수 있다.

3) 가정 요인

인간은 태어나서부터 사람과의 접촉을 통해 인성발달을 시작하는데, 이러한 접촉은 가정에서 최초로 이루어진다. 가정은 개인의 성격뿐만 아니라 가치관과 행동에도 큰 영향을 미치는 중요한 요소이며, 기본적인 인성의 형성이 이루어지는 곳이기 때문에 가정의 중요성은 아무리 강조해도 지나치지 않다. 특히 청소년의 문제행동과 자기통제력은 부모의 양육태도와 깊은 관련이 있고, 부모의 감독이나 과잉 간섭, 그리고 아동학대와 같은 부적절한 양육태도는 청소년이 학교폭력을 경험하는 데 유의한 영향을 미칠 수 있다. 이는 부적절한 양육태도가 낮은 자기 통제력의 주요 원인이 될 수 있음을 보여 준다. 현대 사회에서는 핵가족화 현상, 맞벌이 부부의 증가, 높은 이혼율 등으로 인해 가족 구성이 다양화되고 가족의 결속력과 가정의 교육적 기능이 약화되는 경향이 있다. 자본주의 산업사회에서 일 중심의 무한 경쟁 구조는 가족공동체의 붕괴를 가속화시키며, 가족 간 소통의 단절로 인해 자녀 양육에 대한 정보 공유가 부족해지고 있다. 이러한 가족공동체 붕괴 현상은 자녀의 정상적인 심리적 · 정서적 발달을 저해할 수 있으며, 애정 결핍과 미흡한 돌봄, 가정교육 부재로 인해 자녀의 정서적 불안과 욕구불만은 증가할 수밖에 없다. 이러한 결핍은 학교폭력과 같은 문제로 이어질 수 있다.

학교폭력의 가해 · 피해학생들이 많이 호소하는 가정의 문제는 부모와 자녀 간의 대화 부족, 의사소통의 장애, 경제적인 어려움에 따른 생활의 불편, 강압적이고 일관성이 결여된 부모의 양육방식, 가족 구성원에 대한 폭행, 부모의 무관심 등으로 요약할 수 있다. 부모의 강압적 양육태도, 부모 역할의 미흡함, 가정폭력, 의사소통의 장애 등 가정의 기능적 특징과 부모의 사회경제적 지위, 주변 환경과 같은 물리적 특징은 학교폭력과 무관하지 않다.

4) 사회문화 · 환경 요인

현대 사회의 급격한 변화는 인간의 존엄성을 위태롭게 만들고, 산업화와 도시화로 인해 공동체적 유대감이 퇴색되었으며, 물질만능주의 가치관이 우세해지는 등의 문제점이 발생한다. 이러한 변화는 청소년에게 의도하지 않은 유해한 환경을 제공할 수 있으며, 학교폭력의 사회문화적 배경이 될 수 있다. 게다가, 이러한 문제들은 청소년들이 탈선하거나 괴롭힘을 당하는 사회적 풍토를 조성하고 경쟁, 서열화를 부추기며, 왜곡된 사회적 인식을 조성할 수 있다.

요즘 영화, 광고, TV방송, 인터넷과 같은 매체는 생명을 경시하고 폭력에 대해 점차 무감각해지는 경향이 있다. 이러한 매체에서 무분별하고 과도한 폭력적인 행동이 양산되는 경우, 예민한 감수성을 가진 청소년들의 행동과 태도에 부정적인 영향을 미칠 수 있다. 특히 유명 연예인 등을 활용하여 폭력을 미화하는 콘텐츠를 모델링하고 전달하는 것은 학교폭력에 심각한 영향을 미칠 수 있다. 또한 특정 인물이 폭력을 사용하여 문제를 극적으로 해결하는 것이 보여지면, 청소년들은 그러한 행동을 자연스럽게 모방할 수 있다는 것을 우리는 경험적으로 안다. 반면, 언론매체는 학교폭력에 대한 인식을 높이는 데 도움을 줄 수 있는 긍정적인 역할을 할 수 있다. 언론이 학교폭력 사례를 공개하고 이에 대한 보도를 진행하는 경우, 학교 내부에서 은폐되어 있던 폭력 사건이 알려지고 사회적 이슈로 대두될 수 있다. 이는 학교폭력 문제에 대한 인식을 증가시키고 학교폭력 예방과 대응을 촉진할 수 있다. 그러므로 매체의 적절한 보도와 정보 전달을 통해 사회적인 관심과 참여를 유도함으로써 학교폭력에 대한 대응을 강화할 수 있을 것이다.

3. 학교폭력 처리 절차

2023년 교육부는 일부 개정된 학교폭력 관련 법령, 유권해석 내용, 운영지침 등을 현장 담당자들이 이해하기 쉽게 정리한 '학교폭력 사안처리 가이드북'을 발간하여 학교폭력 사안처리를 효율적이고 체계적으로 할 수 있도록 일선 학교에 보급하였다. 학교폭력 피해 신고가 늘고 학교폭력 처리 절차가 강화됨에 따라 학교폭력 사안 담당교사와 학교폭력심의위원들은 학교폭력 사안이 발생하는 경우 공정하고 객관적으로 사안이 처리될 수 있도록 학교폭력 처리 절차에 대한 전문성 신장을 위해 노력해야 한다.

1) 초기대응

교사는 학교폭력 상황을 감지(학생들의 행동이나 교실 분위기 등을 보고 학교폭력이라고 느끼는 것) 또는 인지(학생 또는 학부모의 신고, 혹은 직접 목격함으로써 학교폭력 사안을 알게 되는 것)했을 때, 신속하고 적극적으로 개입해야 한다. 따라서 교사는 학교폭력이 감지된 경우, 학교장에 즉각 보고해야 하며 학교장은 지체 없이 전담기구 또는 학교폭력 사안 담당교사가 사실여부를 확인하도록 조치해야 한다.

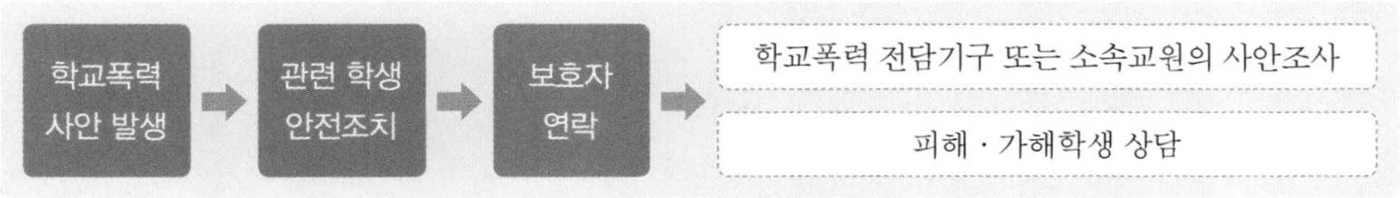

※학교폭력 발생 시 학교에서 대처한 내용을 문서로 만들어 두어야 추후 불필요한 분쟁을 예방할 수 있음.

[그림 10-3] 학교폭력 발생 시 대응 순서

출처: 교육부(2023).

2) 사안의 '발생–조사–보고' 진행 과정

학교의 장은「학교폭력예방법」제14조(전문상담교사 배치 및 전담기구 구성)와「학교폭력예방법 시행령」제16조(전담기구 운영 등)에 의거하여 교감, 전문상담교사, 보건교사 및 책임교사(학교폭력사안 담당교사), 학부모 등으로 학교폭력 문제를 담당하는 전담기구를 구성하며, 학교폭력 사태를 인지한 경우 지체 없이 전담기구 또는 소속 교원으로 하여금 가해 및 피해 사실 여부를 확인하도록 한다. 학부모는 학교운영위원회에서 추천한 사람 중에서 학교장이 위촉하는데, 구성원의 1/3 이상이어야 한다. 전담기구는 학교폭력 신고 접수 대장을 비치하고 117 신고센터, 학교장, 교사, 학생, 보호자 등 학교폭력 현장을 보거나 그 사실을 알게 된 자 및 기관으로부터 신고받은 사안에 대해 기록 · 관리한다.

조사된 내용을 토대로 필요하다고 판단되면 학교장이 긴급조치를 취할 수 있는데, 긴급조치는 피해학생에 대한 긴급조치와 가해학생에 대한 긴급조치로 나뉘게 된다. 피해학생의 요청이 있을 경우에 학교장은「학교폭력예방법」제16조 1항에 근거해 제1호 학내외 전문가에 의한 심리 상담 및 조언, 제2호 일시보호, 제6호 그 밖에 피해학생 보호를 위해 필요한 긴급조치를 결정할 수 있다. 동시에 학교장이 필요하다고 판단되는 경우에「학교폭력예방법」제17조 제1항에 나와 있는 내용 중 가해학생에 대한 긴급조치를 취할 수 있다. 긴급조치는 제1호 피해학생에 대한 서면사과, 제2호 피해

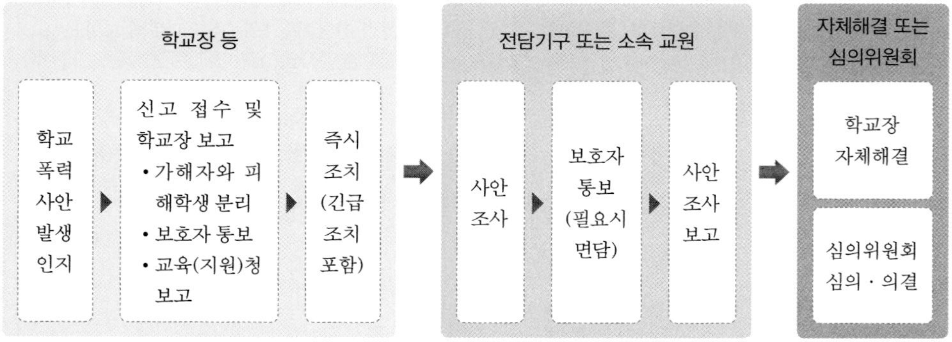

[그림 10–4] 사안의 '발생–조사–보고' 진행 과정

출처: 교육부(2023).

학생 및 신고 · 고발 학생에 대한 접촉, 협박 및 보복 행위의 금지, 제3호 학교에서의 봉사, 제5호 학내외 전문가에 의한 특별교육 이수 또는 심리치료, 제6호 출석정지가 있다. 이전에는 이 조항들 중 한 가지만 조치할 수 있었으나 2023년 3월 1일자로 개정된 학교폭력 사안처리 가이드북에서는 제5호와 제6호 조치를 동시에 할 수 있도록 규정하고 있다. 그런데 제6호 출석정지는 가벼운 조치가 아니기 때문에「학교폭력예방법 시행령」제21조에 의해 학교장이 우선 출석정지할 수 있는 사안을 다음과 같이 규정하고 있다. ① 두 명 이상이 고의적 · 지속적으로 폭력을 행사한 경우, ② 전치 2주 이상의 상해를 입힌 경우, ③ 신고, 진술, 자료제공 등에 대한 보복을 목적으로 폭력을 행사한 경우, ④ 피해학생을 가해학생으로부터 긴급하게 보호할 필요가 있다고 학교장이 판단하는 경우이다.

3) 조치 결정 및 이행

사안 조사가 마무리되면 학교에서는 학교폭력전담기구 심의를 개최하여 학교폭력 여부를 판단하는데 심의 결과 다음의 경우처럼 학교폭력이 아니라고 판단되면 사안은 자체 종결된다. ① 제3자가 신고한 사안에 대해 조사한 결과 학교폭력이 아니었던 경우, 즉 오인 신고한 경우, ② 교사가 학교폭력 징후를 발견해서 학교폭력 의심 상황이라고 해서 조사를 했으나 학교폭력이 아니었던 경우, ③ 피해 관련 학생이 신고한 상황에 대해서 피해 관련 학생이 오인 신고했음을 스스로 인정하고 학교 측에서도 조사해 본 결과 학교폭력이 아닌 경우이다.

그렇지 않은 경우에는 학교에서 학교폭력에 대한 최종 판단 여부를 결정할 수 없는데 학교폭력이라고 판단될 경우라도 피해학생 측과 가해학생 측이 합의를 하는 경우 학교장 자체 해결 요건에 성립되는지 판단할 수 있다. 학교장 자체 해결은 다음과 같은「학교폭력예방법」제13조 2항의 네 가지 요건을 충족시켜야 한다. ① 2주 이상의 신체적 · 정신적 치료를 요하는 진단서를 발급받지 않은 경우, ② 재산상 피해가 없거나 즉각 복구된 경우, ③ 학교폭력이 지속적이지 않은 경우, ④ 학교폭력에 대한 신고, 진술, 자료제공 등에 대한 보복행위가 아닌 경우이다. 하지만 앞의 네 가지 경우를 모두 충족하더라도 피해학생 및 그 보호자가 학교장 자체 해결에 동의하지 않으면 학교폭력대책심의위원회를 개최하여 가해학생에 대한 조치를 결정하게 된다.

(1) 학교폭력대책심의위원회 구성

학교폭력대책심의위원회는 「학교폭력예방법」 제12조(학교폭력대책심의위원회의 설치 · 기능)에 따라 학교폭력의 예방 및 대책, 피해학생의 보호, 가해학생에 대한 교육, 선도 및 징계, 피해학생과 가해학생 간의 분쟁조정 등을 심의한다. 학교폭력대책심의위원회는 10명 이상 50명 이내의 위원으로 구성하되, 전체 위원의 3분의 1 이상을 해당 교육지원청 관할구역 내 학교(고등학교 포함)에 소속된 학생의 학부모로 위촉하여야 한다. 학교폭력의 예방 및 대책과 관련된 업무를 수행하거나 수행하였던 사람은 「학교폭력예방법」 제21조(비밀누설금지 등)에 따라 그 직무로 인하여 알게 된 비밀 또는 가해학생 · 피해학생 및 제20조에 따른 신고자 · 고발자와 관련된 자료를 누설하여서는 안 된다.

(2) 학교폭력대책심의위원회 운영 및 절차

학교폭력대책심의위원회의 위원장은 위원 중에서 교육장이 임명하거나 위촉하는 사람이 되며, 학교폭력대책심의위원회의 회의는 재적위원 과반수의 출석으로 개의하고, 출석위원 과반수의 찬성으로 의결한다. 학교폭력대책심의위원회의 공정하고 엄정한 심의를 보장하기 위해 심의위원회 위원이나 그 배우자 또는 그 배우자였던 사람이 해당 사건의 피해학생 또는 가해학생의 보호자인 경우 또는 보호자였던 경우, 위원이 해당 사건의 피해학생 또는 가해학생과 친족이거나 친족이었던 경우, 그 밖에 위원이 해당 사건의 피해학생 또는 가해학생과 친분이 있거나 관련이 있다고 인정하는 경우는 「학교폭력예방법 시행령」 제26조(심의위원회 위원의 제척 · 기피 및 회피)에 따라 해당 사건에서 제척된다.

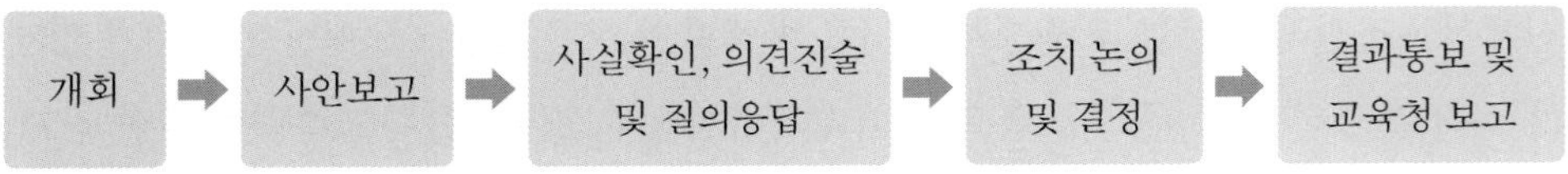

[그림 10-5] 학교폭력대책심의위원회 진행 절차

출처: 교육부(2023).

학교폭력대책심의위원회는 피해학생 측과 가해학생 측으로부터 사안 확인을 하고 제출된 모든 자료를 검토한 후 학교폭력인지 아닌지에 대한 여부를 판단하게 된다. 학교폭력심의위원회에서 필요하다고 판단하거나 피해학생 측이 요청할 경우에는 전문가(아동심리와 관련된 전문가로서 소아청소년과 또는 정신건강의학과 의사, 심리상담사, 심리치료사, 임상심리사, 전문상담교사)의 의견을 청취하게 되고, 피해학생이 장애를 가진 학생일 경우 특수교육 전문가 또는 장애인 전문가의 의견을 청취할 수 있다. 전문가 의견 청취까지 완료한 후 학교폭력 여부를 판단하게 되는데, 학교폭력으로 판정된 경우「학교폭력예방법」제16조에 명시된 것을 참고하여 피해학생에 대한 보호조치를 결정하게 된다.

피해학생 보호조치가 먼저 이루어진 이후 학교폭력 행위의 심각성, 고의성, 지속성, 반성 여부, 화해 정도 등을 종합적으로 고려해서「학교폭력예방법」제17조(가해학생에 대한 조치)에 따라 선도조치를 결정한다. 선도조치 중에 퇴학처분은 의무교육인 초등학생과 중학생에게는 내릴 수 없는 조치이다. 학교폭력대책심의위원회에서 조치된 결과는 교육장의 최종 결재를 통해 확정되고 조치 결정이 학교장에게 통보됨과 동시에 피해학생 및 가해학생 측에도 서면으로 통보된다.

표 10-5 학교폭력 피해학생 보호조치와 가해학생 교육 · 선도조치

피해학생 보호조치	가해학생 교육 · 선도조치
• 제1호: 학내외 전문가에 의한 심리상담 및 조언 • 제2호: 일시보호 • 제3호: 치료 및 치료를 위한 요양 • 제4호: 학급교체 • 제5호: 전학(※삭제됨) • 제6호: 그 밖에 피해학생의 보호를 위하여 필요한 조치 ※ 피해학생에 대한 보호조치는 피해학생 보호자의 동의가 있어야 함	• 제1호: 피해학생에 대한 서면사과 • 제2호: 피해학생 및 신고 · 고발 학생에 대한 접촉, 협박 및 보복행위의 금지 • 제3호: 학교에서의 봉사 • 제4호: 사회봉사 • 제5호: 학내외 전문가에 의한 특별교육이수 또는 심리치료 • 제6호: 출석정지 • 제7호: 학급교체 • 제8호: 전학 • 제9호: 퇴학처분

(3) 학교생활기록부 기록

학교폭력 가해학생에게 엄정한 조치를 내려 모든 학생들에게 '학교폭력에는 반드시 불이익이 따른다'는 인식을 확립하기 위해 학교폭력 조치사항 기록 보존기간 변경(안)이 발표되었다(국무총리실, 2023). 중대한 학교폭력을 일으킨 가해학생에게 내려지는 출석정지(6호), 학급교체(7호), 전학(8호)의 학생부 기록 보존기간을 졸업 후 4년으로 하는 것이 골자인데, 이는 학교폭력 가해 시 대학 입학뿐만 아니라 졸업할 때까지 불이익을 받는다는 경각심을 불러일으키는 효과를 기대한 것이다. 또한 현재 보존기간이 만료되지 않아도 졸업 직전 심의를 통해 삭제할 수 있는 사회봉사(4호), 특별교육(5호), 출석정지(6호), 학급교체(7호) 조치의 심의요건도 강화하여 심의 시에 '피해학생 동의 확인서' '가·피해학생 간 소송진행 상황'을 반드시 확인하도록 하여 행정심판과 소송 남발을 예방하고 가해학생의 진정한 사과와 반성을 유도한다는 방침이다. 또한 가해학생이 반성하지 않고 조치사항 기재를 회피할 목적으로 자퇴하는 것을 막기 위해 심의위원회가 조치를 결정하기 전에는 자퇴할 수 없도록 하였다.

	현행	개선
1·2·3호	• 졸업과 동시에 삭제	
4·5호	• 원칙: 졸업 후 2년 보존 • 예외: 졸업 직전 심의를 통해 삭제 가능	
6·7호	• 원칙: 졸업 후 2년 보존 • 예외: 졸업 직전 심의를 통해 삭제 가능	• 원칙: 졸업 후 **4년 보존** • 예외: 졸업 직전 심의를 통해 삭제 가능
8호	• 졸업 후 예외 없이 2년 보존	• 졸업 후 예외 없이 **4년 보존**
9호	• 영구보존(삭제 불가)	

※1호(서면사과), 2호(접촉·협박·보복금지), 3호(학교봉사), 4호(사회봉사), 5호(특별교육 또는 심리치료), 6호(출석정지), 7호(학급교체), 8호(전학), 9호(퇴학)

[그림 10-6] 학교폭력 조치사항 기록 보존기간 변경(안)

출처: 국무총리실(2023).

4. 학교폭력의 개입과 상담

학교폭력의 피해학생, 가해학생, 그리고 방관학생에 대한 개입과 상담은 모든 학생이 인간적인 가치와 존엄성을 인정받고 보장받아야 한다는 기본 원칙을 지켜야 한다. 따라서 학교폭력의 개입과 상담의 목표는 사건처리에 머무는 것이 아니라 문제가 더 악화되는 것을 예방하고 재발을 방지하기 위한 것으로 치유적인 상담을 통해 피해학생, 가해학생, 방관학생뿐만 아니라 관련된 사람들 간의 관계 회복을 모색해야 한다. 학교폭력 개입과 상담에서는 폭력의 원인, 종류, 특성, 상황 조건 등 다양한 요소를 종합적으로 분석하고 판단하여 개별적인 상담이 이루어져야 하며, 상담이 필요하다는 인식이 필요하다. 또한 피해학생과 가해학생 모두에게 적절한 지원과 교육을 제공하여 폭력 행동을 예방하고 치유하는 데 도움이 되는 환경을 조성해야 한다. 이는 학교 내에서 폭력 없는 문화를 구축하고 학생들이 안전하고 존중받는 환경에서 학업을 수행하고 원활한 성장을 이룰 수 있도록 하는 데 중요한 역할을 한다.

'학교폭력 사안처리 가이드북'(교육부, 2023)과 상담전문가들이 제시한 여러 학교폭력 예방 및 상담 기법을 토대로 학교폭력 피해학생은 물론 가해학생에 대한 개입과 상담 방법, 학부모 상담 시 주의사항, 사후관리를 위해 교사가 해야 할 일을 정리하였다.

1) 학교폭력 피해학생 개입과 상담

(1) 피해학생 개인상담 방법

- 피해학생의 불안한 마음을 안정시키고 신체적 · 정신적 상태 점검하기
- 피해학생이 정서적 · 심리적 고통에 대해 표현하도록 돕기
- 피해학생 입장에서 이야기를 공감해 주기
- 피해학생의 문제해결 선호 방안 확인하기
- 피해학생의 자존감을 세울 수 있도록 돕기
- 자기주장훈련(I-message) 실시
- 피해문제 해결 후, 후유증과 대처능력에 대한 상담 제공하기

(2) 피해학생 상담 시 유의사항

- 피해학생의 신체적 · 정신적 피해 정도를 정확하게 파악하기
- 피해 상황을 정확하게 파악하고, 피해의 원인을 탐색하기
- 증거자료(진단서, 사진, 녹취록, 증인 등)를 확보하게 하기
- 자살위험 체크: 위기적 사례 파악 필요
- 피해학생의 경우 문제해결도 중요하지만, 문제로 인한 심리적인 어려움을 해결하기 위한 전문적인 상담 개입 필요(자존감훈련 프로그램, 사회기술훈련 등)
- 피해신고는 정당한 권리를 찾는 것임을 인식시키기
- 가해학생으로부터의 보호에 대한 조치 병행 및 비밀보장하기
- 주변에 도움을 요청할 수 있는 기관에 대한 정보 알려 주기

(3) 피해학생 학부모 상담 시 주의사항

- 피해학생 학부모의 기본적인 심리적 상태(놀람, 분노, 원망, 아이에 대한 미안함, 죄책감, 억울함, 복수심 등)를 먼저 이해하기
- 심리 · 정서적 안정을 위한 상담 치료와 전문기관을 연계하기
- 사건처리에 대한 현실적 한계를 명시하여 지나친 가해자 처벌이나 합의금 부분을 조절할 수 있도록 하기
- 피해의 재발을 방지할 수 있는 근본적인 해결책(예: 부모의 양육태도 및 가정환경 개선 등)을 부모와 함께 모색하기

(4) 사후관리를 위해 교사가 해야 할 일

- 유사한 학교폭력 방지를 위해 교직원 연수 실시
- 피해학생에 대한 이해를 위한 전 교사의 협조체제 구축
- 피해학생에 대한 지속적인 지도 및 상담
- 피해학생의 사후관리 프로그램 진행(예: 수호천사 프로그램, 등하교 함께하기, 전문상담기관 연계 등)
- 피해학생에 대한 신변보호

2) 학교폭력 가해학생 개입과 상담

(1) 가해학생 개인상담 방법

- 피해학생이 다른 학생에게 폭력을 당했다고 주장할 경우에도 피해학생의 말만 듣고 가해학생이라고 단정 지어서는 안 된다.
- 가해학생이 왜 폭력을 했는지 폭력이라는 방법을 선택하게 된 심리 내 · 외적 요인들을 면밀히 탐색하여 듣고, 가해학생들의 인식 부분에 대해 우선 이해해 주는 공감도 필요하다.
- 훈계나 행위에 대한 평가는 가해학생에게 오히려 역효과를 줄 수 있으므로 비난이나 심문하는 듯한 상담은 자제한다. 부드러움과 강한 어조를 적절히 사용해야 한다.

(2) 가해학생 상담 시 유의사항

- 정확한 사실 파악에 주력하기(객관적 증거 및 사실 조사 등)
- 가해학생의 현 상태와 특성 파악 및 선도 가능성 평가하기
- 가해자가 현 상황에서 가장 좋은 문제해결 방안을 찾기
- 가해자에게 가/피해 어느 쪽의 편을 들고 있다는 인상을 주지 않기
- 가해자에게 어떤 경우에도 학교폭력은 잘못된 행동임을 인식시키기

(3) 가해학생 학부모 상담 시 주의사항

- 가/피해 사실을 객관적으로 확인할 수 있도록 도와주기
- 가해학생의 행위에 대해 인정하지 않을 경우: 부드럽게 말하되, 단호하고 직접적으로 가해학생의 행동과 그 결과에 대해 알려 주기
- 가해학생의 문제행동이 가족체계의 역기능적 문제로 파악될 시 가족치료적 개입과 접근을 통해 행동 원인을 근본적으로 치료하도록 하기

(4) 사후관리를 위해 교사가 해야 할 일

- 유사한 학교폭력 방지를 위해 교직원 연수 실시

- 가해학생에 대한 이해를 위한 전 교사의 협조체제 구축
- 가해학생에 대한 지속적인 지도 및 상담
- 가해학생의 합리적인 변화유도 프로그램 진행(예: 지역인사 멘토제, 사제동행 등산, 가해자 학부모 봉사 등)

3) 학교폭력 방관학생 개입과 상담

학교폭력 주변인(bystander)은 학교폭력이 발생하는 현장에 있었고, 그것을 목격한 사람으로서 학교폭력 상황에서 중요한 역할을 한다. 주변인은 해로운 주변인(hurtful bystander)과 도움이 되는 주변인(helpful bystander)으로 구분된다. 해로운 주변인은 학교폭력 가해자를 지원하는 주변인으로, 학교폭력을 조장하거나 피해자를 비웃거나 또래 괴롭힘을 응원하는 가해 조력자(assistants of the bully)나 가해 강화자(reinforcers of the bully)와 학교폭력 상황에서 아무런 조치를 취하지 않고 침묵하는 방관자(outsider)를 말한다. 도움이 되는 주변인은 피해자를 방어하거나 학교폭력이 발생하는 동안 피해자의 괴롭힘을 억제하기 위해 무언가를 하는 방어자(defenders of victim)를 말한다.

교육부(2021a)의 학교폭력실태조사에 따르면, 청소년의 34.6%가 학교폭력을 목격한 후 '아무런 조치를 취하지 않았다'고 응답했으며, '모른 체한다'는 응답이 26.7%였다. 결국 학교폭력 주변 청소년들 중 61%는 '학교폭력은 자신과 무관한 일이다' '저 정도는 학교폭력으로 간주하기에 그리 심각하지 않다' '내가 할 수 있는 일은 없으니 모른 척하는 것이 최선이다'와 같은 생각을 하며 학교폭력 피해자를 지나쳐 버리는 해로운 주변인이라는 것을 의미한다.

학교폭력 상황에서 주변인들이 방관하고 모른 척한다면 가해행위는 더욱 강화될 수 있다. 하지만 주변인 중에 피해자를 위로하거나 교사에게 알리는 청소년이 있다면 가해행위는 멈출 수 있다. 즉, 도움이 되는 주변인은 학교폭력 예방에 효과적인 보호 요소로 작용할 수 있다(남미애, 홍봉선, 2015). 피해자를 돕기 위해서 주변인이 자신을 희생할 필요는 없다. 다만, 피해자를 위로하고 학교폭력을 결코 용납하지 않는 비폭력 문화 가치를 스스로 공유하는 지지적이고 협동적인 교실 환경을 조성하는 것이

실질적인 학교폭력 예방 대책이 될 수 있다. 따라서 학교폭력 상황을 목격한 방관자들에게는 다음과 같은 단계를 유도하여 도움이 되는 주변인의 역할에 초점을 맞춘 학습과 교육이 필요하다.

즉, 피해자 편에 서기를 주저하는 방관자에게 학교폭력 상황을 목격 후 ① 학교폭력 판단하기, ② 도움 주기 생각해 보기(피해자의 심정 생각해 보기, 망설이는 나의 마음 점검해 보기), ③ 어떻게 도와줄지 결정하기 등 행동을 유도하는 과정을 홍보하고 학습시키는 것을 통해 학교폭력 상황에서 주저하지 않고 도움이 되는 주변인의 역할에 초점을 두고 학교폭력에 개입한다면 학교폭력 피해자를 돕는 인식의 전환과 행동 변화를 끌어낼 수 있을 것이다.

5. 학교폭력의 예방 및 대책

학교폭력이 심각한 사회문제로 이슈화되면서 학교폭력을 근절하기 위해 지금까지 스쿨 폴리스제, 등하교 지킴이 배치, 취약 지역 학교를 중심으로 CCTV 통합관제 단계적 확대, 경비실 확대, 폭력서클 결성 집중 단속, 배움터 지킴이 배치, 복수 담임제, 일진 경보제, 생활기록부에 가해 사실 기록 반영, 학부모 특별교육, 인성교육 프로그램 강화, 학생생활도움카드제, 쿨링 오프제, 미성년자 형사처벌 연령 14세에서 12세로 하향 조정, 학교폭력신고 전화 117의 24시간 통합 운영 등 많은 대책을 실시해 왔다. 이처럼 여러 예방 대책이 마련되고 처벌이 강화되고 있음에도 불구하고 학교폭력 피해학생들의 신체적, 심리 · 정서적 고통은 여전히 계속되고 있다. 최근 정부는 학교폭력 무관용 원칙 정립, 피해학생 최우선 보호, 학교현장의 학교폭력 대응력 강화를 통해 대입 정시는 물론 취업까지 불이익을 주는 '엄벌주의'를 천명하며 학교폭력 근절 종합대책을 발표하였다(국무총리실, 2023). 하지만 엄정 대처 위주의 대책이 학교폭력을 근절하거나 학교폭력에 대한 학교의 교육적 해결 역량을 높이는 방안이 될 수 있을지 의문이다.

직접적인 신체적 폭행은 물론, 은밀하게 행해지는 학교폭력(모욕 주기, 놀림, 무관심 등)은 점점 교묘해지고 사이버폭력(트롤링, 온라인 성희롱, 신상 털기, 스와팅 등)은 심각한 수준이다. 그러므로 처벌이 강화되면 학교폭력이 근절될 것이라는 안일한 생각을 버리고 학교폭력 발생 위험이 높은 상황에 대한 철저한 진단과 파악을 통해서 예방에 만전을 기해야 한다. 또한 학교폭력 실태에 대한 정확하고 심도 있는 분석과 진단, 사각지대에 대한 철저한 점검 및 보완, 가해자와 피해자에 대한 처벌과 치료를 보다 체계화하는 데 지속적인 관심을 기울여야 한다. 학교폭력 예방을 위해 피해학생의 자아존중감(self-esteem)을 높이고, 가해학생의 자기통제력을 향상시키는 개인적 역량 보완, 부모-자녀관계 개선을 위한 상담활동, 부모교육 프로그램(부모역할훈련, 아버지 교육), 서로 배려하고 인정하는 인간존중문화 조성을 위한 학교의 인성교육 내실화, 학교 전문상담 인력 확대 배치, 외부 전문기관과의 학교폭력 대처 연계망 구축, 학교폭력의 개입과 대처 방안에 대한 체계적인 교사연수 등 심도 있는 노력이 다양하게 필요하다.

수업활동 1

학교폭력 개입과 상담 기법 조사해 보기

다음 사례는 학생들이 교실에서 자주 겪는 따돌림과 최근 급증하고 있는 사이버폭력 피해를 당하는 상황입니다. 교사로서 어떻게 개입할 것인지, 어떤 상담 기법을 활용할 것인지 빈칸에 적어 봅시다.

따돌림	사이버폭력
중학교 1학년 4반에서 A학생은 평소 수업시간에 수업과 관련 없는 내용으로 자꾸만 질문과 대답을 하여 수업을 방해하게 되었고, 그로 인해 그 반 학생들의 미움을 사게 되었다. 학생들은 평소에도 A학생과 거리를 두며, 같이 놀지를 않고, 수업 중에 A학생이 질문을 하고자 손을 들면 "또야?"라고 한 명이 얘기하면 다른 학생 또한 A학생을 비난하고, A학생이 조금만 잘못하면 일제히 그 학생을 비아냥거리며 놀리는 일이 반복 지속됨에 따라 A학생이 마음의 상처를 받고 담임선생님께 고충을 토로하고 상담을 요청하였다.	항구도시에 살고 있는 한 고등학생 최 양(18)은 메신저 알람을 볼 때마다 가슴이 철렁 내려앉는다. 사이버불링을 겪은 후부터다. 최 양은 몇 달 전 같은 학교 친구들의 단체 대화방 초대에 응했고, 그곳에서 난데없이 심한 욕설을 들었다. 급기야 최 양의 얼굴과 다른 여성의 나체 사진을 합성한 사진까지 떠돌았다. 최 양은 "피해를 입은 당시에는 심각한 우울증과 자살 충동까지 느꼈어요."라고 토로했다.
개입 방안	개입 방안
상담 기법	상담 기법

수업활동 2

학교폭력 사안처리 절차 따라 해 보기

다음 학교폭력 고충상담 사례를 학교폭력 사안처리 가이드북을 참고하여 처리 절차를 기술해 봅시다. 그리고 고충상담을 의뢰한 학생의 질문에 답장을 써 봅시다.

안녕하세요. 이제 중3이 되는 남학생 홍길동입니다. 초등학생 땐 친구였지만 중학교 올라와서 양아치가 된 애가 있는데 제가 작년 7월부터 걔한테 돈을 뜯기고 있어요. 한번에 만 원 정도 빌려 달라고 또는 모으라고 시켜서 모은 것만 여태까지 거의 20만 원 정도 됩니다. 돈 뜯는 것뿐만 아니라 걔가 저 말고도 다른 친구한테도 돈을 뜯는데 그 친구들 돈까지 저에게 걷어서 오라는 등 아주 따까리 짓은 다 시키고 있습니다. 문자 기록도 있어요. 한 달 전에도 걔가 생일이라 2만 원 뜯기고 다른 친구들 돈까지 제가 모두 걷어서 6만 원을 가져다줬습니다. 거절하고 싶지만 맞는 것이 두려워서 아직 싫다고 말 한 번 못했습니다. 저번 주랑 오늘도 또 연락이 왔습니다. 아직 답장은 안 했고요. 정말 미치겠습니다. 아직 3학년 시작도 안 했는데 계속 당하는 것이 두려워서 신고라도 해 볼까 생각하고 있습니다. 근데 걔가 작년에 우리 학교에서 사고를 쳐서 강제전학까지 간 애여서 신고하면 어떻게 될지 궁금합니다.

① 만약 저 말고도 다른 친구들까지 다 신고하면 더 강한 처벌을 받을까요?
② 금품갈취는 어떤 처벌을 받나요?
③ 경찰서에 직접 가서 신고하는 거랑 학교에 신고하는 거랑 뭐가 다른가요?
④ 저는 걔가 더 강한 처벌을 받기 원하고 걔 인생을 조금이라도 더 망쳐 주고 싶은데 어떻게 해야 되나요? 그냥 싫다고 하고 몇 대 맞을까요?
⑤ 신고를 하면 제가 뜯긴 금액을 받고 싶은데 그렇게 하면 합의금인가요? 아니면 처벌도 받고 피해보상금도 주는 건가요?

걔 때문에 돌아 버리겠어요. 문자 소리랑 진동 소리만 들어도 이젠 무섭습니다. 제발 도와주세요.

사안조사 및 처리 절차

홍길동 군에게 드리는 글

참고문헌

고경은, 이수림(2015). 학교폭력 가해피해 중복경험 중학생의 특성 및 학교생활적응에 영향을 미치는 요인 연구. 청소년상담연구, 23(1), 1-28.

교육부(2021a). 2020년 학교폭력 실태조사 결과 발표 보도자료.

교육부(2021b). 사이버폭력, 서당폭력 등 학교폭력에 적극적으로 대응한다. —제17차 학교폭력대책위원회—개최. 보도자료.

교육부(2022a). 2022년 1차 학교폭력 실태조사 결과(교육부 보도자료, 2022.09.06).

교육부(2022b). 학교폭력사안처리가이드북.

교육부(2023). 학교폭력사안처리가이드북.

국무총리실(2023). 학교폭력근절 종합대책 보도자료.

김대군(2013). 관계적 폭력과 소수자 배려윤리. 윤리교육연구, 제32집, 79-96.

남미애, 홍봉선(2015). 학교폭력 주변인 역할에 영향을 미치는 요인. 한국아동복지학, (50), 109-144.

박종철(2013). 교실평화 프로젝트. 양철북.

박효정, 정미경(2006). 질적 분석을 통한 학교폭력 현상의 이해. 한국교육, 33(4), 167-197.

송재홍 외(2016). 학교폭력의 예방 및 대책과 상담: 이론과 실제. 학지사.

송정순, 김갑용(2005). 학교폭력의 문제점과 개선방안. 청소년보호지도연구, 제7집, 107-132.

여성가족부(2015). 청소년백서.

이은영, 황혜원(2019). 아동의 개인 및 환경요인이 또래괴롭힘 방어자 역할에 미치는 영향: 아이젠버그의 친사회성이론을 중심으로. 보건사회연구, 39(4), 204-248.

정제영 외(2016). 현장중심 학교폭력에 대한 교원의 요구도 분석. 한국교원교육연구, 33(2), 423-445.

청소년폭력예방재단(2007). 학교폭력 상담매뉴얼. 서울대학교교육연구소.

허종렬(2012). 교사의 학교폭력 대처능력과 교원양성대학의 과제. 법과 인권교육연구, 5(2), 109-127.

제11장

위기개입

청소년기는 신체와 인지 발달이 빠르게 진행되는 시기로, 생각한 것을 즉시 행동으로 옮기는 경향이 있다. 이로 인해 정서적으로 불안하고 예민해지며 환경의 변화에 쉽게 영향을 받을 수 있다. 이러한 성장과 성숙의 과정에서는 자연스럽게 혼란이나 어려움이 나타날 수 있으며, 자기통제력을 벗어난 위기 행동으로 이어질 수도 있다. 위기청소년은 자기통제력을 잃어버리고 위기 상황에 처한 청소년을 의미한다. 이 장에서는 위기청소년의 개념, 청소년 위기의 분류와 특징을 이해하고, 심각한 위험과 문제에 직면하고 있는 아동학대, 자살위기에 적절하게 개입할 수 있는 방향을 모색해 보고자 한다.

1. 위기청소년의 개념

위기는 위험한 상황이나 고비를 가리키는 명사로, 갑작스럽게 발생하는 사건이나 상황에 직면하여 정서적 충격을 받고 적절하게 대처하지 못하는 상태를 의미한다. 위기는 한자로 危(위태할 위, danger), 機(틀 기, opportunity)로 풀이된다. 그러므로 위기 상황은 대처 방법에 따라 긍정적인 결과 또는 부정적인 결과를 가져올 수 있는 순간이라고도 해석할 수 있다.

'위기청소년'이란 가정 문제가 있거나 학업 수행 또는 사회 적응에 어려움을 겪는 등 조화롭고 건강한 성장과 생활에 필요한 여건을 갖추지 못한 청소년을 말한다(「청소년복지 지원법」 제2조 제4호). 그리고 OECD(1995)에서는 "위기청소년이란 학교에서 실패하고 성공적으로 직업이나 독립적인 성인의 삶으로 이행하지 못할 것 같은 사람, 그 결과 사회에서 긍정적인 기여를 하지 못할 것 같은 청소년"으로 정의 내리고 있다(한국청소년상담원, 2009 재인용). 그러므로 위기청소년은 발달적 · 상황적 · 심리적 균형을 상실하여 스스로 평형을 회복하지 못하는 상태라고 할 수 있다. 위기청소년 문제는 학교폭력, 가출, 자살, 자해, 왕따 또는 따돌림, 약물남용, 성희롱, 성폭력, 괴롭힘 등 다양한 문제를 복합적으로 포함하고 있다. 그러므로 위기 상황에 놓인 청소년들이 안전하게 성장할 수 있는 사회안전망을 구축하고 적절한 지원과 보호를 제공해야 한다.

여성가족부가 '포용국가 청소년정책 방향'에서 청소년정책의 4대 전략 중 하나로 '청소년의 균등한 성장 기회 보장'을 강조하며 위기청소년 지원 강화, 다양한 청소년에 대한 촘촘한 지원 확대, 후기청소년[1] 지원 강화(여성가족부, 2020)를 표명한 것은 위기청소년들이 생활, 건강, 학업에서 안정을 찾을 수 있도록 지원하는 것이 우리 사회의 중요한 사회적 해결과제로 부상하고 있음을 보여 주고 있다.

2. 청소년위기의 단계 및 유형

위기는 연속선상에 있는 발달적이고 단계적인 개념이다. 이와 관련하여 McWhirter 등(2004)은 위기를 최저위기(minimal risk), 저위기(remote risk), 고위기(high risk), 위기행동 입문(imminent risk), 위기행동(at-risk category activity) 등 연속적으로 이어지는 다섯 단계의 스펙트럼으로 구분하여 제시하였다(황여정, 이정민, 2020 재인용). 양호한 사회경제적 배경을 가지고 있으며, 학교 · 가정환경 · 사회관계가 긍정적이고, 심리적 · 환경적으로 스트레스 요인이 거의 없는 상태를 최저위기, 최저위기에 비해 다소 부족한 사회경제적 배경을 갖고 있으며, 학교 · 가정환경 · 사회관계가 다소 미흡하고, 일부 스트레스 요인을 보유한 상태를 저위기로 구분한다. 부정적인 학교 · 가정환경 · 사회관계를 경험하고 있으며, 스트레스 요인이 많고, 부정적 태도나 감정 등

1) 성인은 아니지만 전통적인 의미에서 청소년이라 명명할 수 없는 19세에서 24세 범위에 있는 청소년을 말한다.

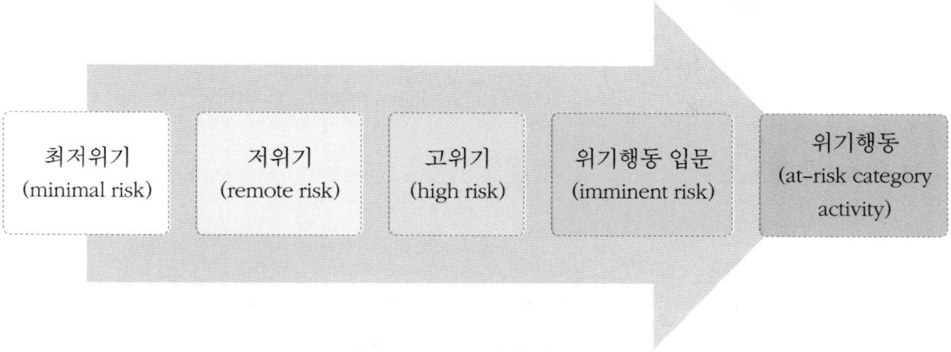

[그림 11-1] 위기의 연속선

출처: McWhirter et al. (2004): 황여정, 이정민(2020) 재인용.

개인 차원에서 표출되는 위기 징후로 발전되는 단계는 고위기, 청소년들이 문제행동을 시작하는 단계는 위기행동 입문, 그리고 이전 단계(위기행동 입문)에서 표출된 행동이 다른 범주의 위기행동으로 확대되는 단계를 위기행동으로 구분하였다. 위기 요인이 중첩적 · 복합적으로 나타날수록 위기 수준은 높아지며, 가장 심각한 위기 수준에서는 약물남용, 학업중단, 위험한 성행동, 비행 등의 행동이 표출된다(황여정, 이정민, 2020 재인용).

위기청소년의 유형은 다양하고 각각의 유형은 그들이 직면한 문제와 특징에 따라 분류될 수 있다. 가정 문제를 겪는 청소년들은 가정폭력, 부모의 별거와 이혼, 아동학대 등 가정적인 문제로 인해 정서적인 어려움이나 행동의 문제를 보일 수 있다. 교육 문제를 가진 청소년들은 학업적 어려움, 괴롭힘, 학교폭력, 친구관계에서의 문제 등으로 어려움을 겪을 수 있다. 청소년들은 범죄행위와 관련되는 경우도 있는데, 이것은 절도, 폭력, 약물 오남용 등 유해한 환경에 노출되는 빈도와 유의미한 상관이 있다. 한편, 많은 청소년은 자존감 저하, 불안, 우울 등 정서적인 고통을 호소하고 있으며 정서 문제는 자해 또는 자살 등 생명존중 위기로 이어질 가능성이 높다. 이 장에서는 가장 심각하고 치명적인 아동학대 위기와 자살위기의 개입 방안을 알아보고자 한다.

3. 위기개입의 실제

1) 아동학대

(1) 아동학대의 개념

학대를 경험하고 고통을 받는 사람은 누구나 심각한 감정의 위기에 놓이게 된다. 더욱이 어린 시절 받은 학대의 기억은 사랑을 잃어버리는 상황이기 때문에 평생 씻을 수 없는 상처로 남는다. 학대의 경험들은 '버림받음'이고 인간관계의 형성이나 자신의 가능성에 도달하는 것을 가로막는 눈에 보이지 않는 장벽이며 때로는 자기파괴의 형태를 취하기도 한다(안인희 역, 2009). 「아동복지법」 제3조 제7호는 '아동학대'란 보호자를 포함한 성인이 아동의 건강 또는 복지를 해치거나 정상적 발달을 저해할 수 있는 신체적 · 정신적 · 성적 폭력이나 가혹행위를 하는 것과 아동의 보호자가 아동을 유기하거나 방임하는 것을 말한다."고 규정하여 적극적인 가해행위뿐만 아니라 소극적 의미의 단순 체벌 및 훈육까지 아동학대의 정의에 명확히 포함하고 있다(법제처, 국가법령정보센터, www.law.go.kr). 이는 아동학대를 '아동의 복지나 아동의 잠정적 발달을 위협하는 보다 넓은 범위의 행동'으로 확대하여, 신체적 학대뿐만 아니라 정서적 학대나 방임, 아동의 발달을 저해하는 행위나 환경, 더 나아가 아동의 권리보호에 이르는 매우 포괄적인 경우를 규정하고 있다.

「아동학대범죄의 처벌 등에 관한 특례법」(약칭 「아동학대처벌법」)에서는 '아동학대범죄'를 별도로 규정하고 있는데, 아동학대범죄는 아동학대 행위 주체를 '보호자'로 한정하고 있다. 즉, 아동학대와 아동학대범죄의 가장 큰 차이는 '보호자'이다. 그러므

- 「형법」에 의한 죄: 상해, 폭행, 유기, 학대, 체포, 감금, 협박, 약취, 유인, 인신매매, 강간, 추행, 명예훼손, 모욕, 강요, 공갈, 재물 손괴 등
- 「아동복지법」에 의한 죄: 신체적 · 정서적 · 성적 학대, 유기, 방임 등
- 「아동학대처벌법」에 규정된 범죄: 아동학대치사, 아동학대 중상해, 상습범

로 '아동학대범죄'란 보호자에 의한 아동학대로서 「아동학대처벌법」 제2조 제4호에 열거된 각 목의 어느 하나에 해당하는 죄를 말한다.

(2) 아동학대의 실태

아동학대에 대한 처벌이 강화되고 사회적 관심이 높아짐으로써 아동학대 예방 및 보호체계를 구축하고 실행하고 있음에도 불구하고 아동학대는 사라지지 않고 있다. 아동학대 신고접수는 최근 5년간 계속 늘고 있고, 아동학대로 의심되는 사례도 점점 증가하고 있다. 보건복지부(2021)에 따르면, 2021년 신고접수된 건수는 53,932로 2020년 대비 27.6% 증가하였고, 신고접수된 건 중 96.6%가 아동학대 의심 사례였다. 이런 현상은 정인이법(2021년 개정 시행된 「아동학대처벌법」) 이후, 아동학대에 대한 관심과 인식이 높아졌고 학교 등 외부에서 위기 징후를 발견하고 의심 사례를 적극적으로 신고한 것이 주요 원인으로 보인다.

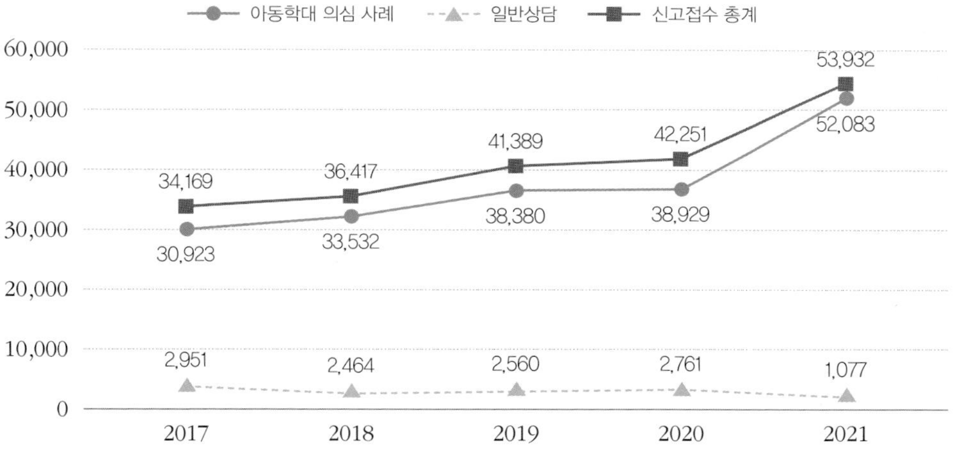

[그림 11-2] 연도별 아동학대 신고접수 건수

출처: 보건복지부(2021).

(3) 아동학대의 유형[2)]

아동학대는 여러 가지 유형으로 나타날 수 있으며 일반적으로 아동이 신체적, 정서적, 성적 혹은 사회적으로 해롭거나 부당한 대우를 받는 경우를 가리킨다. 다음은 일

반적으로 인식되는 아동학대의 주요 유형이다.[3)]

① 신체학대

신체학대란 보호자를 포함한 성인이 아동에게 우발적인 사고가 아닌 상황에서 신체적 손상을 입히거나 또는 신체손상을 입도록 허용한 모든 행위를 말한다. 적극적인 가해행위뿐만 아니라 소극적 의미의 단순 체벌 및 훈육까지 아동학대의 정의에 명확히 포함하고 있다.

신체학대의 구체적 예시

- 직접적으로 신체에 가해지는 행위: 손발 등으로 때림, 꼬집고 물어뜯는 행위, 조르고 비트는 행위, 할퀴는 행위 등
- 도구를 사용하여 신체를 가해하는 행위: 도구로 때림, 흉기 및 뾰족한 도구로 찌름 등
- 완력을 사용하여 신체를 위협하는 행위: 강하게 흔드는 행위, 신체를 묶는 행위, 벽에 밀어붙이는 행위, 떠밀고 잡는 행위, 던지는 행위, 거꾸로 매다는 행위, 물에 빠뜨리는 행위 등
- 신체에 유해한 물질로 신체에 가해지는 행위: 화학물질 혹은 약물 등으로 신체에 상해를 입히는 행위, 화상을 입히는 행위 등
- 가혹행위: 쪼그려 뛰기, 엎드려 뻗치기 등

② 정서학대

정서학대란 보호자를 포함한 성인이 아동에게 행하는 언어적 모욕, 정서적 위협, 감금이나 억제, 기타 가학적인 행위를 말하며 언어적·정신적·심리적 학대라고도 한다.

2) '아동학대 예방 및 대처 안내서'(서울시, 2021)를 재구성하였다.

3) 배재홍(2014). 학교폭력 예방을 위한 상담기법. https://www.nl.go.kr/NL/onlineFileIdDownload.do?fileId=FILE-00013396289

정서학대의 구체적 예시

- 폭언과 위협
- 원망적, 거부적, 적대적 또는 경멸적 언어폭력
- 잠을 재우지 않는 행위
- 벌거벗겨 내쫓는 행위
- 억지로 음식을 먹게 하는 행위
- 특정 아동을 차별하는 행위(형제나 친구 등과 비교, 차별, 편애하는 행위)
- 가족 내에서 따돌리는 행위
- 방 안에 가두어 두는 행위
- 아동을 오랜 시간 벌을 세우고 방치하는 행위
- 찬물로 목욕시키고 밖에서 잠을 자게 하는 행위
- 음란물이나 폭력물을 강제로 시청하게 하는 행위
- 무서운 영상(도깨비전화 등)을 틀어 주는 행위
- 아동이 가정폭력을 목격하도록 하는 행위
- 아동을 시설 등에 버리겠다고 위협하거나 짐을 싸서 쫓아내는 행위
- 미성년자 출입금지 업소에 아동을 데리고 다니는 행위
- 아동의 정서발달 및 연령상 감당하기 어려운 것을 강요하는 행위(감금, 약취 및 유인, 아동 노동 착취)
- 다른 아동을 학대하도록 강요하는 행위
- 장애를 가진 아동을 공중에 관람시키는 행위
- 아동에게 구걸을 시키거나 아동을 이용하여 구걸하는 행위

③ 성학대

성학대란 보호자를 포함한 성인이 자신의 성적 충족을 목적으로 18세 미만의 아동에게 행하는 모든 성적 행위를 말한다.

성학대의 구체적 예시

- 보호자를 포함한 성인이 자신의 성적 충족을 목적으로 하거나 아동에게 성적 피해를 주는 모든 행위: 옷을 벗기거나 벗겨서 관찰하는 등의 관음적 행위, 성관계 장면을 노출, 나체 및 성기 노출, 자위행위 노출 및 강요, 음란물을 노출하는 행위 등
- 아동을 성적으로 추행하는 행위: 구강추행, 성기추행, 항문추행, 기타 신체부위를 성적으로 추행하는 행위 등
- 아동에게 유사성행위를 하는 행위: 드라이성교 등
- 성교를 하는 행위: 성기삽입, 구강성교, 항문성교
- 성매매를 시키거나 성매매를 매개하는 행위

④ 유기 또는 방임

유기 또는 방임이란 보호자가 아동을 보호하지 않고 버리는 행위(유기)와 아동에게 위험 또는 부적절한 환경에 처하게 하거나 필요한 의식주를 제공하지 않는 행위, 의무교육에 보내지 않거나 보내려는 노력 없이 결석을 허용하는 행위, 필요한 의료적 처치를 하는 않는 행위 등(방임)을 말한다.

유기 또는 방임의 구체적 예시

유기

- 아동을 보호하지 않고 버리는 행위
- 아동을 시설 근처에 버리고 가는 행위
- 베이비박스에 아동을 두고 가는 행위
- 아동을 병원에 입원시키고 사라진 경우

방임

- 물리적 방임
  - 기본적인 의식주를 제공하지 않는 행위
  - 불결한 환경이나 위험한 상태에 아동을 방치하는 행위
  - 아동의 출생신고를 하지 않는 행위
  - 보호자가 아동들을 가정 내에 두고 가출한 경우

- 보호자가 친족에게 연락하지 않고 무작정 아동을 친족 집 근처에 두고 사라진 경우 등
• 교육적 방임
- 보호자가 아동을 특별한 사유 없이 학교(의무교육)에 보내지 않거나 아동의 무단결석을 방치하는 행위
• 의료적 방임
- 아동에게 필요한 의료적 처치 및 개입을 하지 않는 행위

(4) 아동학대 신고 의무자 대처 방법

「아동학대처벌법」 제10조 제2항은 아동학대 발생 우려가 크고 아동학대를 쉽게 발견할 수 있는 업무에 종사하는 사람들을 신고 의무자로 지정하고 있다. 따라서 「초·중등교육법」의 교직원은 아동학대의 신고, 보호, 조치 등을 담당하는 주체가 된다. 아동학대 신고 의무자는 아동학대 범죄를 알게 된 경우나 의심이 되는 경우에는 아동보호전문기관 또는 수사기관에 즉시 신고하여야 한다. 만약 정당한 사유 없이 신고 의무를 이행하지 않은 경우에는 500만 원 이하의 과태료가 부과된다.

① 아동학대 발견하기

신체 학대	신체적 징후	• 설명하기 어려운 신체적 상흔이 있음 • 머리카락이 한 움큼 뜯겨 나간 자국이 있음 • 심한 구타 자국, 채찍 자국, 사람이 문 자국이 있음 • 상처가 있거나 부상을 입었음에도 치료하지 않음 • 원인을 설명하지 못하는 화상이나 골절, 상처가 있음
	행동적 징후	• 부모에 대한 두려움 • 집에 가기를 두려워함 • 위험에 대한 지속적인 경계 • 신경질적이고 위축되어 있음 • 상처나 부상에 대해서 불평함 • 다른 아동이 울 때 공포를 나타냄 • 결석이 잦고 집중력과 학업 수행 능력이 떨어짐 • 공격적·적대적·폭력적이거나 자신을 파괴하는 행동을 함 • 어깨를 토닥여 주는 등 작은 동작에도 화들짝 놀라거나 방어적인 태도를 보임

정서 학대	신체적 징후	• 탈모가 있음 • 신체발달이 저하되어 있음 • 발달지연 및 성장 장애가 있음 • 언어발달의 문제가 있음 • 수면장애, 식이장애가 동반되거나 위궤양 등이 있음 • 몸을 자꾸 흔들거나 손을 빨거나 손톱을 뜯는 등의 버릇이 있음
	행동적 징후	• 언어장애가 있음 • 실수에 대한 과잉반응을 보임 • 부모와의 접촉에 대한 두려움이 있음 • 심한 불안과 초조, 걱정을 보임 • 특정 물건을 계속 빨거나 물어뜯음 • 법이나 규칙을 무시하고 일탈 행동을 보임 • 요구가 많고 지나치게 관심을 받으려 하며 불평불만이 많음 • 친구들과 어울리지 못하고 다툼이 잦으며 지속적으로 사귀는 데 어려움이 있음
성 학대	신체적 징후	• 원인을 알 수 없는 복통이 있음 • 학령 전 아동이 성병 감염, 임신 상태임 • 잦은 요로 감염이나 질 감염이 있음 • 질이나 음경에 고름이나 분비물이 있음 • 회음부나 항문 근처에 멍이나 출혈이 있음 • 소변 또는 대변을 볼 때 통증을 호소함 • 성기 부위의 통증, 부어오름, 가려움증이 있음 • 속옷(팬티)이 찢겨져 있거나 피에 젖어 있거나 얼룩져 있음
	행동적 징후	• 학업 수행이 저조함 • 나이에 맞지 않는 성적 행동을 함 • 지나치게 자주, 오랫동안 씻음 • 특정 유형의 사람들 또는 성에 대한 두려움을 보임 • 자존감이 낮거나 자신감이 부족한 것처럼 보임 • 체중이 갑자기 줄거나 늘어날 정도로 식습관이 달라짐 • 감정 조절을 잘하지 못하고 자신의 감정에 대해 비밀로 하려고 함 • 불안해하고 쉽게 잠들지 못함, 악몽을 꾼다거나 공포감이 생김 • 해박하고 조숙한 성지식 및 명백하게 성적인 묘사를 한 그림을 그림 • 어린아이처럼 말하고 오줌을 가리지 못하는 등의 퇴행 행동을 함 • 청소년의 경우 자해를 하고 식이장애가 있거나 문란한 성관계를 가짐

유기 또는 방임	신체적 징후	• 끊임없이 배고파함 • 발달지연 및 성장 장애가 있음 • 개인 위생이 불량하며 지저분한 상태가 지속됨 • 예방접종과 의학적 치료 불이행으로 인해 건강 상태가 불량함
	행동적 징후	• 품행장애 문제를 보임 • 음식을 훔치거나 구걸함 • 지속적인 피로나 불안정감을 호소함 • 사회성과 의사소통 능력이 부족함 • 입에 늘 무엇인가 물고 있거나 먹는 것에 집착함 • 지각이나 결석이 매우 잦으며 수업 중 조는 모습을 자주 보임

출처: 서울시(2021).

② **아동학대의 신고 절차**

아동학대 신고 의무자는 아동에 대한 폭력・방임・유기 등 아동학대 정황이 발견된 경우, 보호자가 정당한 사유 없이 아동 면담을 거절하여 아동학대가 의심되는 경우, 학대행위자로부터 격리 등 아동보호가 응급한 경우, 기타 아동학대가 의심되는 경우 다음 절차에 따라 아동학대를 신고한다. 물론 신고자는 「아동학대처벌법」 제10조 제3항, 제10조의 2, 제10조의 3, 제62조, 제62조의 2에 의해 보호된다.

[그림 11-3] 아동학대의 신고 절차

출처: 아동권리보장원(http://www.ncrc.or.kr).

아동학대 신고 의무자가 신고를 할 때, 신고에 필요한 내용 및 주의사항과 요령을 잘 숙지하고 신고하는 것이 필요하다.

아동학대 신고 시 주의사항

- 학대행위자가 보호자인 경우 가해자인 보호자에게 신고내용을 알리는 등의 행위로 아동학대 증거가 은폐되지 않도록 주의한다.
- 가능한 한 증거사진, 동영상 등을 확보한다.
- 큰일이 난 것처럼 행동하지 말고 아동이 불안에 빠지지 않도록 일상적으로 대한다.
- 성학대의 경우 증거 확보를 위해 씻기거나 옷을 갈아입히지 않는다.
- 진술에 오염이 있을 수 있으므로 학대에 대해 계속 캐묻거나 유도 질문을 하지 않는다.
- 신고 후 피해아동의 정보가 외부에 노출되지 않도록 주의한다.
- 신고 후에도 지속적으로 지자체, 수사기관의 협조가 필요하다.

(5) 아동학대 예방 및 아동보호

1989년 11월 20일 채택되어 전 세계 196개국(2021년 1월 기준)이 비준한 유엔아동권리협약(Convention on the Rights of the Child: CRC)은 아동은 완전하고 조화로운 인격 발달을 위하여 가족적 환경과 행복, 사랑 및 이해의 분위기 속에서 성장하여야 함을 인정하고, 아동은 사회에서 한 개인으로서의 삶을 영위할 수 있도록 충분히 준비되어야 하며, 유엔헌장에 선언된 이상의 정신과 특히 평화, 존엄, 관용, 자유, 평등, 연대의 정신 속에서 양육되어야 함을 고려한다(국제아동인권센터, http://incrc.org))고 천명하고 있다. 기본적인 삶을 누리는 생존권, 유해한 것으로부터 보호받을 보호권, 잠재능력을 최대한 발휘할 수 있는 발달권, 자신의 생활에 영향을 주는 일에 대해 의견을 말하고 존중받을 참여권은 아동의 네 가지 기본 권리이다. 이런 점에서 아동학대는 인간존중에 대한 기본권 침해이고 심각한 사회적 문제이다. 그러므로 아동학대 예방 및 보호에 대한 중요성을 인식하고 아동학대를 예방하고 학대받고 있는 아동들을 보호하는 것은 우리 사회 모두의 책임이라고 할 수 있다. 아동학대를 예방하고 피해아동을 보호할 수 있는 방안에 대해 알아보자.

① 아동에 대한 인식의 변화

우리는 아동을 미숙한 존재로 바라보고 아동 개인보다 가정 전체를 중심으로 사고

하는 경향이 많다. 아동과 관련된 모든 사항은 어른이 제일 잘 안다는 신화적 사고에 사로잡혀 어른에게 좋은 것이 곧 아동에게도 좋고 유익한 것이라고 단정 짓는다. 따라서 아동을 독립된 인격체로 생각하지 않고 자신의 소유물로 생각하는 그릇된 사고와 행동으로 인해 자녀와 함께 비극적 선택을 하는 극단적인 아동학대 사건이 벌어질 수 있는 것이다. 그러므로 아동학대 예방과 아동보호는 아동이 독립된 인격체로 존중받는 것으로부터 시작된다. 아동은 권리의 주체이고 내적 욕구를 지닌 무한한 가능성이 있는 인격적 존재이며 성인의 부속물이 아니다. 아동은 잠재능력이 있고, 자신만의 관심과 욕구, 자신만의 아이디어와 사물을 보는 관점이 있다. 아동의 견해, 경험, 희망은 어른들의 것과 다르다(서울시, 2021 재구성).

② 부모가 자녀를 학대하지는 않을 것이라는 편견 탈피

2021년 아동학대 행위자와 학대 피해아동과의 관계를 살펴보면 부모에 의해 발생한 것이 31,486건(83.7%)으로 가장 높았고, 대리양육자 3,609건(9.6%), 친인척 1,517건(4.0%) 순으로 나타났다. 특히 방임은 92% 이상이 부모에 의해 발생하는 것으로 파악된다. 따라서 사건 처리과정에서 모든 부모가 누구나 무조건적인 사랑과 헌신으로 아동을 양육할 것이라는 편견을 가져서는 안 된다. 따라서 아동학대 행위자인 부모가 아동의 주된 보호자일 경우 친생여부와 상관없이 사실관계를 확인해야 한다.

③ '사랑의 매'가 존재한다는 잘못된 사회적 통념 버리기

부모 중에는 자녀를 자신의 소유물로 여기고 '잘못하면 때려서라도 훈육해야 한다.' '한두 번 맞고 클 수도 있다.'는 이유로 신체적 · 정신적 폭력을 가하는 경우가 있다. 이것은 잘못된 통념이다. 아동의 잘못된 행동은 매를 때리는 것으로 교정되지 않는다. 피해아동은 학대 후유증의 결과로 신체적 발달, 정서적 건강, 외부 환경과의 적응행동 등에서 다양한 장애를 나타낸다. 가장 중요한 사실은 아동을 대상으로 한 폭력의 경우 어떤 경우와 이유로도 정당화될 수 없다는 것이다.

④ 아동학대는 가정사가 아닌 사회범죄라는 인식 제고

아동학대는 고질적으로 반복 · 확대되는 경향이 있어 피해아동은 신체적 폭력 외에도 정신적 괴롭힘, 성적 수치심이 들게 하는 언행, 고의적 방임 등으로 만성화된 무력감과 좌절, 아동학대 행위자에 대한 공포에 사로잡혀 있을 가능성이 크다. 따라서 아동학대에 대해 안이하게 바라보는 시선을 탈피하여 사소한 말이나 작은 행동 하나가 아동에게 돌이킬 수 없는 상처를 줄 수도 있다는 경각심을 가지고 초기에 적절히 대응해야 한다. 그렇지 않으면 만성화될 우려가 있으며, '아동사망'이라는 치명적 결과를 초래할 수 있다.

「아동복지법」 제5조(보호자 등의 책무)는 보호자가 가지고 있는 책무로 ① 아동의 보호자는 아동을 가정에서 그의 성장 시기에 맞추어 건강하고 안전하게 양육하여야 한다. ② 아동의 보호자는 아동에게 신체적 고통이나 폭언 등의 정신적 고통을 가하여서는 아니 된다. ③ 모든 국민은 아동의 권익과 안전을 존중하여야 하며, 아동을 건강하게 양육하여야 한다고 규정하고 있다(법제처 국가법령정보센터, http://www.law.go.kr). 가장 안전하고 따뜻하게 보호받아야 할 공간에서 은밀하고도 잔혹하게 벌어지는 아동학대로부터 아이들을 지키기 위해서는 아동학대 인식 개선, 부모의 올바른 양육 방법에 대한 교육, 그리고 세심한 관심과 신속한 신고가 필요하다.

2) 아동학대 위기의 개입 및 대응

2020년 10월 아동보호를 위한 공공선 확보를 의미하는 '포용국가 아동정책'이 본격 가동되었다. 아동학대 및 방임 등 아동보호와 관련한 정책 집행에 있어 민간 의존이 아닌 공적 체계를 통해 운영함으로써 공공성 확보, 아동학대 조사와 개입의 분리 및 다체계 간 협력을 통한 전문성 강화를 도모한다는 것이다. 즉, 시 · 군 · 구에 배치된 아동학대전담공무원은 아동학대 신고접수, 현장 출동 및 조사, 응급보호, 피해 아동 및 가족, 행위자에 대한 상담 및 조사, 피해아동보고계획 수립 등 전반적인 업무를 수행하고, 아동보호전문기관은 피해아동 가족 및 아동학대 행위자를 위한 상담, 치료 및 교육(사례관리계획 수립 및 시행), 아동학대 예방 교육 및 홍보, 피해아동가정의 사후관리, 아동학대예방사업 관련 업무를 수행한다.

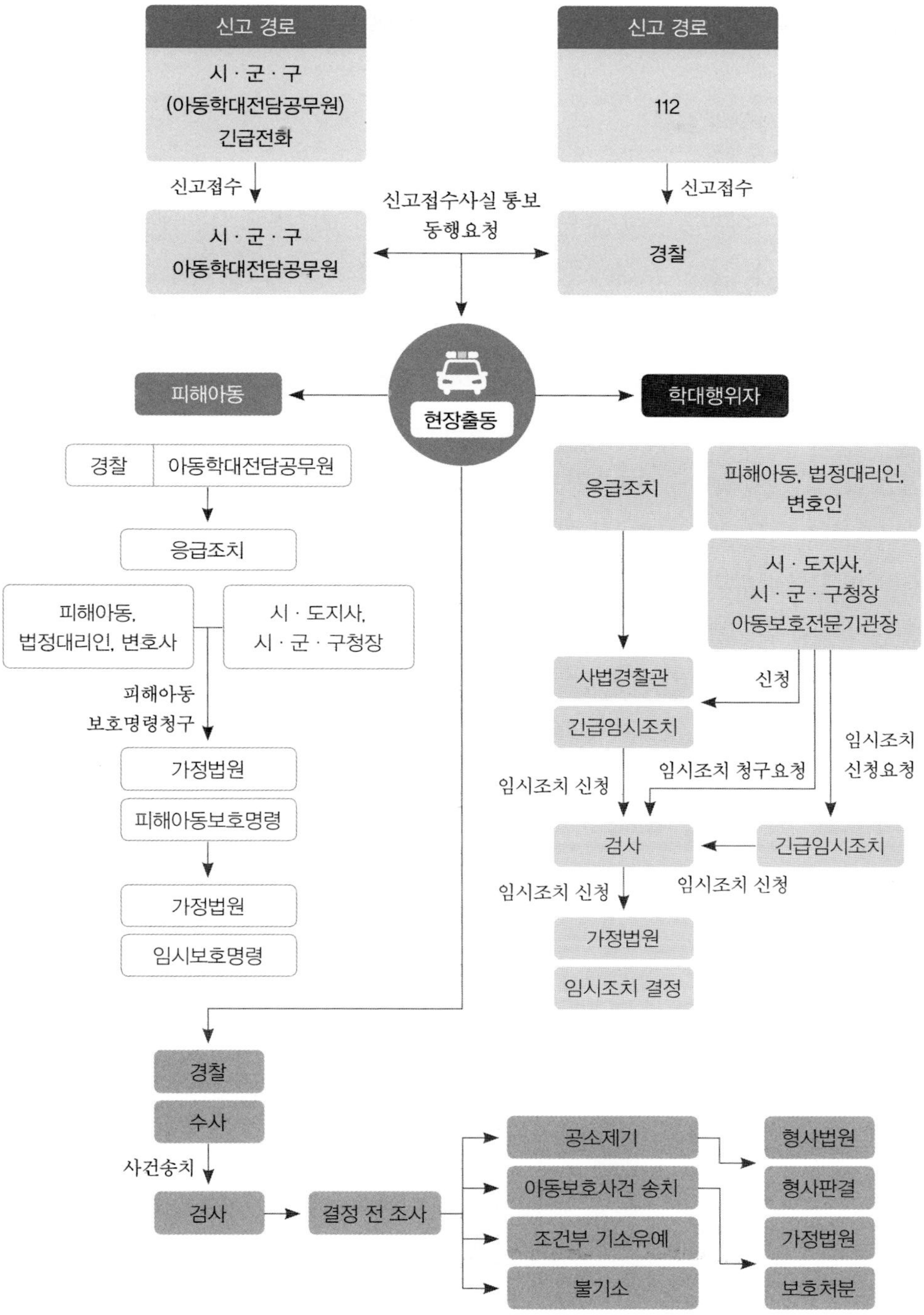

[그림 11-4] 아동학대 대응 업무 흐름도

출처: 아동권리보장원(http://www.ncrc.or.kr).

3) 청소년 자살위기

(1) 청소년 자살의 실태

청소년 자살률은 매년 높아지고 있다. 특히 최근 코로나19의 영향으로 등교와 휴교를 반복하고 대부분의 수업이 원격으로 전환되어 교우관계가 소원해지고 대부분의 시간을 집에서 혼자 보내야만 했다. 이런 상황이 지속되고 학교와 연계해 진행되어 오던 청소년 정신건강 관리 프로그램의 정상적인 운영이 불가능해지면서 적절한 관리를 받지 못하는 청소년이 많아졌다. 또한 온라인 학습으로 인한 스트레스, 사이버불링 등 청소년들을 극단적 선택으로 몰아가는 위험요인이 증가한 반면, 그들을 보호할 수 있는 사회적 지지체계가 촘촘하게 구축되지 못했다. '아동 · 청소년 삶의 질 2022' 보고서(통계청, 2022b)에 따르면 고의적 자해(자살)가 우리나라 아동 · 청소년(10~19세)의 사망원인 중 가장 높은 비율(43.7%)을 보였다. 미래를 준비해야 하는 청소년기에 자살을 생각하는 청소년이 많다는 것을 한 개인의 문제로 단순하게 바라보아서는 안 된다. 자살을 예방하기 위해서는 개인적 · 가정적 · 사회적 차원의 체계적 노력이 절실하게 필요하다.

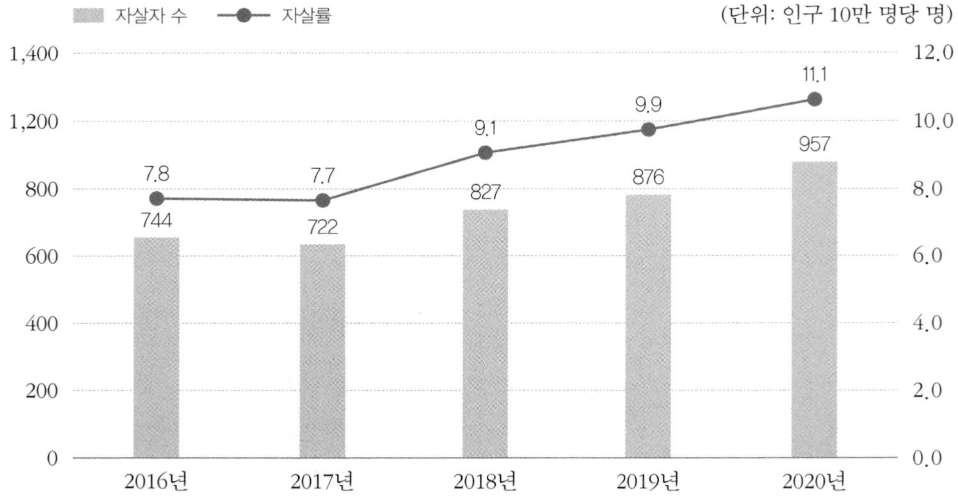

[그림 11-5] 2016~2020년 청소년(9~24세) 자살 현황 추이

출처: 보건복지부(2022).

(2) 청소년 자살의 위험 요인

청소년이 자살이라는 극단적 선택을 시도하는 요인은 매우 다양하여 특정한 원인에 의해 이루어졌다고 보긴 어렵다. 자살에 이르게 하는 과정에 영향을 주었다고 생각되는 일반적인 요인들은 크게 세 가지로 볼 수 있다. 첫째, 개인의 성격 특성과 감정에 의한 개인심리적 요인이다. 둘째, 학교, 가정, 친구관계, 사회변화 등에 영향을 받는 사회환경적 요인이다. 셋째, 우울증, 충동성, 만성 신체질환 등의 정신병리적 요인이다. 이를 조금 더 자세히 알아보면 〈표 11-1〉과 같다.

이 장에서는 청소년 자살충동의 원인이 될 수 있는 정신병리적 요인 중 청소년 우울증과 사회환경적 요인 중 가정 요인을 중점적으로 살펴보고자 한다.

표 11-1 청소년 자살의 위험 요인

개인심리적 요인	• 중요한 목표의 실패에 따른 자책감 및 자기처벌(성적 하락, 이성관계/동성친구 관계의 실패) • 자신에게 부당하게 대했다고 생각하는 가족이나 친구들에 대한 보복 • 주술, 종교 등의 비합리적 신념에 의한 자살(영적 재생을 바라는 무의식적 소망) • 고통으로부터의 해방(정신적 스트레스와 신체적 질환에 대한 탈출) • 남의 비난에 민감하게 반응하고 높은 기준을 고집하는 완벽주의자 • 충동적이고 정서적으로 불안정하며 예측하기 어려운 성격 • 자신을 드러내지 않고 내성적이고 온순한 성격
사회환경적 요인	• 가정폭력, 가정불화, 질병, 경제적 어려움, 상실감 등 가정 문제로 인한 스트레스 • 성적 부진, 대학 등 입시 위주의 경쟁적 교육풍토(진로에 대한 고민) • 폭력적이고 선정적이며 생명을 경시하는 대중문화[폭력적 게임, 영화, 자살사이트, 가학적 스포츠(격투기, K-1, 레슬링, 프라이드 등)] • 기성세대와의 가치관 차이(연예인 마니아, 록/헤비메탈 음악에 심취, 정치나 사회 문제에 대한 무관심 등)
정신병리적 요인	• 정신과적 질환(우울증, 반사회적 행동, 불안, 공포증) • 과거 자살력, 가족 자살력 • 만성 신체 질환

출처: 충청남도교육청(2010).

① **청소년 우울증**

청소년 자살과 관련된 정신질환은 정동장애, 행동장애, 경계선 인격장애, 우울증, 불안장애 등이 보고되고 있다. 이러한 정신질환이 자살과 직접적으로 연결되는 것은 아니다. 그렇지만 정신질환을 앓고 있는 청소년들이 자살충동을 일으키고 시도할 가능성과 위험성이 높을 수 있다. 그러므로 정신질환을 치료하는 것은 청소년의 자살 예방을 위해 중요하다. 이 장에서는 '가면 쓴 우울증'이라 불리우는 청소년 우울증에 대해 조금 더 자세히 살펴보고자 한다.

청소년 우울증은 잘 발견되지 않고, 남자 청소년과 비교해 보면 여자 청소년의 우울 증상이 두 배 정도 많이 나타나며, 가족 중에 우울증 환자가 있는 경우 발병 확률이 높다. 또한 우울증과 조증이 반복적으로 나타나기도 하고, 가족과 친구들 사이에서 소외당한 경험이 있는 경우 우울증에 취약하다. 한편, 일상생활 중 트라우마(교통사고, 천재지변, 주변 인물의 죽음 등)를 경험하는 경우 우울 증상을 보이는 사례가 많이 있는데 정신적인 충격으로 인해 우울증에 걸릴 위험이 있다.

우울증은 흔히 '마음의 감기'라고 불린다. 감기처럼 흔한 마음의 병이라는 의미가 있지만 얕잡아 보면 큰일이 날 수도 있다는 의미도 포함하고 있다. 청소년 우울증은 청소년기에 나타나는 우울한 기분과 관련된 정신건강장애이다. 일시적으로 경험하는 슬픔 같은 감정과는 다른 것으로 가정, 학교, 일상적인 삶에 지장을 초래하고 부정적인 영향을 미친다. 청소년들이 종종 경험할 수 있는 감정변화의 기복과 청소년 우울증을 구분하는 것은 어려울 수 있다. 따라서 감정적인 문제들을 스스로 감당해 나갈 능력을 보이는지 아니면 문제들에 압도당해 있는지 잘 살펴야 한다. 청소년 우울증은 개인적 나약함으로 인해 유발되는 정신질환이 아니다. 그러므로 의지의 힘으로 극복할 수 있는 일반적인 정신장애가 아니기 때문에 약물치료와 상담치료를 병행해야 한다는 의미이다. 우울증이 저절로 호전되는 경우는 거의 없다고 생각해야 하고 치료되지 않으면 증세가 점점 심각해지고 다른 문제를 일으키는 원인으로 작용되기도 한다. 청소년 우울증은 겉에서 보기에 증세가 심하지 않게 보일지라도 자살 등의 위험성이 상존한다는 것을 반드시 염두에 두어야 한다.

청소년들은 자신이 우울증에 걸려 있는지도 모르는 경우가 많다. 우울증은 마치 가면 뒤에 꼭꼭 숨어 있듯 내면 깊숙이 틀어박혀서 천의 얼굴로 변신해 증상이 표출되는데, 청소년들은 이를 이기지 못해 품행장애를 일으키거나 자살을 감행하기도 한다. 그래서 청소년 우울증을 '가면 우울증(masked depression)'이라고 부르는데 우울한 기분이 마치 가면을 쓰고 있는 것처럼 겉으로는 잘 드러나지 않는 우울증이기 때문이다. 그러므로 감정표현을 잘하지 않는 청소년들을 "사춘기 때는 다 그래."라고 일반화시키면서 가볍게 넘기지 말고, 따뜻한 이해와 관심을 기울여야 하며, 다음과 같은 증상이 장기화되거나 심한 경우 반드시 전문가의 도움을 받아야 한다(조원국, 2020).

- 정서적 변화
  - 슬픈 기분이 지속되고 뚜렷한 이유 없이 울음을 주체하지 못한다.
  - 작은 일에도 좌절하고 쉽게 분노한다.
  - 자존감이 낮고, 무력감이나 공허함을 느낀다.
  - 기분이 예민하고 쉽게 화를 낸다.
  - 일상생활에 흥미나 기대가 없고 즐거움을 잃어버린다.
  - 가족, 친구들에게 관심이 없거나 잦은 갈등을 빚는다.
  - 자신이 아무 가치가 없다고 느끼거나 비합리적인 죄책감을 느낀다.
  - 과거의 실패에 집착하거나 자기를 비난하고, 자기비판이 심해진다.
  - 거절을 당하거나 실패를 했을 때, 극도로 민감하며 과하게 위로받기를 바란다.
  - 무엇인가를 생각하거나 집중하고, 결정을 내리거나 기억을 떠올리는 데에 어려움을 겪는다.
  - 인생은 혹독하고 미래는 암울한 것이라는 지속적인 느낌을 가지고 있다.
  - 죽음, 죽어 감, 자살 등에 대해 자주 생각한다.

- 행동적 변화
  - 쉽게 지치고 에너지가 없다.
  - 불면증으로 고생을 하거나 너무 많이 자기도 한다.
  - 식욕이 줄면서 체중이 빠지기도 하고 식탐이 많아지고 살이 찌기도 한다.
  - 술, 담배 등을 자주 한다.
  - 가만히 앉아 있지 못하고 손을 떨거나, 몸을 움직이는 등 초조함과 불안을 나

타낸다.

–생각, 언어, 몸의 움직임이 느려진다.

–설명이 어려운 신체적 통증이나 두통 등을 자주 호소하고 학교 보건실을 자주 찾는다.

–주변 사람들로부터 멀어지고 고립된다.

–학업성적이 떨어지고 정당한 이유 없이 결석을 자주 한다.

–위생이 청결하지 못하고 외모꾸미기에 관심을 두지 않는다.

–과격한 행동, 파괴적인 행동, 위험한 행동 등을 자주 한다.

–커팅, 화상 입히기, 과도한 피어싱이나 문신 같은 자해행동을 한다.

–자살에 대한 계획을 세우거나 자살시도를 하기도 한다.

② **가정환경**

가정 내에서의 경제적 문제, 가정폭력, 학대, 부부간의 갈등, 부모의 이혼, 가족 구성원의 사망 등은 청소년들의 정서적인 안정을 방해하고 스트레스를 주어 자아존중감을 훼손시킴으로써 자살충동을 일으킬 수 있다. 그러므로 부부상담, 가족상담 등을 통해 전문적인 도움을 받아 다음과 같이 안정적인 가정환경을 만드는 것이 필요하다.

첫째, 감정적인 지지와 소통을 제공한다. 가정에서 청소년에게 따뜻한 감정적인 지지를 제공하는 것이 중요하다. 가족 구성원들은 청소년의 어려움을 이해하고 공감하며 문제해결에 도움을 주는 지지체계를 구축해야 한다. 또한 개방적인 소통을 통해 청소년들이 자유롭게 자신의 감정을 표현하고 공유할 수 있도록 돕는 것이 중요하다.

둘째, 정서적인 안정감을 조성한다. 가정은 청소년들에게 정서적 안정감을 제공하는 곳이어야 한다. 안전하고 예측 가능한 환경을 조성하고 자아존중감을 증진시키는 것을 통해 사랑과 지지를 느낄 수 있도록 노력해야 한다. 부부간의 갈등을 최소화하고 부모–자녀 간의 의사소통과 이해를 강화하며 가정 내에서 상호 존중 관계를 유지함으로써 가족 구성원 간의 건강하고 긍정적인 관계를 유지하여 청소년의 정서적 안녕을 지원할 수 있다.

셋째, 스트레스 요인을 최소화한다. 가정 내에서의 폭력, 학대, 부정적인 대인관계 등은 청소년의 우울증 발생 위험을 증가시킬 수 있다. 따라서 가정 분위기를 평화롭고 안정적으로 유지하고 긍정적인 규칙과 경계를 정해 가정에서의 스트레스 요인을 최소화하여 청소년들의 부담을 줄이는 것이 중요하다.

넷째, 자기돌봄 교육을 실시한다. 정기적인 휴식과 충분한 수면, 올바른 식습관을 유지하도록 돕고, 적절한 운동과 활동을 권장하여 청소년들이 자기돌봄의 중요성을 인식하고 실천할 수 있도록 지원해야 한다. 또한 스트레스 관리 기술과 자기조절력을 증진시키는 방법을 가르쳐 주는 것도 중요하다.

다섯째, 가족치료 및 지원 프로그램을 실시한다. 가족 구성원들은 청소년들에게 긍정적인 모델이 되어야 한다. 자신의 감정을 건강하게 표현하고 문제를 합리적으로 해결하는 모습을 보여 주며 긍정적인 대인관계를 형성하는 등의 모범을 보여 주는 것이 중요하다. 이를 위해 가족치료 및 지원 프로그램에 참여하여 가족의 역기능적 의사소통을 개선하고 갈등을 해결하여 가족 구성원 간의 관계를 강화하는 것이 효과적이다.

(3) 청소년 자살위기의 개입 및 대응

① 청소년 자살의 징후

청소년은 자살하기 전, 주변에 위험 경고 신호를 보낸다. 이러한 자살 징후는 자살생각이 직간접적으로 드러나는 의사표현의 형태로 나타난다.

표 11-2 청소년 자살 징후

구분		내용
직접적	행동적 신호	• 부모 몰래 약을 사 모으거나 위험한 물건을 감춘 것이 발견된다. • 죽음과 관련된 활동(자해, 자살시도)을 하겠다고 위협한다. • 중요한 소유물(일기장, 노트, 메모지)을 남에게 주거나 주변을 정리한다. • 자살사이트나 엽기사이트에 심취한다.
	언어적 의사표현	• 일기, 그림, 노트, 시 등에서 죽음을 암시한다("나는 죽고 싶다." "나는 더 이상 지탱할 수 없어." "더 이상 사는 것이 의미가 없어."). • 죽은 가족에 대한 죄의식이나 재결합의 소망을 표현한다. • 자살한 이후 발견되었을 때 자신의 모습에 대해 관심을 가진다.

간접적	행동적 신호	• 죽음에 대해 관심을 보이거나 혹은 농담으로라도 자살에 대한 계획을 말한다. • 감정과 관련된 신체적 불편함(암내, 선천성 심장질환, 심한 복통, 심한 두통, 피로감 등)을 호소한다. • 혼자 외롭게 행동하며 자신의 좌절, 실패, 불행에 대한 대화를 회피한다. • 자기능력에 대해 회의하고 절망감을 표출하거나 열등의식에 사로잡힌다. • 평소와 다르거나 이해할 수 없을 정도로 심한 폭력이나 반항적인 행동을 보인다. • 오랫동안 불안정하고 침울하던 학생이 뚜렷한 이유 없이 갑자기 평화스럽게 보이거나 즐거워지는 등 태도가 변한다. • 우울감 해소를 위해 자신과 비슷하게 느끼는 다른 사람에게 쉽게 의지하려 한다.
	언어적 의사표현	• "내가 없어지는 것이 훨씬 나아." "나는 아무짝에도 쓸모없어."라는 등의 표현을 한다. • 실연, 이루지 못한 사랑을 지나치게 미화시키는 내용의 대중음악에 심취한다.
상징적 의사표현		• 자살을 모험적이고 로맨틱한 것으로 생각한다. • 칭찬이나 포상을 거부하는 행동을 보인다. • 외모에 대한 정상적인 관심이 부족하다. • 평상시와 달리 식사와 수면 상태에 변화가 있다.

출처: 충청남도교육청(2010).

이러한 징후를 보이는 청소년 중 집단따돌림이나 학교폭력 등에 노출된 청소년, 심리적 내성이 약한 청소년, 우울증을 앓고 있는 청소년, 돌아갈 곳이 없는 가출 청소년, 알코올이나 약물을 남용하는 청소년, 자살시도 경험 혹은 자살과 관련된 가족사를 가지고 있는 청소년은 자살의 위험이 높은 청소년으로 분류할 수 있다. 청소년 자살위기 개입 및 대응은 청소년 개입 시기 및 특성에 따른 대응에 따라 자살 예방개입, 자살위기 긴급구조개입, 위기개입과 사후개입으로 나눌 수 있다.

② 청소년 자살위기 상황 개입

자살을 시도하려는 학생을 발견하거나 대치하는 상황에 있을 때는 다음과 같이 개입해야 한다. ① 가장 먼저 112(학생의 위치를 모르는 경우 휴대폰 번호로 추적 가능), 119(자살시도로 상해가 발생하거나, 상해 위험이 높은 경우) 등 응급출동이 가능한 기관에 연락을 하고, ② 자살시도 학생의 눈을 마주 보고 원하는 말을 할 수 있도록 유도

표 11-3 자살위기에 도움이 되는 대화법

열린 질문을 통해 학생이 자신의 이야기를 할 수 있도록 유도한다.	
DO: 걱정된다고 말하면서 대화 시작 "이야기를 들으니까 걱정된다. 어떤 일이 있었던 건지 같이 얘기해 보고 싶어. 큰 도움이 못 되더라도 들어 주고 싶어."	DON'T: 죽고 싶다는 생각을 부정 "설마 죽고 싶은 건 아니지?" "그렇게 극단적으로 생각하지 마." "죽을 용기로 더 열심히 살아야지." "그런 문제로 죽을 생각까지 하니?
단정적인 태도보다 진지하고 공감적 태도로 도움을 주고 싶은 의사를 전달한다.	
DO: 잠시 결정을 미루고 대화하도록 설득 "지금은 절망적이지만, 같이 찾아보면 희망이 있을 수도 있어. 잠시만 그 결정을 미루고 이야기라도 해 보자."	DON'T: 죽는 것이 나쁘다고 말함 "죽는다고 해결되는 건 없어." "나중을 생각해. 나중엔 후회할 거야." "죽으면 다 끝이야." "그건 어리석은 선택이야."
자살충동까지 들게 하는 극심한 심리적 고통 자체에 공감한다.	
DO: 힘이 되어 주고 싶은 진심 전달 "내가 ○○학생을 잘은 모르지만 그동안 정말 많이 힘들었을 것 같아. 나아질 수 있는 방법을 찾는 동안 나도 옆에서 힘껏 도울게."	DON'T: 참아야 한다고 훈계 "고통이 있어야 성장하지. 견뎌야 돼." "다른 사람들은 그 정도는 다 참아." "이 고비만 넘기면 돼. 할 수 있지?"
학생의 보호자 고지에 대한 동의 구하기	
DO: 보호자 고지에 대한 동의 구하기 "학생의 보호자에게 연락해야 학생의 안전을 위한 도움을 받을 수 있어. 혹시 네 이야기를 부모님께 알리게 되었을 때 걱정되는 것이 있니?"	DON'T: 비밀을 지켜 준다고 약속 "나만 알고 있을게."

출처: 홍익대학교 학생상담센터(2020).

하며, ③ 자살시도 학생과 대면한 교사는 절대로 등을 돌려서는 안 되며, 학생을 설득하기보다 학생이 하고 싶은 말을 들어 주는 것이 우선이다. 그다음, 학생의 보호자에게 학생의 상태를 알리고, 학생의 안전 확보를 위해 보호자의 동행을 요청하는 것이 필요하다. 〈표 11-3〉은 자살위기에 놓인 청소년을 위험 상황에서 벗어날 수 있도록 도울 수 있는 대화법이다. 2인 역할극 시연을 통해 만일의 상황에 대처하는 대화법을 익혀 두자.

자살의 원인은 복잡한 체계를 가지고 있으므로 체계적인 전략을 수립하여 자살예방을 위해 다각적인 노력을 기울여야 한다. 그런 의미에서 현재 민간기관 및 지역 자살예방센터를 중심으로 적극적인 자살예방활동이 이루어지고 있는 것은 고무적인 일이다. 청소년들은 삶의 시간 대부분을 학교에서 보내고 있다. 그러므로 교사는 자살위기에 놓인 청소년이 손상을 입지 않고 위기에 잘 대처하는 것을 돕고, 절망적인 순간에도 세상에는 희망이 존재한다는 사실을 깨닫게 해 주어야 한다. 또한 자살이라는 극단적인 선택 이외에도 어려움을 해결할 수 있는 방법이 여러 가지 있음을 알게 하고, 청소년 자신이 이미 가지고 있는 긍정적 자원과 가족, 친지, 친구 등의 자원을 동원하여 위기를 극복할 수 있음을 알게 하는 노력을 기울여야 한다. 청소년 자살위기 징후를 발견한 후 개입하고 상담하는 일은 쉬운 일이 아니다. 그럼에도 불구하고 교사는 자살위기 청소년에게 따뜻한 손을 가장 먼저 내밀어 줄 수 있는 존재임을 기억하자.

표 11-4 청소년 자살위기의 개입 절차 및 상담 기법

단계	개입 절차 및 상담 기법
1단계	• 주제: 당신이 학생을 돌보고 있음을 보여 줘라. • 목표: 핵심적인 욕구 및 문제 발견 & 신뢰관계 수립 • 상담 기법 –편안한 분위기를 조성한다. –심신을 이완시킨다(천천히 호흡하기, 숫자 거꾸로 세며 진정하기, 몸을 조이는 옷이나 벨트 등을 느슨하게 하기). –가급적 청소년의 언어를 사용한다. –경청과 적극적인 반영으로 진정성 있게 듣고 있음을 알린다.
2단계	• 주제: 자살생각, 현재의 문제나 스트레스를 표면화시켜라. • 목표: 심리적 고통, 울적한 감정과 공포 표현 & 환기 • 상담 기법 –자살(생각)을 잠깐 미룰 수 있도록 시간을 벌어라. –자살에 대해 절대로 판단적인 태도를 보이지 마라. –돌려서 말하지 말고, 가능한 한 직접적이고 명확하게 질문하라. –행동으로 옮길 것인지 질문하는 것을 두려워하지 마라. –진지한 태도로 자살과 관련된 모든 것을 질문하라. ※ 자살계획에 사용할 수 있는 치명적 수단(도구)을 갖고 있는가? ※ 구체적인 자살계획이 있는가?

3단계	• 주제: 도움 주기 • 목표: 자살할 이유가 없다는 것 깨닫기, 주변의 도움에 대한 확신 주기 • 상담 기법 –주변의 지지체계를 확인하라. –학교 관리자, 보호자, 담임교사, 위기 제공자와 내용을 공유해서 네트워크를 만들어라. –위기가 완전히 사라질 때까지 자살위기 청소년 곁에 머물러라.

〈청소년 자살위기의 개입과 상담에서 반드시 지켜야 할 여섯 가지〉

- 자살위기 청소년을 홀로 남아 있게 하지 말고 멀리 보내지 말라.
- 자살위기 청소년의 관심사를 최소화하거나 위험에 대해 가볍게 대처하지 말라.
- 침묵에 대해 염려하지 말고 생각할 시간이 필요한 것이라고 판단하라.
- 모든 청소년이 바라는 것이 안심이라는 생각의 덫에 빠지지 말라.
- 도움을 주겠다고 약속하되, 비밀을 절대로 지키겠다고 약속하지 말라.
- 자살의 옳고 그름에 대해 논쟁하지 말라.

출처: 충청남도교육청(2010) 재구성.

한편, 한국생명존중희망재단은 자살 위험자 중 서비스 및 개인정보 제공 및 활용에 동의한 자를 대상으로 〈표 11–5〉와 같이 8회기(매주 1회, 회기당 60분 내외)로 구조화된 자살위기 상담 서비스를 제공하고 있다.

표 11–5 자살위기 상담 서비스 구성

회기	내용
회기 전	• 자살위기 상담 서비스 안내 • 상담 구조화하기 • 사전 척도 측정
1회기	• 자살위험 수준 점검 • 안전계획 수립
2회기	• 자살 경고 증상 • 자살 위험요인과 보호요인
3회기	• 자살위험과 관련 있는 정신질환 • 나를 돌보기

4회기	• 대상에 따른 상담 모듈 진행 –생각의 변화를 돕는 모듈 –정서 · 행동의 변화를 돕는 모듈 –마음을 챙기는 모듈
5회기	
6회기	
7회기	• 스트레스 대처 기술 기르기 • 안전대처카드 작성
8회기	• 자살위험도 추이 분석: 자살사고 완화요인, 약화요인 파악 • 스트레스 대처 기술 향상: 자기주장하기, 용서하기 • 사후 척도 측정

출처: 한국생명존중희망재단(2022).

③ 청소년 자살사건 사후 개입

청소년의 자살은 그 자신에게 치명적인 피해를 주지만, 가까운 가족, 친구, 그리고 자살사망자를 알고 있는 사람들을 포함하여 다양한 집단에 부정적인 영향을 미친다. 특히 자살생존자로 규정되는 가족과 친구들은 큰 충격과 영향을 받게 된다. 이들은 참변이라고 표현할 만큼 극심한 고통을 겪게 되며, 자살 생각을 촉발하고 모방 자살을 시도하는 위험성도 높아질 수 있다. 따라서 자살생존자들인 가족과 친구들을 위한 개입이 필요하다. 이들에게는 정신적인 지원과 상담, 치료 서비스가 제공되어야 하며, 스트레스와 고통을 완화하고 자살을 예방하기 위한 자원과 지원 체계에 대한 정보와 지침도 제공되어야 한다. 뿐만 아니라 자살 사건이 친구들에게 자살 생각을 유발하고 모방 자살을 시도하는 자극이 될 수 있기 때문에 전염성 영향을 받을 수 있는 청소년들을 위해서도 적극적인 개입이 필요하다. 이를 위해 친구들 간의 상호지원과 친밀한 관계를 강화하는 프로그램, 자살 예방 교육 및 자원 제공, 위기 상황 대응 방안 교육 등이 필요하다. 이러한 개입은 청소년 자살 문제에 대한 인식과 예방을 강화하며, 자살생존자들과 그 주변 집단들의 안녕과 회복탄력성을 향상시키는 데 도움이 될 것이다. [그림 11-6]은 학생 자살 관련 행동 발견 시 처리 절차를 나타낸 것이다. 위기관리위원회를 소집하고 응급 위기팀을 구성하여 관련기관의 협조를 요청하고 학생들의 충격을 완화하기 위한 위기관리프로그램이 진행되어야 한다. 또한 즉각적인 도움을 요청하는 학생과 학부모, 교직원이 필요한 도움을 받을 수 있는 특별 상담실을 설치하여 위기상담 서비스를 제공해야 할 것이다.

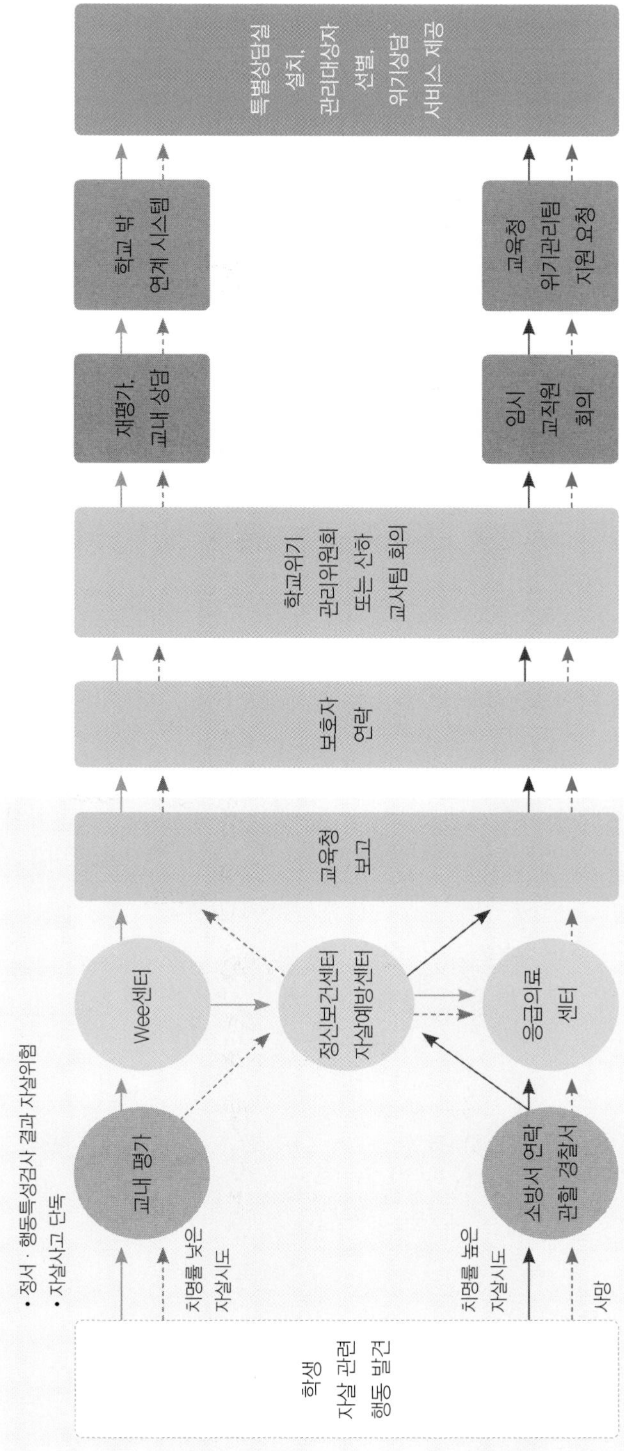

[그림 11-6] 학생 자살 관련 행동 발견 시 처리 절차

출처: 한국자살예방협회(2012).

수업활동 1

부모의 자녀 체벌: 사랑의 매? 아동학대?

2021년 1월 8일, 제915조 징계권 조항이 삭제된 「민법」 일부개정 법률안이 국회 본회의를 통과했습니다.

> 민법 제915조(징계권) 친권자는 그 자를 보호 또는 교양하기 위하여 필요한 징계를 할 수 있고, 법원의 허가를 얻어 감화 또는 교정기관에 위탁할 수 있다.

개정안이 국회에서 논의되고 표결되는 중에 사람들은 '체벌은 아동학대'라며 찬성하는 입장과, '이제 정부가 가정교육에도 개입하느냐'며 반대하는 입장으로 나뉘어 논쟁을 벌였습니다. 각자 자신의 의사를 결정하고, 그렇게 생각하는 이유 세 가지를 작성하고 찬반 토론을 해 봅시다.

- 찬성: 부모의 자녀 체벌을 금지해야 한다.
- 반대: 부모의 자녀 체벌을 금지해서는 안 된다.

참고자료

'정인이 사건' '여행가방 감금 학대 사건' 등으로 아동학대에 대한 국민적 분노가 높아진 가운데 국회에선 8일 친권자의 징계권 조항을 삭제하는 「민법」 개정안을 의결했다. 징계권 삭제 필요성을 주장해 왔던 아동인권단체들은 "아동이 어떠한 환경에서든 폭력으로부터 보호받아야 할 권리 주체라는 점을 국가가 확인했다는 데 의미가 깊다."면서도 "징계권 삭제는 첫 걸음일 뿐"이라고 강조했다. 여전히 훈육을 위한 체벌에 대해 관대한 인식이 있는 만큼 이를 뿌리 뽑을 수 있도록 정부 차원 노력이 필요하다는 지적이다. 8일 국회는 본회의를 열어 「민법」 제915조 친권자 징계권 조항을 삭제한 「민법」 일부개정 법률안을 통과시켰다. (중략)

「민법」상 징계권은 사실상 사문화된 조항이었지만 유독 아동학대 사건에선 가해부모들의 핑곗거리가 돼 왔다. 지난해 천안에서 9세 아동을 여행가방에 7시간 동안 가둬 사망에 이르게 한 사건에서도 학대가해자인 의붓어머니는 경찰 조사 등에서 '훈육 차원의 체벌'이라고 주장했다. (중략)

2018년 한국보건사회연구원 조사에 따르면 부모 10명 중 4명은 자녀를 키울 때 체벌이 필요하다고 생각하는 것으로 나타났다. 「민법」 개정 이후 체벌 관습을 바꾸기 위한 정부 차원의 노력이 필요한 이유다. 실제로 세계에서 처음으로 아동체벌을 금지한 스웨덴은 매일 아침 가족 식탁에 올라가는 우유 갑에 아동체벌 금지 홍보내용이 들어가도록 하는 등 정부 차원의 캠페인을 벌였다. 캠페인 이후 체벌을 지지하는 부모의 비율이 1965년 53%에서 1999년 10%로 급감한 것으로 분석되기도 했다.

한편, 이번 「민법」 개정으로 한국은 아동에 대한 체벌을 전면적으로 금지한 61번째 국가가 될 것으로 보인다. 국제인권단체 '아동에 대한 체벌 근절을 위한 글로벌 이니셔티브'에 따르면 1979년 스웨덴이 처음으로 아동체벌을 금지한 이래 독일 · 프랑스 등 세계 60개국이 아동체벌 금지에 합류했다.

출처: 내일신문(2021. 01. 11.).

수업활동 2

자살위기에 개입하기

본문의 〈표 11-3〉 '자살위기에 도움이 되는 대화법'과 〈표 11-4〉 '청소년 자살위기의 개입 절차 및 상담 기법'을 활용하여 다음 사례에 등장하는 자살위기 내담자 성춘향(가명)에 대한 자살위기의 개입 단계를 설정하고 실제 대화할 내용을 작성해 봅시다.

성명	성춘향(가명)	성별 · 나이	여, 19세(고3)
의뢰 경위	청소년지원센터에서 실시한 자살예방 관련 교육을 받은 후 상담 자원함. 올해 초 친구들과의 오해로 따돌림을 당하게 되었고 자살 욕구를 호소하면서 직접 내방함.		
자살 관련 행동	-자살하고 싶다는 생각을 반복하고, 이전에 약을 모은 적이 있고, 손목 자해를 시도한 적이 있음. -친한 친구의 자살로 충격을 받음.		
개인적 특성	초등학교 때 신체적 특징으로 따돌림을 경험. 현재도 학급에서의 따돌림으로 괴로워하며 항상 얼굴을 숙이고 다님.		
환경	-모: 45세. 내담자에게 지지적이고 협조적, 내담자에게 '항상 당당하게 키우지 못해 미안'하다는 말을 반복함. -부: 51세. 내담자의 공부에 대한 기대가 매우 큼. "넌 커서 뭐가 될래?" 하는 지적과 비난을 많이 함. -담임교사: 내담자가 따돌림을 당할 때 보호하고 중재해 주었고, 내담자는 자신의 비밀을 말할 수 있는 든든한 지원자라고 여김.		

자살위기의 개입 단계별 대화법

단계	개입 절차 및 상담 기술
1단계	• 주제: • 목표: • 대화 내용:
2단계	• 주제: • 목표: • 대화 내용:
3단계	• 주제: • 목표: • 대화 내용:

참고문헌

강지숙, 신상훈, 박훈, 김은경(2019). 위기청소년 상담: 개념, 이론 및 실제. 학지사.

보건복지부(2021). 아동학대 주요 통계.

보건복지부(2022). 자살예방백서.

서울시(2021). 아동복지시설 종사자를 위한 아동학대 예방 및 대처 안내서.

안인희 역(2009). 마음 치유 여행. 북하우스.

여성가족부(2020). 보도자료「포용국가 청소년정책 방향」.

오세민(2020). 위기사례와 위기청소년의 상담. 학지사.

이경옥(2011). 청소년위기사례. 학지사.

정희원, 이규한(2018). 위기상담의 이론과 실제. 학지사.

조원국(2020). 영화로 열어가는 교실상담. 박영스토리.

중앙자살예방센터(2020). 자살위기지원 서비스 매뉴얼.

최미희(2014). 청소년 자살 사후 학교중심 위기개입 프로그램에 대한 평가연구. 한국사회복지학, 66(1), 5-34.

충청남도교육청(2010). 학생 자살 예방 가이드북.

통계청(2022a). 2021년 사망원인통계 보도자료.

통계청(2022b). 아동·청소년 삶의 질 2022.

한국생명존중희망재단(2022). 자살위기지원 서비스 매뉴얼.

한국자살예방협회(2012). 교사용 학생자살위기 대응 매뉴얼.

한국청소년상담원(2009). 전국 청소년 위기상황 실태조사.

홍익대학교 학생상담센터(2020). 자살위기 대응 가이드북.

황여정, 이정민(2020). 위기청소년 현황 및 실태조사 기초연구. 한국청소년정책연구원 연구보고 20-R24.

내일신문(2021. 01. 11.). [63년 만에 '친권자 징계권' 삭제] "이제부터 시작…체벌 관습 없애야" 아동인권단체 "정부 차원 노력 필요"…스웨덴 등은 대대적인 체벌금지 홍보(http://www.naeil.com/news_view/?id_art=373314).

국제아동인권센터 홈페이지(http://incrc.org).

법제처 국가법령정보센터 홈페이지(https://www.law.go.kr)

아동권리보장원 홈페이지(http://www.ncrc.or.kr)

제12장

학부모상담

학부모상담은 학생들의 변화와 성장을 위한 생활지도에 매우 중요한 역할을 한다. 많은 연구는 학부모가 자녀의 학교교육에 참여할 때 그들의 사회적 · 정서적 발달 및 학업적 성취에 긍정적 영향을 준다고 보고하고 있다(Anderson & Howland, 2008). 또한 학부모상담은 부모들의 양육 스트레스를 줄여 주고 학생들의 문제행동을 줄이는 데 도움이 될 뿐만 아니라(주선영, 김광웅, 2005), 학생만을 상담했을 경우보다 학부모상담을 병행하였을 때 문제해결이 더 빨라진다(Nicoll, 1999; Stone & Peeks, 1986). 그러나 교사나 부모 모두 학부모상담에 관해 부담을 느끼고 있으며, 유 · 초등학교에서 이루어지던 형식적인 학부모상담도 중 · 고등학교에서는 잘 이루어지지 않고 있는 실정이다. 이 장에서는 학교현장에서 효과적인 학부모상담을 실시하기 위해 먼저 학부모상담에 관한 전반적인 이해를 도모하고 실제 문제 유형별 학부모상담의 대처 방안들을 살펴보고자 한다.

1. 학부모상담의 이해

학부모상담은 학생이 현재 당면하고 있는 문제를 해결하기 위해 교사가 그의 부모 또는 가족을 만나 상담을 하는 것이다. 학교에서 이루어지는 학부모상담은 궁극적으로 학생의 성장과 발달을 돕기 위한 것이므로 내담자인 부모의 다양한 관심사보다는 학생의 건강한 학교생활에 초점을 맞추어 진행하게 된다(권형자 외, 2014). 학부모상담을 원활하고 효과적으로 진행하기 위하여 사전에 어떠한 준비가 필요하고 상담 과정 중에는 어떠한 전략들을 사용할 수 있는지를 살펴보면 다음과 같다.

1) 학부모상담의 준비

성공적인 학부모상담을 위해서는 평소의 준비가 중요하다. 학생에게 문제가 있어 학부모상담을 할 경우라 해도 평소 학부모상담을 위한 준비를 잘해 두면 부모의 불편함과 방어적 태도를 많이 줄일 수 있다. 여기서 말하는 평소의 준비라는 것은 교사가 학생과 학부모와 형성해 둔 관계를 말하는 것으로, 교사가 학생에게 진정한 관심이 있음을 학생과 학부모에게 잘 전달하고 있는가 하는 것이다(김혜숙, 최동옥, 2013). 여기서는 학부모상담을 시작하기 전 교사가 준비해 놓아야 할 몇 가지 구체적인 사항들을 점검해 보려고 한다.

(1) 학부모의 마음 이해하기

학부모상담 준비의 첫걸음은 학부모의 불편한 마음을 이해하는 것이다. 보통 학부모상담은 학생이 어떠한 문제가 있을 때 교사가 요청하여 이루어진다. 자녀의 문제는 곧 부모의 문제라는 통념은 부모의 마음을 더욱 위축시켜 학부모상담 자리를 더욱 불편하게 하는 경향이 있다. 또한 학생이 문제를 일으킨 경우가 아니더라도 학교를 찾아간 부모는 평가받는 느낌이 들게 된다. 교사가 자녀의 학업이나 인성, 사회성 등에 관해 이야기하는 것 자체가 부모 자신에 대한 평가로 받아들일 가능성이 크다. 이러한 부모의 불편한 마음은 부모를 방어적으로 만들기 쉽다. 심리적으로 불편하고 방어적인 태도를 보인 사람은 그 문제에서 빨리 도피하려고 하거나, 문제의 원인을 다른 사람에게로 돌리고 비난하려고 한다(김혜숙, 최동옥, 2013). 부모가 이렇게 방어적 태도로 상황에서 도피하려 하거나 학교나 교사를 비난하게 되면 교사 역시 학부모상담이 불편해지게 된다.

교사는 부모의 이러한 불편한 마음을 이해하고 부모가 편안하게 상담에 임할 수 있도록 도와줄 필요가 있다. 따뜻하게 맞이하고 학생의 문제점을 먼저 이야기하기보다는 긍정적인 측면을 먼저 언급하는 것이 부모의 마음을 좀 더 편안하게 해 줄 수 있다. 또한 학부모상담의 목적이 학생의 변화와 성장을 돕기 위한 것임을 분명히 하고,

교사와 부모는 학생을 돕기 위해 함께 노력하는 협력자이며 한 팀임을 상기시켜 주어야 한다.

(2) 기록 및 자료 준비

학생의 행동과 특성에 관한 기록과 자료들을 준비해 두는 것은 교사가 학생에게 진정한 관심을 가지고 있음을 학부모에게 잘 전달하는 데 도움이 된다. 교사가 학생에 대해 추상적인 평가(긍정적이든 부정적이든)만 하는 것보다 구체적인 근거를 들어 이야기한다면 훨씬 더 설득력 있고 진정성 있게 느껴진다. 학생에 대해 관찰한 것들은 사소한 것이라도 잘 기록해 두고 모아 둔다. 평소 관찰했던 학생의 성격, 인간관계, 성취, 일상적인 행동 경향, 혹은 비전형적인 행동이나 사건들을 구체적으로 잘 기록해 두고 학생의 작품이나 기타 관련 자료들도 잘 정리해 두면 좋다. 이때 학생의 문제행동뿐만 아니라 긍정적인 측면도 반드시 포함한다. 학생의 문제행동 때문에 학부모상담을 하게 된 경우라 하더라도 먼저 학생의 긍정적인 측면을 먼저 언급하는 것이 좋은데, 이때에도 교사가 평소 학생의 긍정적 모습을 관찰한 기록과 자료를 근거로 사용하면 더 도움이 된다. 또한 학생의 문제행동 역시 구체적인 근거 자료를 통해 이야기한다면 부모가 받아들이기도 쉽고 개선 방향에 대한 논의도 더 구체적으로 진행할 수 있다.

(3) 학부모 요구 분석

효과적인 학부모상담을 위해서는 학부모가 상담 시 알고 싶은 점이나 요구사항 등을 미리 분석해 놓는 것이 도움이 된다. 학부모상담을 시작하기 1~2주 전에 미리 설문지 등을 통하여 학부모상담 시 다루고 싶은 문제나 궁금한 점, 혹은 특기 사항 등을 미리 파악해 놓으면 이에 따른 정보 및 관련 자료들을 더 충실히 준비할 수 있고, 학부모상담에서 시간 활용을 더 효율적으로 할 수 있다.

(4) 학부모상담 장소 준비

학부모상담을 위한 장소 준비 역시 학부모상담을 원활히 진행하고 학부모가 편안히 상담에 임할 수 있도록 하는 데 도움이 된다. 학부모상담을 위한 별도의 상담실이 없는 경우가 대부분이어서 대체로 담임 학급의 교실, 동 학년의 연구실, 혹은 보건실 등에서 상담이 이루어진다. 교사는 먼저 어느 장소에서 학부모상담을 진행할 것인지를 미리 생각해 두고 좀 더 편안하게 상담을 할 수 있는 장소를 준비하는 것이 좋다.

학부모상담 시 자리 배치를 어디에 하느냐에 따라 교사와 학부모 사이의 관계에 대한 의미 전달이 달라질 수 있다(김혜숙, 최동옥, 2013). 보통의 경우, 교사의 책상을 사이에 두고 앉는 경우보다 학생의 책상을 사이에 두고 앉는 경우가 학부모를 좀 더 편안하게 하는 경향이 있다. 교사와 학부모가 학생의 책상을 사이에 둠으로써 서로 동등한 동료임이 전달되고, 학생에 대해 함께 의논하는 자리임이 간접적으로 전달되는 효과가 있다. 반면에 교사의 책상을 사이에 두고 앉는 경우는 교사의 권위를 더 확고하게 할 필요가 있을 때 적절한 자리 배치이다. 교사와 학부모가 이미 여러 번 상담하였고 변화의 방향에 대해 합의하였으나 부모의 실천 노력이 부족하거나, 학부모가 교사에 대한 존중의 태도가 부족할 때는 교사의 책상을 사이에 두고 앉는 것이 교사를 보다 더 중심적이고 중요한 인물로 부각하는 효과가 있어 적절하다.

2) 학부모상담 전략 및 방해 요인

학부모상담에 대한 사전 준비를 마치고 실제 학부모를 만나 상담을 하는 과정에서도 부모의 마음을 편안하게 해 주고 부모와 협력하여 학생의 변화와 성장을 위한 성공적인 학부모상담을 이끌어 갈 수 있는 전략이 필요하다. 여기서는 학부모상담을 효과적으로 진행할 수 있는 몇 가지 상담 전략들과 상담 과정을 방해하고 위협하는 요인들을 나누어 살펴보고자 한다.

(1) 학부모상담 전략

학부모상담을 보다 원활하고 효과적으로 진행하기 위해 사용할 수 있는 전략들을 살펴보면 다음과 같다(Henderson, Mapp, Johnson, & Davies, 2007).

① 진전과 성장을 논의하라

학부모상담을 시작할 때 학생의 긍정적 측면을 먼저 이야기하는 것은 부모의 마음을 열어 주고 효과적인 상담 진행을 위해 중요한 역할을 한다. 비록 심각한 문제가 있는 학생일지라도 먼저 학생의 성장과 발달 측면을 이야기하면 부모는 교사가 자신의 자녀에 대해 부정적 인식만 하는 것이 아니라 보다 균형 잡힌 인식을 하고 있음을 느끼게 된다.

② 구체적인 예를 들어 이야기하라

미리 준비해 둔 학생 관련 자료들을 사용하여 구체적인 예를 들며 학생의 특성에 관하여 이야기한다. 잘 준비된 기록과 자료들을 활용하여 구체적으로 이야기하는 것은 교사가 학생에 대해 진정한 관심이 있음을 효과적으로 전달할 수 있고, 문제 상황에 대해서도 부모가 객관적으로 이해할 수 있도록 도움을 준다. 먼저, 긍정적 특성과 발달 상황을 구체적으로 제시하고 보완해야 할 사항들도 구체적으로 제시한다.

③ 질문하고 적극적으로 들으라

학부모상담을 할 때 교사가 일방적으로 이야기하지 말고 부모의 이야기를 적극적으로 듣는 자세가 중요하다. 학생에 대한 교사의 평가나 생각만 전달하지 말고 부모가 학생에 대해 어떻게 생각하고 있는지를 잘 듣는 것은 부모와 교사가 학생의 변화와 발달을 위한 협력자임을 인식할 수 있도록 도와준다. 부모로부터 학생의 강점과 보완할 점, 학습 스타일, 그리고 학교 밖에서 어떠한 학습을 하고 있는지를 확인한다.

④ 학습을 지원하기 위한 아이디어들을 나누라

가정에서 부모가 자녀의 성장과 학습을 위해 노력하고 있는 점들을 잘 듣고, 자녀가 배우고 성장하도록 돕기 위해 가정에서 이용할 수 있는 전략들을 제안한다. 교사의 제안에 대한 부모의 생각을 듣고 또 다른 아이디어가 있는지 등을 서로 나눈다.

⑤ 협력적으로 해결책을 구하라

'그들이', 즉 부모와 학생이 해야만 하는 것에 관해 이야기하고 판단하지 말고 '우리가', 즉 교사와 학부모가 함께 문제를 해결하기 위해 할 수 있는 것을 강조한다. 교사가 학부모와 학생을 평가하고 지도하는 위치가 아니라 학생의 변화와 성장을 위해 함께 노력하는 파트너임을 인식할 수 있도록 도와야 한다.

⑥ 의사소통 라인을 확립하라

교사와 부모의 만남이 한 번의 학부모상담으로 끝나는 것이 아니라 지속적으로 의사소통하며 협력하는 것임을 알려 주어야 한다. 끊임없이 의사소통하며 노력할 때 학생의 변화와 성장이 촉진될 수 있음을 인식시킨다. 어떻게 가족과 의사소통할 것인지를 알려 주고(예: 메모, 전화, 이메일 등) 부모나 가족이 교사에게 연락할 수 있는 방법도 알려 준다. 추후 상담을 위한 계획도 세운다.

(2) 학부모상담의 방해 요인

다음의 사항들은 학부모상담 과정에서 교사들이 쉽게 빠지기 쉬운 함정과 같은 요인들로서 상담 과정을 위협하고 방해하는 요인이므로 학부모상담 시 절대 다루지 않도록 유의해야 한다(Fredericks, 2005).

① 다른 학생과 비교하기

학생에 관해 이야기하다 보면 자연스럽게 다른 학생과 비교하기 쉽다. 특히 문제 행동에 대해 다른 학생과 비교하여 이야기하게 되면 교사가 자녀에 대해 부정적 인식을 하고 있다고 생각하게 되어 마음의 문을 닫을 수 있다. 또한 가정에 돌아가 자녀를 다른 친구와 비교하고 비난하는 악순환에 빠질 수 있다.

② 가족 문제들에 초점을 두기

학부모상담은 부모나 가족이 아닌 학생의 바람직한 변화와 성장에 초점을 두어야 한다. 학생의 문제 상황을 이야기하다 보면 가족의 문제들이 자연스럽게 연결될 수 있으나 상담의 초점을 가족 문제들에 두게 되면 학부모상담의 본래 목적과 방향을 잃기 쉽다.

③ 학생을 심리적으로 분석하기

학생의 문제를 이야기하다 보면 학생을 심리적으로 분석하여 이야기하기 쉽다. 교사는 심리분석가가 아니고 학부모상담은 학생의 심리 분석을 위한 시간이 아님을 명심하여야 한다. 교사가 자녀를 심리적으로 분석하기 시작하면 부모는 평가받는 느낌을 받게 되고 교사와 부모가 협력적인 파트너 관계를 형성하기 어렵다.

④ 학생의 문제에 대해 부모를 비난하기

학생의 문제행동을 보면 부모의 영향이 큰 경우가 있다. 이때 학생의 문제에 대해 부모의 책임이라는 뉘앙스의 이야기를 하는 것은 부모와의 관계 형성을 가로막는 큰 걸림돌이 된다. 비록 부모가 잘못한 것이 분명하더라도 부모에 대해 비난하는 것은 도움이 되지 않는다. 먼저, 부모의 마음과 상황을 이해하고 공감해 주는 것이 필요하다. 부모가 그렇게 할 수밖에 없었던 사정을 이해해 주고 앞으로 어떻게 하는 것이 자녀에게 도움이 될 것인지에 대해 같이 의논하고 이야기하는 것이 더 효과적이다.

⑤ 부모를 심리적으로 분석하기

자녀의 문제는 부모의 문제와 연결되는 경우가 많다. 이때 부모의 문제에 초점을 두어 부모를 심리적으로 분석하는 것은 도움이 되지 않는다. 학부모상담은 학생과 학생의 문제가 중심임을 잊지 말아야 한다. 학생을 심리적으로 분석하는 것과 마찬가지로 부모를 심리적으로 분석하는 것 역시 부모가 평가받고 분석받는다는 느낌을 주어 부모의 마음을 불편하게 한다. 부모를 심리적으로 분석하는 것은 부모의 마음을 닫게 하여 교사와의 관계 형성을 방해하게 된다.

⑥ 다른 교사들에 관해 이야기하기

학부모상담은 부모와 교사, 그리고 학생이 중심이 되어야 한다. 이때 다른 사람의 이야기를 하는 것은 상담에 도움이 되지 않는다. 부모가 다른 교사에 관해 물어보거나 이야기를 하려고 하는 경우라도 당사자가 아니므로 이야기의 초점을 학생과 부모, 그리고 교사 자신에게로 돌리는 것이 중요하다. 자칫 다른 교사들에 관해 이야기하는 것이 당사자가 없는 상황에서 험담하는 것이 될 수 있으므로 주의하여야 한다.

⑦ **부모와 언쟁하기**

부모가 교사나 학교를 비난하는 경우 부모와 언쟁을 벌이게 되는 경우가 있다. 교사가 최선을 다해 학생을 지도하려고 했음에도 불구하고 비난을 받게 될 경우, 더욱 억울하고 화가 나기 쉽다. 화를 내고 비난하는 부모에게 바로 사실관계를 설명하려고 하는 것은 부모와의 언쟁으로 이어질 가능성이 크다. 이럴 경우는 먼저 부모의 이야기를 잘 경청하고 공감해 주는 것이 필요하다. 그러고 나서 부모의 화가 어느 정도 가라앉고 진정된 후에 차분히 교사의 생각과 의견을 전달하는 것이 좋다.

2. 학부모상담의 실제

다음은 실제 학교현장에서 자주 접하게 되는 진로 및 학업, 전문적 치료(특수교육) 및 상담 권유, 그리고 학교폭력의 문제를 중심으로 학부모상담을 진행할 때 유의할 점과 구체적인 상담 접근 방법들을 살펴보고자 한다.

1) 진로 및 학업

진로 및 학업 문제는 대부분의 학부모상담의 핵심 주제이다. 부모들은 학교에서 학생의 학업과 관련한 성취 상황이나 진학 및 진로와 관련한 구체적인 정보를 얻고 싶어 한다. 따라서 학부모상담 시에는 반드시 학업 및 진로와 관련한 학생의 성취물, 검사 결과, 그리고 그 외에 학생의 특성을 관찰 기록한 자료들을 준비하여 제공할 필요가 있다. 또 학생에게 맞는 진로 및 진학 정보도 준비하여 제공하는 것이 좋다. 여기서는 진로 및 학업과 관련한 여러 가지 주제 중에서 학생과 부모가 원하는 진로가 달라서 갈등을 경험하는 경우와 지나친 사교육으로 학교교육에 지장을 받는 경우, 그리고 학업 중단을 고민하는 자녀를 둔 경우를 중심으로 하여 어떻게 학부모상담을 진행해야 할지 구체적으로 살펴보고자 한다.

(1) 자녀와 부모가 원하는 진로가 다를 때

진로 및 진학 문제에 있어서 자녀와 부모가 원하는 진로가 달라서 갈등을 겪고 있는 경우를 많이 볼 수 있다. 학생은 교사가 부모님을 잘 설득해서 자신이 원하는 진로를 선택하기를 원하고, 부모는 교사가 학생을 잘 설득하고 지도해서 부모가 원하는 진로로 자녀가 나갈 수 있기를 바라게 된다. 이때 교사는 학생이나 부모의 입장에서 상대를 설득하는 위치가 아니라 학생의 올바른 진로 결정을 돕는 조력자임을 기억해야 한다. 자녀의 진로 문제로 학부모상담을 진행할 때, 특히 자녀와 부모가 원하는 진로가 다를 때 어떻게 상담을 진행해야 할지 구체적으로 살펴보면 다음과 같다.

① 부모의 마음을 이해하고 공감한다

자녀와 진로 문제로 갈등을 겪고 있는 부모의 답답한 심경을 잘 경청하고 공감해 줌으로써 부모의 마음을 열어 줄 필요가 있다. 교사가 부모의 마음을 이해하고 있음을 알 때 부모는 좀 더 편안하게 상담에 임할 수 있다. 그러나 부모의 마음을 공감한다는 것이 곧 부모의 의견에 동의하는 것은 아님을 기억해야 한다.

② 구체적인 자료들을 가지고 학생의 특성 및 발달 상황들을 이야기한다

학생의 적성이나 흥미 검사 결과, 학교에서 수행한 작품이나 기타 평가 자료, 그리고 학교생활 속에서 발견한 다양한 사건들에 대한 기록들을 보여 주면서 학생에 대한 객관적인 평가와 교사의 생각을 전달한다.

③ 학생의 진로 결정을 위한 해결책을 함께 모색한다

교사와 학부모는 서로 함께 노력하여 학생의 올바른 진로 결정과 선택을 돕는 파트너임을 상기시킨다. 먼저, 자녀와의 진로 갈등 문제를 어떻게 해결할 수 있겠는지에 대한 부모의 생각과 의견을 듣고 난 후, 교사의 생각과 의견을 전달한다.

④ 자녀와의 진로 갈등을 해결하기 위한 대안들을 제시한다

예를 들어, 가족 안에서 서로의 생각을 충분히 나눌 수 있는 대화의 장을 만들 수 있도록 제안한다. 먼저, 자녀가 어떤 꿈을 가졌는지, 왜 그 꿈을 가지게 되었는지 등에 관한 이야기를 충분히 들으려고 노력하는 것이 좋다. 그러고 나서 부모가 왜 자녀에게 특정 진로를 원하는지에 대한 생각을 이야기한다. 가족들과 진로에 관한 대화를 나누게 되면 자녀는 자신의 진로에 대해 표현하고 명료화하는 기회를 가질 수 있을 뿐만 아니라 자신의 계획이 적절한지, 생각하지 못한 중요한 사항이 있는지 등을 확인할 수 있다. 부모가 자신이 원하는 진로를 강요하는 것이 아니라 자신의 생각을 객관적으로 전달할 때 자녀는 부모에게 현실적이며 구체적인 조언과 도움을 얻을 수 있게 된다.

⑤ 추후 상담 계획을 한다

자녀와의 진로 갈등을 해결하기 위한 방안들을 가정에서 실행하도록 격려하고 추후 상담을 계획한다.

자녀와의 진로 대화법

1단계: 무엇보다 온화하고 개방적인 대화 분위기를 조성하는 것이 필요하다. 대화는 그 시간이 얼마나 되는지의 양보다는 어떤 대화를 나누는지 그 질이 더 중요하다.

2단계: 자연스럽게 솔직한 태도로 부모의 입장을 전달해야 한다.

- 부모는 자녀와의 대화를 통해서 자녀가 가지고 있는 직업적 성격, 적성, 흥미 등을 파악한다.
- 자녀가 선택한 진로 방향에 대한 부모의 입장을 일방적이거나 강압적이지 않은 방법으로 전달해야 한다.
- 명령이나 일방적인 조언, 설득, 비난, 부정적 평가 등은 자녀에게 오히려 좌절감을 맛보게 할 뿐 아니라 위축되고 자존감을 훼손시키는 부정적인 결과를 가져오게 된다는 사실을 기억해야 한다.

3단계: 모든 선택의 주도권은 자녀에게 있다는 점을 부모는 명심할 필요가 있다.

출처: 양미진 외(2009).

(2) 학교보다 사교육을 중시하는 경우

교사 입장에서 학교의 교육보다 사교육을 중시하고 학교 활동을 등한시할 경우 부모가 학교나 교사를 존중하지 않는다는 느낌을 받기 쉽고, 지나친 사교육을 위해 교사에게 무리한 요구까지 하는 학부모를 만나 상담하게 되면 수용적이고 공감적인 자세를 유지하기 어려울 수 있다. 또한 이러한 학부모는 학부모상담 자체에 대해서도 회의적이고 방어적일 수 있다. 김혜숙과 최동옥(2013)은 학교보다 사교육을 중시하고 학교나 교사의 권위를 존중하지 않는 학부모를 상담하는 구체적인 접근 방안을 다음과 같이 제안하고 있다.

① 학부모상담에 임하는 부모의 불편한 심경을 이해하라

학교나 교사의 교육방침이나 교육방식에 불신을 갖는 학부모는 학부모상담의 필요성을 잘 느끼지 못하고 학교에 오는 것 자체가 부담스러울 수 있다. 교사는 이러한 부모의 심경을 이해하고 학교에 와 준 것에 진심으로 감사의 마음을 전할 필요가 있다. 부모가 부정적인 감정을 표현하더라도 공감과 경청의 자세를 유지해야 한다.

② 학생의 학교생활 전반에 관한 교사의 평가를 전달한다

학생의 수업 태도, 교우 관계, 교사와의 관계, 규칙준수와 관련된 행동, 과목별 성취도 등과 관련하여 교사의 평가를 전달한다. 긍정적인 측면과 강점을 먼저 언급하여 교사가 학생에게 균형 잡힌 시각을 가지고 있음을 전달한다.

③ 학생의 평가에 대한 학부모의 생각을 확인한다

교사의 평가와 학부모의 평가 중 일치하는 부분과 일치하지 않는 부분을 확인한다.

④ 교사의 평가를 기반으로 학부모가 학생에 대해 보다 객관적인 평가를 내리도록 조력한다

학부모상담을 통해 새롭게 알게 된 자녀의 모습이 있는지 확인한다. 이런 부모들의 경우 자녀가 시간 대부분을 학교와 학원에서 보내므로 자녀와 대화할 여유가 없어 자녀의 모습을 제대로 파악하기 어렵다.

⑤ 부모의 학교에 대한 불신이 학생에게 미치는 영향을 파악한다

평소 부모가 학교나 학교생활에 관해 자녀에게 자주 하는 말이 무엇인지 되돌아보게 한다. 자녀가 학교나 교사, 학교생활에 대해서 주로 이야기하는 것을 확인하고, 자녀가 학교생활에 대해 어떤 생각을 하고 있는지 부모의 의견을 확인한다. 학생의 학교에 관한 생각이 학교에서의 문제행동과 어떠한 관련이 있다고 생각하는지 질문하여 학부모 스스로 연계성을 찾아보도록 한다.

⑥ 학교교육 및 학교 외 교육에 대한 학부모 자신의 생각과 감정을 확인한다

사교육을 받게 하는 이유를 탐색한다. 사교육을 받는 이유가 목적이 분명하고 학생의 발전적 변화를 촉진시킨다면 문제가 될 것이 없으나, 사교육에 몰두하는 데 특별한 이유가 없고, '남이 하니까' '다들 하는데 안 하면 불안해서' 등의 이유로 학원에 보내는 것은 아닌지 탐색적 질문을 통해 학부모 자신의 문제와 관련이 있는지 살펴본다.

⑦ 학생의 문제행동을 해결하기 위한 해결책을 모색한다

학생의 문제행동이 언제부터 나타났는지, 이전에도 있었는지, 그때 부모가 문제를 해결하기 위해 어떤 방법을 사용했었는지, 그 방법의 효과는 어떠했는지 등을 확인한다. 학교에서 나타나는 학생의 문제 원인과 결과를 추론해 보도록 한다. 예를 들어, 지나치게 많은 학원 숙제 때문에 쉬는 시간이나 수업시간에도 숙제하게 되거나 피곤해서 수업시간에 자거나 조는 등의 문제를 나타낼 수 있다. 이때 학교에서 나타나는 문제들의 원인이 꼭 학원 때문이라고 규정하기보다는 그 문제를 일으킨 원인 중 하나일 수 있다는 점을 분명히 전달한다. 학생의 문제해결을 위해 학부모가 가정에서 무엇을 해야 할지 구체적 방안을 모색하도록 돕고, 교사가 학교에서 학생의 문제해결을 위해 무엇을 할 것인가를 제시하고 학부모의 의견을 듣는다.

(3) 학업 중단을 고민하는 자녀를 둔 경우

초 · 중 · 고등학교 현장에서 약 1%의 학생들이 실제로 학업을 중단하고 학교를 떠나고 있고 더 많은 학생이 학업 중단을 고민하고 있다. 학교 적응이나 학업 문제, 학교의 규칙 문제나 교사와의 관계 문제, 가정 문제, 혹은 개인의 심리적 · 행동적 문제

등을 이유로 학업을 중단하고자 하는 학생이 있을 때 반드시 부모와 상담을 통하여 적절한 도움을 주는 것이 필요하다. 자녀가 학업 중단을 고민하게 되면 방황하는 자녀를 지켜봐야 하는 부모들 역시 심각한 고민과 좌절에 빠지게 된다. 또한 학업 중단을 고민하는 학생 중 대다수는 교사나 부모와 관계가 좋지 않기 때문에 상담과 지도에 어려움을 겪게 된다.

학업 중단을 고민하는 학생의 학부모와 상담을 하는 경우 어떻게 상담을 진행하는 것이 좋은지 구체적인 절차를 살펴보면 다음과 같다.

① 부모의 마음을 이해하고 공감한다

학업 중단을 고민하는 학생 못지않게 부모들의 마음 역시 복잡하고 불안하다는 점을 이해해야 한다. 학교에 마음을 두지 못하고 방황하는 자녀를 지켜보는 부모의 마음이 얼마나 답답할지, 그리고 학업을 중단하고 나면 자녀의 인생이 실패할 것이라는 불안감이 얼마나 클지에 대해 충분히 이해하고 공감해 주어야 한다. 또한 부모의 이러한 걱정을 이해해 주지 않는 자녀에 대한 실망감과 좌절감도 함께 공감해 준다.

② 학업 중단에 대한 부모의 생각을 확인한다

자녀의 학업 중단에 대해 부모가 어떻게 생각하고 있는지를 확인한다. 자녀를 잘 설득해서 학업을 이어 가게 하고 싶은지 아니면 자녀의 뜻대로 학업을 그만두고 다른 대안을 모색하고 싶은지를 먼저 확인한다.

③ 자녀의 학업 중단을 원치 않을 경우, 학업 중단의 원인을 함께 파악한다

학업 문제, 교사 및 학교 문제, 친구관계 문제, 가정 문제, 심리적·행동적 문제 등 학교를 그만두고 싶어 하는 원인은 다양하다. 학생이 어떠한 이유에서 학교를 그만두고 싶어 하는지를 함께 찾아본다. 먼저, 가정에서 학생이 어떠한 말과 징후를 보이는지를 자세히 들어 본다. 그러고 나서 학교에서 파악한 징후들을 평소 관찰한 자료들을 토대로 하여 전달한다.

④ 학업 중단의 원인에 따른 대처 방법을 모색한다

학교를 그만두려고 하는 학생들은 보통 교사나 부모와의 관계가 좋지 않아 교사나 부모의 설득만으로 문제를 해결하기 어려우므로 학교 내의 Wee클래스나 다른 기관의 전문가의 도움을 받는 것이 효과적이다. 부모와 함께 파악한 자녀의 학업 중단의 주요 원인에 따라 학생이 도움을 받을 수 있는 기관이나 정보를 간략히 살펴보면 다음과 같다(교육부, 2016).

㉠ 학업 및 관계 문제로 인한 학교 부적응

학업이나 학교 자체에 흥미가 없고 지겹거나 교사나 친구와의 갈등 심화로 인해 학교생활에 잘 적응하지 못하는 경우, 혹은 개인의 심리적 · 행동적 문제로 인해 어려움을 겪는 경우는 학교 내에 있는 대안 교실이나 Wee클래스를 통해 도움을 받을 수 있

대안 교실

- 대안 교실은 학교에 적응하기 힘든 학생들이 학교를 그만두지 않고 적절한 교육적 개입을 통해 공부를 계속하며 학교에 다닐 수 있도록 돕는 제도이다.
- 학교 안에 별도의 학급을 설치하여 운영하며, 일반 교실과는 차별화된 체험 프로그램, 진로 프로그램, 인성교육 프로그램 등을 주로 운영한다.

Wee클래스, Wee센터

- 지원 대상은 학습 부진, 대인관계 어려움, 학교폭력, 미디어 중독, 비행 등 학교 부적응 학생 및 위기 학생을 대상으로 하는 전문 상담 기관이다.
- 상담교사나 사회복지사 등 전문 인력이 상주하며 쉬는 시간이나 점심시간, 방과 후 등 상시 운영한다.
- Wee클래스는 학교, Wee센터는 교육청에 설치 · 운영된다.
- 소규모 학교나 Wee클래스가 설치되지 않은 곳에서는 각 교육지원청에 설치된 Wee센터에서 도움을 받을 수 있다.

대안교육 위탁교육기관

- 대상은 위탁교육을 희망하는 학생, 학교장으로부터 특별교육 이수나 퇴학 처분의 징계를 받은 학생(퇴학 처분 징계 결정을 받은 학생이 위탁교육을 희망하는 경우, 퇴학 처분을 위탁교육 종료 시까지 유보), 학교장이 교육 목적상 위탁교육이 필요하다고 인정한 학생이다.
- 운영 방법에서 교육과정은 보통교과와 대안교과로 구분하며 다양한 체험 활동들을 중심으로 운영된다.
- 학적은 소속 학교에 있고, 졸업장은 원래 다니던 학교의 졸업장을 받게 된다.
- 위탁학생이 품행 불량, 무단 결석 등 생활지도상의 문제로 인해 교육 목적을 달성할 수 없다고 인정될 때에는 수탁해제가 가능하므로 유의해야 한다.

다. 혹은 학교 외부에 있는 Wee센터, Wee스쿨, 대안교육 위탁교육기관을 통해서도 도움을 받을 수 있다.

㉡ 학교 규칙 문제(퇴학으로 인한 학업 중단)

학교선도위원회의 징계 처분 중 퇴학조치를 받았으나 이 사안에 대해 이의가 있을 경우는 시 · 도 교육청에 설치된 학생징계조정위원회에 퇴학조치를 받은 날로부터 15일 이내 또는 그 조치가 있음을 알게 된 날부터 10일 이내에 재심을 청구할 수 있다.

㉢ 가정의 경제적 어려움

가정형편이 어려워 학업을 그만두고자 하는 학생의 경우라면 교육비 원클릭 신청(oneclick.moe.go.kr)이나 교육급여 지원 등 다양한 교육복지제도들이 마련되어 있으므로 이에 대한 정보를 제공하고 도움을 받을 수 있다.

㉣ 아동학대, 가정폭력 문제

가정폭력이나 성폭력 등의 외상 경험이 있는 학생들은 심리적으로 불안하여 학업을 중단할 가능성이 크다. 아동학대나 가정폭력의 경우는 우선 아동학대에 대해 112에 신고를 하고, 가해자로부터 피해학생을 보호하도록 한다. 피해학생은 가정폭력 및 아동학대 피해자 보호시설로부터 숙식 제공, 전문적 상담 · 치료 및 법률지원 등을 받을 수 있으며, 보호기간에 대해서는 학교로부터 출석을 인정받을 수 있다. 또한 부모로부터 가정폭력이나 아동학대를 당하는 학생을 보호하기 위하여 교육청에 '교육환경전환 전학'을 요구할 수 있다.

ⓓ 질병 문제

장기 입원으로 인해 학교에 다니기 힘든 경우는 전국에 있는 병원학교에서 치료와 학업을 병행할 수 있다. 또한 3개월 이상의 치료가 필요해 장기결석이 예상되는 경우, 질병에 의한 휴학도 가능하지만 화상강의 시스템을 통해 학업을 유지하는 방법도 있다.

표 12-1 병원학교 및 화상강의 시스템의 출결 및 성적 관리

구분	병원학교	화상강의 시스템
출결	• 병원학교 수업 참여는 출석으로 인정 • 학교장은 병원학교 출석확인서 인정을 통해 출석으로 인정	• 교육계획 기간 내에 화상강의 과정 이수자는 출석으로 인정 • 학교장은 화상강의 출석확인서 확인을 통해 출석으로 인정
성적	• 학업성취도 평가 시 가능하면 대상자의 평가 당일 학교 출석 권장 • 건강상의 이유로 출석이 곤란한 경우에 병원학교 담당교사와 소속학교 담임 간 협의를 통해 가정이나 병원에서 평가 • 직접 평가가 불가능할 경우에는 학교장이 당해 학교의 학업성적 관리 규정에 의거하여 성적 결정	

출처: 전국병원학교(hoschool.ice.go.kr)

⑤ 부모가 자녀의 학업 중단 의사에 동의할 경우는 '학업중단숙려제'에 대한 안내 및 학교 밖 청소년 지원 정보 등을 제공한다

학생이 학교를 그만두겠다는 의지가 분명하고 부모 역시 학생의 의견에 수긍할 경우는 자퇴의 절차를 밟게 된다. 학생이 학교를 그만두게 되면 일시적으로 자유로움을 느낄 수 있을지 모르지만, 직업 선택 기회의 제한이나 사회적 편견들로 인한 불필요한 손해를 보기 쉬우므로 신중한 결정을 내리는 것이 중요하다. 현재 자퇴를 원하는 학생의 경우 바로 자퇴를 결정하고 학업을 그만둘 수 있는 것이 아니라 먼저 일정

기간 상담 등 여러 프로그램에 참여하면서 학업 중단을 신중하게 고민할 수 있도록 하는 '학업중단숙려제'를 시행하고 있다. 부모에게 학업중단숙려제에 대해 안내를 하고 학생, 학부모, 교사가 함께 의논하여 숙려 기간, 참여할 프로그램 내용 및 횟수 등을 결정한다. 숙려 기간 이후에도 자퇴하겠다고 하면 자퇴신청서를 제출하게 된다. 이 경우 학교 밖 청소년들을 위한 학업과 자립을 지원하는 제도와 프로그램 등을 안내한다.

학업중단숙려제

- 학업 중단 위기에 있는 학생들에게 학업 중단을 신중히 고민할 수 있는 기회를 주는 제도
- 숙려 기간 동안 학교 또는 외부 전문기관에서 심리 · 진로상담, 직업체험, 예체능 활동 등 다양한 프로그램에 참여 가능
- 숙려 기간 동안 정해진 프로그램에 모두 참여하면 해당 기간은 출석으로 인정됨

꿈드림

- 학교 밖 청소년 지원 사이트(www.kdream.or.kr)
- 학교 밖 청소년의 개인적 특성과 상황을 고려한 상담지원, 교육지원, 직업체험 및 취업지원, 자립지원 등의 프로그램을 통해 학교 밖 청소년들이 꿈을 가지고 미래를 스스로 준비하여 공평한 기회를 얻을 수 있도록 지원

2) 전문적 치료(특수교육) 및 상담 권유

학생의 정서나 행동상에 두드러진 문제가 발견되거나 혹은 학생에게서 특수한 장애가 의심될 경우는 반드시 학부모와 상담하여 전문적 치료나 상담을 받을 수 있도록 도와야 한다. 자녀에게 장애나 심각한 문제가 발견될 때 학부모들은 교사의 전문적 치료나 상담 권유를 잘 받아들이지 않고 오히려 이를 불쾌히 여기고 거부하는 경우가 많다. 교사가 자신의 자녀를 나쁘게 보고 문제로 삼는다고 교사를 비난하거나 학생

의 부적절한 행동의 원인이 학교나 교사에게 있다고 주장하기도 한다. 혹은 자녀의 문제를 부모로서 책임을 다하지 못한 탓으로 돌려 죄책감을 느끼거나 자녀의 미래에 대해 낙심하고 우울해하기도 한다.

부모에게 자녀의 문제에 대해 전문적 치료나 상담을 권유할 때 어떠한 방식과 절차로 상담을 진행해야 할지 구체적으로 살펴보면 다음과 같다(김혜숙, 최동옥, 2013).

① 부모 상담을 하기 전 교사 자신이 아동의 부적응행동 및 문제행동을 관찰하고 기록한다

학부모 입장에서는 실제 문제가 발생하거나 부적응행동이 유발되면 학교 내 어떤 요인에 의해 일시적으로 발생했을 것이라고 믿고 싶어 한다. 따라서 학생의 행동이 일회적이거나 일시적인 것이 아니라 지속적이고 일관적으로 드러나고 있음을 보여 줄 수 있는 객관적인 준거가 필요하다. 따라서 교사가 수업시간과 기타 시간, 일별 혹은 주별로 학생의 행동을 관찰하고 기록해 두는 것이 좋다. 필요하다면 학생의 증상과 관련된 진단체크리스트를 활용하는 것도 좋다(예: ADHD, 학습장애 관련 진단체크리스트 등).

② 학부모에게 적극적으로 상담 요청을 한다

특별한 문제를 보이는 학생의 부모는 이미 잘 아는 증상이기 때문에 문제가 나타나더라도 어찌할 수 없다고 생각하여 교사의 상담 요청을 회피하려고 하는 경우가 있으므로 교사는 학생의 교육과 발달에 학부모와 교사의 협력이 무엇보다 필요하다는 것을 인식시켜야 한다. 학부모가 상담 요청에 잘 응하지 않아도 포기하지 말고 서면이나 전화로라도 상담을 할 수 있음을 알리고 적극적으로 상담을 요청할 필요가 있다.

③ 부모의 불편한 심정을 이해하고 배려한다

특별한 문제를 가지고 있는 학생의 부모들은 비록 자녀의 문제를 부정하고 받아들이지 않는다고 하더라도 자녀의 장애나 문제로 인하여 많은 스트레스와 좌절, 위기를 경험하였음을 기억해야 한다. 상담에 응하는 것이 마음 편치 않고 쉽지 않았음을 공감해 주고 감사의 마음을 전해야 한다. 부모가 계속해서 불편해하거나 과민하게 반응하더라도 적극적으로 경청하고, 부모의 이야기를 끝까지 잘 들어 주는 것이 필요하다.

④ 학부모가 자녀의 문제행동 및 부적응 상태를 어떻게 이해하고 있는지 확인한다

교실 내에서 문제가 되는 상황을 부모의 입장에서 어떻게 이해하고 있는지 확인한다. 예를 들어, 발달과정상 있을 수 있는 일이라고 생각하는지, 아니면 심각한 문제라고 생각하지만 부모로서 어떻게 개입을 해야 할지 몰라 교사의 처분만을 기다리는지 등을 확인한다. 이 과정에서 자녀의 행동을 발달과정상 있을 수 있는 일이라고 부정하는 경우라도, 그렇게 생각하는 이유를 자세히 물어보고 그 생각 자체를 존중해 주어야 한다.

⑤ 학생의 문제행동 및 부적응행동에 관한 관찰 결과를 보여 주고 그에 대한 교사의 관점을 전달한다

학생의 문제행동 및 부적응행동에 앞서 학생의 전반적인 발달사항을 언급하되, 긍정적 행동과 장점을 먼저 언급하는 것이 좋다. 이것은 교사가 학생에 대해 전반적으로 제대로 인식하고 있음을 알려 주기 위한 것이다. 그리고 학생에 대한 관찰 결과 및 기타 자료 등을 통하여 학생의 문제의 심각성을 확인시켜 주어야 한다.

⑥ 교사와 학부모가 함께 아동에 대한 종합적인 평가를 통해 구체적 해결 방안을 모색한다

교사는 부모와 상담을 통해 학생의 가정생활, 행동과 습관을 이해하게 되고 부모 역시 학생의 학교생활, 학교에서의 행동 습관 등을 이해하게 된다. 학생의 문제나 부적응 정도가 심하다고 평가가 내려진다면 가능한 한 빨리 전문가의 진단을 받도록 권유한다.

⑦ 학교와 가정에서 학생의 문제해결을 위해 시도할 방안이나 태도에 대하여 학부모와 교사가 합의하고, 이를 수행할 때 나타날 수 있는 문제점에 대해 논의한다

학생의 문제해결을 위해 학교에서 교사는 어떠한 노력을 구체적으로 할 것이며, 가정에서 부모는 구체적으로 어떻게 노력할 것인지를 분명하게 규정하고 합의한다. 가정에서 문제해결 방안을 시도할 때 나타날 수 있는 문제점이 무엇인지 학부모에게 질문함으로써 스스로 문제점에 대한 대책을 강구할 기회를 줄 필요가 있다. 학부모가 가정에서 교사와 합의한 방안을 수행하기가 쉽지 않음을 인정해 주고 격려해 주어야 한다.

⑧ 학부모가 가정에서 지속적인 노력을 할 수 있도록 격려한다

가정에서 자녀를 지도하기가 쉽지 않음을 인정해 주고, 학생의 변화에 지속적인 관심을 갖고 조금이라도 긍정적인 변화가 있으면 부모에게 문자나 알림장 등을 통해 피드백해 주고 부모의 노력을 격려해 주어야 한다. 추후 상담 계획이나 지속적인 의사소통을 위해 어떠한 방법(예: 전화, 알림장, 정기적 상담 등)으로 정보를 교환할 것인지 등을 정하고 이행한다.

3) 학교폭력

학교폭력 문제와 관련한 학부모상담은 피해자와 가해자 학부모 모두 감정적으로 격양된 경우가 많아 교사가 침착하게 대응하는 것이 중요하다. 학부모의 심정을 충분히 공감하고 이해하며 경청해야 하고, 학교에서 책임감을 가지고 사안을 처리하고 학생들을 지도할 것임을 잘 전달해야 한다. 또한 책임을 회피하는 태도나 학생과 가정의 책임으로 돌리는 태도, 사안을 축소하는 태도 등은 지양해야 한다.

학교폭력 문제에 대한 학부모상담을 할 때 피해학생의 학부모와 가해학생의 학부모에 따라 어떻게 접근해야 하는지를 구체적으로 살펴보면 다음과 같다.

(1) 피해학생 학부모

피해학생의 학부모는 자녀의 피해사실에 대하여 놀라고 당황스러워하는 한편, 가해학생에 대한 분노와 원망, 억울함, 자신의 자녀에 대한 미안함 등으로 부모가 자녀를 대신하여 무엇이라도 해 주고 싶은 마음이 들 수 있다. 피해학생의 부모에게는 먼저 공감과 지지를 통해 부모의 격양된 마음을 진정시켜 주는 것이 중요하다. 또한 사건의 원만한 해결과 향후 또다시 피해를 당하지 않기 위한 해결책 등도 함께 모색해야

한다. 이성적으로 학부모상담을 진행하기 어렵다고 판단되는 경우는 심리적인 부분에 안정을 취할 수 있도록 전문적인 상담이나 치료 전문가에게 연계하는 것이 좋다.

피해학생 학부모에 대한 구체적인 상담 절차는 [그림 12-1]과 같다(교육부, 2022).

1. 피해사실의 확인 단계

- 학생의 피해사실에 대해 객관적으로 인지한다.
  (“학생의 학교폭력을 언제, 어떻게 알게 되셨습니까?”/ “학생은 누구에게, 얼마동안, 어떤 일이 있었다고 이야기하였나요?” / “혹시 주변에 이 사실을 객관적으로 본 친구가 있나요?”)
- 학생의 피해사실을 구체적으로 메모한다.
- 학생의 현재 상태에 대해 질문한다.
  (“○○는 현재 어떤 상태인가요?”)

↓

2. 감정의 이해 단계

- 보호자의 감정을 수용하고 학생의 피해사실에 대해 유감을 표현한다.
  (“많이 속상하셨죠? 저도 걱정이 되고, 몹시 가슴이 아픕니다.”)

↓

3. 사안처리 과정에 관한 설명 단계

- 추후 처리과정에 대해 설명한다.
  (“앞으로 이 일이 심의위원회에 회부가(학교장 자체 해결이) 되면, ~ 식으로 절차가 진행이 됩니다.”)
- 사실에 근거하여 문제가 해결되도록 노력하고 있음을 알린다.
  (“실제 어떤 일이 일어났는지와 그 과정에서 ○○가 어떤 어려움이 있었는지를 객관적으로 조사하여 그에 맞는 조치를 취하게 될 것입니다.”)
- 분쟁조정 절차에 대해 안내한다.
  (“심의위원회에서 결정된 사안이 부당하다고 느끼시면, ~의 절차를 통해 분쟁 조정을 하게 됩니다.”)

↓

4. 신뢰구축 단계

- 학생의 보호와 안전, 적응을 위해 노력할 것임을 약속한다.
  (“현재 가장 중요한 것은 ○○가 안전하게 학교생활을 하는 것이며, 심리적인 충격 없이 학교에 적응하는 것이라고 생각합니다. 학교에서도 노력하겠습니다.”)

[그림 12-1] 피해학생 학부모상담 절차

(2) 가해학생 학부모

가해학생의 학부모 역시 자녀가 다른 학생에게 폭력을 가했다는 사실에 당황하고 혼란스러워하며, 정말 폭력을 가했는지에 대한 의심을 하기도 하고, 잘못을 인정하면 자녀의 미래에 더 큰 피해를 입을지도 모른다는 불안과 염려를 가지게 된다. 교사는

1. 감정의 이해 단계

• 보호자의 감정을 수용하고 학생의 가해사실에 대해 유감을 표현한다.
(“많이 속상하셨죠? 저도 무척 걱정이 되고, 마음이 아픕니다.”)

⬇

2. 신고내용 및 상대학생의 피해사실 고지 단계

• 신고내용 및 상대학생의 피해사실 등을 객관적으로 안내한다.
(“현재 ○○은 신체적으로는 ~하고 심리적으로는 ~한 상태로 알고 있습니다.”)

⬇

3. 사안처리 과정에 관한 설명 단계

• 추후 처리과정에 대해 설명한다.
(“앞으로 이 일이 심의위원회에 회부되면, ~식으로 진행됩니다. 실제 있었던 일과 그 과정에서 ○○이 겪은 어려움을 객관적으로 조사해 그에 맞는 조치를 취할 것입니다.”)
• 분쟁조정 절차에 대해 안내한다.
(“심의위원회에서 결정된 사안이 부당하다고 느끼시면, ~의 절차를 통해 분쟁조정을 하게 됩니다.”)

⬇

4. 화해 및 학생지도에 관한 조언 단계

• 궁극적 학생지도 방안에 대해 말한다.
(“이 문제를 해결하는 데 있어서 가장 중요한 것은 앞으로 우리 학생들이 안전하게 학교생활을 하고 두 학생 모두 심리적인 충격 없이 학교에 잘 적응하는 것이라고 생각합니다. 그러기 위해 한 발짝 뒤로 물러서서 무엇이 문제해결과 궁극적인 자녀 지도에 도움이 될지 어른의 입장에서 함께 생각해 보는 것이 좋겠습니다.”) → 가해학생 보호자의 경우에 자신의 자녀가 피해 보지 않을까라는 걱정이 많으므로, 담임교사가 객관적인 입장에서 가해학생 역시 걱정하고 있음을 알려 주어야 한다.
• 진심 어린 사과의 중요성을 인지시킨다.
(“가해 측에서 피해학생의 신체적 · 심리적 후유증에 대해 이해하고 진심으로 사과한다면 피해학생이 안정을 찾는 데 큰 도움이 됩니다.”)

[그림 12-2] 가해학생 학부모상담 절차

가해학생 학부모의 이러한 감정을 일단 수용하되, 가해학생의 행위와 피해학생의 피해 정도 등의 상황을 정확히 알려 주어야 한다. 또한 학교폭력 사안처리의 진행 절차에 대한 안내와 가해학생에 대한 적절한 지도와 선도가 이루어질 것임을 알린다. 가해학생의 문제해결을 위해 위기상담과 자녀 양육을 위한 부모 교육이 함께 병행되어야 한다.

가해학생 학부모에 대한 구체적인 상담 절차는 [그림 12-2]와 같다(교육부, 2022).

교권보호위원회를 소개합니다

수업시간에 잠자는 학생이 있었습니다. 선생님은 잠자는 학생을 발견하곤, 학생을 깨워 같이 공부하려고 했습니다. 선생님이 학생 옆에 가서 책상을 똑똑 두드리자 이 학생은 갑자기 화를 내며 일어나 잠을 깨운 선생님을 폭행했습니다.

학부모가 자신의 자녀를 등교시키려 학교에 방문했습니다. 학부모는 자녀를 반에 데려다주고 자녀의 반이 있는 층을 구경했습니다. 수업 종이 울리자 이 학부모는 자녀의 교실 쪽으로 다시 돌아갔습니다. 이 학부모는 어린 학생들이 수업을 받고 있던 교실에 불쑥 들어가 갑자기 담임 선생님에게 "내 자식 혼내면 죽여 버리겠다!"라고 소리를 지르며 욕을 하기 시작했습니다.

공포물 같기도 하고 미스터리물 같기도 한 이런 일들이 흔히 발생하는 일은 아니긴 합니다. 그러나 학교에서 실제 발생하는 일이기도 합니다. 졸리고 피곤한데 잠을 못 자면 어린이나 어른이나 그 순간에 짜증이 날 수는 있고, 자식이 혼나면 부모 마음이 아플 수는 있습니다. 그러나 그런 감정과는 별개로 그 학생이나 그 학부모가 한 행동은 일반적이지도 적법하지도 않습니다.

이렇게 갑작스럽게 피해자가 된 선생님들이 계십니다. 이 선생님들이 "마음을 다해 가르쳤던 우리 반 학생들을 보기가 두렵고 학교에 가는 것이 겁이 난다."라고 하실 때, 선생님들에게 어떤 지원을 어떻게 해야 상처를 회복하고 다시 학교로 무사히 돌아올 수 있게 도울 수 있는지 모두가 방법을 찾고 있습니다.

그 학생과 그 학부모가 왜 그런 행동을 했는지, 왜 그런 행동을 하는 사람으로 자랐는지, 가정 환경, 주변 환경, 그 사람의 경험을 살펴야 근본적인 문제를 해결할 수 있겠습니다만, 이 복잡하고 어려운 문제를 풀어 가는 방법은 여러 가지가 존재할 수 있습니다. 그중 하나가 시의적절한 주의 · 경고와 교육일 것입니다. 피해 선생님을 지원할 방법을 모색하고, 침해행위를 한 사람에게는 주의 · 경고를 하면서 바른 길을 제시하는 방법 중 하나로 「교원의 지위 향상 및 교육활동 보호를 위한 특별법」(약칭 「교원지위법」)에 따른 교권보호위원회를 소개합니다.

정당한 교육활동 중인 선생님을 학생이나 학부모 등이 폭행하거나 모욕하는 일들이 늘어나자 2016년에 비로소 「교원지위법」을 개정하게 됩니다. 「교원지위법」의 개정 목적은 수업 등 교육활동 중인 선생님이 폭행이나 모욕 등을 당했을 때 피해를 입은 선생님에 대하여 적절한 치유와 교권 회복의 기회를 제공하고, 교육활동을 침해한 학생에게는 특별교육이나 상담 등을 통하여 학교생활에 적응할 수 있도록 하는 제도적 장치를 마련하는 것입니다. 그래서 모든 선생님들이 존경받는 가운데 교육활동에 전념할 수 있도록 하는 것이었습니다. 2016년 「교원지위법 시행령」에서 교육활동을 침해한 학생은 '자기이해, 대인관계 능력, 갈등해결 능력 및 분노 · 스트레스 해소에 관한 사항'을 포함한 특별교육이나 심리치료를 받게 했고, 학생의 보호자는 '학생 이해 및 학생 양육 시 바람직한 보호자 역할 수행에 관한 사항'을 포함한 교육을 받도록 했습니다.

「교원지위법」은 2019년 4월 16일 다시 한번 개정되었고, 2019년 10월 17일부터 시행되고 있습니다. 2019년 「교원지위법」 개정 목적은 선생님을 위한 법률상담 · 특별휴가 · 심리상담 및 조언 등 보호조치를 법률에 마련하고 교육활동을 침해한 학생에 대해서는 학교교권보호위원회의 심의를 거쳐 조치를 할 수 있도록 하는 등 2016년의 「교원지위법」을 보완하여 교육활동 침해로부터 선생님들을 보호하고 선생님들이 교육활동에 전념할 수 있도록 하는 것입니다. (중략)

「교원지위법」은 각급 학교에 학교교권보호위원회를 두도록 하고(법 제19조 제1항) 교육활동 중인 교원에 대하여 소속 학교의 학생 또는 그 보호자 등이 규정된 교육활동 침해행위를 한 경우(법 제15조 제1항) 피해를 입은 교원에게는 보호조치를(법 제15조 제2항), 침해행위를 한 학생에게는 학교교권보호위원회의 심의를 거쳐(법 제18조 제6항) 교육부장관이 정하여 고시한 기준에 따라(시행령 제11조 제1항) 적절한 조치를 할 수 있도록 규정하고 있습니다(법 제18조 제1항).

이처럼 「교원지위법」은 교육활동 침해행위를 규정함으로써 '해서는 안 되는 행동'을 한 번 더 알려 주의를 주고 있습니다. 또한 교권보호위원회는 침해행위를 한 사람에게는 '지금 선을 넘었습니다.'라는 경고 신호를 보내고 피해를 입은 선생님에게는 적절한 보호와 제도적 지원을 할 수 있도록 하고 있습니다. 보호자가 행복해야 아이가 행복하고, 아이가 행복해야 선생님도 행복하고, 선생님이 행복해야 아이가 행복하고, 아이가 행복해야 보호자도 행복합니다. 교육활동 중 혼자 해결하기 어려운 일이 생겨 고민하고 계시다면, 교권보호위원회를 활용해서 함께 해결해 나갈 방법을 찾아보시는 것은 어떠신가요?

출처: 유세진(2020)에서 발췌 요약.

수업활동 1

학부모와 교사의 갈등 다루기

다음은 교사와 학부모 간에 갈등이 있는 학부모상담 장면입니다. 다음과 같은 부모의 반응에 교사로서 어떻게 대처하는 것이 좋을지 생각해 봅시다.

1. 교사로 임용되어 첫 학교에서 학생들을 가르치기 시작한 지 이제 2년 차인 김 교사는 학생들의 학업뿐만 아니라 인성 지도 등 생활지도 측면에서 많은 열정을 가지고 학생들을 지도하고 있다. 그러던 중 기현이 어머니에게 상담 요청이 왔다.

   기현 어머니: 선생님, 선생님께서 학생들 지도를 열심히 하시는 것은 잘 알겠어요. 그런데, 선생님이 임용되신 지 얼마 안 되셔서 잘 모르시는 것 같은데…….

   김 교사는 교사의 자질을 의심하는 듯한 학부모의 반응에 당황스럽기도 하고 마음이 상해 버렸다. 이런 상황에서 교사로서 학부모에게 어떻게 반응해야 할까?

2. 동민이는 수업시간에 앞자리와 옆자리에 앉은 학생들을 건드리거나 말을 시키는 등 수업 방해 행동을 자주 한다. 교사가 주의하라고 경고하는데도 이러한 행동을 멈추지 않아, 수업 후 동민이를 불러 개인상담도 진행하였지만, 동민이의 수업 방해 행동은 멈추지 않고 있다. 교사는 동민이 부모님께 학부모상담을 요청하였고, 이러한 사정을 말씀드렸다. 그런데 동민이 부모님은 교사에게 오히려 화를 내면서 아동학대로 신고하겠다고 하는 상황이다.

   동민 아버지: 아니, 학생이 수업시간에 친구랑 살짝 장난을 칠 수도 있는 건데, 뭘 이런 거로 그렇게 아이를 혼을 내세요? 다른 아이들 다 보는 앞에서 그렇게 공개적인 망신을 주고, 우리 동민이가 얼마나 상처를 받은 줄 아세요? 이거 아동학대 아닙니까?

   교사의 정당한 생활지도가 아동학대라는 억지스러운 주장을 펼치며 화는 내는 학부모에게 교사는 어떻게 대처하는 것이 좋을까?

수업활동 2

학생과 학부모의 갈등 다루기

1. 다음은 진로 문제로 자녀와 갈등이 있는 학부모의 사례입니다. 로사의 부모님과 어떻게 학부모상담을 진행할 수 있을지 생각해 보고 옆 사람과 학부모상담 상황극을 진행해 봅시다.

중학교 3학년인 로사는 어릴 때부터 미술에 관심도 많고 재능도 있었다. 지금도 틈이 날 때마다 그림을 그리고 용돈을 모아 미술 전시회 등을 가기도 한다. 로사는 예술고등학교에 진학하여 자신의 꿈을 펼치고 싶어 하지만 부모님은 집안의 경제적인 형편을 고려해서 일반고에 진학 후 대학에 가서 안정적인 직업을 갖길 바라신다.

2. 다음은 지나친 사교육으로 학교 수업에 집중하지 못하는 학생과 학부모의 갈등 사례입니다. 이 학생의 부모님과 상담을 진행하려고 할 때 어떻게 접근할 수 있을지 생각해 보고 옆 사람과 상황극을 진행해 봅시다.

중학교 2학년인 기태는 주말까지 학원에 다닐 뿐만 아니라 과외까지 하고 있다. 기태는 수업시간에도 학원이나 과외에서 내 준 숙제를 하느라 수업에 집중하지 않을 때가 매우 많고, 피곤해서 수업시간에 자는 경우도 있다. ○○ 수업시간에는 아예 수업을 듣지 않고 학원 숙제를 하다가 담당 교사와 언쟁을 벌이기도 했다. 기태와 개인 면담을 해 보니, 기태는 학원과 과외 등 사교육 시간이 너무 많아 힘든 상태라 솔직히 학교나 학원 수업 모두 집중하기 힘들고 조금은 쉬고 싶다고 한다. 반면, 기태 엄마는 기태가 중요한 학원에 가야 하므로 청소시간이나 수업 외 활동 등을 면제해 달라고 요청한다. 또 이제 곧 3학년이 될 것이라는 부담에 주변 엄마들이 보내는 특별 학원에 추가로 더 보내고 싶다고 한다. 기태가 더 많은 사교육을 받을 수 있도록 교사가 편의를 봐주고, 또 기태도 설득해 주길 기대하고 있다.

참고문헌

교육부(2016). **학부모를 위한 학업중단 예방 길라잡이**. 한국청소년정책연구원.

교육부(2022). 학교폭력사안처리 가이드북.

권형자, 강인향, 김선연, 박부녀, 원진, 이정숙, 장익, 최금란(2014). **학교상담과 생활지도**. 태영출판사.

김혜숙, 최동옥(2013). **교사를 위한 학부모상담 길잡이**. 학지사.

양미진, 김상수, 심용출, 허자영, 김경민, 채민정(2009). **진로: 학부모개입 지침서**. 한국청소년상담원.

유세진(2020). 교권보호위원회를 소개합니다. **서울교육, 62**(238). https://webzine-serii.re.kr/%EA%B5%90%EA%B6%8C%EB%B3%B4%ED%98%B8%EC%9C%84%EC%9B%90%ED%9A%8C%EB%A5%BC-%EC%86%8C%EA%B0%9C%ED%95%A9%EB%8B%88%EB%8B%A4/

주선영, 김광웅(2005). 놀이치료에서의 부모상담 현황 및 부모상담에 대한 상담자, 부모의 인식 연구. **놀이치료연구, 8**(1), 49-60.

Anderson, J. A., & Howland, A. (2008). A Review of "Beyond the bake sale: the essential guide to family-school partnerships". *The School Community Journal, 18*(2), 165-170.

Fredericks, A. D. (2005). *The complete idiot's guide to success as a teacher*. Alpha Books.

Henderson, A., Mapp, K. L., Johnson, V., & Davies, D. (2007). *Beyond the bake sale: The essential guide to family-school partnerships*. The New Press.

Nicoll, W. G. (1999). Strategies and interventions in counseling and psychotherapy. In R. Watts & J. Carlson (Eds.), *Brief therapy strategies and techniques: An integrative framework* (pp. 15-30). Accelerated Development.

Stone, G., & Peeks, B. (1986). The use of strategic family therapy in the school setting: A case study. *Journal of Counseling and Development, 65*, 200-203.

제13장

학급경영과 학생자치활동

흔히 교육의 질은 교사에게 달려 있다고 한다. 이 명제를 학급경영과 학생자치활동의 관점으로 좁게 바라보면 학급운영과 학생자치활동 내용은 학급 담임교사와 학생자치활동 업무 담당교사에게 달려 있다고 해석할 수 있다. 교육의 성패가 전적으로 교사의 자질에 따라 좌우될 수는 없지만, 교사의 교육철학과 가치관, 교육과정에 대한 이해, 교육목표와 방법, 그리고 열정에 따라 학급경영과 학생자치활동의 빛깔이 달라진다.

이 장에서는 학급 담임교사의 책무를 수행하고 있는 교사들, 좋은 학급 담임교사가 되기를 희망하는 예비교사들이 학급경영을 바르게 이해하고, 학급경영계획을 알차게 수립하여 교육현장에서 적용할 수 있는 기초자료를 제시하고자 한다. 그리고 학생자치활동과 학생문화에 대하여 살펴보고, 학생중심의 학생자치활동(학생자치회, 동아리 활동, 학교행사)을 통해 학생 스스로 자신의 권리를 보호하고 민주시민으로 성장하기 위한 자질을 스스로 키워 나가는 민주시민의식 함양 교육방법을 구체적으로 살펴볼 것이다. 더불어 창의적 체험 활동을 통하여 능동적이고 자율적인 학생자치활동을 구현할 수 있는 방법을 모색해 보고자 한다.

1. 학급경영의 이해

1) 학급경영의 목표

학급경영(classroom management)은 학급 담임교사와 학급구성원들이 학급에서 성취하고자 하는 공동의 목표를 세우고 이를 달성하기 위해 적합한 학급 환경을 정비하고 학급을 체계적으로 운영하고 창의적으로 경영하는 활동이다. 바람직한 학급경영은 교사와 학급구성원들의 상호 신뢰관계를 바탕으로 교육적 기능이 효율적으로 발휘될 때 나타난다. 최근 교과교실제 실시와 다양한 특별실 확충으로 다양한 기자재 및 학습자료를 활용하여 폭넓은 학습경험이 가능하게 되면서 학급이 담당하고 있던 고유 기능이 약화되고 있지만, 그럼에도 불구하고 학교에서 이루어지는 교육활동은 대부분 학급을 중심으로 이루어지고 학생들은 학급에서의 공동체 생활을 통해 지적·정의적·사회적 성장을 이루고 올바른 인성을 함양한다.

교사에 따라 교육철학과 학급경영의 목표와 방법이 다를 수 있으므로 학급경영에 정도(正道)는 있을 수 없다. 중요한 것은 학급 담임교사가 학급구성원의 실태와 학생 개인의 특성을 자세하게 분석하여 효율적인 학급경영에 대한 밑그림을 사전에 계획하고 운영해야 한다는 것이다. 하지만 학급을 잘 경영한다는 것은 정규수업, 방과 후 수업, 생활지도와 상담, 담당업무 부담을 지고 있는 현실을 감안할 때 결코 쉬운 일은 아니다. 더욱이 개성 있는 학급경영을 하는 교사에게는 종종 '튀는 교사' '쓸데없는 일에 더 관심을 기울이는 교사'라는 곱지 않은 시선이 따라붙기 때문에 동료들에 비해 잘하지도 못하지도 않는 평균을 유지하려고 하는 학급경영문화가 존재하기도 한다. 하지만 학생들의 눈높이에 맞추고 민주적인 경영기법을 통해 자신만의 빛깔로 학급을 경영하는 참신하고 용기 있는 교사들이 점점 증가하고 있다.

그렇다면 학급경영을 잘하는 교사는 어떤 비결을 가지고 있을까? 학급경영에 달인은 있을까? 학급경영 성과는 일률적인 기준과 잣대를 적용해서 측정하고 순위를 평가할 수 있는 것이 아니기 때문에 최상의 학급경영 모델은 존재할 수 없지만 학교현장에서 공감하는 학급경영에 대한 이상적 모습과 현실적 기대에 비추어 보면 최소한의 기본적인 공감대를 형성할 수 있는 밑그림은 존재한다. 그러므로 같은 시간과 환경에서 학급구성원들과 적극적으로 소통하고 함께 참여하는 교사와 그렇지 못한 교사는 분명하게 존재하고 변별할 수 있다. 따라서 이 간격을 줄이고, 효율적인 학급경영을 위한 구체적인 계획을 작성하기 위해서는 학급의 개념과 역할, 학급경영에 대한 기본적인 원리를 명확하게 이해하는 것이 필요하다.

2) 학급경영의 원리

학교에서 학급은 교육활동의 가장 기본적인 단위조직이고, 학교생활에서 학생들이 가장 많은 시간을 함께 생활하는 공동체 공간이며, 학생들의 꿈과 희망이 어우러지고 다양한 끼와 재능이 발휘되는 삶이 펼쳐지는 역동적인 공간이다. 효율적인 학급경영은 학급의 목표를 달성함과 동시에 학급구성원의 심리적 만족을 충족시키는 학급경영이라고 할 수 있다. 그러므로 교사는 학급구성원들이 자신의 고유성을 발견하고 주체적 역할을 수행하는 자기주도적 자치활동이 펼쳐지고, 타인과의 조화로운 삶이 어우러지는 공동체 공간이 되도록 심혈을 기울여야 한다. 다음에 제시하는 학급경영의 원리는 교육학자들이 다양한 도서와 문헌에서 주장한 내용 중에서 공통으로 강조한 내용을 정리한 것이다.

- 민주성 원리: 학생들을 존중하고, 자유와 평등을 보장하며 참여 기회를 보장해야 한다.
- 통합성 원리: 학생들의 활동 내용이 다양한 요구와 상호 모순되지 않도록 교과지도, 특별활동, 생활지도 등이 통합 운영되어야 한다.
- 전문성 원리: 학급경영 계획과 실천, 평가에 대한 주도권과 책임은 전문가인 학급담임교사가 가지고 행해야 한다.
- 현실성 원리: 예산, 실시 방법, 적용 시기 등의 실현 가능성과 학급구성원의 욕구 충족, 활동, 사기진작, 개선 방향 등 현실적 실용성이 있어야 한다.
- 사회화 원리: 상호 신뢰와 협력, 공동과제 해결을 통해 참여하고 소통하는 사회성을 함양하도록 유도해야 한다.
- 개별화 원리: 학급구성원의 개인 고유성을 발견하고 발전시켜야 한다.

3) 학급경영의 영역

학급의 담임교사가 학급을 경영하기 위하여 수행해야 할 학급경영 영역은 학습지도, 생활지도, 환경 · 시설 및 안전, 가정 및 지역사회 연계 등으로 분류된다. [그림

- **학급경영 영역**
  - **학습지도**
    - 교과학습: 지도안 작성, 교수-학습자료, 교과, 특수아 지도, 학습 부진아 지도 등
    - 동아리 활동: 취미활동, 기능 신장 등
    - 가정학습: 예습 · 복습, 자율학습, 과제 수행 등
  - **생활지도**
    - 인성: 친구관계, 성격, 예절, 행동 누가기록, 학교 부적응 등
    - 학업 문제: 수업태도
    - 진로 및 직업: 적성, 흥미, 성격에 맞는 진로, 1인 1기 등
    - 여가: 여가의 선택과 활용 방법, 방학생활 등
  - **환경 · 시설 및 안전**
    - 게시물 관리: 학생작품, 학습 결과물, 시사자료, 행사 등
    - 시설 관리: 칠판, 멀티수업시설, 냉난방기 등
    - 비품 관리: 책걸상, 음료수대, 교수용품 등
    - 청소 관리: 청소활동 관리, 청소용구 관리
    - 물리적 환경 관리: 채광, 통풍, 냉난방, 방습, 방음 등
    - 건강과 안전: 위생, 식사, 성교육, 건강검진, 교통안전 등
  - **가정 및 지역사회 연계**
    - 가정과의 연계: 가정방문, 가정통신문 발송, 학부모상담, 학부모회 개최, 학부모 교육 등
    - 지역사회와의 연계: 각종 홍보활동, 자매결연, 사회복지시설 방문 등
    - 교육 유관기관과의 연계: 타 학교와의 연락, 교육 관련기관과의 연락 등
    - 지역사회 자원의 활용: 지역 저명인사 초청 강연, 현장체험학습, 각종 조사 · 탐구활동, 공공시설 활용
    - 봉사활동: 각종 봉사활동 안내 및 지도

[그림 13-1] 학급경영 영역

13-1]의 학급경영의 각 영역에서 다루어야 할 구체적인 실천내용을 살펴보고, 학급경영의 책임이 있는 담임교사가 계획하고 디자인해야 할 학급경영 밑그림을 그려 보자.

2. 학급경영의 실제

1) 학급경영의 계획

교육과정이 구현되는 기초 단위인 학급은 교사와 학생이 어우러져 긍정적인 변화를 통한 성장을 꿈꾸는 배움의 터전이며 학생들에게는 작은 공동체이다. 교사들은 매년 새로운 구성원을 만나고 새로운 일들을 경험하게 된다. 각각 다른 개성을 가진 다양한 학생들의 학급 담임교사 역할을 수행하는 것은 만만하지 않은 일이다. 어려운 임용고시를 통과하여 선발된 우수한 교사일지라도 학급경영에 대한 전문적인 능력을 갖추고 있는 경우는 드물다. 교생실습 기간에 지도교사의 안내에 따라 대리담임 역할을 한 것이 학급경영에 대한 경험의 전부이기 때문에 학급경영계획안 수립과

학급실태 조사 및 분석	• 학생의 건강, 인성, 학력, 생활습관 • 학부모의 교육의지 및 기대, 교육환경 • 지역사회 교육활동 인프라
학급경영 목표 및 학급 특색 구현의 구체화	• 학급경영 • 학급교육 목표 • 학급경영방침 및 구현계획 • 노력 중점 및 학급 특색 구현계획
학급경영 계획서	• 학급경영 조직 • 교육과정 운영 • 창의적 체험 활동 운영 • 학생 생활지도 • 학급 시설 및 환경 관리
학급경영 평가	• 학급경영 과정에서 투입 및 산출에 대한 평가와 분석 • 학급경영체제 반성 • 발전을 위한 대책 수립

[그림 13-2] 학급경영계획 작성 및 평가 흐름도

활동에 어려움을 호소하는 것은 당연하다. 그러므로 과거로부터 현재까지 선배교사들이 고민하고 만들어 적용한 자료는 학급경영을 체계화하려는 교사들에게 많은 도움을 줄 수 있을 것이다.

학급은 학급 담임교사가 모든 재량권을 가지고 있기 때문에 1년 동안의 학급경영을 구상하고 준비하는 학급경영 계획은 매우 중요하다. 그러므로 학년 초가 되면 학급 담임교사는 학급의 실태를 파악하고, 학급의 성취 목표를 세우며, 이를 실천할 구체적인 방법을 디자인하게 된다. 아름답고 튼튼하며 살아가기 편안한 집을 짓기 위해 기초 설계가 중요하듯 디자인이 잘된 학급경영계획은 학급을 합리적이고 효율적으로 운영하는 데 등대와 같은 역할을 한다. 학급경영계획은 [그림 13-2]에 제시된 흐름도와 같이 의도된 교육적 활동이어야 한다.

2) 학급경영 연간계획

학급 담임교사들은 효율적인 학급경영을 통해 의미 있는 교육적 성취를 거두기 위하여 학급경영 연간계획을 작성한다. 학급경영 연간계획을 작성하고 실천하는 것은 학급 담임교사의 고유권한이므로 정해진 규정과 양식은 없다. 하지만 기본적으로 강조되어야 할 몇 가지 사항은 존재한다.

첫째, 학급경영 과정을 개방하여 학생들의 참여 기회를 넓혀야 한다. 학생들이 참여하고 소통하며 민주적인 의사결정 과정과 활동에 참여하게 함으로써 학생들은 참여와 배려를 통해 공감적 이해와 의사소통 기술을 배울 수 있고, 학급 담임교사는 민주적 학급경영을 꾀할 수 있다.

둘째, 학급경영 목표를 원활하게 달성하기 위해서 학생들의 협력은 필수적이다. 학급 담임교사는 학생활동을 위한 학습활동 조직, 생활지도 조직, 특별활동 조직, 봉사활동 조직 등과 같은 학급자치 조직을 구성하여 능동적으로 활동할 수 있는 기회를 만들어야 한다. 학생들 스스로의 힘으로 활성화된 학급자치 활동은 자율성과 사회성을 체험하는 기회가 될 수 있다.

셋째, 학급경영 목표를 달성하기 위해 기획한 세부적인 계획이 실천되는 과정과 결과에 대한 평가 기능이 보완되어야 한다. 학급경영의 투입, 진행, 산출 및 결과에 대하여 지속적인 측정과 분석, 다면적인 평가 작업이 수행되는 것은 학급경영에 대한 효율성과 타당성을 검증할 수 있고 학급경영을 개선하고 발전시키는 밑거름이 된다.

표 13-1 학급경영 실천 계획(1학기) 월별 예시

월	주제	행사	학급경영활동	
2월	첫 만남 준비		• 학급 담임교사 철학을 반영한 연간 학급경영계획 • 교실 환경 확인 • 3월 좌석표 작성, 사물함 배정하기 • 학급 생활 안내문 작성 • 담임 소개 준비	• 학급 온라인 공간 만들기 • 학급 운영비 사용 방안 계획 • 동 학년 담임교사 협의회 구성 • 학생 자료 수집용 파일 작성
3월	학급구성 및 학급분위기 조성 (나를 알리고 너를 알자)	• 입학식 • 신입생 오리엔테이션	• 첫 만남 프로그램 • 교실 공간 구성 및 관리 • 자기소개 • 학급 목표 정하기 • 급훈과 규칙 정하기 • 비상연락망 조직하기 • 1학기 학급대표 및 임원 선출 • 교실 환경 꾸미기 • 한솥밥 해 먹기 • 모둠(두레) 세우기	• 〈자기소개서〉 받기 • 특수학생 파악 • 1인 1역 및 청소 역할 분담 • 학생상담 자료 수집 • 봉사활동 소개 • 학교 동아리 활동 소개 • 〈학교생활 안내서〉 배부 • 가정통신문 1(담임소개, 담임의 학급 운영 가치관과 계획 안내, 학교생활 안내 후 학부모 동의 구하기, 학부모 답신 받기) • 가정방문(긴급 돌봄 필요 학생)
4월	소속감 심어 주기 및 면학 분위기 조성 (우리 반에서 나는?)	• 현장체험학습 • 모둠별 단합대회	• 학생 및 학부모 상담 • 교우관계 파악하기 • 학교폭력 예방교육 연계 • 학급 규칙 게시 및 확인 • 교실 환경 꾸미기 완료 • 자기주도적 학습 정착 • 학급신문 1호 발행 • 학급 의견함 운영	• 모둠별 단합대회 • 현장체험학습 • 개인상담 및 집단상담 • 학습활동지원(1회고사 대비) • 학급회의 정례화 • 가정통신문 2(학급 소식 전하기) • 봉사활동 계획서 받기 • 흩어진 학생 챙기기

5월	은혜를 생각하는 시간 (오늘의 나는 어떻게 있을까?)	• 어버이날 • 스승의 날 • 1회고사 • 체육대회	• 어버이날 프로그램 구성 및 준비 • 학급 봉사활동 • 1회고사 실시 • 체육대회 활동 • 학급신문 2호 발행	• 학급경영 중간 점검(평가 설문지 이용) • 학업성취도 상담 • 봉사활동 실행 • 가정통신문 3(학급 소식 전하기) • 감사하는 생활 태도 함양
6월	나라와 민족을 생각하는 달 (하나 되는 우리)	• 호국보훈의 달 행사	• 모둠별 중간평가 –모둠활동 강화 • 진로 희망 조사 • 진로 · 진학 상담 • 진로 · 진학 연계 프로그램 구성 및 운영 • 학급신문 3호 발행	• 학습활동 지원(2회고사 대비) • 통일에 대한 의식 기르기 • 가정통신문 4(학급 소식 전하기) • 학교 부적응 학생 상담
7월	한 학기 마무리 점검 (1학기를 반성하고 더 나은 모습으로)	• 2회고사 • 여름방학	• 여름방학 학급활동 구성 및 운영 • 학급신문 4호 발행 • 2회고사 실시 • 1학기 학급경영 평가 • 2학기 학급임원 선출 준비	• 학급 규칙, 1인 1역 점검 및 재구성 • 창체활동 점검 • 여름방학계획 지원 • 여름방학 중 봉사활동 안내 • 가정통신문 5(여름철 물놀이 안전사고 예방 안내) • 1학기 학교생활기록부 작성

3) 학급경영 주요 활동

(1) 학생 기초조사, 가정환경 조사 및 분석

학생에 관한 정확한 정보는 학급실태를 파악하는 기초가 된다. 학생의 정보는 가정환경 조사, 각종 질문지 조사, 관찰기록, 면접기록(학생 및 학부모), 표준화 검사(지능, 학력, 성격, 흥미, 적성, 인성 등), 교우관계 조사, 교과 담당교사의 의견을 통하여 수집할 수 있다. 학생실태, 학부모실태, 그리고 누가 기록된 학생생활기록부 자료 등을 기초로 하여 학급을 구성하고 있는 학생들의 신체적 · 정서적 · 지적 발달은 물론 학업성취 수준, 생활태도, 가정환경에 이르기까지 폭넓은 정보를 수집하는 이유는 학기초 상담이 꼭 필요한 학생을 발견하고 먼저 다가가서 신뢰를 형성하고 소통하는 것이

표 13-2 학생 기초조사·가정환경 조사 내용 및 방법

구분	내용	방법
학생실태	• 주소, 신체적 · 정서적 · 환경적 특징 • 홍미, 특기 • 학습지 및 학원 수강여부 • 교우관계, 장래희망 • 건강상의 유의점(알레르기 유발 음식 등)	• 담임편지로 상담 기초자료 모으기(학부모 회신서) • 관찰법, 자서전법, 교우관계 조사
가족실태	• 가족관계, 가족생태도(함께 살고 있는 가족) • 가정문화, 가정교육(가훈 등) • 부모님이 바라는 자녀의 장래 • 부모님이 학교에 바라는 사항	• 질문지법 • 면접법

중요하기 때문이다. 그러므로 가정환경 조사에 임하는 학생들이 스스로 진솔한 관심과 존중을 받고 있다고 느낄 수 있도록 객관적이고 과학적인 방법을 활용하여 신중하게 실시해야 한다. 또한 수집한 정보를 선불리 해석하거나 평가하는 오류를 범할 가능성이 있으므로 각별히 주의해야 하며 학부모 직업을 조사하는 것은 인권침해 소지가 있을 수 있으므로 실시하지 않는 것이 좋다. 최근 정보통신윤리에 관한 법률이 강화되어 개인의 정보를 열람하고 이용하는 것에 민감한 사안이 발생될 수 있으므로 개인정보이용동의서를 반드시 받아야 한다. 청소년기는 시시각각 빠르게 변화하는 시기이므로 학년 초에 실시한 기초자료 조사에 만족하지 말고 교육활동 과정에서 지속적인 수집과 분석, 학교생활에 대한 관심과 사랑이 필요하다.

한편, 가정환경 조사를 쉽고 빠르게 할 목적으로 학생들의 인권을 고려하지 않고 무리하게 조사를 하여 신분상 불이익 처분을 당하는 다음과 같은 비교육적인 행동은 근절되어야 할 것이다.

공개 가정환경 조사, 학생 인권 무개념 교사들

○○학생인권심의위원회는 한 중학교 B교사에 대해서도 신분상 처분을 내리도록 교육감에게 권고했다. B교사는 올해 3월 9일 자신이 담임을 맡고 있는 3학년 교실에서 학생들의 동의 없이 해당 학생들이 손을 드는 방식으로 한부모가족보호대상자, 기초생활수급대상자, 국

가유공자자녀 등 가정환경에 대한 조사를 했다.

한 학생이 '인권침해'라고 문제제기를 했지만 계속 조사를 진행했고, 급기야 아무도 손을 들지 않고 조사에 응하지 않자 특정 학생을 지목해 "너 아니냐?"고 말했다. 결국 4~5명의 학생들이 다시 인권침해라고 항의하자, 그제서야 B교사는 조사를 중단했다.

위원회는 이에 대해 '당사자의 동의를 구하지 않고 공개된 장소에서 학생들의 민감한 개인정보를 수집하려고 한 것으로 학생들의 사생활의 자유를 침해한 것'이라고 판단했다.

출처: 뉴스1(2015. 08. 27.)에서 요약

(2) 학부모와의 소통과 학급경영 협력

학급 담임교사와 학부모와의 성공적인 관계 정립은 학생의 교육적 성장·발달에 많은 영향을 주기 때문에 학급경영의 효율성과 성패에서 매우 중요하다. 그러므로 학급 담임교사는 학부모와의 긴밀하고 건설적인 협력관계를 유지함으로써 학생지도에 유용한 정보와 도움을 얻고 적절한 조언과 협조를 제공하는 것이 필요하다. 효과적인 학급경영을 위해 자녀 교육에 관심이 없거나 비협조적인 학부모들의 참여와 협력을 이끌어 내고, 지나치거나 부정적인 교육열을 가지고 있는 학부모들을 건설적인 참여와 소통으로 연결하여 학부모와 긍정적이고 교육적인 관계를 정립하는 것은 학교에 대한 막연한 궁금증과 두려움을 해소시키고 학부모를 학교교육의 협력자로 유도할 수 있다.

학급경영에 학부모를 참여시키는 방법은 가족 캠프, 학부모 아카데미, 학부모 재능기부 수업, SNS를 통한 교류, 그리고 전통적인 가정통신문 보내기 등이 있다. 많은 교사가 학부모와 소통하는 수단으로 스마트폰에 있는 애플리케이션이나 SNS를 활용하고 있고, 학부모들 또한 SNS를 통해 다른 학부모들과 교류를 하거나, 교사의 안내를 수시로 받는 방법으로 학급경영에 참여하는 경우가 많아지고 있다. 그렇지만 SNS 사용 방법을 모르는 학부모들이 있을 수 있으므로 학급 담임교사는 가정통신문을 통한 정보 전달, 의사소통, 협조 요청을 반드시 해야 한다.

가정통신문은 학급을 경영하는 과정에서 편지 형식을 빌려 학부모와 소통할 수 있는 통로이고 학부모를 학급경영에 참여하게 할 수 있는 중요한 방법이다. 가정통신

가정통신문 예시(학년 초)

안녕하세요? 인사드립니다.

2023년 한 해 동안 ○학년 ○반(남 17명, 여 16명, 계 33명)의 학생들과 함께 생활하게 될 담임교사 ○○○입니다. 학생들과의 만남은 언제나 가슴 떨리고 설레는 일입니다. 이런 설레는 마음을 안고 학생들과 제가 예쁜 학급을 만들어서 즐겁고 행복한 한 해를 보낼 수 있도록 노력하겠습니다. 학부모님의 소중한 자녀와 함께하는 올 한 해가 따뜻한 인연으로 맺어지기를 바라며, 제가 바라는 학급의 모습에 대해 몇 가지 말씀을 드리겠습니다.

학급경영 철학	• 나보다는 너, 너보다는 우리를 배려하는 학생 • 자신의 소질 계발을 꾸준히 해 나가며 꿈을 키우는 학생	
급훈	• 학생들과 회의를 통해 결정하겠습니다.	
학습지도	• 모둠활동을 통한 협동학습 • 필독도서 소개 및 아침 10분 독서 • 1분 스피치를 통한 발표력 증진	• 또래학습 도우미활동 • 다양한 독서활동 • 학습 골든벨 한마당
생활지도	• 예절교육: 먼저 인사하기 • 교우관계: 개별상담 & 따돌림 방지 • 주말효도과제를 통한 효체험학습	• 1인 1역할을 통한 책임감 지도 • 칭찬 up & 비속어 down • 통신 예절 지키기
특색 있는 학급경영	• 나의 꿈 가꾸기: 1인 1소질(악기, 운동, 미술 등) 계발 • 7330 운동: 다양한 신체활동을 통한 기초체력 향상	
부탁의 말씀	• 학생 스스로 과제를 충실히 해결하며, 교재와 학습준비물을 빠짐없이 챙겨 올 수 있도록 지도 부탁드립니다. • 가정에서 자녀와 많은 대화를 나누어 아이들의 마음의 소리를 듣는 시간을 자주 마련해 주시기 부탁드립니다.	
교육상담 안내	• 다음의 전화나 문자, 또는 E–메일로 귀댁의 자녀에게 특별히 신경을 써야 할 사항을 알려 주시면 함께 생활하는 데 참고하겠습니다. –학교 전화 ○○○–○○○○ –담임교사 휴대전화 ○○○–○○○○–○○○○ –이메일 ○○○@○○○.○○○	

올 한 해 웃음과 행복이 가득하길 기원하며 다시 소식 전하겠습니다.

안녕히 계십시오.

2023년 3월 2일 ○학년 ○반 담임교사 ○○○ 드림

문에는 학교의 행사 안내 및 홍보, 학부모 의견 수렴, 그리고 학급경영에 가정에서 협력해야 할 사항, 자녀 양육이나 진로에 대한 유용한 정보 등이 담기게 된다. 가정통신문은 특정한 내용을 학부모들에게 전하는 것이 목적이므로 전하려는 내용을 정확하게 담아야 하고, 친근함이 묻어나는 글꼴을 사용하여 눈에 잘 띄면서 학부모들이 편하게 읽을 수 있도록 하는 것이 좋다.

(3) 학급조직 구성 및 운영

① 학급자치회 조직

학급 담임교사는 학급구성원들이 관심과 흥미, 책임감을 가지고 적극적으로 학급경영 활동에 참여할 수 있는 동기를 유발하고, 효율적인 교육목표 달성과 구성원 간의 원만한 관계 형성을 위하여 여러 가지 형태와 방법으로 학급을 조직하여 운영할 필요가 있다.

임원 선출은 임원 후보 추천서나 지원서를 받아 후보자 등록 → 기호 선정 → 홍보 → 유세 및 토론회 → 투표 및 개표 → 당선자 소감 발표와 당선자 공고로 이어지는 민주적인 선거 절차를 학생 수준에 맞게 진행하고 임원은 학급을 위한 봉사자 역할임을 인식시키는 것을 소홀히 하지 말아야 한다. 학급부서는 자발적인 지원을 받아 여러 가지 여건(희망, 적성과 소질, 학급구성원 간의 관계, 다양한 역할 체험 기회)을 고려하여 조직하는데, 부서별 역할 분담 활동은 세부적으로 제시해야 하며, 학급구성원들이 한 가지 이상의 일을 분담하여 자율적으로 실천하게 하되 주기적인 역할 교대로 다양한 경험을 갖도록 하는 것이 좋다.

② 모둠(두레)활동

학급의 주체인 학생들은 자신의 의지와 관계없이 학급을 배정받고, 짝꿍이 되고, 담임을 맞이하게 된다. 그러므로 학급이라는 사회는 태생적으로 개인의 자유와 권리를 포함한 개별성의 가치가 훼손될 여지가 있고, 소외되는 구성원이 나타날 수 있으며, 수동적으로 행동하는 집단이 될 가능성을 내포하고 있다. 모둠활동(두레학습동아리, 학급문집, 학급신문 제작 등)은 학급이라는 공동체의 가치와 개인의 자유가 조화를 이룰 수 있는 좋은 대안으로 평가받고 있다. 모둠활동에서 가장 중요한 것은 믿음을 바탕으로 한 구성원들 사이의 인간관계와 모둠 응집력이다. 따라서 모둠세우기 활동은 모둠활동의 성패를 가르는 중요한 요소이다. 모둠세우기 활동의 목표는 공동체 의식을 심어 주어 함께 과제를 해결하려는 인식을 갖게 하는 것이다. 같이 참여하여 나누고 소통을 통해 문제를 해결하려는 마음이 전제되지 않은 상태에서 모둠활동의 전개와 원하는 성과를 기대하기는 어렵다. 그러므로 학급 담임교사는 의식적으로 노력을 기울여야 한다.

(4) 학급 환경 꾸미기

학급 환경은 학생들의 지적 호기심을 자극하고, 원활한 적응을 돕고, 위험하지 않으며 궁극적으로 학생을 성장시킬 수 있도록 만드는 것이 중요하다. 학급 담임교사의 선호 경향과 철학에 따라 다양하게 꾸며지는 학급 환경은 안전하게 쉬는 공간, 학생과 학생, 학생과 교사 사이의 사회적인 만남이 자연스럽게 이루어지는 공간을 담당하는 기능을 수행해야 한다. 또한 학생들에게 생활지도 관련 내용, 진로 관련 내용, 월간 또는 주간 계획, 교육 관련 뉴스 등 교육정보를 제공해 줄 수 있어야 한다. 좋은 환경 구성은 학급 담임교사와 학생들의 생각을 모아 공동 협력 작업을 수행하는 그 과정 자체가 교육적인 활동이 되도록 하는 것이다. 따라서 학급 담임교사는 학급 환경을 위한 장단기 운영계획을 세우고, 필요한 목록 리스트와 확인점검표를 만들어서 꼼꼼하게 챙기는 것이 필요하다.

(5) 학급규칙 정하기와 운영 방향

학급규칙은 다양한 학생들로 구성된 학급공동체를 결성하고 질서를 유지하는 역할을 한다. 학년 초 학급회의를 통해 바람직한 학급을 만들기 위한 방안을 토의하고, 민주적인 절차와 방법으로 학생들 스스로 한 해 동안 지켜 나갈 학급규칙과 행동수칙을 정하도록 하는 것이 좋다. 왜냐하면 학생들이 스스로 정한 약속이므로 지속적으로 실천하려는 의지를 자발적으로 보이는 경향이 나타나기 때문이다. 또한 학급규칙과 행동수칙에 대한 관리, 감독, 적용을 학생들 스스로 하도록 하는 것이 중요하며 제정된 학급규칙과 행동수칙을 교실에 게시한다. 그리고 학급규칙과 행동수칙을 위반한 학생들은 반성의 기회를 반드시 주어야 하며 학급 담임교사의 애정 어린 관심과 엄격한 지도가 이루어져야 한다. 학급 담임교사는 학급규칙이 잘 지켜지도록 지속적인 관심을 가져야 한다. 학급규칙에 엄중한 가치가 부여되고 존중받게 되어 학급공동체를 공고하게 하는 법의 역할을 할 수 있도록 학급규칙을 실천하고 지도할 수 있는 방법은 다음과 같다.

- **명확하고 일관된 규칙 수립**: 학급 내에서 필요한 규칙을 명확하게 설정하고 학생들과 공유해야 한다. 규칙은 간단하고 이해하기 쉬워야 하며, 학생들이 동의할 수 있는 방식으로 만들어야 한다.
- **규칙의 이유 설명**: 학생들은 규칙이 왜 중요한지 이해해야 규칙을 잘 지키려고 마음을 먹는다. 규칙이 필요한 이유를 설명하고, 학생들의 안전과 학습에 어떤 도움이 되는지 강조해야 한다.
- **모범 사례 제시**: 학급구성원 중 규칙을 지키고 예의 바르게 행동하는 학생의 모습을 대표적 모범 사례로 선정하여 보여 줌으로써 학생들에게 올바른 행동기준을 제시하고 영감을 줄 수 있어야 한다.
- **긍정적인 강화**: 규칙을 지키고 모범적인 행동을 보인 학생들에게 긍정적인 강화를 제공해야 한다. 칭찬과 상을 주는 것뿐만 아니라 공개적인 인정의식이나 특별한 책임을 맡게 하는 등 다양한 방법으로 이루어질 수 있다.
- **일관성과 공정성 유지**: 규칙을 적용할 때 일관성을 유지하고 학생들을 편견 없이 공정하게 대해야 한다. 규칙을 무시하거나 양보하는 것은 학생들에게 혼란을 줄 수 있으므로 특별한 경우를 제외하고는 지속적으로 일관성을 유지해야 한다.
- **학생들의 참여 독려**: 학생들에게 규칙에 대한 의견을 물어보고 함께 규칙을 만들어 나갈 수 있는 기회를 제공해야 한다. 학생들이 규칙의 주체가 되는 것을 독려함으로써 학생들 스스로 보다 적극적으로 규칙을 지키려고 노력하는 분위기를 만들 수 있다.
- **개별 지도**: 각 학생의 특성과 필요에 맞게 개별적으로 지도하는 것도 필요하다. 추가적인 지침과 지원이 필요한 학생이 있을 수 있으므로 학생 개개인의 요구를 고려해야 한다.

- **적절한 규제와 조치**: 규칙이 잘 지켜지지 않을 경우, 적절한 시정 조치를 취하고 학생들에게 어떤 행동이 잘못되었는지 설명하며 이로 인해 어떤 결과가 발생할 수 있는지를 이해시켜야 한다. 그러면 학생들은 규칙을 준수하는 것의 중요성을 더 잘 이해하게 될 것이다.
- **학생들 간의 협력 강조**: 학생들에게 서로를 존중하고 협력하는 방법을 가르치고, 그들이 함께 일하고 서로 돕는 경험을 통해 학급 내에서 긍정적인 관계를 형성할 수 있다.
- **역할모델 제공**: 학급 내에서 교사는 좋은 역할모델이 되어야 한다. 학생들은 교사의 행동을 모방하고 따라가는 경향이 강하므로, 학급규칙을 지키고 존중하는 모습을 보여 주는 것이 중요하다.
- **지속적인 평가와 수정**: 학급규칙의 실천과 지도 방법을 지속적으로 평가하고 필요에 따라 수정해야 한다. 따라서 학생들의 다양한 의견을 수렴하고 상황에 맞게 조정하는 것이 필요하다.

3. 학생자치활동의 이해

1) 학생중심 학생자치활동

「초 · 중등교육법」 제17조(학생자치활동)에는 "학생의 자치활동은 권장 · 보호되며, 그 조직 및 운영에 관한 기본적인 사항은 학칙으로 정한다."라고 명시되어 있다. 또 「초 · 중등교육법 시행령」 제30조(학생자치활동의 보장)에도 "학교의 장은 법 제17조의 규정에 의한 학생의 자치활동을 권장 · 보호하기 위하여 필요한 사항을 지원하여야 한다."라고 정하고 있다(법제처 국가법령정보센터, www.law.go.kr). 그러므로 학생자치활동은 학생의 자율적인 참여를 통해 조직을 구성하여 주도적인 활동을 전개하고, 이를 통하여 학생 스스로 권리를 지키고 민주시민으로 성장하기 위한 자질을 함양하며 건강한 구성원으로 성장해 나가는 활동이라고 할 수 있다. 이 과정에서 학생이 주체가 되어 스스로 문제를 찾아내고, 합리적이고 민주적인 방법으로 의견을 수렴하여 규정된 절차에 따라 적극적으로 문제를 해결해 나가는 것이 중요하다.

학생자치활동은 민주적인 학생자치활동을 형성해 나가기 위한 학교자치의 한 영역으로 인정되고 있으며 학급자치활동, 학생자치회 활동, 동아리 활동, 학교행사 기획·운영, 학생 관련 학교 주요 정책 참여, 학칙 등 학교규정 제·개정 참여 같은 실천 영역으로 이루어진다. 그리고 2022 개정 교육과정에 의해 자율활동, 동아리 활동, 진로활동의 창의적 체험 활동 영역 속에서 운영된다. 학생자치는 학생의 자율적 참여와 소통을 통해 민주시민을 육성하고, 수평적 소통과 집단지성을 통해 민주적인 학교문화를 조성하며, 공동체 구성원의 문제를 공감하고 해결하는 과정에서 상호 존중하고 배려하는 자치능력을 함양할 수 있는 교육적 기능을 담당하고 있기 때문에 반드시 필요하다. 또한 학생자치활동은 사회를 유지하고 발달시키는 데 필요한 공동체 의식과 협동능력을 향상시켜 주고 사회 속에서 각자의 개성과 능력에 맞는 역할을 찾는 안목과 수행능력을 길러 주는 교육적 의의를 포함하고 있다.

학생자치활동은 학생들의 의사소통 능력과 타인 배려정신을 제고함으로써 민주시민이 지녀야 할 자질과 태도를 높여 주며 자신의 역할을 인식하게 함과 아울러 학교생활에 보다 쉽게 적응하는 것을 도와준다(이병환, 2012). 학생자치활동은 또래와 함께 공동체를 형성하여 서로 도움을 주고받는 상호작용을 통해 사랑과 우정을 체득하고, 주체적이고 자율적인 학생활동을 통해 자기의 소질과 능력을 계발하고 삶의 태도를 확인할 수 있기 때문에 경쟁교육 풍토 속에서 타인 존중이 결여되어 있고, 공동체 생활에 익숙하지 못한 학생들의 인성을 자연스럽게 함양할 수 있는 기회를 제공한다. 그러므로 학생들이 학생자치활동을 통해서 사랑과 우정의 공동체가 되었을 때 학교폭력은 설 자리를 잃게 될 것이다.

(1) 학생자치회

학생자치회는 학생들이 자율적이고 적극적으로 학생자치활동을 수행하고 학교 운영에 참여할 수 있도록 지원한다. 각 조직은 다양한 역할을 맡으며, 학생들의 의견 수렴, 학교 운영 개선, 학생 대표 선출 등을 목표로 한다. 학생자치회는 학생의 민주적인 자치활동을 보장하기 위해 학생총회, 학생자치회 운영위원회, 학생대의원회, 학급자치회, 학생자문위원회 등을 구성할 수 있다. 〈표 13-3〉은 학생자치회 조직의 구성

표 13-3 학생자치회 조직

종류	역할
학생총회	• 재학 중인 전체 학생을 대상으로 하고 학생총회의 의장은 학생자치회장이 맡으며, 정 · 부회장 선거와 기타 학생 활동에 관한 중대한 사항을 토의 · 의결
학생자치회 운영위원회	• 학생총회의 선거에 의해 선출된 회장과 부회장, 각부 부장으로 구성되고 학생자치회 운영, 대의원회에서 위임된 심의 · 의결한 사항 추진, 학생자치활동 예산안 편성 · 집행 등의 업무를 수행
학생대의원회	• 대의원회는 학생자치위원회 임원, 학급의 대표 등으로 구성되고 학생자치회장이 의장직을 수행 • 학생총회 소집, 학생자치회 운영 계획, 학생자치활동 예산운영(안), 대위원 및 학급자치회에서 건의한 사항, 운영위원회에서 부의(附議)한 안건과 학생생활인권규정 제 · 개정을 위한 학생들의 의견을 심의하고 의결
학급자치회	• 각 학급의 재학생으로 구성되고 학생자치활동과 관련되는 사항, 건의사항, 기타 학급의 특색 사안 등을 협의 의결
학생자문위원회	• 학생자치활동을 지원하기 위해 학교 교원으로 구성하고 학생들이 자치활동에 대한 자문이나 조언을 요청하는 경우에 이에 대한 전문적인 정보를 제공

원과 역할을 표로 정리한 것이다.

학생이 주체가 되는 학생회를 구성하기 위해서는 자율과 참여를 기반으로 자기주도적인 조직 구성과 활동을 지원해야 한다. 또한 학생을 권리 주체로 존중하며 표현의 자유와 참여 권리를 인정하는 학교 문화를 개선하여 민주적인 효능감을 강화해야 한다. 이를 위해 다음과 같은 조치가 필요하다. 첫째, 학생회 활동이 민주시민의식을 함양하는 통로가 될 수 있도록 지원을 확대해야 한다. 둘째, 실질적인 학교 교육과정 운영을 통해 학생회의 자치활동 역량을 강화해야 한다. 하지만 현재 학생회 운영에 대한 구체적인 규정이 부족하고, 교육과정은 수업시수 중심으로 변화되며, 법령에 근거한 필수 적응교육(안전교육, 학교폭력교육, 성교육 등)으로 인해 실제 학생회 활동 시간 확보가 쉽지 않다. 뿐만 아니라 학생회의 임원이 되는 것을 학생자치를 위한 봉사가 아닌 입시를 위한 스펙 쌓기로 여기는 문화, 수동적인 이벤트 중심의 학생회 역할의 한계, 학생들의 무관심과 저조한 참여, 학교 예산 편성 시 학생회의 의견 미반영,

학생회 주관 사업 예산집행의 자율권 보장 부족, 그리고 학교 문화에서 학생들의 권리 실현에 소극적인 요소들이 학생회 활동을 위축시키는 요인으로 작용하고 있다.

따라서 학생자치회 활동을 통해 학생들이 배움과 성장의 주체가 되어 학교의 문제 해결에 공동 참여하고, 다양한 협의와 실천을 통해 합리적인 의사소통 능력을 키우며, 민주적인 의사결정의 기본 원리를 습득하여 민주시민으로서의 효능감을 갖출 수 있는 자치역량을 강화하는 방안을 모색해야 한다. 서울특별시교육청에서는 2021년에 학생자치활동 우수 사례를 선정하여 자료집을 만들어 배포했다. 다음에 제시된 일부 우수 사례는 학교환경과 현실에 적합한 학생자치활동을 계획하고 내실 있는 지원으로 학생자치회의 역량을 함양할 수 있는 참고자료가 될 수 있을 것이다.

2021 학생자치활동 우수 사례

1. 학생자치로 만드는 지구의 미래: 동물권 전시회(신현중학교)
   1) 반려동물 전시회
      동물을 가족의 일원으로 생각하는 학생들의 반려동물 사진과 사연을 전시함으로써 동물을 하나의 생명으로 바라보는 인식을 가지도록 함
   2) 채식 관련 전시
      비거니즘, 채식의 종류와 의미, 고기 없는 월요일 운동에 대한 정보를 전시하여 채식을 통해 동물권을 보호하고 지구의 환경을 지키는 데에 기여할 수 있음을 알림
   3) 동물권 보호를 위한 다짐 인증샷 전시
      동물권을 보호하겠다는 학생들의 실천 의지를 담은 전시 운영

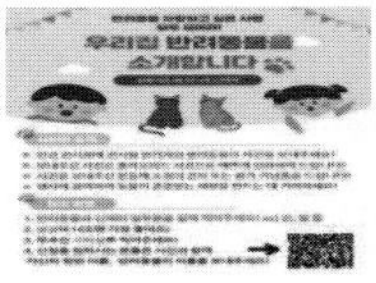			
반려동물 전시 홍보	반려동물 전시회	동물권 보호 전시	채식 관련 전시

2. 학급자치 특색사업 "우리, 꽃길만 걸어요"(오산고등학교)
   1) 운영 모듈: 학교에 버려진 땅을 텃밭으로 가꾸는 활동

2) 방법

- '텃밭 가꾸기'에 동참할 학급을 모집함
- 학급별로 재배하고자 하는 작물과 필요 물품을 구입할 수 있도록 예산을 지급함(학생 자치예산)
- 학급자치 시간 및 자투리 시간을 활용하여 담임교사와 전체 학생이 텃밭 가꾸기에 동참하고, 연말에 학급 사진 또는 학급문집, 달력 제작 등에 활용

출처: 서울특별시교육청(2021).

(2) 창의적 체험활동을 활용한 학생자치활동

① 창의적 체험활동 목표의 체계

학생자치활동이 내실 있게 운영되기 위해서는 창의적 체험활동이 효율적으로 운영되어야 한다. 학교에서 교과학습 시간 외에 이루어지는 활동은 학생자치활동과 밀

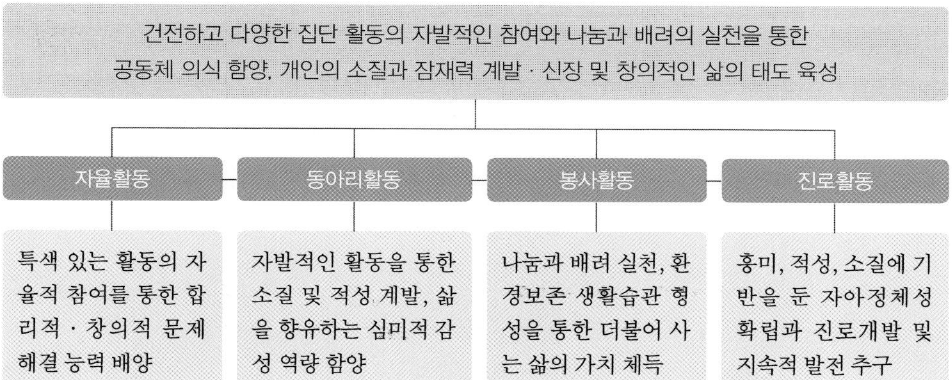

[그림 13-3] 창의적 체험활동 목표의 체계

접하게 연관되어 있기 때문에 창의적 체험활동 영역에 대한 치밀한 운영 전략을 수립하는 것은 매우 중요하다. 그러므로 인적 · 물적 자원 확보, 지역사회와의 탄탄한 네트워크 구성과 인프라 활용, 교사의 관심과 지지를 통하여 학생자치활동을 지원해야 한다. 특히 자율활동과 동아리활동은 학생들의 자치역량을 함양할 수 있는 직접적인 통로이다. [그림 13-3]에 제시된 창의적 체험활동 목표의 체계는 창의적 체험활동 교육과정을 통하여 학생들이 궁극적으로 달성해야 할 공동체 의식의 함양, 소질과 잠재력의 계발 · 신장, 그리고 더 나아가 창의적인 삶의 태도 형성을 포괄적으로 제시한 것이다.

② 창의적 체험활동의 학교급별 영역별 운영

창의적 체험활동 교육과정 설계의 주체는 학교, 교사, 그리고 학생들이다. 국가 및 지역 수준에서는 학교와 지역의 특색을 고려하여 전문성을 갖춘 인적 및 물적 자원을 충분히 제공할 수 있는 기반을 마련하도록 지원한다. 창의적 체험활동에서는 교사와 학생들이 공동으로 또는 학생들이 자기주도적으로 계획을 수립하고 역할을 분담하여 실천한다. 활동 장소는 교내 시설뿐만 아니라 학교 밖의 지역사회 시설 등을 활용할 수 있으며, 외부 인적 자원과 학부모의 참여도 가능하다. 이때 학교는 창의적 체험활동의 운영에 필요한 인적 및 물적 자원의 활용 등과 관련하여 교육청의 지원을 받을 수 있다. 또한 학교의 상황과 교육적 필요 등을 종합적으로 고려하여 원격 수업 방식으로도 운영할 수 있다. 창의적 체험활동에는 의식행사, 발표회, 체육행사, 현장체험학습 등 다양한 행사가 포함될 수 있으며, 각 영역 또는 활동에 적합한 방식으로 설계된다. 행사 활동의 시수 배정은 각 행사의 특성에 따라 관련 교과과정과 창의적 체험활동의 영역별 활동으로 조정하여 편성한다[창의적 체험활동 교육과정(교육부 고시 제2022-33호) 재구성].

표 13-4 창의적 체험활동의 학교급별 영역별 운영 중점

학교급	운영 중점
중학교	〈자율 · 자치활동〉 • 자신의 관심사를 주체적으로 모색하여 관련 탐구 활동 수행 • 사춘기의 신체적 · 정서적 변화에 성숙하게 대처하는 태도 함양 • 타인에 대한 이해를 바탕으로 상대를 존중하고 배려하는 관계 형성 • 주도적으로 자신이 속한 공동체에 봉사하는 태도 함양 • 학생자치 회의, 토론회 등 공동체 협의를 통한 의사소통 • 민주적 의사결정을 통한 문제해결 능력 함양 〈동아리활동〉 • 관심 분야에 대한 탐구력 및 문제해결력 신장 • 다양한 문화 · 예술 영역에 대한 소양과 소질 함양 • 스포츠 활동을 통한 건전한 심신의 발달 • 사회 구성원으로서 봉사하는 나눔과 배려의 태도 함양 〈진로활동〉 • 긍정적인 자아개념 강화 • 일과 직업에 대한 폭넓은 가치 탐구 • 실제 경험을 통한 직업 세계의 이해 • 진로 탐색 및 진학으로의 연계
고등학교	〈자율 · 자치활동〉 • 진로(진학 · 취업)와 연계된 분야의 주제 탐구 활동 수행 • 삶과 연계된 다양한 문제를 주체적으로 해결하는 능력 함양 • 공동체 구성원으로서 주도적인 역할 수행 및 공동체에 봉사하는 활동 수행 • 다양성에 대한 이해를 바탕으로 타인을 존중하는 의사소통 능력 신장 • 학생자치회의, 토론회, 자치법정 등 공동체 협의를 통한 의사소통 • 협력적 사고를 통한 공동의 문제해결 능력 함양 〈동아리활동〉 • 진로(진학 · 취업)와 관련된 전문 학술 분야의 탐구 능력 신장 • 문화 · 예술적 안목 형성 및 창작 능력 배양 • 스포츠 활동을 통한 심신의 능력 향상 • 주도적으로 사회에 봉사하고 기여하는 활동 수행 〈진로활동〉 • 긍정적 자아개념과 건강한 직업의식을 기반으로 한 진로 탐색 • 자신의 꿈과 비전을 진로(진학 · 취업)와 연결하여 학업 및 진로 설계 능력 함양 • 자신의 적성에 따라 진로를 탐색하고 그에 따른 잠재 능력 개발 • 다양한 진로 체험을 통한 졸업 이후의 삶 준비

출처: 교육부(2022).

③ 창의적 체험활동의 평가와 기록

학생들의 진학과 진로에 많은 영향을 미치는 학생생활기록부에서 창의적 체험활동 내용은 세부 특기사항과 함께 중요한 항목으로 꼽힌다. 학교에서는 창의적 체험활동과 관련 교과를 연계하거나 통합해 운영하기도 하는데, 이것은 교과 수업을 통해 얻은 지식과 기능을 창의적 체험활동으로 실천하고 경험하는 연계가 가능하기 때문이다. 창의적 체험활동 평가는 일화 기록법, 체크리스트법, 평정 척도법 등 학생의 활동 상황에 대한 관찰, 의식 · 태도 조사, 자기 평가, 상호 평가 등 질문지 등을 활용한 조사, 작품 평가, 활동의 기록 분석, 작문, 소감문 분석, 학생의 작품과 기록에 대한 분석, 교사 간 의견 교환 등의 다양한 평가 방법을 활용할 수 있다. 교사는 학생의 활동 실적, 성장의 정도, 행동의 변화, 특기사항 등의 평가 결과를 학교생활기록부에 기록하여 그 결과를 학생의 소질과 잠재력 계발을 돕는 자료로 활용한다. 평가 결과는 학교급을 고려하여 상급학교 진학 또는 취업을 위한 자료로 활용할 수 있다.

다음 자료는 어느 인문계고등학교의 담임교사가 A학생의 창의적 체험활동 수행 자료를 수집하고 관찰한 내용을 학생생활기록부에 기록하고 서술한 실제 내용이다. 기재된 내용을 살펴보면 교육적 효과를 달성하는 것과 학생의 성공적인 상급학교 진학을 돕고자 하는 교사의 성실함과 실제적 고민을 살펴볼 수 있을 것이다. 그런데 창의적 체험활동 영역 중 봉사활동은 교사의 구체적인 서술 없이 학생의 봉사활동 내용을 사실대로 기록하는 것으로 마무리한다. 따라서 봉사활동을 진행한 후에 그 내용을 일자별로 정리하여 문서화하는 봉사활동 기록일지를 별도로 작성해야 한다. 봉사활동 기록일지에는 봉사활동명, 봉사자의 성명, 인적사항, 봉사활동 시간 · 장소 · 내용 등의 항목으로 구분하여 각 항목에 구체적인 내용을 기재하도록 한다. 봉사활동 기록일지는 취업 및 진학에 도움이 되기도 하기 때문에 봉사활동 기록일지는 거짓이나 과장 없이 정확한 내용만을 기재하여야 한다.

가. A학생의 자율활동(학생생활기록부 기록 예시)

• 스터디 그룹

mtDNA 기원 암의 종류, EtBr, POLG표적 siRNA, shRNA 활용 암 연구법 및 치료법에 대한 보고서를 작성함. 복합 단백질의 2차 전기영동 시약의 역할 및 다양한 전기영동 사례를 분석해 Cys 수, 이황화결합 수에 따른 복합 단백질의 구조를 해석함. 전기 에너지 생산-수송-출력 전 과정을 구조화한 자료를 제작하고 이를 활용한 멘토링 활동으로 멘티의 양자물리학 기반 확장적 사고 함양을 도움. 역학적 시스템의 수평-연직 성분을 분석해 물체의 운동을 유연하게 해석하는 분석적 사고력이 뛰어남. 역학적 시스템으로 유지되는 지구 시스템 속 현상을 중력과 가속도식으로 해석함. 세포 소기관에서 생물 다양성 속 창발성 및 시스템 특성을 분석한 인포그래픽을 제작함.

학급 특색 진로 독서활동을 통해 '세상은 어떻게 시작되었는가'를 선정하여 읽고 소감문을 작성하여 발표함. 우주의 탄생과 구조, 역사 등에 대한 호기심을 바탕으로 책을 읽음. 통합과학 시간에 배운 초신성 폭발, 빅뱅에 대해 상기시키며 우주에 대해 보다 쉽게 설명하고자 함. 나아가 우주의 천체들이 그냥 떠다니는 것이 아니라 서로에게 영향을 주며 우주를 돌아다닌다는 사실을 알게 되었으며 우주에 대해 더 탐구하고자 하는 열의를 보임.

나. A학생의 동아리활동(학생생활기록부 기록 예시)

• 과학 탐구 실험 프로그램

옥수수, 콩 가공식품의 유전자 재조합 확인 실험을 진행함. 나아가 양상추 PTH 유전자 재조합에 따른 우주식량 개발 과정 및 경제성을 분석함. 천체 연구 역사를 이체 문제와 삼체 문제로 나누어 정리한 보고서를 작성하고 양자 중첩, 양자 얽힘을 중심으로 관측에 대한 정의를 확립함. 소독제별 항생제 내성세균 사멸률 확인 실험을 진행하고 세균정량배양 실수로 인한 변인통제 이상에서 정량배양의 중요성을 몸소 깨우침. MBL 기반 심전도-혈압 측정 실험 진행 후, 심근경색, 심실빈맥, 심실세동 시 P-QRS-T 그래프를 분석하고 심장 세포의 종류와 특징을 분석함. Tendem repeat를 활용한 과학 수사 기법 속 DNA 추출, 전기영동 실험을 진행함. 나아가 적혈구, 피부 조직, 머리카락이 과학 수사에 활용된 예시 및 과학적 분석법을 조사함. PCR 원리 및 실험 방법을 배우고 PCR을 활용한 유전자 지문 분석 실험을 통한 과학 수사를 진행함. 나아가 코로나19 바이러스 검출에 사용되는 PCR의 원리를 조사함.

ELISA를 활용한 SARS-CoV-2 진단 실험을 하고, ELISA에 사용될 수 있는 약물, 활용 양상을 추가 조사함. 나아가 hCG를 활용한 임신 테스트기 원리를 항원-항체 반응으로 설명함.

생명과학분야 실험 활동에서 중학생을 지도할 때: 중학생 수준에서 단백질, 핵산의 구조와 특징을 수업하고 코로나19, 소변 검사지, 헬스 등을 선행조직자로 제시하며 전기영동, PCR, DNA 추출, ELISA 기법을 가르침. MBL 기반 니크롬선 길이에 따른 저항 측정 실험을 진행함. 달 기지국에 보급품 배급 시 충격량을 최소로 하는 법, 발전기를 활용한 에너지 전환 과정 분석을 진행함. 추가로 줄열 실험 장치를 활용해 물을 가열하고 에너지 효율을 계산함.

다. A학생의 진로활동(학생생활기록부 기록 예시)

영상 제작 동아리원으로서 적극적으로 영상 제작에 참여함. 기술적인 문제에 해결 능력을 잘 보여 주었으며 성실한 태도가 돋보임. 천체 물리학자를 진로 목표로 두고 천체 물리학의 분야인 블랙홀에 관심을 가지고 영상을 제작함. 퀘이사에 대해서도 관심을 갖게 되어 퀘이사를 설명하는 영상을 만듦. 퀘이사의 정의, 특징, 모습 등을 영상에 담아 제작함. 퀘이사의 정의를 영상에서 설명하기 위해 공부하던 중에는 강착원반에서 나오는 열에너지가 빛으로 방출된다는 내용 등 이해를 잘하지 못하는 부분이 나오면 더욱 심도 있게 공부하고 영상에서도 자세하게 다루는 노력을 하는 모습을 보임. 또한 스펙트럼 분석을 통해 퀘이사를 관측하였을 때 전파가 검출되었기 때문에 '퀘이사'라는 이름이 붙었다는 것을 설명하고 3c273, 시그너스A 등 여러 퀘이사를 설명함. 효과적으로 전달하기 위해 여러 사진과 다양한 예시를 들어 설명하였고 퀘이사의 정의를 설명할 때 다른 천체와 생김새를 비교하며 설명하여 어려운 개념을 이해하기 쉽게 전달하려고 노력함. 탐구 조사를 통해 영상을 만들면서 천문학에 대한 관심과 기초지식이 한층 성장한 느낌을 받았고 추가로 블랙홀 사건의 지평선에 대해 탐구하고 싶은 의욕과 학구열을 보임.

라. 봉사활동(봉사활동 기록 지침 및 요령)

상급학교에 진학하는 과정에서 봉사활동 기록은 학생들이 사회적 약자에 대한 배려와 나눔, 더불어 살아가는 공동체 의식과 바른 인성을 갖추고 있는지를 확인하는 자료로 활용된다. 교사가 되고 싶은 학생이 멘토-멘티 봉사활동을 하는 것처럼 자신의 흥미, 적성에 적합한 희망 진로와 연결하는 봉사활동은 권장되어야 한다. 하지만 봉사활동은 진로와 무관한 활동이라 할지라도 공동체를 위해 나눔을 실천하는 것에 의미가 있으므로 반드시 희망 진로와 연관된 활동으로 해야 한다는 부담을 가질 필요는 없다. 또한 단기간에 시간을 채우는 형식적인 봉사활동보다는 봉사의 '질'에 초점을 맞추는 지속적이고 진정성 있는 봉사활동을 실천해야 한다.

봉사활동 시간은 연간 20~30시간 내외, 3년간 60시간 이상이라면 상급학교 진학할 때 불리함은 없다. 봉사활동 실적을 학생부에 입력할 때는 특기사항을 쓰지 않고 활동 시간만 기록한다. 하지만 필요한 경우 행동발달 특기사항에 기재가 가능하다.

수업활동 1

학급특색활동 구현

다음에 제시한 예시는 소통과 공감으로 비난과 폭력이 없는 학급환경을 만들고 경영하기를 원하는 어느 담임교사의 학급특색활동 계획서입니다. 이 계획서를 참고하여 자신이 담임이 되었을 경우 학급 생활지도를 어떻게 할 것인지 생활지도 영역을 주제로 학급특색활동 계획서를 작성해 봅시다.

학급특색활동 계획서(생활지도 영역)

1학년 1반		담임	○○○
학급특색활동		배려와 나눔으로 따뜻한 우리 학급	
활동 목적		1. 소통과 진정성 있는 공감을 실천할 수 있다. 2. 경청과 무조건적 존중을 실천할 수 있다. 3. 비폭력대화 기법을 익히고 적극적으로 활용할 수 있다.	
세부 실천 사항	월별	실천 내용	
	3월	• 모험놀이 상담으로 친구 간 벽 허물기	
	4월	• 너의 끼를 보여 줘!: 어울림 한마당	
	5월	• 잘 들어 주는 기술 익히기(주의 깊게 듣고 이해하기)	
	6월	• 친구의 입장이 되어 볼까?: 易地思之, 易地感之	
	7월	• 칭찬 롤링 페이퍼 작성하기	
	8월	• 비폭력대화 연습하고 실천하기	
	9월	• You-message는 이제 그만~~ • I-message 생활화하기	
	10월	• 빨간 우체통의 기적: 사과데이 행사(10월 24일)	
	11월	• 함께 촬영하는 우리 학급 홍보 영상(분단별 1편 제작 출품)	
	12월	• 친구야 고마워 ♥	
기대되는 효과		1. 소통의 기술을 배우고 활용할 수 있을 것이다. 2. 공감으로 따뜻한 감성을 전하고 느낌을 공유할 수 있을 것이다. 3. 친구의 소중함을 알고 더불어 살아가는 행복을 느낄 수 있을 것이다.	

수업활동 2

창의적 체험활동을 교과 활동과 연결하자!

교과 활동이 개념이나 원리를 바탕으로 한 학문적 · 인지적 접근을 주로 한다면, 창의적 체험활동은 실천적 · 체험적 접근을 통해 교과 활동을 구체적으로 적용해 본다는 측면에서 교과 활동과는 상호 보완적인 관계에 있습니다. 그러므로 다음과 같이 창의적 체험활동을 편성하고 운영할 때 교과와 연계하여 운영하는 방안을 고려할 수 있습니다.

창체+교과 활동 연계 예시 1

연계 · 통합 영역		활동 내용
자율 활동	국어	관련 주제별 독서 후 토론 또는 소감을 발표함
	통합사회	모의 의회, 모의 법정 등으로 바람직한 의사결정과 사회정의를 이해함
	통합과학	다른 사람을 배려하고 원만한 인간관계를 위한 예정교육을 실시함
동아리 활동	음악/미술	현악반, 기타연주반, 사물놀이반 등의 연주활동을 함
	기술 · 가정	요리, 인테리어, 디자인 등 가정 관련 실습 중심으로 활동함
	정보	컴퓨터 프로그램을 활용해 일러스트, 애니메이션 등을 제작해 발표함
봉사 활동	영어	지역사회 고아원, 양로원, 요양원 등에서 영어회화 수업 도우미 활동을 함
	기술 · 가정	고령화사회를 대비한 고령친화 봉사활동을 실시함
	체육	지역사회 체육행사 자원봉사활동에 참여함
	환경	저탄소 생활습관화를 위한 행동을 실천함
진로 활동	국어	문학작품에서 보이는 직업, 등장인물의 직업세계를 간접적으로 체험함
	수학	다양한 수학자의 삶을 통해 수학에 관련된 직업의 세계를 이해함
	통합사회	경제인 초청강연을 듣고 사회의 경제 흐름과 전망을 이해함
	통합과학	과학관을 방문해 과학자의 연구활동을 다양하게 체험함

출처: 교육부(2015).

자신의 전공교과 내용을 창의적 체험활동과 연계하여 지도할 수 있는 교과중심 체험활동을 다음 서식에 맞추어 기획해 봅시다.

창체 + 교과 활동 연계 예시 2

가. 주제: 환경 · 지속가능발전 교육	
나. 관련 교과 및 성취 기준	
관련 교과 단원	• 독서: 환경 문제, 어떻게 해결할까? • 사회문화: 현대의 사회 변동 • 교과서 밖: 『침묵의 봄』(레이첼 카슨)
핵심 가치	주위에서 발견할 수 있는 환경오염 사례 조사를 통하여 인간중심주의 관점이 야기한 문제점과 해결을 위한 실천적 자세를 종합적으로 지닐 수 있다.
핵심 역량	지식정보처리 역량, 창의적 사고 역량, 의사소통 역량
성취 기준	[12사문05-04] 전 지구적 수준의 문제와 그 해결 방안을 탐색하고 세계시민으로서 지속가능한 사회를 위해 노력하는 태도를 가진다.
다. 학생 활동	
차시	활동 내용
1차시	환경오염 관련 신문 기사를 읽고 과학기술과 자연, 인간의 관계에 대해 토론하기 –과학기술의 발전과 자연, 인간은 어떤 관계일까?
2차시	『침묵의 봄』 '환경문제, 어떻게 해결할까?'를 읽고 환경오염의 원인에 관해 토론하기 –환경문제가 발생하게 되는 원인은 무엇일까?

출처: 경상남도교육청(2018).

참고문헌

강원근, 장원규, 임규봉, 김춘복, 최한성, 한일랑(2008). 미주알 고주알 열두 빛깔 학급경영. 교육과학사.

경상남도교육청(2018). 교과—창의적 체험활동 연계, 이렇게 하면 돼요.

교육부(2015). 2015 개정 교육과정 창의적 체험활동 해설.

교육부(2020). 2020학년도 학교생활기록부 기재요령(중고등학교).

교육부(2022). 창의적 체험활동 교육과정(교육부 고시 제2022-33호).

김봉수(1982). 학교와 교육경영. 형설출판사.

김창걸(2001). 교육행정 및 교육경영의 이론과 실제의 탐구. 형설출판사.

박남기, 김근영(2007). 학부모와 함께 하는 학급경영. 태일사.

박병량(2003). 학급경영: 성공적인 교실운영을 위한 지침서(개정판). 학지사.

박은종(2010). 으뜸 학급경영 핸드북. 한국학술정보.

서울특별시교육청(2021). 2021 학생자치활동 우수사례집.

우리교육(2004). 빛깔이 있는 학급운영 시리즈(2판). 우리교육.

이병환(2012). 학생자치활동 활성화 방안. 한국교육개발원.

이승미(2015). 창의적 체험활동 교육과정: 2015 개정 교과 교육과정 시안 개발 연구 I. 한국교육과정평가원.

조동섭, 김왕준, 안병천, 김수미, 김민규, 서석호, 문준영(2014). 한 손에 잡히는 학급경영과 교직실무. 학지사.

허승환(2015). 허쌤의 학급경영 코칭. 즐거운 학교.

뉴스1(2015. 08. 27.). 담배 물리고 공개 가정환경 조사… 학생 인권 무개념 교사들(https://news1.kr/articles/?2394960).

법제처 국가법령정보센터. www.law.go.kr

찾아보기

인명

내용

저자 소개

김은하(Eunha Kim)
서울대학교 교육학과 교육상담전공 박사
현 단국대학교 교육대학원 교수

고홍월(Hongyue Gao)
서울대학교 교육학과 교육상담전공 박사
현 충남대학교 자유전공학부 교수

조애리(Aeri Cho)
서울대학교 교육학과 교육상담전공 박사
현 서울대학교 사범대학 교육학과 강사

조원국(Wonguk Jo)
강원대학교 교육학과 교육상담전공 박사
현 아이비심리상담센터장

학교 생활지도와 상담(2판)

Guidance and Counseling in the School

2017년 9월 25일 1판 1쇄 발행
2023년 1월 20일 1판 11쇄 발행
2024년 1월 30일 2판 1쇄 발행

지은이 • 김은하 · 고홍월 · 조애리 · 조원국

펴낸이 • 김진환
펴낸곳 • ㈜학지사
04031 서울특별시 마포구 양화로 15길 20 마인드월드빌딩
대표전화 • 02-330-5114 팩스 • 02-324-2345
등록번호 • 제313-2006-000265호

홈페이지 • http://www.hakjisa.co.kr
인스타그램 • https://www.instagram.com/hakjisabook

ISBN 978-89-997-3047-4 93370

정가 23,000원